新媒体与公共传播实验教材丛书

数字化消费者行为

周懿瑾 编著

西安交通大学出版社
XI'AN JIAOTONG UNIVERSITY PRESS

国家一级出版社
全国百佳图书出版单位

图书在版编目(CIP)数据

数字化消费者行为 / 周懿瑾编著. — 西安：西安交通
大学出版社,2022.6
ISBN 978-7-5693-1535-6

Ⅰ.①数⋯　Ⅱ.①周⋯　Ⅲ.①消费者行为论-研究
Ⅳ.①F036.3

中国版本图书馆 CIP 数据核字(2020)第 002200 号

书　　名	数字化消费者行为	
	SHUZIHUA XIAOFEIZHE XINGWEI	
编　　著	周懿瑾	
责任编辑	赵怀瀛	
责任校对	王建洪	
封面设计	任加盟	
出版发行	西安交通大学出版社	
	(西安市兴庆南路1号　邮政编码710048)	
网　　址	http://www.xjtupress.com	
电　　话	(029)82668357　82667874(市场营销中心)	
	(029)82668315(总编办)	
传　　真	(029)82668280	
印　　刷	西安明瑞印务有限公司	
开　　本	787mm×1092mm　1/16　印张 15　字数 388 千字	
版次印次	2022 年 6 月第 1 版　2022 年 6 月第 1 次印刷	
书　　号	ISBN 978-7-5693-1535-6	
定　　价	45.80 元	

如发现印装质量问题,请与本社市场营销中心联系。
订购热线:(029)82665248　(029)82667874
投稿热线:(029)82668133　(029)82665375
读者信箱:xj_rwjg@126.com

新媒体与公共传播实验教材丛书

编写委员会

丛书主编：张志安

丛书副主编：张　宁

编委会成员：李艳红　杨小彦　黄　毅　吴　丹
　　　　　　陶建杰　钟智锦　卢家银　邓理峰
　　　　　　龚彦方　周如南　廖宏勇　周懿瑾
　　　　　　林淑金　张少科　苏　芸　刘　琛

总　序

　　媒介融合和移动互联时代,新闻传播业态正在发生变革,新闻生态系统和行业正在重构,这给新闻传播教育带来了巨大挑战。现在,新闻传播专业学生毕业后进入专业媒体就业的比例越来越低,过去新闻传播教育对口依赖的传媒产业正在结构性重组。

　　立足新语境,新闻传播教育的改革,既要立足于新闻传播,更要广泛地面向公共传播,实现从新闻传播向公共传播的范式转型。这意味着我们不仅要为专业媒体机构培养专业的编辑和记者人才,同时也要为包括政府、企业、社会组织等在内的更广泛的公共传播业培养懂得信息采集和生产的公共传播人才。

　　新媒体传播下人才的核心素养到底是什么? 大家的共识是:区别于文学的讲故事手法和社会学的调查方法,新媒体语境下的故事叙事和传播,要使故事和大众更好地连接在一起,用多媒体的叙事方式去呈现和表达故事,而且能够从纷繁复杂的现实中抽剥出和公共利益相关的重要议题。

　　新闻传播学的讲故事能力,是区别于社会学和文学的。简单来说,新媒体传播下人才的核心能力,就是广泛收集、挖掘、整合、提炼和生成信息的能力,以及能融合使用音视频等多种媒体形式来表达、呈现故事的能力。过去我们提倡讲故事,现在还要提倡编辑故事、创意故事和表现故事。比如,现在新闻“加工业”正在兴起,很多新媒体虽然没有实地去做调查,没有写原创报道,但是他们用自己的价值视角,整合、生成和分析而再生产的内容同样具有价值。很多微信公众号的爆款内容,虽然经常免不了用“标题党”的手法,但其内容和形态有其独特之处,其对用户痛点的把握、对资讯再加工的视角,都值得学习和借鉴。因此,未来的新闻业,不仅需要讲故事,还要挖掘故事、制作故事、设计故事,从这个角度看,视觉化素养对新闻传播者来说会变得更加重要。

　　另外,新媒体传播人才的核心能力还包括促进公共对话和形成价值共识的意识。新媒体工作者要懂舆论,懂网民的情绪和态度,懂网民的社会心态,懂得如何把新闻传播的内容与公众情绪和社会认同有效地连接在一起。因此,能够设置议程,懂得把握场景,善于促进对话,维护优质内容和特定社群之间的连接关系,是社会化生产和协同化生产的能力。

新媒体环境下,人才的核心能力有变的地方,也有不变的地方,变的是观念、技术和传播方式,不变的是对复杂中国的深刻认知,是呈现和讲好这个国家故事的能力。在新的形势下,新闻传播实务教学的改革方向是什么?

第一是实务和方法结合。过去新闻实务课讲采写编评的技巧比较多,现在大家都觉得按照传统教科书的内容来讲授肯定不行了,只讲新闻实务的技巧或者著名记者的成功案例也不行了。老师们的自我知识更新要跟得上媒体发展和变化,新闻传播实务教学过程中要更加强调方法论和认识论,要和社会科学的多种方法甚至大数据挖掘等文理交叉的方法有效结合。

美国新闻教育的一项调查显示,新媒体时代的核心能力中,批判性思维和写作能力非常重要。笔者教授了十年的"深度报道"课,深感实务教学需要突破和创新,过去上这门课更多讲授卓越记者的成功案例和默会知识,现在上这门课更像是社会复杂问题的方法论课程,需要越来越多地把社会研究的方法和新闻实践结合起来。这样,学生就更加懂得分析复杂问题,懂得对各种现象建立基本判断,而不仅仅是掌握深度报道的调查突破和写作技能。

第二是实践和实验打通。传统的新闻实务课,多为实践课或实训课,而在新媒体时代,实验教学也需要不断强化。中山大学传播与设计学院建立了用户行为实验室、大数据传播实验室、纪实摄影和 VR 实验室、媒体交互设计实验室等,初步形成了内容采集、用户洞察和视觉呈现三大实验室模块。在实践和实验教学并重的探索中,内容产品需要技术和可视化呈现,数据挖掘的方法也变得特别重要。未来的新闻传播实务课,应考虑在实践和实训基础上,更加注重实验课程开发、教材编撰和教学创新。

第三是技术和人文并重。技术在新媒体人才培养中占据越来越大的比例,但必须有人文思考、人文理念,我们要警惕对技术的盲目追逐或过度炫耀。在一些大型活动的报道中,我们看到媒体人既在报道新闻,也在热衷报道自己使用的设备。对此,我们需要反思的是,他们的报道让我们知道了多少未知的事实?是否让我们对社会有了更深刻的理解?我们的某些时政报道有可能是"内圈"传播:一方面,传播给原来关注时政的人群看,但却没有吸引年轻人去关注;另一方面,给媒体同行自己看,满足大家自娱自乐的需要。面对技术革命,我们更加需要培养学生对人文精神的追求、对人文价值的反思。中山大学传播与设计学院在教学改革发展中,提出了"人文新媒体,融创传播学"的办学理念,就是希望始终强调人文理念对技术变革的引领、融合创新对传播研究的支撑。

这套"新媒体与公共传播实验教材丛书",就是基于以上思考和探索的成果。其中的《政治传播》《企业传播》《传播管理》《健康传播》《公益传播》等,试图体现理论与实践并重的特点,回应新媒体时代公共传播的重大问题和能力要求;《新媒体信息架构设计》《数字化消费者行为》《用户体验与交互设计方法》《数字新闻》《数字出版物教程》等,具有鲜明的实践和实验教学特点,满足新媒体传播人才培养过程中对用户行为、设计表达、数字叙事等能力的培养要求。期待这套教材的出版,能为中国新闻传播教育从新闻传播向公共传播的转型提供有益支撑,能为新媒体语境下的新闻传播实务教育改革,尤其是实验教学创新提供加速动力。

张志安

国家高端智库中山大学粤港澳发展研究院副院长

中国新闻史学会应用新闻传播学研究委员会会长

序言

Preface

迈向数字化消费者行为学

移动互联网、大数据、大平台等已经成为社会的新基础设施,这些基础设施构建了一个不同于现实世界,又与现实世界相互映射的虚拟社会,在这个虚拟社会中以及其影响下,消费者行为也发生了根本变化。该变化主要体现在以下几个方面:其一,消费者行为模式改变了,特别体现在消费者决策和消费者购买行为这两个关键点上。其二,消费者信息环境完全不同了,从不对称的不完全信息状态进入透明的几乎完全信息状态,消费者有了更大的权力。与此同时,算法的应用正在全面普及。人们在享受算法带来的便利的同时,在某些方面也面临着成为算法"囚徒"的风险。人的认知、判断与决策可能会受制于算法,人的社会位置也会因算法偏见、歧视以及其他原因受到禁锢。其三,消费者虚拟社群(consumer virtual community)广泛出现,成为消费者行为的主体形态。同时,由于大数据技术得到广泛应用,了解、把握和研究消费者的方法也完全不同了。由此,解释和影响消费者的理论方法和路径也有了很大的不同。"理解消费者"和"影响消费者"这两个核心问题有革命性的变化和进展。

本教材的主要目的就是帮助学生理解数字世界的消费者行为。如今我们在网络上消费的时间可能要多于工作或睡眠的时间,无论是消费内容、服务,还是消费实体的产品,数字化"无孔不入"。但相应的研究和教材是不足够的,尤其缺乏系统性。在数字世界里,信息和传播对消费产生了巨大影响,这导致原有的学科边界模糊。本教材融合了传播学新媒体研究和营销学相关研究的内容,并引入了大量国内数字世界的消费案例。

本教材构架由个体消费者到群体消费者,再到社会结构中的消费者三个基本层次构成。在个体层面,关注了数字世界中个体角色的变化、数字化的自我,以及感性力量在数字世界的重要作用;在群体层面,关注了虚拟社群、口碑、意见领袖、数字化消费决策以及大数据;在社会结构层面,关注了数字环境的变化、虚拟社会阶层、数字世界的亚文化。数字世界的新内容层出不穷,技术变迁和平台竞争导致虚拟世界的规则多样化,以及消费者群体和消费行为的不断变化,本教材只是呈现了其中较为重要的、基础性的部分。

感谢赵怀瀛编辑的耐心和帮助,本教材从开始有写作意图到完成已经有几年时间,由于惰性,我一直在拖稿,又由于市场的快速变化,我对书稿的结构和内容修改了多次,曾因对书稿不满意数次想要放弃,是赵怀瀛编辑的耐心和不放弃让我坚持了下来,最终完成了书稿,在此特别感谢他。也感谢我的家人对我工作的大力支持,以及我的学生在案例收集及修改方面提供的帮助和建议。完成大于完美,数字世界在不断变化,理论也在不断更新,希望这本教材始终在进行时,得到不断完善。

笔者
于中山大学

目 录
Contents

1

第一章

导　论

第一节　数字化消费者行为的兴起

消费者行为学(consumer behavior)是营销学的重要基础和根基,数字化的消费者行为则是在新的技术环境下,针对消费者行为的重要变化对学科知识体系做出的调整。数字化消费者行为的发展,首先是以互联网平台构成数字社会的基础设置为前提。从曼纽尔·卡斯特开始,传播学者认为信息技术具有通过去中心化和跨时空的社会连接进行重新构造的能力。如同工业革命时代的电力技术和蒸汽机技术一样,互联网技术的广泛使用极大地改变了人类社会的组织方式,人类社会的每一个方面,正在或已经按照互联网的方式组织起来。相对于工业资本主义和工业化国家,网络社会中的消费行为、市场结构、社会交往、文化形态以及群体生活等各个层面,都已经呈现出全新的面相,社会生活的各领域也充斥着互联网技术的诸多意外后果。正如卡斯特所言,"它撼动了各种制度,转化了各种文化,创造了财富,又引发了贫困,激发出了贪婪、创新和希望,同时又强加了苦难,输入了绝望"[1]。互联网技术不仅为人们的日常生活带来了全新的体验和全方位的变革,也对知识生产提出了新的命题。伴随着信息技术革命而兴起的数字化消费者行为,是对全面融入消费生活的互联网逻辑进行揭示和反省的结果。因此,数字化消费者行为不能简单地理解为局部研究,而应该理解为人类在新的基础设施之上,其消费方式的整体性变化。

对消费者的理解需要在互联网平台构成的数字世界中去了解,这也是做好营销的首要工作。而真正了解消费者行为是一件很不容易的事,因为消费者行为好似复杂的DNA,互联网平台使得消费者行为显得更加扑朔迷离,数字化消费者行为学就是解读或破解数字世界中消费者行为的密码,并在理论解释的基础上推动应用。

根据央视索福瑞发布的《2020年短视频用户价值研究报告》,10岁及以上网民通过独立短视频客户端等多样化渠道观看短视频的占比升至91.2%,用户规模增至7.92亿。在预设场景"如何丰富自己的周末闲暇时光"中,72.8%的网民更愿意选择短视频,数量远超网络长视频和传统电视。2020年以来,抖音、快手等商业短视频平台积极拓展布局,进一步增强用户使用黏性,数据显示51.9%的用户增加了使用时间,62.3%的用户日均收看时长为0.5~2小时。由此可见,短视频在网民媒介使用中占据越来越重要的位置,形成了新的舆论环境与媒介生态,其诱发的社会形态流动和传播结构液态化也给予了主流媒体新的机遇和挑战。

一、数字化消费者行为学的基本范畴与发展趋势

从消费者行为学和数字化两个角度来看,一般认为,作为新学科的消费者行为学著作始于20世纪60年代,如美国消费者行为学专家M.所罗门教授所言,"是一个年轻的领域"。虽然人们成为消费者无疑已有很长一段时间,但消费现象本身成为正式研究的对象却还是近年来的事情。事实上,尽管许多商学院当时都要求营销专业学生必修消费者行为学课程,但大部分学校直到20世纪70年代才开设该课程。1968年,消费者行为学领域的第一本教材问世(美国J.恩格尔等人所著的《消费者行为学》)。近几十年来,消费者行为学作为新的学术研究领域和市场实战领域发展迅速,吸引了包括心理学、社会学、营销学等多学科的学者,在国际范围和专业核心期刊中,该领域的论著和教材数量一直处于上升之中。同时,消费者研究也成为商

---

① 张兆曙.互联网的社会向度与网络社会的核心逻辑:兼论社会学如何理解互联网[J].学术研究,2018(3):51-58.

业性咨询公司、市场研究公司和广告公司的重要业务之一。

而数字化的消费者行为学就是一个更加"年轻"的领域。20世纪末的互联网和21世纪的移动互联网、人工智能将人类带入前所未有的新时代。随着数字技术的加速迭代,不仅放大了消费者的购买力,更推动了消费者行为习惯发生巨大变化,不同年龄代际的消费群体因为数字技术掌握程度的不同而展现出不同的消费行为和价值观。

1.什么是消费者行为学?

消费者行为学涵盖了很多方面,它研究个体或群体为满足需要与欲望而挑选、购买、使用或处置产品、服务、观念或体验所涉及的过程[①]。从营销学的角度看,这门学科是为了提供对消费者行为的理解,因为"营销学是一门试图影响消费者行为的学科"[②]。

也许因为视角各异、涉及面广,所以对消费者行为的定义有不同的立论观点。"决策过程论"把消费者行为定义为消费者购买、消费和处置的决策过程。"体验论"认为消费者行为是消费者的体验过程,往往是一种感性的行为——消费者是在体验中购买、在体验中消费、在体验中处置。"刺激-反应论"认为消费者行为是消费者对刺激的反应,从消费者与刺激的关系中去研究消费者行为。"平衡协调论"认为消费者行为是消费者与营销者之间的交换互动行为,是双方均衡的结果。

2.数字化消费者行为学

1995年,尼葛洛庞帝的著作《数字化生存》(*Being Digital*)出版,尼葛洛庞帝说:"计算不再只和计算机有关,它将决定我们的生存。"他预言,计算机和互联网将会使人类进入数字化生存时代。由于尼葛洛庞帝的思想极富远见,加上他的影响力,这本书产生了深刻的、广泛的影响,成为一个大时代来临的奠基之作。

显然,digital被赋予了新时代的内涵,或者说,digital是新时代的一种代称,所以,digital在此的中文翻译应该为"数字化",而不是"数字"。

随着互联网和移动互联网以出人意料的速度渗透人类社会,后来的研究者在开拓创新时,常常引用或借用尼葛洛庞帝的"数字化"(digital)一词,来表明这是某种不同于传统的思想概念。例如,数字化媒体(digital media)、数字化营销(digital marketing)、数字化传播(digital communication)、数字化品牌建立(branding in digital age)等,并且广泛使用"数字(化)革命"的提法。

尼葛洛庞帝在该书中认为,数字化生存是指人类在虚拟的、数字化的活动空间里从事信息传播、交流等活动,重点是人类在不同于传统的另外的空间里活动,当然一切都会不同。

自从曼纽尔·卡斯特提出"网络社会"的概念开始,学者们开始越来越正视互联网对社会整体的影响,而不仅局限于对技术向度的理解和探讨。网络社会不仅是现实社会的一种延伸,更是一种新的时空结构,并从根本上改变了人类社会的存在和运行方式。

消费者行为学领域当然也不会例外。2009年,著名的消费者行为学学者M.所罗门在他的《消费者行为学》(第8版)前言中简单提出了"数字化消费者行为"(digital consumer behavior)的概念,并且认为数字化消费者行为是一个"新世界"。这与他在2001年说过的话是同一个意思:"消费者的偏好和习惯在20世纪90年代末发生了重大改变。消费者的生活方式是一个移动的目标,社会的关注点和偏好处于不断发展变化之中。"当然,其他学者在近10年也表

① 埃森哲:2018中国消费者洞察报告[EB/OL].[2020-10-31].https://www.renrendoc.com/paper/136561882.html.

② 谢毅,高充彦,童泽林.消费者隐私关注研究述评与展望[J].外国经济与管理.2020,42(6):111-125.

达过类似的思想。在公司实践的领域里,人们甚至更积极地将触角深入到数字化消费者行为的新空间之中,力图捕捉新的商业机会。例如,麦肯锡、尼尔森、埃森哲等国际一流的咨询公司高度重视数字化消费者行为的调查研究新课题,并且在近几年连续发布了多份调查分析报告。

中国的数字化消费在人数上和市场规模上以绝对量级领跑全球。2018 年左右,中国就拥有最大的网购人群,用户高达 4.6 亿,是美国的 2.6 倍;中国还拥有最大的网购市场规模,线上零售销售总额高达 5.6 万亿人民币,是全球第二市场美国的 2.2 倍;中国的移动支付领先全球,2016 年 62% 的中国智能手机用户使用移动支付,是任何其他国家的 3 倍以上。数字化放大了中国消费者的购买力,并裂变出全新的消费市场结构和消费者行为,这正是具有研究和学习价值的领域。

综上所述,数字化消费者行为和数字化消费者行为学是移动互联网时代消费者行为领域的新的整体性核心概念,对学术的推进和对营销实践的指导而言,都极为重要,而关于该领域的研究方兴未艾,教材的数量和质量还尚有不足,这也是本书写作的初衷。

3.数字化消费者行为的新概念群

毫无疑问,数字革命是影响消费者行为的最重大的事件之一。互联网正在成为现代社会的基础设施,我们的消费行为也因此发生了巨大的改变。

新的社会用语和学术术语总是伴随新的时代应运而生。与传统的消费者行为学相对照,数字化消费者行为学有根本的不同。首先,体现在出现了一批新的概念、术语和关键词。

我们将与数字化消费者行为相关的新概念归纳在表 1-1 中。

表 1-1　数字化消费者行为的新概念

新概念	带来行为的改变
上网或在线(on line)	信息搜索,网购
链接(linking)、连接(connecting)	认知空间,社群
社会网络(social network)	影响力,交往方式,互动,虚拟社会
社交媒体(social media) 新媒体(new media)	媒体时间分配,信息来源,分享,互动,自媒体
大数据(big data)	了解消费者的路径和深度,智能判断
众筹(crowd funding)	共同创造,创新
智能手机(smart phone) 智能终端(smart terminal)	新的生活方式,移动购物
虚拟消费者社群(virtual consumer community)	互动,分享,参照群体,信息来源,购买决策,品牌态度
消费者比特化(bit-consumer)	行为数字化
数字自我(digital self)	线下自我和数字自我的分离与延伸
物联网	
虚拟现实(AR/VR)	
网络社会(network society)	
平台社会	
5G	
KOL/KOC	
区块链	
数字隐私	

同时,营销学和消费者行为学也出现了原有的概念之前冠以"数字化"的新表达,新的学术术语及其代表性文献如表 1-2 所示。

表 1-2　新的学术术语及代表性文献

新术语	代表性文献
数字化消费者行为	Solomon(2009)
数字化营销(digital marketing)	Carter 等(2007);Ryan & Jones(2009);《哈佛商业评论》(2014)
数字化传播(digital communication) 数字化口碑(EWOM)	Kotler & Keller(2015)
数字化生活方式(digital lifestyle)	Charmonman & Chorpothong(2005)
数字原住民(digital native)	Prensky(2001)
数字化自我(digital self)	Solomon(2015)
数字化品牌建立(digital branding)	Edelman(2010);Rowles & Daniel(2014)
数字化消费者决策模型 (consumer decision journey)	Edelman(2010)
参与度(participation)	Tuten & Solomon(2014)
融合(engagement)	Kotler & Amstrong(2017)

延伸阅读 1-1

5G 技术将给我们带来什么?

移动通信技术的奇数代——一代、三代、五代通常都是颠覆性的。颠覆性,就是可以改写游戏规则的技术。一代的时候"大哥大"出来了,不用拽根线打电话了,但是通信质量比较差。可能你打电话的时候,别人的声音串过来了,不知道在跟谁说话。接下来的 2G 是对 1G 的优化和完善,还是解决人跟人打语音电话的问题。它声音清晰了,手机变得小巧灵活了,不是"大砖头"了。所以说偶数代是对奇数代的优化。紧接 3G 出来了。我们不仅用手机打电话,还要拿它上网。我们叫移动互联网,它创造了一个新的应用场景。2007 年,乔布斯携苹果手机和 App Store 横空出世,重新定义了移动互联网。它定义了一种叫 OTT 的模式,over the top,是 NBA 篮球的术语,意思是"过顶传球"。OTT 模式打造了一个网络和业务分离的模式。就像公路一样,谁修的路、路上跑的谁家的车、车上拉的谁家的货,相互没有直接的关系。做网络的运营商收流量费就行了,做应用的开发应用就行了,各玩各的,但又能整合在一个平台上。所以大量的应用像新闻客户端、社交应用、手机支付、短视频等就都涌现出来了。但是马上 3G 的问题就出现了,网速不够、费用比较高……这时候我们最大的愿望是什么?降价提速。所以就过渡到了 4G。4G 对 3G 这种革命性的创新进行了优化和完善,通过频率复用技术、扩频技术实现降价提速。

4G 以前的移动通信解决的是 To C(To Customer),是对个人、对计算机的通信。而 5G 是 To B(To Business),更多的是对行业、对企业、对产业互联网的应用。所以我们说 5G 又是一次革命。这场革命跟我们以前的都不一样。车联网、物联网、工业互联网,都是要连接万物的,其本质是把从对人的通信,延伸到了万物互联。1995年比尔·盖茨在《未来之路》这本书里提出,未来网络在连接人与人、连接的计算机之后,最终要连接万物,叫 Internet of Things,中文翻译成"物联网"——万物互联,可控可管理。5G的到来,就把这种想象变成了一个可操作、可落地的解决方案。

"4G改变生活,5G改变社会。"最早的互联网是桌面办公互联网;之后乔布斯实现了移动互联网在个人消费和娱乐上的应用;今天,美国通用公司的工业互联网报告、德国的工业4.0、英国《财经》杂志的产业互联网报告告诉我们:互联网最终将走向行业和产业应用。当年电被发明以后,方便了人们的生活,但它的影响力是有限的。当电走向所有制造业的时候,就发生了革命性的变化。现在互联网正是在这个关口上,就像电走向所有的实体制造业,当互联网走向所有的工业产业,它的规模将是消费互联网的上万倍。

互联网一旦走向实体经济,这将是互联网的下半场,而下半场的规模要远远超过上半场,所以有人把它称作"后互联网时代"。

5G本身设定了三大应用场景。它的三个主要参数,第一个是增强移动宽带。其上网速度快,理论上的极限速度是4G的100倍。当然现在初期还达不到,它还在继续发展。100倍是什么概念?一个1080P的高清视频,1个小时的数据量是10G,如果用5G的极限速度下载,1秒钟就能下载完。5G技术下,个性化直播是每个人都能做到的,比如有一场球赛,每个在场内的人都可以做直播,可能有人在场外看直播,他喜欢葡萄牙球星克里斯蒂亚诺·罗纳尔多(C罗),球在哪儿他不在意,他就只看C罗。他就可以在场内的几百个直播里面选择,选择他喜欢的角度和专注C罗的视角。第二个是超高可靠低时延通信。在5G低时延技术的帮助下,自动驾驶汽车探测到障碍后的响应速度将降至毫秒级,比人的反应还快。虚拟现实的"沉浸式的场景服务"不再会卡顿。它能用来干什么?我们可以做一些假设,比如你在街上遛弯,看到马路对面走来一个人,他身上穿的衣服你觉得很好看。只要有5G的覆盖,你眼睛在他衣服上停留超过3秒钟,那么眼动仪就会识别到你对这件衣服感兴趣,然后生成一张你穿上这件衣服的三维动态影像。如果你觉得好,你一眨眼,它就会马上搜到哪有卖这件衣服的。想买的话,你再一眨眼,它就会扫你的虹膜对你进行身份认证,直接从账上付款,等你回家东西就送到了。第三个是海量机器通信。5G强大的连接能力可以实现从消费到生产的全环节、从人到物的全场景覆盖,快速促进互联网、物联网与各行各业的深度融合。由此,将催生最大的应用——万物互联。

就这三个参数,目前来说有三个场景可能有较大的前景。第一个是高清类视频的应用,即4K到8K的高清;第二个是智能家居方面的应用;第三个是车联网方面的应用。首先,4K到8K的视频要激活,8K的视频是令人感到身临其境的,清晰到令人震撼。家庭成员看电视的信号如今是一根光纤到家里,然后用Wi-Fi热点把家庭的三室两厅覆盖。光纤支持高清没有问题,但是只能引出一个HDMI线接电视,线不可能太长,在其他房间没办法看到。而5G可以全面覆盖。其次是智能家居。全世界第一个智能家居的实验室,2019年上半年就在海尔集团建成了,小米也已经布局了智能音箱。5G技术会让智能家居的联通变得非常简单。再次是车联网方面。汽车产业本身是个巨大的生态,无人驾驶的车的核心之一是增强现实,要在1毫秒的时间抓取各种数据,并通过边缘计算,在离你最近的地方做出操作指令。5G的赋能之处就在于这个决策信息能够用1毫秒被抓过来,然后能在边缘计算上算出控制结果。整个智能交通、车联网的应用是一个巨大的产业。无人驾驶虽然不会那么快,但是矿山类的无人驾驶车可能会出现比较早。无人驾驶融入公共交通体系中还是有很多麻烦的,但是最后1公里的小场景、自动泊车,是完全有可能很快出现的。

5G网络对人体的辐射会更大吗? 5G使用的频率比较高,是高频电磁波。频率越高的电磁波携载的能量越多,能量高的时候,就有可能对我们产生辐射效应。但是作用到人体的电磁波的能量由两个参数决定,即动量和能量的乘积决定了对人体的辐射能力。5G虽然频率高了,能量增加了,但它的动量很小,没有绕射性,基站特别小,需要安装多个基站,所以导致动量和能量的乘积反而下降了,对人体的辐射甚至低于家用微波炉。因此5G网络对人体没有危害。

5G网络使得万物互联,人工智能进一步发展,人会被机器替代吗? 工业文明刚开始的时候,一个人操作机器能顶十个工人干活,于是大量的工人下岗,甚至引发经济萧条。经济学界则认为一个人顶十个人干活,他就挣了十个人的钱,那么他就有更多的假期,他会去旅游度假、休闲娱乐,从而就产生了第三产业。最后那些下岗的人就转移到第三产业,因此,人工智能的发展绝不会出现人被完全替代的情况。我们反而会看到一个朝阳产业的产生,网络产业、创意产业都非常有前景,我们会把更多的时间放在创意上,与创意相关的行业会派生出很多新的就业生态,这就是第四产业。每一次新的产业都比之前的产业更有前景。而在第四产业,是现有的单一功能的弱人工智能无法取代的。人是有多维度的,现有的人工智能还只能做到单一功能的强大,比如下棋,但尚未出现多维度的超人工智能。在第四产业,人是多维度的,有道德情操、价值观、信仰,有非理性,有非逻辑性。这是现有的人工智能难以企及的。

5G时代对哪些职业有影响? 从移动互联网发展之初就出现一个叫斜杠青年的概念,每个人不再是一个公司的雇员,或者某一个职业的"奴隶",他们变成自由人,可以自由选择工作场所,选择工作的时间,每个人可以做多个职业。这就是自由化,是每一个人从被雇佣者变成自由人,这是可能给社会的就业会带来一个根本性的变化。5G会使得社会的分工更加细致,效率更高。

资料来源:

吕廷杰,梁冬. 万物互联的5G到底什么样? [EB/OL]. [2020 - 12 - 20]. https://www.ximalaya.com/renwenjp/26789689/208094982/p3.

二、数字化消费者行为与传统消费者行为的根本区别

数字化消费者行为与传统消费者行为到底有哪些不同? 可以肯定,它们之间的不同正在全面渗透到消费者行为的方方面面。在某种意义上,数字化消费者行为是一种革命性的新概念。变革是全面而深刻的,可以分为三个方面。首先和根本的是互联网技术对于社会的整体性改变,网络社会并不仅是对现实社会的映射,更是对现实社会的颠覆性破坏和重新建构。互联网技术带来的不是技术向度的改变,而是整个社会向度的全面改变。其次是消费者本身的变化,我们将数字化时代前后的消费者分别简称为"传统人"和"数字人",他们在虚拟的时空中,行为、态度和认同都发生了巨大的变化。再次是理解、研究、洞察、影响消费者的路径、方法、工具和手段发生了极大的变化,由此也带来了理论层面的改变。让我们分别讲述之。

1. 新的社会结构:网络社会的虚拟时空

网络交易、社交媒体、网络游戏和电子政务等所有应用模式的运行,都是以信息传递为基

础的。互联网技术以难以置信的方式加快了信息传递的速度,特别是进入移动互联网时代之后,在无线互联网信号覆盖范围内,人们只需要一个接入端口、一个链接和一个应用平台,即可瞬时获取来自世界上任何地方的信息,瞬时了解世界上任何地方发生的重大事件,也可以瞬时和世界上任何地方的人建立联系。同时,随着全面数字化进程的加速推进,互联网传递的信息在内容上达到了前所未有的程度。只要是能够在技术上实现数字化的事物,均可以在网络空间呈现、传播以及按照互联网的逻辑进行处置。总体而言,互联网信息的快速传递和全面数字化进程,实现了社会生活在网络空间的全景呈现和全面展开,或者说,实现了社会生活的全面网络化。

网络社会相对于工业社会而言,产生了最革命性的变化——虚拟时空,构筑了全新的时空结构,并从根本上改变了人类社会的存在和运行方式[①]。

网络社会的首要变化表现为空间的变化。信息技术范式的神奇之处在于能够借助互联网将物理上并不临近的地方或位置接合起来,并且愈发显示出一种虚拟的情景化趋势。人们可以借助虚拟空间展开缺场交往、共享传递经验和制造新的认同等。相对于工业化逻辑的空间结构而言,网络化空间结构的基本特征是"去中介化"。工业化逻辑对空间的拓展,是依靠不同职业群体之间的社会分工和依赖相互充当中介,由近及远不断递推而实现的,比如市场消费,依赖于空间上临近的市场中介及其递推式交易,从而间接获得遥远世界的消费品,即我们需要多级的渠道商才能获取其他地区的特产。但互联网逻辑对空间的拓展,则是通过互联网技术将任意的两个位置或场所直接连接起来,构造虚拟空间实现的,比如市场消费不需要市场中介的不断递推,就可以直接与遥远地区的商品提供者进行交易,即我们可以通过淘宝等电商平台直接获取遥远地区的商品而不需要渠道商。在互联网的逻辑下,空间有一种流动性,互联网的技术特征能够将潜在的互动关系进行空间上的黏合。

在互联网中,基于特定技术而构建的网络工具(如微博、快手等),能够在原本缺乏联系的不同消费者(个体、群体和组织)之间建立起持久的联系,进而打通不同国家或地区之间的藩篱,使处于分散、隔离状态的消费者有效地连接起来。对每个互联网产品来说,用户黏性是其根基,也是公司在线营销的工作目标之一。对于社会来说,这种黏性则让社会生活能够实现"再组织"。正是因为互联网及其移动终端能够将所有潜在的缺场用户都黏合起来,互联网才显示出"再组织"的强大力量。针对人们的不同需求,网络供应商能够围绕需求和供给开发出不同的应用模式,用户之间基于资源和信息的交流与互动让彼此得到了满足,互联网的这种跨越时空的虚拟整合带来了资源与信息的新的整合方式,而这个满足需求的过程同时也会带来观念、行为和态度的变化,甚至形成新的认同和文化。

由于互联网技术清除了空间障碍并瓦解了工业化的中介体制,网络世界的虚拟整合表现出惊人的能量。潜在消费者群体被聚合起来产生了规模效益,围绕人们日常生活中的购物、出行、订餐等需求,互联网平台建构出一个庞大的商业体系,如淘宝、美团等。

此外,网络空间的虚拟整合能够使人们在网络空间的交往中实现从个体认同向集体认同的连接。在网络上空间中的个体的聚合颠覆了原有工业化秩序。在组织层面,当人们通过互联网的技术黏性在虚拟空间结合起来,必然会改变、动摇和削弱现实空间中原有的结合方式,

---

① 张兆曙.互联网的社会向度与网络社会的核心逻辑:兼论社会学如何理解互联网[J].学术研究,2018(3):51-58.

比如个体可能更加认同自己在网络趣缘社群的身份，而不再认同"单位人"的身份。这一点在消费和市场领域则表现为电子商务平台，如京东、拼多多等对实体店铺的冲击等。在认知的社会建构层面，互联网改变了信息接触的方式、内容和范围，这一变化必然影响到个体对周遭世界的看法和态度。同样，互联网的交互式传播结构在事实上解构了单项发布、路径可控的传统信息传播结构，从而改变了集体认知（社会舆论）的发生逻辑。在规范层面，网络空间中的虚拟整合实际上是借助技术黏性重塑人们在市场交易、社会交往等方面的行为习惯，一旦由技术规则所决定的行为方式被固定下来，即有可能出现与现实世界制度规范的矛盾与冲突。

互联网技术改变了时间的存在方式。互联网的技术黏性在改变工业化逻辑所支配的空间秩序的同时，也革命性地改变了按照工业化逻辑展开的时间形式。卡斯特指出，在网络社会，线性、不可逆转、可以度量、可以预测的时间正遭遇挫折。在网络社会的结构逻辑中，有秩序、有序列的时间被取代，不再保持"时间-事项"的固有次序和功能化安排（即工业化秩序中"在固定时间完成固定事项"的时间分配制度），我们的社会生活出现了相对于工业化逻辑的"系统性紊乱"。在互联网技术的作用下，事项推展的完整序列可以被分割为一系列时间碎片和事项碎片，并根据环境和需要对这些时间碎片和事项碎片进行重组，进而建构出新的时间方式。网络社会的时间结构是一种"非序列化时间"，比如弹性时间、弹性工作、弹幕的虚假同时性等。从社会生活的展开过程来看，"非序列化时间"意味着人们可以在时间与事项的固定搭配中，把时间抽取出来与其他事项进行结合，也即原本用来完成某一特定事项的时间，可以"挪用"完成其他事项。卡斯特对此曾进行过精辟的论断，他指出，网络社会的时间"利用技术以逃脱其存在脉络，并且选择性地挪用每个脉络迄今可以提供的价值"。比如在我们现在的生活中，并没有明确的购物时间，所有的时间都可以是购物时间，同时所有的时间也可以是工作时间，两者碎片化地交互出现在生活的每个时刻和场景。

虚拟整合与"非序列化时间"的共同作用，使社会生活可以在不同的空间位置上同时展开。简单地说，网络化的社会生活不再表现为一个序列化的进程，而是表现为在时间维度上的"集中涌现"和"遍地开花"。时间感的变化是"网络化导致的社会生活节奏加快而发生的新的时间压缩"的结果。比如，互联网改变了传统媒体时代单向传播、过程可控的信息传播路径，而以一种交互式结构快速完成信息的传播和集中展演。这一变化就是互联网技术对信息传播的"进程压缩"。互联网技术在时间维度上的"进程压缩"和空间维度上的"虚拟整合"，共同建构了一幅网络化社会生活的整体画面。一旦社会生活的具体事项与互联网的技术载体恰当地结合起来，社会生活的展开过程便显示出互联网逻辑和虚拟时空的神奇之处和惊人的能量，即在空间上得以最大程度拓展，在时间上得以最大程度压缩。简单地说，就是在最短的时间内实现最大程度的扩展。21世纪以来，中国互联网快速发展，无论是互联网交易模式的普及，还是网络舆论的传播，抑或是应用模式的推广，几乎毫无例外地发生过"最短时间＋最大空间"的扩张阶段。比如，以共享单车为代表的共享经济模式几乎是在"一夜之间"遍及全国的大街小巷；许多人们共同关切的公共议题和网络舆论往往能够在极短的时间实现"刷屏"；人们或许在某一天突然发现周遭的许多人都成了"王者荣耀"的用户。这在传统工业化逻辑中是难以想象的，因为在中介化的空间秩序中，空间的扩展一定需要相应的时间保障，没有足够的时间是很难实现空间快速扩展的。

社会生活的特定需求与互联网载体的恰当结合，将会得到互联网技术的"虚拟整合"与"进程压缩"的双重助推，从而产生一种"瞬时的结构性优势"。这种"瞬时的结构性优势"不仅爆发性地推进了社会生活的网络化，使人们在不经意间已经习惯并依赖于网络化秩序。比如近十多年兴起的"双十一"购物节就是典型案例,从一个电子商务平台的促销活动,变成整个社会重要的购物节点和集体行为。而近三年兴起的直播带货,2020年全平台的GMV已达到万亿,也成为消费者普遍接受的一种购物模式。

空间维度上的虚拟整合和时间维度上的进程压缩,构成网络社会的两个基本逻辑和运行机制。在虚拟整合与进程压缩的双重助推下,社会生活和消费生活的展开过程充分显示出互联网逻辑和虚拟时空的神奇之处和惊人的能量。从这个意义上说,我们卷入其中的网络社会,也已经不是一种仅存于虚拟空间、被"创造"出来的社会存在形式,即"赛博社会"(cyber society),而是一种真实的、作为新社会结构形态的"网络社会"(network society)。

2. 新的行为模式:传统人和数字人

数字化消费者行为与传统消费者行为到底有哪些不同?简洁而言,传统人与数字人之间的差异可以说是判若两人。消费者拥抱数字时代,消费者比特化,不单是互联网时代之后出生的"数字原住民",各种年龄的人也都"移民"数字世界,例如,几乎所有人都用智能手机。与此前的消费者行为相比照,数字化消费者行为常常大相径庭。主要的改变可以归纳在以下方面。

(1)数字化消费者信息环境完全不同了。由于各种数字化媒体、社交媒体对传统媒体的大范围取代,信息基础结构从金字塔形变成去中心的立体网球形,消费者从不对称的不完全信息状态进入几乎完全透明的信息状态。由于获取信息的路径、信息传播的方式和效果、信息利用的充分性和有效性的改变,个体影响力都完全不同了。其结果是消费者的信息行为完全改变了,消费者个体成为重要的"节点",有了更大的话语权和权力(power)。

(2)数字消费者社群(digital consumer community)成为消费者行为的主体。社会网络和社交媒体促成虚拟消费者社群广泛出现,互动、分享、众筹、共创的力量成为主导的社会动力。消费者行为学在很大程度上已经从"个体行为"转向对消费者群体的高度关注和研究。群体行为不是个体行为的简单相加,两者的行为特征并不相同。情感部落、在线社群等成为营销的新的重心,通过消费者社群平台积累的顾客资产成为数字化营销的关切点。

(3)数字化口碑(EWOM)走向前台。21世纪数字化媒体的出现,使得被遗忘在历史角落里的"口碑"重新大放异彩,走到营销管理和消费者行为学的前台。它的名字从WOM变为EWOM,即"电子口碑""网络口碑"或"数字化口碑"。在学术领域,数字化口碑的研究已经成为一个新的理论热点,包括口碑与粉丝、口碑的效果测量研究等。数字化口碑魔力般放大了传统环境中消费者口碑的效应。显然,数字化口碑非常可能在短期内就形成巨大的能量,并且对于品牌忠诚度等影响甚大,其商业价值不可低估。

(4)数字化购买行为和决策模式与传统的购买决策有很明显的不同,新的购买决策模型出现了,消费者决策的路径、时间和影响权重与之前大相径庭。新的网购方式大行其道,极大改变了传统的终端购买行为,从传统的货架式电商进化到如今带有导购模式的直播电商,线上消费依然在不断进化,而消费行为、习惯、决策路径也都随之改变。在购买决策中,问题识别和购买之间的链路一再缩短,而感官、情感、情绪在购买中起到的作用越来越大,视觉化的表达、内容的生产都加速了消费者的购买决策链条。

(5)数字自我(digital self)和传统的自我(self)概念有很大的差异。数字自我所求的更多是他人的关注,是关注导向(attention focus)的,因此会表现出更加碎片化的自我,而不是一致的自我,而传统的自我概念所求的是他人的认可,更加强调自我的一致性和统一性。这个根本不同会导致消费行为的很大差异。

3. 新的洞察方法: 大数据消费者行为分析

由于大数据和智能终端技术的广泛应用,实现了智能化记录、识别、分析消费者,而且可以与消费者随时随地进行互动和相互影响。所以,了解和研究消费者的方法以及结果也完全不同了。大数据使得了解消费者行为的方法、途径和效果与以前大相径庭,原来高度难解的"消费者黑箱",已经成为大数据可以跟踪、分析、预判其行为的"消费者画像"。

移动互联网环境的大数据技术在以下四个方面可以实现以往不可能的目标。

① 上网的全记录:了解完整的踪迹。

② 搜索数据:映射出关注和需求。

③ 社交媒体的数据:判断个性和类型。

④ 移动支付:显示真实的购买行为。

特别是以上的数据都是个人化和实时化的,这种对消费者行为的精准了解,在传统时代是完全不可能的。整合上述四方面的数据,就可以实现"(数字)消费者画像"[(digital) consumer profile],即对特定消费者个体的、全景的、实时的精准描述。

应该特别指出,数字化消费者行为是全球化消费的重要体现。移动互联网打破了区域性的文化差异和隔离,是全球共同接受的技术文化的产物。当然,数字化消费者行为也是一把双刃剑,它对人类是福是祸,依然充满了争论,例如,人们关注移动互联网时代的个人隐私问题,关注智能手机等的介入是否冷漠了人际关系。

所以,消费者行为学的理论面临修正、更新乃至重构——走向虚拟时空的数字化消费者行为学,走向大数据时代的、信息充分条件下的数字化消费者行为学,走向智能技术支撑的数字化消费者行为学。

延伸阅读 1-2

消费者网络隐私关注

消费者网络隐私关注是指网络用户对网站收集和使用其个人信息的行为的忧虑,反映了个体对网站对待其个人信息的期望和网站实际行为之间的差异感知。

随着互联网和大数据技术的广泛应用,越来越多的企业认识到消费者数据的价值和重要性。以各种直接或间接的方式收集、保存和使用消费者的隐私数据逐渐成为其他企业一项"常规"的营销行为。例如,企业能够掌握并分析包括消费者个人隐私数据在内的海量信息的能力是行为瞄准和产品推荐得以实现的基础。与此同时,企业对获取顾客隐私数据的重视和对保护顾客隐私数据的忽视现象并存。顾客隐私遭到大规模泄露的事件时有发生,甚至升级为严重损害消费者利益和企业声誉的丑闻。而随着我国公众个人隐私意识的不断增强,消费者对企业在收集、保存和使用个人隐私数据方面行为的关注度不断提高。而且,他们也呈现出对企业的这些行为做出实质性反馈的倾向。例如,Veritas 公司在其 2018 年发布的《全球消费者数据隐私报告》中指出,如果企业未能妥善保护个人数据,57.7% 的中国受访者表示将停止从该企业购买产品和服务,而如果企业能够有效保护个人数据的安全,则有 90.5% 的受访者表示愿意加大从该企业购买的力度。消费者一方面出于便利或体验等利益而允许企业收集自己的信息,另一方面又很可能会产生对隐私外泄或信息被滥用的担忧。这种消费领域的隐私关注(privacy concern)已经成为互联网时代的一个全球性议题。

从20世纪末、21世纪初开始,国际上就逐渐涌现出一系列对互联网时代消费者隐私问题的研究。这些研究在消费者隐私关注的内涵和测量方式、关键影响因素以及对消费决策和营销绩效的影响等方面积累了比较丰富的成果。随着互联网经济的飞速发展,新的市场现象不断涌现,如共享经济、大规模的隐私泄露事件、新颁布的互联网数据安全和个人隐私相关法律等,这些都为消费者隐私及隐私关注领域提供了新的研究议题和方向。此外,由于文化、历史和法律等多方面的原因,中国消费者在对待个人隐私的态度和行为上与西方消费者之间很可能存在巨大的差异。而且,中国消费者内部也存在明显的不同,这就增加了企业应对消费者隐私泄露丑闻的复杂性和难度。目前,国内学者对消费者隐私问题的研究大多来自技术和法律领域。

隐私研究领域的文献认为,大多数用于营销目的的消费者个人信息包括以下五个方面:①人口统计特征;②生活方式特征;③购买习惯;④金融数据;⑤个人识别信息(如姓名、住址、身份证号)。而且,消费者对这五类隐私信息的关注程度不同。以美国消费者为对象的研究发现,消费者更愿意向企业提供第一类和第二类信息,而第三、四、五类信息更容易使他们产生隐私关注。

消费者隐私关注的影响因素如下。

(一)消费者的人口统计特征对消费者隐私关注的影响

消费者对隐私问题的关注程度会受到性别、年龄(或代际)、收入和教育背景等个人人口统计特征的影响。一般来说,女性比男性具有更高水平的隐私关注。与年轻人相比,年长的人具有更高水平的隐私关注。而且,年轻消费者和年长消费者在隐私关注上的差异会随着时间的推移而进一步加深。在欧洲七个国家开展的一项定性研究为隐私关注的代际差异提供了一种可能的解释。研究发现,与年长的消费者相比,年轻的消费者对数据管理持有更积极的态度,更相信自己有能力预防数据被滥用,因此隐私关注水平更低。此外,早期的研究还指出,收入和受教育程度较低的人通常呈现出较低水平的隐私关注。

(二)消费者的心理特征对消费者隐私关注的影响

有关心理特征对消费者隐私关注影响的研究比较有限,主要集中在对个性特质和文化价值观的考察上。

1.个性特质的影响

消费者的个性特质会影响他们对隐私问题的关注程度。以五大个性特质的框架来看,不同人格特质的影响力又存在明显的差异。一项针对网上健康信息的研究发现,情绪不稳定性(emotional instability)和宜人性(agreeableness)特质会提高人们对信息的敏感性(information sensitivity),从而提高他们的隐私关注度;聪慧(intellect)则会降低人们对信息的敏感性,从而降低隐私关注度;而外向性(extroversion)和尽责性(consciousness)对隐私关注度不存在显著影响。进一步的研究还发现,情境敏感性会调节以上关系,外向性特质只有在低敏感性情境下才会降低隐私关注度,而在高敏感性情境下则不存在显著影响。

2.文化的影响

不同文化、不同国家的消费者在隐私关注上也存在差异。以霍夫斯塔的文化价值观框架和CFIP模型来看,个人/集体主义和不确定性规避与隐私关注的错误维度之间具有负相关关系,而男性/女性主义与隐私关注的错误维度之间则具有正相关关系,不确定性规避与隐私关注的收集维度之间具有负相关关系。有些国家虽然在地域上相互临近,但其消费者对隐私的态度却并不相似。例如,欧洲南部国家的人认为提供信息是一种个人选择,而东部国家的人则认为是被迫的。

3. 其他一般性心理倾向的影响

已有研究还发现，一些消费者的一般性心理倾向会提高他们的隐私关注水平，如较高的风险规避倾向、认知需求和涉入度。然而，关于自我效能的影响作用，现有研究的结论并不一致。有的研究认为消费者在线上交易中的自我效能有助于降低他们的隐私关注，而有的研究则发现自我效能与隐私关注之间不存在显著的关系。

(三)消费者的经验和信念对消费者隐私关注的影响

1. 相关经验的影响

消费者与信息和隐私相关的经历和体验是决定消费者隐私关注水平的重要因素，这一观点得到了大量实证证据的支持。已经达成一致的结论是，消费者过去的负面体验会提高他们的隐私关注度。这样的负面体验既包括个人隐私被滥用的亲身经历，也包括通过媒体获悉的大规模隐私泄露事件中由他人经历而引发的负面体验。如果零售商发布了数据泄露通告，顾客就会担心自己的数据可能遭到侵害（即数据易侵性），并由此进一步产生消费量和渠道选择等行为上的改变。消费者的隐私关注不仅受到企业行为的影响，还受到周围人的数据应用行为的影响。例如，研究发现网络用户在社交网站上的个人隐私信息被同伴滥用的经历会提高他们的隐私关注度。而且，学者们通过经济模型的推导以及实证调查都发现，随着时间的推移，人们对隐私的关注会不断提升。

2. 相关信念的影响

一些与网络及信息相关的信念和知识也会影响消费者的隐私关注水平。例如，丰富的互联网知识有助于降低消费者的隐私关注，而消费者对企业保护隐私的高预期、对信息控制的渴望、对信息透明度的重视则会提高消费者的隐私关注。此外，还有一些研究指出，消费者对企业总体性的积极评价（如高声誉、高熟悉度）也会降低他们的隐私关注。

(四)企业的营销/管理实践对消费者隐私关注的影响

现有研究已经指出了一些会对消费者的隐私关注程度产生影响的企业策略和行为。下面分别对会加剧和降低消费者隐私关注的企业实践予以阐述。

1. 加剧消费者隐私关注的企业实践

会加剧消费者隐私关注的企业实践包括直复营销（direct marketing）、追踪消费者活动的在线行为瞄准、基于位置的服务、营销组合的个性化（personalization），以及零售企业采用的智能货架（smart shelves）及邻近营销（proximity marketing）等新技术。特别是营销组合（如产品或服务、价格、沟通）的个性化策略已经被互联网企业广泛采用，而这种策略得以实现的基础是企业对包括个人隐私数据在内的海量消费者信息的获取、分析和运用，因此很容易引发消费者对隐私安全的担忧。例如，可能泄露个人隐私的行为定向广告会加剧消费者对隐私安全的担忧，从而降低行为定向广告的有效性。

然而，个性化同时也为消费者带来了便利性和适用性更强的产品或服务，这些利益促使消费者在个性化和隐私关注之间进行权衡。因此，企业可以通过一定的策略和方法改变消费者面对个性化营销组合时的隐私关注程度。

2. 降低消费者隐私关注的企业实践

有助于降低消费者隐私关注的企业实践包括采用明确公平的隐私政策、具备保护隐私的手段和特征（如隐私认证），以及向消费者提供补偿或利益。特别是企业提供的金钱类补偿对于降低消费者的隐私关注具有更好的效果。在不同的隐私保障方式中，采用隐私声明比采用隐私认证更能有效推动消费者的信息披露。对于上文讨论过的由个性化策略引起的隐私关注问题,企业可以通过改变个性化的具体方式和方法来缓解。例如,采用隐秘式(convert)个性化比采用公开式(overt)个性化会让消费者感知到更低的隐私披露风险。在隐私细分的基础上开展直复营销以及采用差异化的媒介来实现个性化的沟通也有助于降低隐私关注。

3.企业实践对消费者隐私关注影响的调节变量

然而,已有研究对于这些可能改变消费者隐私关注的企业实践的有效性尚未达成一致。并且,近期的研究开始探讨旨在降低消费者隐私关注的企业行为有效性的边界条件。具有调节作用的变量包括感知风险、控制感和文化差异。例如,单单是出现隐私认证标识就能够提高具有高感知购物风险的消费者的信息披露意愿,而对那些具有低感知购物风险的消费者则没有影响。从精细加工可能性模型(elaboration likelihood model)的视角来看,消费者的隐私关注受到包括隐私政策在内的中心线索和包括隐私认证在内的边缘线索的共同影响,对隐私的控制感则会加强这两种线索对隐私关注的积极作用。尽管考察文化差异的调节作用有潜力获得丰富的研究成果,但是目前的相关研究还处于比较初步的阶段,多为对两个国家的直接比较。例如,有研究发现保证型网络认证服务对美国消费者有效,而对韩国消费者则是无效的。但是,现有研究对这种现象背后的本质原因剖析不足,也缺少在更广泛的文化/国家间进行的分析。

(五)消费者与企业的互动特征对消费者隐私关注的影响

1.互动特征的直接影响

企业在与消费者进行营销互动时所采用的具体方式会影响消费者在当时特定情境下的隐私关注程度,相关的主要因素包括消费者赋权/控制力、信息索取以及信息的敏感度、互动界面的设计以及沟通的质量。特别是无论是在实施个性化广告,还是在其他涉及消费者隐私的企业活动中,向消费者赋权,即让消费者对个人信息的收集和使用具有更多的控制力,都有助于降低他们的隐私关注水平。在互动界面中提高应用程序的可用性以及在互动过程中加强社会存在感(即呈现人性化的特点)都有助于降低用户的隐私关注,而低质量的沟通和向消费者索取高敏感度的信息则会加剧消费者的隐私关注。

2.互动特征的间接影响

消费者与企业互动的特征不仅会直接对隐私关注产生影响,而且还会通过互动过程引发的感知进一步对消费者的隐私关注产生间接影响。由互动特征引发的消费者感知主要包括感知利益、感知成本、感知风险和感知公平。

资料来源:

谢毅,高充彦,童泽林.消费者隐私关注研究述评与展望[J].外国经济与管理,2020,42(6):111-125.

第二节 数字化消费者行为学的学科特征

同消费者行为学一样,数字化消费者行为学首先是跨学科的。如同人类行为是复杂多样的一样,消费者行为也是难以完全理解的复杂问题,并且数字化消费者行为中还加入了技术的变量。因此,消费者行为学出现了多学科"围攻"的多元化的基本局面,常常借用或引入心理学等其他学科的概念和理论工具,以及计算机相关学科的学者涌入等基本状况,如社交网络分析、ABM(Agent-based modeling)仿真模拟、大数据、人工智能深度学习等。社会学的"社会流动"与社会阶层概念、心理学的"自我"(self)概念和斯金纳的条件反射理论等用于消费者行为研究吸引了许多领域学者的加入,他们共同关注市场中消费者的心理与行为,以及他们如何互相影响,并运用不同学科的知识和方法来解释。

今天和未来的消费者行为学仍将保持开放中的跨学科性质,只不过,以前非常广泛地与心理学、营销学、社会学、经济学、人类学和历史学等多门学科有关联,现在则更进一步加入了数字技术和智能科学。

消费者行为学的另一个特征是既注重学术,也注重应用。这种"研究与应用并重"的学科特征在数字化时代不但不会改变,反而将更加融合和更加强化。特别是营销管理视角的消费者行为学,更强调研究与营销的结合。现代营销管理以"顾客导向"和"顾客价值"为宗旨,从整体上而言,营销的全过程和各个分支都离不开消费者(顾客)研究,从而为消费者行为研究的应用提供了巨大的需求和机会。

在数字化时代,消费者行为的研究成果会更加快捷和更多地应用在营销战略的转型上。而在过去几十年中,消费者行为研究与营销传播(广告、促销)有很大的关联度,即消费者行为研究常常会落地在"如何影响消费者"的实务之中。Baker & Saren 在 2010 年的一项对《消费者研究学刊》的论文进行内容分析的研究结果表明,消费者心理与行为研究在营销中的应用显著或主要落在两个影响区域:广告和广告效果(占 30%)、沟通和劝说(营销沟通和消费者态度)(占 24%)。比如,应用各种心理模型研究如何改进广告效果(如 2000 年前后对美国戒烟广告的效果研究)。20 世纪五六十年代,心理学为市场细分提供了依据和划分的工具,包括应用所提出的种种概念进行市场细分,其中,以生活方式对人群作市场细分的方法应用得最深入、效果最好。凯文·凯勒认为在 20 世纪 90 年代,品牌领域建立了基于消费者的品牌资产理论,使得品牌研究的主流与消费者行为密切相关,品牌-消费者关系、品牌(消费者)社群等以消费者为主体的研究为品牌战略管理提供了方向和依据。

消费者行为学的根本问题是"如何解释消费者行为",这个根本问题并没有因为大数据等技术创新而改变。当然,消费者行为学的学科基本特征(多元性和开放性、研究与应用交融)也没有改变。

一、研究方法的多元化

消费者行为的研究方法有多种,从研究理念和方法论的层面,大致可分为两大类型,即实证主义(positivism)和阐释主义(interpretivism)。

两者在研究理念上的主要区别可参见表 1-3。

表 1-3 实证主义与阐释主义的理念区别

实证主义	阐释主义
现实(reality)只有一个,它由不同的可分离的微小元素组成	现实不止一个,而是有多个,它们是由人类创造的
研究者与被研究者的关系是分离的(independent)	研究者与被研究者的关系是互动的
研究结论有推广性(generalizable)	研究结论无法推广
现实有因有果	现实没有因果
研究结果必然是"有价值"的	研究结果存在"没有价值"的可能性

资料来源:HIRSHMAN E C. Humanistic Inquiry in Marketing Research:Philosophy,Method,and Criteria [J]. Journal of Marketing Research,1986(23):239.

两者在方法论上的区分是：实证主义方法强调科学的客观性，并视消费者为理性决策者；相反，阐释主义方法强调消费者个人经验的主观意义，并认为任何行为都是受多重原因，而不是单一原因支配的（见表 1-4）。

表 1-4　消费者行为学中的实证主义方法与阐释主义方法

假 设	实证主义	阐释主义
现实的本质	客观的、实在的、唯一的	社会构建的、复合的
目标	预测	理解
产生的知识	不受时间限制，不依赖背景	受时间限制，依赖背景
对因果关系的看法	存在真实的原因	复合的、同时发生的具有形成条件的事件
研究关系	研究者与被研究者互相独立	研究者是所研究现象的一部分，与被研究者互相影响、互相协作

资料来源：HUDSON L A，OZANNE J L. Alternative Way of Seeking Knowledge in Consumer Research [J]. Journal of Consumer Research，1998(14)：508-521.

虽然实证主义方法在消费者行为研究中占据主流地位，但是，有学者质疑，如果只用"科学（实验）方法"，被研究者的内心世界是否可被完全反映及了解？ 实证主义被质疑是否能够全面发掘消费者的"隐藏动机"（hidden motivation）。 即使运用了高效的方法询问消费者，他们也未必一定回答隐藏的真正动机。 所以，阐释主义不赞同实证主义所持观点，消费者的行为很多时候不能以科学方法作分析及了解，而往往需要以"人性"或"人本"的方法作深入（in-depth）的了解。 在实证主义研究过程中，研究者（researchers）与被研究者（subjects）的关系往往存在"距离"，也就是说，研究人员并不参与，只是观察。 而阐释主义却注重参与，研究者与被研究者的关系及研究过程往往是以"共处"（in-dwelling）的形式进行。 它注重参与者个人经验的结果，而不是以实验法控制某变量的结果，研究者因此成为研究的"量尺"（measuring instrument）。 阐释主义亦因此被称为人本主义（humanism）、自然主义（naturalism）、经验主义（experientialism）及后实证主义（post-positivism）。

以一项中国消费者行为的研究为例，实证主义者会基于一套有步骤的科学实验法，把研究对象——"被邀参与研究的中国人"置于一个模仿现实背景的实验场所内进行态度测试，所得数据性支持的结果将普及整个中国社会——实验结果代表现实情况。 相反，阐释主义者则会亲身居住在中国，以融入、参与及感受的非实验法来收集及分析结果，而数据执着性较低。 有一点很重要，在探讨方法时，重点应该是哪个方法更能反映消费者的真正想法。

自 20 世纪 80 年代以来，研究消费者行为的人本主义方法更受到关注。 90 年代以来，实证主义和阐释主义的发展出现两个值得重视的现象：一是两种基本取向由"争论"变为"讨论"、由"对立"变为"互补"；二是消费者研究学派的分类逐渐明朗，各自的特征及定位更加清楚。

随着复杂性科学和系统理论的不断发展，利用计算机建模进行研究的方法在社会科学领域也受到越来越多的重视。 在社会学、经济学、管理学等学科的研究中，计算机建模方法的应用帮助研究者形成了许多崭新的研究思路。 近年来，国外已有学者尝试把基于行为主体的建模，如 ABM 仿真模拟方法引入消费者行为研究领域。

复杂范式是一种新的研究范式，主要通过计算机仿真模拟的方式来探讨差异化的个体消费者行为和个体间交互后所涌现的群体行为,可以有效克服两种传统研究范式的局限性,因为复杂性科学的基本假设既能很好地反映消费者行为的复杂性,又能很好地预测消费者行为。

ABM 方法放弃了经典经济学关于理性人的苛刻假设,以有限理性的学习主体来代替完全理性的个体;它重视群体中每个个体的特性(即异质性),更重视个体间的交互作用,认为每个主体都是主动的实体,具有环境适应能力或学习能力,这一特点使其成为研究复杂系统的有力手段。其研究思路可概括为如下基本步骤:首先,由研究者构建一个由一群主体组成的虚拟市场,一般包含成千上万的消费者以及一定数量的品牌。其次,研究者根据现有理论或先验知识去定义该虚拟市场的初始条件,包括市场基本竞争规则,各品牌的营销策略,消费者的行为、态度、认知过程等,以及各主体交互(既包括消费者之间的交互,也包括消费者与品牌之间的交互等)的规范和方式。再次,研究者不再干预这个虚拟市场,让这个系统在主体自发的互动中演化。最后,研究者对自发演化生成的数据和信息进行归纳、总结,形成理论或提出政策建议[①]。

ABM 方法的关键在于,研究者一旦根据自己的研究意图和目标建立起一个虚拟市场,就会让这个虚拟市场自发演化。与传统方法不同,该方法可通过系统运行来生成数据,从而直接进行理论检验或提出实证建议。因此,ABM 仿真模拟的方法是不同于理论与实证方法的第三种方法。

ABM 技术已被广泛应用于涉及复杂系统的各个领域,其基本思想是通过模拟现实世界,将复杂系统划分为与之相应的行为主体,以自下而上的方式,从研究个体微观行为入手,考察系统宏观行为。作为一种新的研究方法,ABM 方法在社会科学领域得到了越来越广泛的应用。以消费者行为学为例,复杂性科学已经在其三个主要相关领域(社会学、经济学、管理学)得到应用。

二、研究与应用并重

与消费者研究的其他领域相比,消费者行为学既注重学术,也注重应用,特别是营销管理视角的消费者行为学更强调将研究与营销战略、营销活动结合起来。现代营销管理以"顾客导向"和"顾客价值"为宗旨,为消费者行为研究的应用提供了巨大的需求和机会。

消费者行为的研究成果对营销实践的影响表现在哪些方面?从整体上而言,营销的全过程和各个分支都离不开消费者(顾客)研究。

三、消费者行为学的发展趋势

从总体上看,消费者行为学的发展呈现出以下几个趋势。

(1)随着数字化时代的到来,人类正在进入一个新的大时代,21 世纪的消费者行为学将发生许多新的根本性变化,消费者行为学的许多内容都将更新和重构。数字化消费者行为正在兴起发展之中。

(2)研究重心更集中在人——消费者自身。将外部环境归因到人,如自我概念、角色、原型、心理地图,特别是消费者体验更受到重视;对各种新一代消费群的研究将成为热点。对从单个人到人的关系的研究将会持续,如社交网络和消费者虚拟社群。

---

① 张浩,王永贵.消费者行为研究新范式及基于行为主体的计算营销学评介[J].外国经济与管理,2010(3):40-45.

（3）研究感官体验、情绪、情感在消费中的作用。视觉、听觉等内容，甚至是沉浸式的 AR/VR 的体验，对消费者的影响越来越大；内容代替产品功能成为营销的重点，情绪、情感对于消费决策的影响逐渐加重，甚至可能超越理性对消费的影响。

（4）研究本土文化背景下的消费者行为。长期以来，消费者行为学的研究对象基本局限在西方消费者身上，全球营销促使对其他文化背景中的消费者行为给予关注。新兴市场，特别是中国本土的数字化应用和发展已经走在世界前列，其中展现的数字化消费者行为和现象也极为新鲜和丰富，为相关研究提出了大量问题，也提供了大量的素材和研究课题。

第三节　数字世界中消费者行为的不变

这个世界确实逐渐进入了一个"消费者比特化"的时代，由于连接留下的"痕迹"，造成轨迹可以追踪，并基于大量的数据建模、计算来预测消费者行为并引导成交。虽然技术变迁带来的社会变迁极大程度上改变了我们的消费行为，但有一些东西是亘古不变的，人的七情六欲、一些根深蒂固的文化规范依然支配着我们的消费生活，甚至有了更强的影响力；只是可能在数字时代有了不同的欲望满足形式和不同的表现形式，比如消费者对自我的重视和偏爱、消费者的归属需求、不确定引发了对吉利的追求、正强化对消费学习的影响等。互联网技术、5G、大数据都是改变社会组织方式和整个世界的高新科技，但人的大脑却没有飞跃式的改变，我们的需求、情感、判断和决策依然是基于人性。云计算、大数据、人工智能能让分析更有效、更快、更精准，但是它们未必能有"情感"和价值观，而人类的情感、共鸣、价值观、心灵才是真正需要被打动的。数据和科技是伟大的和革命性的，但"人"的世界不可能全部被数字替代的，人性是永恒的。

首先，消费者对价值的追求是不变的。购买永远发生在感知价值大于感知成本的时候。虽然获取信息的方式变化了，评估的模式可能也变化了，但消费者在每次购买的时候依然在衡量价值和成本。每个消费者都是在感知价值大于成本的时候才有可能进行购买，只是感知价值的方式可能发生了变化。

其次，消费者对自我的关注是不变的。近几年短视频应用如抖音、快手等成为热门平台，拥有大量用户。为什么短视频会如此流行？第一个原因就是"自我展示"与"暴露需求"。比如聚餐时的欢乐是希望和别人分享的，尤其是吃到美食的时候，特别愿意分享给家人、朋友，同时也需要分享自己的心情，这就是随时随地"暴露自我"的需求。在传统社会我们通过交谈满足需求，在早期互联网时代我们通过文字交流满足需求，而现在我们通过短视频来满足需求。

再者，消费者在独特性和归属感之间进行权衡是不变的。人是社会性的动物，需要有群体归属感，在传统社会中，大家通过归属于某个学校、工作单位等来获取归属感；而在数字世界，通过网络趣缘群体之类的横向连接也成为获取归属感的重要方式，其认同感和重要性甚至超过传统的方式，但不变的是对归属感的需求。在归属的同时，消费者又永远有独特性的需求，希望自己是区别于他人的独特个体。在传统社会中，消费者可能通过购买风格化的服饰等来展示自己的独特性，而在数字世界，消费者可能通过购买限量版的游戏皮肤等来展示自己的独特性。人类的永恒孤独感使得社交网络变得发达，尽管网络已经把很多人连接在一起，但大部分人还是会经常感到孤独，大家又都处于连接中的"群体性孤独"（alone together）。我们渴望了解别人，也渴望被了解，这依然是推动各种社交应用不断迭代和更替的基本动力。

案例 1-1

泡泡玛特与斯金纳的强化理论

2020年12月11日，"盲盒"第一股泡泡玛特（POP MART）正式登陆港交所，开盘涨幅即超100%，截至收盘涨幅达79%，总市值953亿港元。而在一年前的最后一轮风投中，泡泡玛特的估值仅为25亿美元。2020年由于新冠疫情，无疑是线下零售凋零的一年，为何泡泡玛特能异军突起，在2020年上半年同比录得24%的增长？

2017—2019年，泡泡玛特营收分别为1.58亿元、5.14亿元（+225.4%）、16.83亿元（+227.2%）。在2020年的"双十一"，泡泡玛特天猫旗舰店的销售额高达1.42亿元，成为玩具类商家中首家"亿元俱乐部"成员，更在国内潮流玩具市场中的零售额占有率达到8.5%。据相关数据显示，截至2019年12月31日，泡泡玛特的销售与经销网络已经包括国内33个一二线城市主流商圈的114家零售店，以及57个城市的825家创新机器人商店。

从一家名不见经传，甚至多年亏损的玩具企业变身潮玩巨头，在外界看来，这一切的转变都来源于小小的盲盒。从2016年签下潮玩设计师，成为后者设计的Molly系列潮玩独家代理，几乎可以算是为泡泡玛特的成功之路开了个好头，但随后从日本扭蛋机中衍生出来的盲盒，则为其注入了新的活力。

泡泡玛特一个系列共有12个款式外加1个隐藏款的玩法，用《阿甘正传》中"人生就像是一盒巧克力，你永远不知道下一个吃到的是什么味道"来形容可以说是恰如其分。事实上，盲盒的玩法从本质上来说，与如今手游里普遍存在的抽卡机制几乎完全一致，都是让用户在潜移默化下中了猎奇与赌徒心理的"毒"。

盲盒的流行看起来是数字世界的Z世代的选择。然而，能在21世纪20年代的今天造就一家千亿估值公司的理论，其实早在80多年前就已经出现。斯金纳在1938年曾做过著名的斯金纳箱实验，而这一实验的原理将完美解读今日泡泡玛特的成功。

斯金纳箱实验其实十分简单，将小白鼠放进一个箱子中并设置好按键或杠杆，通过调整触碰按键或杠杆的奖励，来研究小白鼠对于奖励的行为变化。实验分为以下五个阶段：

- 实验1：将一只很饿的小白鼠放入一个有按钮的箱中，每次按下按钮，则掉落食物。

  结果：小白鼠自发学会了按按钮。（正强化）

- 实验2：将一只小白鼠放入一个有按钮的箱中。每次小白鼠不按下按钮，则箱子通电。

  结果：小白鼠学会了按按钮。（但随着惩罚消失，学习效果也很快就消失）（负强化）

- 实验3：将一只很饿的小白鼠放入斯金纳箱中，由一开始的一直掉落食物，逐渐降低到每1分钟后，按下按钮可概率掉落食物。

  结果：小白鼠一开始不停按按钮。过一段时间之后，小白鼠学会了间隔1分钟按一次按钮。

- 实验4：将一只很饿的小白鼠放入斯金纳箱中，多次按下按钮，概率掉落食物。

  结果：小白鼠学会了不停地按按钮。

- 实验5：在箱子中随机放食物，不与按钮关联，属于实验4的变化，概率型斯金纳箱。

  结果：这些小白鼠有很多培养出了奇特的行为习惯，比如撞箱子、作揖、转圈跳舞。

相信看到这里，我们已经能够把自己的日常的行为与斯金纳箱实验产生充足的联系。事实上,人类虽然拥有比小白鼠高出成千上万倍的智商,但作为生物的行为本能其实并无太大的差异。

- 实验1:解释了日常的行为与奖励的理性的线性联系。更多可以解释为我们的理性消费行为,花一定的钱,换等价的物品。

- 实验2:解释了为什么在法律制度健全甚至惩罚严厉的环境下,犯罪仍无法消失。当然,也和后续的实验一起解释了为什么喜欢惩罚员工的公司往往没能从惩罚中收获其想要的结果,而很多崇尚快乐文化的科技公司员工忠诚度更高。

- 实验3:解释了智慧生物能够根据奖励频率和时间调整自己的行为,也可以解释日常生活中喜欢在闲暇时摸鱼偷懒的人的行为。

- 实验4:完美地解释了泡泡玛特大获成功的原因。概率化的正反馈导致消费者无法量化自己所花的钱与所得的奖励之间的关系,即有可能花费极少的成本就获得巨大的正反馈。

为了获得正反馈(比如仅有 1% 可能抽到稀有玩具),消费者不得不反复地去消费盲盒,就如同小白鼠并不知道哪一次能获得食物,只能不停地按按键希望得到正反馈,在这个时候,人类与小白鼠是类似的。不管是在传统社会,还是在网络社会,这个学习过程在消费者行为中始终存在,而如今移动支付、外卖盛行都是基于该理论。平台给予采用线下支付、点外卖的行为一定的现金补贴,就是这种正强化。

- 实验5:更有趣了,如果某家泡泡玛特直营店曾经多次出现稀有物品,或者有多个在不同分店抽到稀有物品的人有行为共性,这一消息一旦传播开来,那么大家就会蜂拥而至,并且反推原因——如猜测这家店是旗舰店货源有优势,或早上到货的盲盒更容易出现稀有物品。

更常见的例子就是彩票投注站,中过大奖的投注站往往能吸引更多的彩民不远万里来投注。

因此,泡泡玛特通过收集这一行为,为消费者的购买加入了"酬赏"的随机概论强化的因素。不少消费者沉迷购买盲盒的原因,就是为了集齐某一个系列,而去追逐某一个稀缺隐藏款,就与本能中对于猎物的追逐一样,在目标驱动下人类会去克服障碍,这个过程能带来满足感,就好比网络游戏中打倒BOSS或击杀敌人一样。

心理学家们已经发现,即使不确定性与好奇心将可能带来一些负面效应,比如掏空你的钱包、抽到你并不喜欢的 Molly,人们也会不顾这个负面后果去满足自己的好奇心与不确定性带来的刺激,以及幻想过后实现的满足感。

资料来源:

1. 知乎,盲盒还是潘多拉魔盒:深入解读泡泡玛特千亿估值背后的斯金纳理论[EB/OL].[2020 - 10 - 30]. https://zhuanlan.zhihu.com/p/338825520.

2. 知乎,泡泡玛特:从开杂货铺到潮玩领头羊[EB/OL].[2020 - 09 - 17]. https://zhuanlan.zhihu.com/p/265079094.

第二章

数字化消费者的信息获取与使用

从营销的角度深入了解消费者的行为,为理解消费者决策过程、有效与消费者沟通,以及在不同情境中有效影响消费者提供了依据和指引。尤其在移动互联网时代,信息环境和消费者行为发生了根本的变化,进而引发营销和商业领域的革命。

第一节　信息环境的变化

信息环境(information environment)是指与信息获取、交流和分享利用等有关的各种要素的集合,它们构成了信息生态系统的总和。

消费者行为与消费者所处的信息环境密不可分。可以想象,由信息不充分、不对称的环境转换到信息透明、对称又随手可得的环境,消费者的认知、偏好、选择、购买决策行为等会有天壤之别。在移动互联网时代,数字化媒体带来了人类信息环境的重大改变,实现了充分的信息分享环境(information sharing environment,ISE)。由此直接导致在消费者的生活中,出现了"上网""搜索""链接""博客""微信""互动""分享"等新关键词及其对应的行为,这反映了信息环境的变化所引发的行为变化。

一、信息环境与媒体演变

信息环境首先因媒体的演变而改变。从古至今,媒体的演变历经三个时期:从早期人类社会的口碑传播时期,发展到大众传播时期(四大媒体——报纸、杂志、广播、电视),再演变到 21世纪的新媒体时期。移动互联网时代信息环境的突变在很大程度上源于新媒体的蓬勃兴起和广泛渗透。

美国传播学家 A.哈特把人类有史以来的传播媒体按照先后顺序分为以下三类。

(1)直显媒体系统,即人类面对面传递信息的媒体,主要指人类的口语,也包括表情、动作、眼神等非语言符号,它们是由人体的感官或器官本身来执行功能的媒体系统。

(2)再现媒体系统,包括绘画、文字、活字印刷和摄影等。在这一类系统中,对信息的生产和传播者来说,需要使用物质工具或机器,但对信息接受者来说则不需要。

(3)机器媒体系统,包括电报、电话、唱机、电影、广播、电视、多媒体、互联网等。这些媒介,不但传播一方需要使用机器,接受一方也必须使用机器。

哈特的媒体演化简图如图 2-1 所示,它简要归纳了媒体的历史演变顺序,由此可以想象消费者所处的信息环境相应的变迁。

我们最关心的当然是新媒体。1998 年,联合国教科文组织对新媒体的定义是:"以数字技术为基础,以网络为载体进行信息传播的媒体。"在维基百科中,新媒体是指数字技术在信息传播媒体中的应用所产生的新传播模式或形态。美国的《在线》杂志给新媒体的定义是:面向所有人进行的传播(communications for all,by all)。虽然新媒体这个词很早就已出现,但对于普通消费者而言,互联网的兴起,才真正开启了新媒体时代。

显然,新媒体只是相对旧媒体而言的一种表述。由于新媒体发展很快,有研究者如保罗·莱文森又将媒体分为三类:旧媒体、新媒体、新新媒体。旧媒体就是互联网以前的媒体,包括报纸、杂志、广播、电视、电影等,其特征是自上而下的控制。新媒体是指互联网第一代媒体,发端于 20世纪 90 年代,如电子邮件、报刊的网络版。新新媒体是指互联网的第二代媒体,发端于 20 世纪末,兴盛于 21 世纪,如微信、Facebook、YouTube、Twitter 等,其主要特征是没有自上而下的控制,信息的消费者也是其生产者,由用户产生内容等。所以,新媒体本质上是数字化媒体(digital media)。

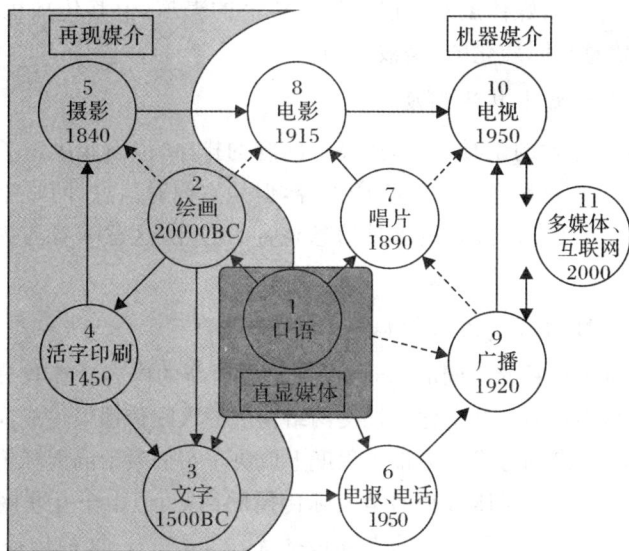

图 2-1　传播媒体发展概略图

资料来源：HART A. Understanding the Media[M]. Routledge,1991:5；中译本作者根据后来的发展对图略有修改，添加的内容为圆圈 11"多媒体、互联网 2000"。

二、新媒体传播的演变

互联网虽然被称为"新媒体"，但早期以门户网站为代表的传播渠道，基本还是大众传播模式的延续。随着技术发展带来的传播渠道的扩张，新媒体的传播模式也发生了深层次变化，逐渐呈现出万众皆媒、万物皆媒的"泛媒"化景观（见图 2-2）。

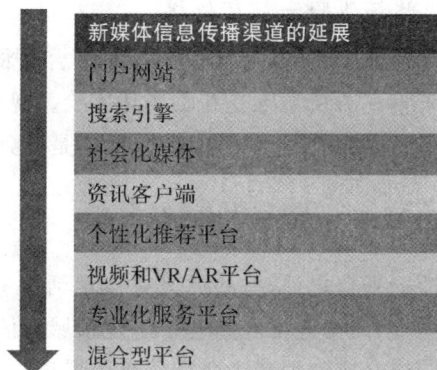

图 2-2　新媒体信息传播渠道的延展

这些信息传播渠道或平台，对信息的聚合与分发思路不尽相同，不断出现新渠道，丰富着获取信息的途径，也使得消费者在信息分发中扮演起越来越积极的角色。

1. 门户网站、咨询客户端：编辑把关＋大众推送

门户网站的兴起，对传统媒体形成了第一轮冲击。门户网站作为内容的集成商，可以将多个媒体的内容聚合在一起，以编辑的判断为基础进行内容筛选，媒体的内容以无差异的方式推送给大规模用户，人工判断在内容分发中仍然起主要作用。移动时代的综合性资讯客户端，也

扮演着类似的作用。这类新媒体虽然拓展了信息传播的渠道,但其传播机制和传统媒体并无区别,消费者接受的信息是同质化的,是被动的。

2.搜索引擎:多元搜索＋算法调度

搜索引擎作为信息分发的工具,其算法决定内容的排序,也因此决定了信息被消费者点击的可能性高低。搜索引擎虽然自身并不生产内容,但是它们对信息、网站流量的调度作用是明显的。在搜索引擎中,消费者的搜索请求是信息整合的起点,这意味着消费者在信息获取中的主动性开始得到重视。

3.社会化媒体:人际网络＋大众传播

社会化媒体在成为人们社交空间的同时,也开始成为新的内容计算与分发地。它将新闻信息以及其他公共信息传播带向了社交化。社交网络构成的人际传播渠道成为公共信息传播的基础设施,在这些平台上,信息的分发能力很大程度上取决于它们激活的人际传播网络的规模。

从某种意义上说,社会化媒体带来的是人际传播的回归,但由于互联网形成的社会网络规模巨大,社会化媒体传播的效率是以往的人际传播无法企及的。这种传播模式也使得信息的筛选机制发生了变化,过去由职业媒体人进行的信息把关,在社会化媒体中则变成了每个消费者个体的"全民投票",每个人都可以决定信息是否得到传播。

4.个性化推荐平台:个性分析＋算法匹配

由于算法的升级,信息客户端可以做到信息和消费者之间的进一步个性化匹配,如今日头条、淘宝的千人千面等。个性化算法是针对每个具体个体的,可凸显个人偏好。算法对消费者需求的解读与匹配精确度还在不断提高,在一定程度上减少了人们在信息搜寻和消费中付出的成本,但个性化算法一味迎合消费者的信息偏好,也容易造成个人处于信息茧房之中。

5.视频和 VR/AR 平台:临场体验＋社交传播

随着网络视频的发展和 VR/AR 应用的深化,短视频平台也将成为一种新的公共信息分发平台。这类平台的优势在于直观的视觉感受和临场化体验。视频和 VR/AR 技术允许消费者可以"进入"现场并根据自己的兴趣进行观察和体验,而不是受到传统媒体导播、摄像的视角限制。

6.专业化服务平台:生活场景＋资讯推送

除了一些信息生产和传播的平台之外,一些原来是以生活服务为核心的网络平台也在某些领域里越来越媒体化。如淘宝、高德等已经整合了一定领域的信息和内容,这些信息和内容与某种场景相关,较为垂直,同样会成为消费者获取信息的渠道。

第二节　新媒体中消费者角色的变化

在传统媒体时代,消费者和媒体之间的关系更多是割裂的。大众媒体的内容大多由知识精英生产,通过媒介传递给消费者,消费者只能接受其内容,因此在大众媒体时代的媒体消费者也被称为"受众",这个词表达了消费者的被动性。

但进入以互联网为代表的新媒体时代之后,大众媒体的中心性逐渐减弱,传播者与受众之间的界限模糊了,受众不再是信息的被动接受者,他们也可以用各种方式参与到内容的生产和传播中。"受众"转变为"用户",他们和媒体的关系发生了巨大的变化。过去,我们通过媒体知晓和产生兴趣,消费则发生在媒体之外;而如今,我们不仅消费媒体,还在媒体中消费。每一个用户,或者说消费者都成为新媒体信息传播的节点,也变成网络经济模式的节点[①]。

一、作为传播网络节点的新媒体消费者

在 Web2.0 技术的推动下,以 www 网站为核心的大众门户传播模式受到了强大的冲击,而个人门户传播模式已经兴起。个人门户传播模式以个人为中心,以社会网络为传播渠道。个人门户也构成了传播网络中的个体化节点,成为新媒体的新的传播结构中的基础单元。每个个体化的节点,都具有三种角色和功能。

1. 个体化节点与分布式内容生产

个体可以通过自己这个节点来发布内容,每个节点成为一个自媒体。尽管自媒体的内容生产多数是非制度化的,有时也是碎片的、随意的,但是它至少赋予了个体自我表达的权利。每个个体贡献的内容,也影响着整个内容生态。

在传统媒体和门户网站时代,内容生产都是集中式的生产模式,而今天用户参与的内容生产则是一种在多体系协同下的"分布式"生产。传统媒体时代的媒体内容生产具有较高的垄断性和封闭性,导致了视野较为局限,形式凝固和内容价值挖掘不充分。而分布式生产意味着用户可以按照各自的意愿而非媒体的统一意志,从不同视角、层面来进行内容生产,它意味着全民参与,行业壁垒被打破,专业与业余之间的界限淡化,传统专业媒体的中心性地位受到挑战。此外,用户参与也使得很多信息生产过程变成了开放式、进行时的生产,而不是传统的"完成时"的内容形态。同时,正因为是分布式的内容生产,大量的信息是碎片化的。这种碎片化也导致了消费者对事物的认知可能是较为片面的。

2. 个体化节点与分布式内容传播

个体不仅成为内容生产的基本单元,也成为内容传播的基本单元。甚至对于多数用户来说,参与传播/转发是更常态的行为。每个个体节点,在信息流动中,扮演着开关和中继器的角色,对于符合自己需要的内容,个体会进行转发,这便是打开了开关和中继器,推动了信息的传播与扩散。在这种个体节点的自发的、接力式的传播中,还会有自组织等机制的作用。

作为单纯的信息消费者时,人们对内容的需求侧重于环境认知、社会归属、自我提升等方面的需求。但作为信息导体时,人们会更多地考虑社交情境。因此在社交媒体上人们转发和分享内容,往往是由于自我的印象管理、归属、社交表演、情感互动等原因。比如一些"爆款"文章多集中于情感润滑、实用利他、奇闻趣事、子女教育等。

虽然新媒体中的信息传播受到每个个体的影响,每个个体对信息的转发或不转发是一场全民投票,但每个个体的影响力并非平等的,社会名流对信息流向的影响力显著高于普通人。

3. 个体化节点与信息消费

作为信息的消费者,个体化节点也在新媒体中有了新的消费可能。个体基于社交关系,构建以自己为中心的信息网络。人们消费的信息多来自与自己关联的他人,这意味着社会关系成为个体的信息源。此外,个体也可以根据兴趣爱好构建自己的信息网络。在个体化节点里,

---

① 彭兰.新媒体用户研究[M].北京:中国人民大学出版社,2020:28-180.

用户往往"足不出户"便能获得来自媒体或他人的信息,这是因为他们的社交关系扮演了信息源的角色。即使用户不使用任何新闻资讯客户端,他们也可以在"朋友圈"或其他社交平台里获得丰富的信息。

消费者虽然有了自主建构信息网络的可能,但这也影响了他们获取信息的范围与深度。个体自身的属性、平台的算法都有可能影响到个体的信息获取以及态度的形成。虽然以上这些一定程度上减少个体获得信息的成本,但同时也可能造成信息茧房和回声室效应。

新媒体消费者在信息消费中还存在着内容消费的碎片化。新媒体时代信息的消费越来越多地发生在各种零星的时间段,媒体使用时间变得碎片化,人们更倾向关注短平快的信息。为了适应消费者的变化,媒体的内容也变得碎片化。近几年兴起的短视频,也使得视频的碎片化消费进入常态。

碎片式的、快餐式的信息消费很多时候的确会让人们对很多信息浅尝辄止,人们会变得更懒、更被动、更情绪化、更浅层化,但有时人们也会体现得更积极、更主动、更理性和更有深度。对于个体消费者感兴趣或特别关注的话题,消费者反而能通过多元的、各层面的、碎片的信息,拼凑起"完整"的认知,并逐步走向深度认识和深度思考。

二、作为社会网络节点的新媒体消费者

新媒体消费者不仅是传播结构上的节点,也是社会网络的节点。移动互联网时代的信息环境,不仅从根本上解决了信息搜索的问题,更加重要的是,建构了社会新的信息基础结构——社会网络。信息环境的演进不仅表现在消费者信息获取的难易程度和充分程度上,更表现在信息环境的社会结构上。社会网络、社交媒体加上每个人手中的手机,链接(linking)和连接(connecting)成为社会中必不可少的新关键词,反映了全新的消费者生存状态,也充分体现出数字化媒体最本质的特征——互动性。按照两位著名学者 N. A. 克里斯塔基斯(N. A. Christakis)和 J. H. 富勒(J. H. Fowler)在《大连接》(Connected)这本书中的思想,我们本来以为自己是命运的主人,可是在社会网络中,我们不过是一个更大生物体神经系统中的一个个细胞而已。

新媒体提供了一个"虚拟社会"的赛博空间,消费者拥有了两个世界:一个是现实世界,一个是虚拟世界;消费者拥有了两个生存平台:一个是现实的自然平台,一个是虚拟的数字平台。两个世界和两个平台的相互交叉和包含,使得人的存在方式发生了革命性的变化。虚拟也成为一种真实,虚拟社会不再"虚拟",而被称为网络社会。

网络社会并不等同于互联网。卡斯特在《网络社会的崛起》一书中提出"网络社会",他将网络社会界定为一种具有更广泛意义的社会结构,这是指新经济所带来的一种与信息化、全球化相平行的社会结构的变化。一个以网络为基础的社会结构是具有高度活力的开放系统,构建了新社会形态,网络化的逻辑也实质性地改变了生产、经验、权力与文化过程中的操作和结果。全球金融流动网络、新媒体网络、跨国企业等都可以看作是这样的网络。网络社会更多指的是"网络化的社会",新媒体技术只是为社会组织的网络形式渗透扩张遍及整个社会结构提供了物质基础。

网络社会解除了现实空间的物理约束,打破了人们传统的关系网络的约束。消费者在网络社会中,可以与多个对象进行"在场"交流。互联网使得人们之间的互动提升到了前所未有的规模,如网络社群、网络圈子、网络圈层等。网络社会中虽然有现实社会的社会阶层与社会关系,但又不是完全沿袭现实社会,甚至可能在一定程度解构原有的社会结构和关系,同时又形成新的社会分层、社会权力关系。现实社会的权力渗透到网络社会,而网络社会又会抵抗这种干预。

原来的网络社区的结构从原来"圈式"的封闭结构演变为"链式"的开放结构,每个消费者都在这个网络社会中扮演一个节点的角色。网络变成消费者生存的另一个空间,在这个空间里,消费者具有数据化生存、表演化生存,甚至媒介化生存的特点。

三、作为经济网络节点的新媒体消费者

新媒体消费者不仅是传播的节点、网络社会的节点,还是经济网络的节点。在经济网络中,消费者不仅是具有个性化需求的消费者,有时也是服务的引导者、资源的贡献者,甚至是主要的生产力。

新媒体消费者以四种形式成为经济网络的节点。

1. 共享经济中的协同生产者

共享经济的概念早在20世纪七八十年代就已经萌芽,但直到新媒体技术发展后,共享经济才真正兴起。共享经济带来了一种超越交易的新关系,即人们在不改变所有权的前提下进行资源共享的互补与合作。个体作为网络节点,建立点对点的服务,每个人既可以是资源供给者,又可以是资源使用者。共享经济中可共享的资源包括代码、时间、知识、技能、实物等。节点的用户参与是共享经济得以运转的核心。

2. 社群经济的生产力

社群的个体通过消费来进行生产,以满足个体需求和集体利益。个体对群体具有情感承诺(对群体怀有强烈信念和价值认定,愿意为群体的利益付出努力,看重自己的群体成员身份)、工具性承诺(在群体中出于对个人投入的计算,以及考量自己从中获得的地位、利益等)、规范性承诺(在"以符合群体目标和利益的方式来行动"的规范压力下对群体进行承诺)。社群的共同目标、高效率协作的工具和一致的行动形成了社群经济的基本动力。品牌社群、粉丝经济、众包等都属于社群经济,个体在其中发挥着重要的生产/消费节点作用。

3. 场景经济服务的消费者

在移动技术的支持下,以场景为出发点来理解个体消费者的行为与需求成为可能。电视媒体改变了印刷媒体的使用场景,将个人化的分隔场景变成了共享的场景,而今天的新媒体,特别是移动媒体再次带来了分隔的场景。移动时代将"场景"概念从社会场景延展到了更广阔的场景。大数据、移动设备、社交媒体、传感器、定位系统被罗伯特·斯考伯和谢尔·伊斯雷尔称为"场景五力",这"五力"正在改变个体作为消费者、患者、观众或在线旅行者的体验,它们也同样改变着大大小小的企业。它们将以往抽象的场景变成了今天具体的、可测量的场景。消费者的实时状态,包括自身数据、环境信息等的采集,在可穿戴设备的出现后变得可能。对场景和个体进行分析的最终目标是要提供特定场景下的适配信息或服务。这意味着不仅要理解特定场景中的用户,还要能够迅速找到与他们需求相适应的内容或服务,并以合适的渠道与形式推送给他们,如基于地理位置的信息推送、打车类的应用、地图类的应用、O2O服务等。场景不仅与消费相关,也与移动时代的传播相关,场景成为继内容、形式、社交之后进行再传播需要考虑的另一种核心要素。

4. 数据的贡献者

无论是以上哪种模式的新经济,都需要以用户数据作为基础,有些数据是为了满足提供服务的需要,有些数据则是整体市场分析的需要。消费者随时随地产生的数据,都可能成为重要

的资源,并成为提供产品和服务的依据。目前消费者数据采集主要集中于社交网站、电商平台。但在未来,数据将成为描述人的状态与环境的重要参数,物联网技术在未来消费者数据的采集中,会扮演至关重要的角色。

第三节 消费者信息使用行为及其变化

一、主动与被动

新媒体技术以及在此基础上建立的传播模式的确赋予了消费者更大的主动选择权利,但消费者并非在所有时候都利用这种权利,因为大部分时候人是懒惰的、被动的。虽然消费者使用媒介在时间上和空间上有更多的自主性,互动技术也可以使得消费者通过更多地参与来实现其主动性,并可以主动地生产内容,然而人性本身的懒惰使得消费者具有难以挣脱的"被动性"。在新媒体环境中,消费者依然期望以最小成本获得最大回报。消费者往往愿意依赖他人、平台算法、自己的习惯、自己的关系圈子,特别是在信息过载的情况下。比如随着近年来消费者生活节奏的日益加快,其自主比价的意识日趋淡薄,更加依赖熟人推荐、红人种草等模式来选购商品;又如个性化的资讯推送让人沉迷在自己的小世界,平台的基础制度和信息捆绑让有些懒惰的消费者形成相应的"黏性",甚至不自觉地成为平台的"数字劳工"。但在一些因素的推动下,消费者又会变得格外主动,如消费者会主动、精心地控制自己在新媒体空间中的表演,塑造自己良好的形象,以获得回报。消费者对于自己热爱的事物会格外主动地从多方面、多层次获得信息,如青少年对于二次元、粉丝对于明星等,他们会穷尽相关信息,进行深入的阅读、思考及讨论,生产信息内容并强势参与相关内容、产品的生产过程,发挥自身或所在群体的影响力。

案例 2-1

Eli 的追星史——粉丝的信息搜索行为

Eli 是一所名牌大学的大学生,以前从不参与追星,可是她现在却疯狂迷恋上了某明星团体。

仅通过视频出道在国内是很新颖的方式,该组合其后一直依靠发布自制的网络视频吸引粉丝。2014 年 4 月 15 日,本在计划受邀名单之外的该组合,经历粉丝两轮人气投票,竟然以最高人气排名参加了某平台举办的年度颁奖典礼。在颁奖典礼的即时投票活动中,粉丝可花人民币购买"鲜花"和"奖杯"并赠给心仪的明星。这一晚,该组合的粉丝砸下重金,将该组合三次送上人气领奖台。正是这次,Eli 听说了这个组合。

最初,Eli 只是被动地从朋友圈接收有关该组合的信息。当该组合渐渐火起来时,微博上的段子手开始偶尔发发和他们相关的新闻,看到确实有趣的,她会在微博中@那个朋友。此时的 Eli,用粉丝圈的术语来讲,还只是个"路人"。

某天午饭时间,Eli 在电视上看到了该组合在某娱乐节目中的表演,被其成员一段"中枪舞"吸引。饭后,她打开电脑,对该组合进行了第一次搜索,这次搜索止步于百度百科。直到晚上和朋友聊起此事,朋友发来一个网络链接,是"中枪舞"的比赛版本。Eli 一看就着了迷,循环多次之后,开始搜索该组合的舞蹈视频,并一个个看了过去,足足看了一个多小时。此时的 Eli 成了所谓的"路人粉"。

　　睡前再刷微博时，Eli看到朋友转发的该组合成员微博，浏览之后便点击了"关注"。从此刻起，她成为该组合字面意义上的"粉丝"了。她找到该组合的官方微博，并点开了每周固定播出的在线短剧。当她再次意识到时间的时候，已经是凌晨三点，近两个小时过去了，她竟然一口气把这部每集只有不到10分钟的短剧追完了。她忍不住想要对这个组合有更多的了解，不顾已是深夜，搜索起了该组合的MV。

　　之后，Eli开始对该组合进行更深层次的信息搜索，因不满足于官方公布的有限资料，她开始尝试了解贴吧和微博。许多出道回顾、历史记录，还有粉丝的各种"吐槽"，都可以在贴吧里找到。

　　了解了该组合的成长史，Eli迫切地想要知道他们的近况。Eli首先想到了微博。果不其然，该组合的粉丝在微博上已经具有相当的活跃度，搜索关键词能找到许多和他们相关的消息与作品。尤其令Eli惊讶的是，粉丝居然组成各种组织。除了后援会之外，还有粉丝运营的数据小组账号，每周抓取百度、新浪等综合性网站上该组合的搜索量等数据。后来Eli才明白，因为媒体对偶像的关注来源于偶像的人气，为了保持该组合的人气，粉丝们尤其关注他们的搜索量。根据粉丝整理的图表，2014年6月，该组合的百度指数整体搜索为14.5万次，同比增长77%，而新浪搜索则在6月末的某天达到了近89万次。看着专业的新闻量半月趋势折线图以及按照新闻性质划分的正面、负面、中性新闻的饼图，Eli作为一名纯围观的粉丝深深震惊了。

　　Eli越来越喜爱这个组合，于是加入该组合的粉丝传媒支持组，整理打榜数据，并组织"散粉"在每天空余时间有针对性地进行搜索，刷数据、保人气、抢榜单。除此之外还加入一个粉丝应援站。应援站的产出主要为第一手的图片和视频，站内分工明确，有前线拍图者、后期修图者、运营各平台账号的管理员，还有负责整理应援物的后勤人员等。Eli主要参与后期修图工作，并搜集和偶像相关的图文资源进行集中发布。她还管理着一些粉丝对偶像的微博、图文的二次创作，如粉丝圈的日报、周刊等衍生读物。

　　从听说到了解，从认识到喜爱，从围观到购买，从信息搜索到信息生产……Eli在"路人→路人粉→粉丝→死忠粉"的追星路上"一去不回头"。

讨论题：

1. 消费者在高介入度下如何搜集和处理信息？哪些信息来源的影响大？哪些信息影响了Eli的购买行为？

2. 你是否追过星？你是如何获得明星的信息的？哪些信息致使你变成粉丝？

3. 介入度是从理性角度，还是从非理性角度影响信息行为和购买行为的？请举例说明。

二、情绪化与理性

　　随着社交媒体平台的不断发展，消费者成为信息传递的节点，而这个节点的开关往往受到情绪的影响。热议的事件中被大量传播的信息也是含有强烈情绪的信息，如愤怒、敬畏等，而不一定是真实的信息。"后真相"一词，使社交平台的情绪化问题得到进一步关注。作为传播网络和社会网络节点的用户，是情绪化，还是理性，不仅会影响到信息的真实性，也会影响到公共协商和公共治理的展开。对于企业来说，其舆论风险也更加凸显，需要时刻关注消费者的情绪化与理性在品牌传播中起到的作用。

　　在网络中，消费者同时存在习惯性质疑与无条件轻信。网络中信息发布者的多元化、信息源的不确定性，易使得人们对于网络中的信息真伪失去判断，质疑成为一种基本的防卫姿态。质疑心理的一种典型表现就是阴谋论，对未知情境充满不安全感时，人需要警觉意识，更加倾向用过去的经验和直觉对陌生情境进行解释，将其纳入可控范围之内。阴谋论并非理性思维方式，但它能够帮助一些人在没有办法全面思考时，作为一种防御机制。只要是真相的复杂性超出了一些人的理解能力，阴谋论就永远有市场。

尽管质疑成为一部分网民的思维基调，但另一方面，社会化媒体中的网民似乎又很容易轻信谣言。很多谣言的传播就基于这种轻信的普遍。从信息源的角度来看，社会化媒体是基于人际关系的传播，当人们从自己信任的人那里获取信息时，往往不假思索。此外，对于一些专业知识和垂直领域的信息，一般人没有能力判断，更容易轻信，比如健康类的信息。最后，一些不与人们的利益、立场、态度或常识相违背的信息，人们不愿意花时间和精力求证，自动相信信息。

在新媒体中，由于消费者启发式思维的影响，他们容易用贴标签、符号化的方式来简化复杂事物，从而容易导致二元对立和站队。比如将复杂的社会事件简化为强者与弱者、善与恶的对立，从而直接影响了人们对信息真伪的判断和意见的表达。

三、外迁的记忆与难以保护的隐私

尽管消费者在新媒体中获得了前所未有的丰富关系和信息，但今天人与人、人与信息的关系往往依赖于"链接"与"连接"，相关的信息绝大多数都是在某个终端或互联网的某个服务器上，而不是在大脑这个"内存"里。本应该由人的大脑记忆的个人历史、社交记录以及知识与信息，都变成了外存中的数据，很多时候人脑中只留下了一些指向外部链接的线索。人们逐渐产生对网上信息的依赖，并逐步改变记忆和保存信息的行为模式，即从人脑和手工记忆方式转向外脑（网络）记忆方式。因为对外存记忆的依赖，人的大脑的记忆能力或许会减退，甚至减少与自己相关的信息和记录。虽然外存在某些方面强化了人脑的不足，但一旦外存或链接出现问题，那么人所拥有的信息、知识甚至个人历史也就可能消失，一些关系的管理也难维系。即使外存不出现故障，过多的连接也使得人们寻找、管理这些外存中信息的成本变得越来越大。

而这些外存中的信息，很多都涉及个人的隐私，人们的链接越多，存放在外存中的信息越多，也就意味着被他人监视以及隐私泄露的风险越大，尽管有些平台有"半年可见""三天可见"甚至"阅后即焚"等功能，但相应地，人们也发展出"截屏""录屏"等应对手段，使得个人隐私的保护效果有限。

第四节　消费者信息处理模型与介入度

在多数情况下，消费者决策与信息处理是交叉的、不可分割的，只是重心有所不同。本节首先介绍两个消费者信息处理模型，即 CIP 模型和 ELM 模型，并且引入消费者行为中最重要的一个变量——介入度。

一、消费者信息处理模型（CIP 模型）

20 世纪七八十年代，消费者行为研究的主要假设是"消费者是理性决策人"，相应地将重心放在过程分析和流程模型上，如消费者信息处理过程模型（consumer information processing model）、伯特曼的消费者选择信息处理模型（Bettman's information-processing model of consumer choice）。

较简单的影响层次(the hierarchy of effects)模型把消费者信息决策过程分为七个阶段,即不知晓(unawareness)→知晓(awareness)→掌握知识(knowledge)→喜欢(liking)→偏好(preference)→确信(conviction)→购买(purchase),如图 2-3 所示。这几个阶段又可大致分成三个层级。第一个层级是学习(认知),包括前三个阶段;第二个层级是感受(情绪上的),包括喜欢和偏好;第三个层级是行动(意志上的),包括确信和购买。这一模型的焦点是消费者学习(consumer learning),它有助于指导广告怎样影响消费者的购买决策。

当消费者面对超出自己处理能力的复杂信息时,有限理性就会出现。当信息过多时,消费者往往寻找一种无须考虑所有信息便能做出决策的方法,于是经常采用满意决策来替代最优决策,即寻求一种可以接受但却不一定是最好的选择。

图 2-3 影响层次模型

简化信息决策过程的方法,称为捷径方法或启发式(heuristics)方法,也称切片判断(thin slicing)方法。比如,有时我们只用恰好足够的信息(而不是完全的信息)来做出决策。

延伸阅读 2-2

"整合营销"与"链路时代"

美国西北大学唐·舒尔茨是整合营销传播(integrated marketing communication,IMC)理论的先驱,也是全球第一本整合营销传播专著的第一作者。整合营销传播的核心思想是指将所有传达给消费者的信息,包括广告、销售促进、直接反映广告、事件营销、包装以有利于品牌的形式呈现,对每一条信息都应使之整体化和相互呼应,以支持其他关于品牌的信息或印象。如果这一过程成功,它将通过向消费者传达同样的品牌信息而建立起强有力的品牌资产。比如广告主可以不仅关注综艺冠名,还可围绕 IP,把预算辐射到社交、电商、直播、资讯等各个平台端口,做全面的整合营销。

但在新媒体环境下,"整合营销传播"面临一种尴尬处境:世界的媒介格局越来越碎片化,要把媒介整合在一起,才能覆盖更多的消费者。但是面对满屏的 App,面对满眼的综艺剧,没有哪家企业有足够的财力能把所有的媒介一次性整合。

"整合"这两个字在中国被提及的次数越来越少,而另一个词被讨论的越来越多——"链路"。比如阿里巴巴的"全域营销"理论框架提出了 AIPL 营销模型;随即腾讯明确提出了"全链路营销";2020 年,字节跳动也提出了一个叫"5A"的链路模型;爱奇艺也阐释了自己的链路模型 AACAR。

"整合"和"链路"最大的区别在于整合是为了占据消费者心智,而链路是为了驱动消费者行为。

一、整合 VS 链路

整合营销是 1991 年唐·舒尔茨提出的,它主要指我们要把企业所有的营销活动(例如户外广告、公共关系、SEM、内容营销、终端促销等)看成一个整体,让不同的传播活动共同创造统一的品牌形象。简单来说,整合营销就是在不同的地方,用同一个声音说话。不难看出,整合营销这个概念是信息爆炸时代的产物。在一个信息爆炸的时代,企业如果想向消费者传递100%的信息,最终能留在消费者记忆里的只有1%。在一个超量信息环境中,消费者对企业的印象是片面而模糊的。所以,唐·舒尔茨提出了整合营销的概念,企业可以把所有传播手段整合起来,"力出一孔"才能"利出一孔"。整合营销的原理如图2-4所示。

整合营销似乎十分匹配当下的传播环境,为什么近几年的实践中对其重视程度开始下降,主要有三个原因。

1. 信息碎片化的程度已经远远超过我们的预想

即便是整合营销之父的唐·舒尔茨恐怕也预料不到,引爆信息的不是"炸弹",而是"原子弹"。营销人已经无法有效整合所有的媒介,他们不仅需要整合营销,还需要更为高效的整合营销。

2. 数字营销在不断进步,广告对消费者的影响周期缩短了

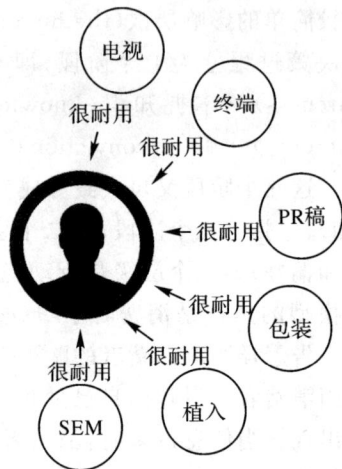

图2-4 整合营销的原理

以往的媒介环境和消费情境中,广告和卖场是分离的,所以企业要把广告信息精简成一张海报、一段15秒的 TVC 广告片,便于让消费者记忆,从而消费者到线下商超购物时,能回忆起品牌。而现在的数字营销,广告和卖场是一体的,广告可以所见即所购。广告不仅是一种心智占领,也可以是一种行为诱导。

3. 在数字时代,营销开始更重视数字化的效果而不是无形的品牌

由于技术可以将广告效果进行量化评估,数字时代的企业逐渐开始追求"品效合一",倾向于计算着每一笔广告的 ROI(投入产出比)。腾讯更是合并了品牌和效果两个商务团队,整合集团内的品效资源,无差别地服务广告主。而效果广告对于品牌广告而言,更注重消费者从看到广告到购买商品的整个行为链条。

在这三个背景下,"链路营销"成了一种新的风向。那什么是"链路"呢?"链路"脱胎于整合,它把以往机械的整合变成有机整合。"整合"关注的是各类营销资源是否保持统一的声音和形象;"链路"关注的是消费者从第一个广告触点开始,到他最终形成购买转化的全部行为链条。其基本原理和 AIDMA 模型是如出一辙的。AIDMA 法则如图2-5所示。

图2-5 AIDMA 法则

企业要在消费者的关键行为决策点上布局,从而让各类资源协调作战,彼此各司其职地引导消费者的购物决策。例如,同样是做头部综艺营销,十几年前的蒙牛酸酸乳的《超级女声》营销和现在的蒙牛纯甄的《创造营》营销有什么区别?前者是在做整合,后者已经开始做链路。

二、链路:持续进化,而今豹变

AIDMA 是 1898 年美国广告学家刘易斯提出的营销模型。AIDMA 模型对商业最大的贡献就是:它描述了消费者从看到广告,到达成购买之间的消费心理过程。该模型又经历了 AISAS 的变现以及增长黑客模型的补充。这一系列模型之所以在数字时代重新焕发活力,是因为数字化的技术手段可以真实地影响用户的行为链路,淘宝、饿了吗、拼多多等企业的崛起,更依赖行为链路导向的理论,而不是整合营销的理论。

一般而言,实体企业的营销目标是"卖货",而互联网企业的营销目标是"获取用户"。例如,农夫山泉的营销目标是卖出更多的矿泉水,而 App 的营销目标是让更多的用户下载。"拉新"顶替了"品牌知名度","留存"代替了"复购",一些新的营销概念诞生了,传统的品牌理论遭遇了新经济体的肢解。爱奇艺、阿里巴巴、腾讯、字节跳动的链路进化如图 2-6 所示。

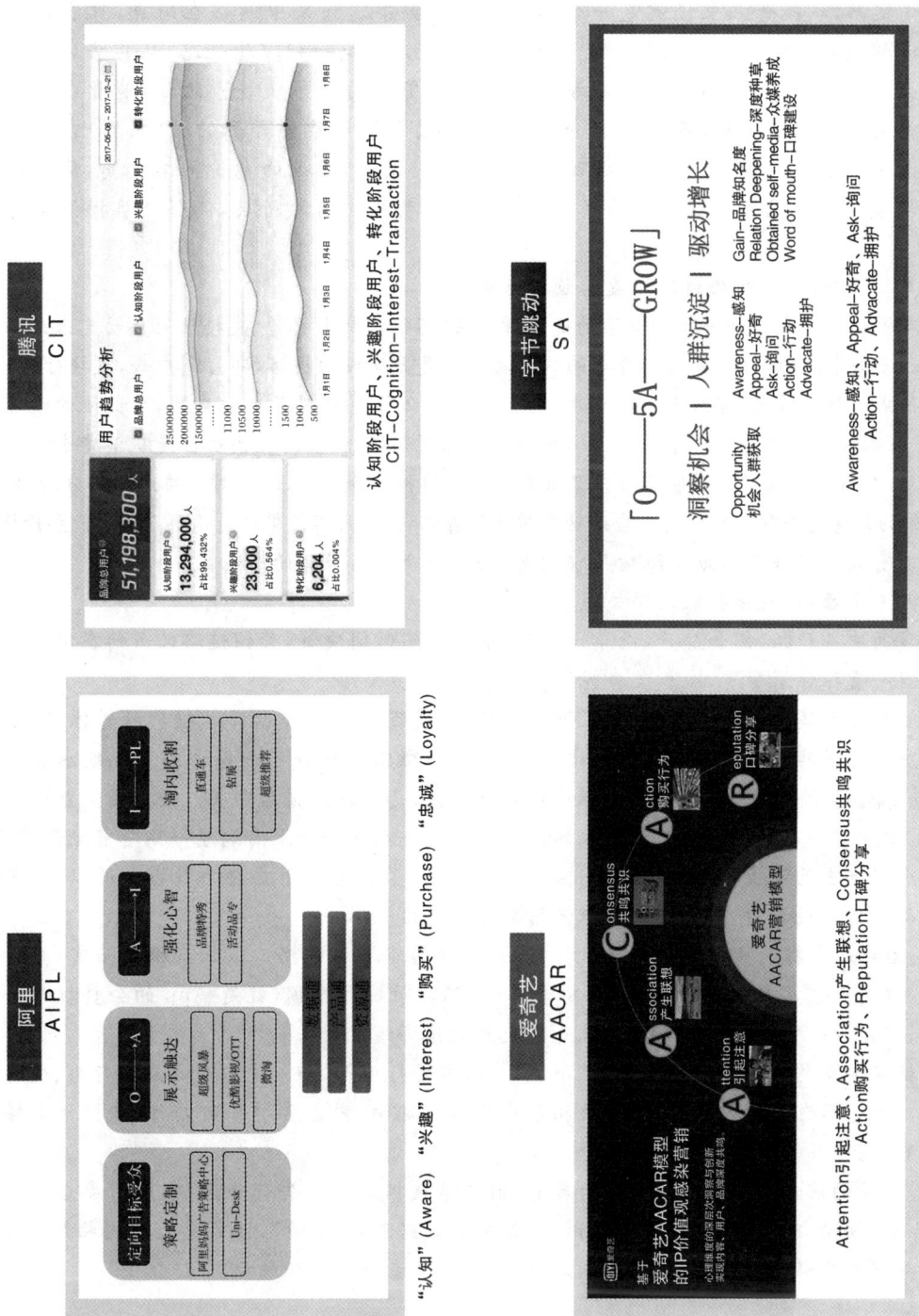

图 2-6 爱奇艺、阿里巴巴、腾讯、字节跳动的链路进化

三、"链路营销"的原则

链路营销可以遵循以下几个原则。

1. 第一个原则：链路不能断裂

所谓链路，从概念上来说就是一个环环相扣的链条。如果中间存在断点，可能就意味着消费者的流失。以往 AIDMA 或者 AISAS 等模型大多是一种理论链路，从广告到购买决策的链条往往是断裂的，品牌主没法步步都抓牢消费者的行为轨迹。比如，消费者可能近期对宝马的广告没有印象，只记住了奔驰，于是直接去论坛搜索奔驰的信息；再比如，消费者虽然看了大众的广告，但可能在用百度搜索相关信息时，奥迪的竞价排名更高，反而最终买了一辆奥迪。但现在的数字技术可以打通传播和购买中间的断层，使得链路模型变得更加有效。

2. 第二个原则：更短的链路＝更高效的转化

牢牢抓住消费者的每一步心理活动是一种办法，不让消费者思考，直接让他行动起来是另一种办法。省去中间的步骤，加速消费者的购买决策才是更高效的链路，即看到广告，直接行动。

想达成这样的效果，那么当消费者看到广告时，就必须引起消费者的兴趣，降低他的心理防线，最好在购物的同时完成分享裂变。比如在直播电商领域，成功的主播往往是从消费者心理去设计信息，而不仅仅从产品功能出发。又如在大数据监控的分析中，通过对销售述语的分析，发现真正有效的信息是讲解产品功能＋告知功能对消费者的利益，而不是单纯地讲解产品功能和价格。

所以有效的广告开始减少灌输品牌理念，而重视唤醒消费者的购物欲。

3. 第三个原则：数据要能无碍流通

很多高决策产品，例如房产、汽车，很难让消费者短时间决策，营销链路又如何在漫长的预购周期里一直抓住消费者，减少流失呢？

很多数字营销活动，之所以丢失了潜在消费者，是因为消费者离开了投放的媒体，商家自然就失去了追踪其行为轨迹的能力。比如，一个人在微信上读到了一篇介绍智能饮水器的文章，他并没有选择点击文章末尾的小程序链接下单，而是登录天猫店购买。企业虽然获得了一笔订单，但却不知道这笔订单是怎么来的。但如果一个人在抖音上看到了一则智能电器广告，他马上可以点击购买按钮，一键跳转淘宝，企业便获得了完整的用户行为数据。所以，很多公司在做整合传播规划时，需要建立获取链路数据的能力。

（1）后链路数据。所谓的后链路数据，就是最终的市场端数据。以三只松鼠而言，其后链路数据，就是天猫店铺的销量数据；以拼多多而言，其后链路数据，就是 App 的会员拉新和购物数据；以奔驰而言，其后链路数据，就是收集到的销售线索数据。

后链路数据是指最终的购买行为、下载行为、留资行为等，而不是广告的点击行为、观看行为。只有打通后链路的数据，才能有效指导广告如何定向、内容素材如何制作、选择什么样的广告位置，这些最基本的广告投放问题。

（2）足量的前链路数据。从广告角度看，前链路数据就是广告行为数据，即消费者广告的浏览、点赞、评论、观看完成率等数据指标。这部分数据需要"足量"，因为大数据技术成立的前提就是数据要足够多，"颗粒"要足够细，才能在数据里看出趋势和端倪。

资料来源：

梁将军. 2020，"整合营销"已逝，"链路时代"来临[EB/OL].[2020 - 12 - 10]. http://www. woshipm. com/marketing/3133710. html(有所删减).

二、介入度

在消费者处理信息和决策过程中,自身专注程度是最重要的因素。所谓专注,是对某一事件或物品所感知到的重要性以及与个人的关系。对象特点、环境特点和消费者特点三者决定了专注的程度。

介入是指一个人基于内在需要、价值观和兴趣而感知到的与客体的关联性。其中客体(object)是指消费者可能发生介入的品牌、产品、广告、促销或购物情境等。通常从策略上可分为品牌(产品)介入、信息介入和购买情境介入。当其中的关联性被测量时,又称为介入度。

消费者专注的程度导致其参与或介入的程度不同。例如,H.阿塞尔曾经指出低度参与和高度参与的区别。由此,一方面,可以从信息关注程度来划分消费者的类型(见表2-1);另一方面,更重要的是,导致产生一个衡量消费者状态的关键变量——介入度(involvement)。例如,低介入度时的消费行为特征是惯性或习惯性行为(inertia),而高介入度时的消费行为特征是热情或激情(passion)。

表 2 - 1　以信息关注程度划分消费者类型

消费者类型	关注程度
品牌忠诚者	与喜欢的品牌有强烈的感情联系,通常倾向于将产品类型和对个人相关结果的预测联系起来。他们寻找满足需要的最优品牌,认为产品类型本身就是他们生活的一个重要部分
日常品牌购买者	个人专注较低,但有最喜欢的品牌。这些消费者对与经常购买的品牌相联系的结果的类型更感兴趣(每周购买同一品牌很容易,至少很可靠)。他们并不一定要寻找最好的品牌,令人满意的品牌就足够了
信息搜寻者	对于产品种类比较喜欢,但该品类没有特别好的品牌,他们利用大量的信息搜索和对比来帮助自己找到合适的品牌
更换品牌者	表现为低度的产品忠诚和低度的个人专注。这些人并不明白所使用的品牌具有什么重要结果,即使产品类型很有趣。通常他们与产品种类并没有很密切的关系,这意味着,他们很容易受到像促销这样的环境因素的影响

资料来源:改引自 J.布莱思.消费者行为学精要[M].北京:中信出版社,2003:140.

三、中心路径和边缘路径理论

心理学家 R.E.佩蒂(R.E.Petty)等人在 1983 年提出的详尽可能性模型(elaboration likelihood model,ELM)是消费者信息处理中最有影响的理论模型之一。根据这个模型,劝说是通过两种基本途径进行的:一是劝说的中心路径;二是劝说的边缘路径。其选择取决于消费者对信息的介入度,不同的路径决定了信息传播内容及其他特征不同的相对重要性。

该模型强调消费者的介入度对广告效果的影响。在介入度不同时,有两条可供选择的劝说路径:当介入度高时,消费者会选择包含重要信息的中心路径;而介入度不高时,消费者会选择另一条边缘路径(见图2-7)。

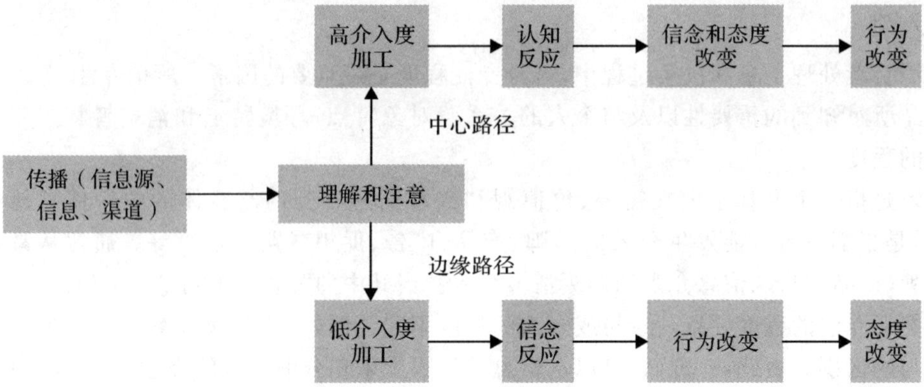

图 2-7 精细加工可能性模型

资料来源:迈克尔·所罗门.消费者行为学[M].10版.卢泰宏,杨晓燕,译.北京:中国人民大学出版社,2014:181.

ELM的策略指向非常清楚:对高介入度的购买,应使用中心路径与消费者沟通,采用强化的信息内容;对低介入度的购买,则应该使用边缘路径,将重点放在信息传播的形式而不是信息的内容上,如使用名人作为代言人、采用视觉化或符号化的广告表现。

根据ELM,在制定营销传播策略时,需要预测特定情景下消费者加工信息的可能途径。如果是中心路径,消费者加工信息的动机和能力都很高,很注意广告内容,对广告信息作精细加工,消费者的态度改变或形成是其有意识、认真考虑和整合广告信息的结果。因此,在广告说服的中心路径,广告对消费者的说服能力主要取决于广告信息的质量,例如,是否提出了消费者关注的品牌特性,广告是否可信和有冲击力等。与之相反,如果是边缘路径,消费者缺乏加工信息的能力或动机,对信息不作精细的认知加工,对信息的内容不作思考和评价,而是依赖配合信息内容的边缘线索(如广告中吸引人的模特、音乐等)来形成品牌态度。如果消费者对边缘线索的评价是肯定的,如广告代言人是业内专家或有吸引力,广告中的音乐很动听,消费者就会接受广告信息。

第三章

数字自我与消费

随着网络信息技术的发展,人们越来越多的行为发生在虚拟环境中。在充满了沉浸感的虚拟环境中,我们肉身的自我开始消散,转而呈现虚拟世界的自我,这个数字自我既是"我",又反过来影响"我"。研究和实践都已经发现其对个体的消费行为产生重要影响。

数字世界的自我到底变成了什么样子?我们在真实世界的自我会多大程度上呈现在数字世界?数字自我在多大程度上融入了线下的自我?数字世界中我们的化身又会在多大程度上影响真实世界的自我?真实自我和虚拟自我之间的界限在哪里?核心自我的旧观念可能只是一种虚幻或幻觉吗?在线和离线角色之间的关系成为数字时代定义自我的关键,也是数字自我的研究正在关心和试图回答的问题。

有关自我的研究非常丰富。詹姆斯关于自我概念的研究将自我区分为三种,包括物质自我、社会自我和精神自我。物质自我是指个体对自己外在条件,如长相、身高等外形和待人接物的言行举止,以及属于个体自身的人际关系和对所有物的认识。社会自我是指个体对自己在群体中的身份地位以及对自身社会交际关系的认识。精神自我包括个体对自己的智力、情感与人格特质,以及价值取向、宗教信仰等的认识。三个自我是一个递进的层级结构。

当人们的生活重心不断地向网络偏移,会逐渐在网络上通过特定行为,如网络社交或游戏展现出部分自我,同时构建出一个与现实自我有一定差异的数字自我。数字自我(digital self)有时也被称为网络自我(cyber self)或虚拟自我(virtual self),指个体在计算机、网络、电子游戏以及任何其他虚拟和数字媒体环境的中介下,对自我的呈现或模拟。这种自我既是稳定的,又是易变的、动态的,既有常态化的身份认同,又会随着环境、平台的不同表现出不同的暂时激活状态。由于虚拟世界中化身的可塑性非常高,数字自我可能包含着好的自我、坏的自我、渴望的自我、畏惧的自我、真实的自我、非我的自我、理想的自我、应然的自我、独立的自我、关系的自我等。数字自我与虚拟自我的概念比较广泛。数字自我包含了所有数字化形式存在的自我,包括各种电子设备;虚拟自我则包含了各种虚拟环境,包括虚拟现实等。这两者不一定必须涉及网络。网络自我包含了各种网络世界中与自我有关的现象。

第一节　虚拟自我差异:线上-线下的自我差异

电影《阿凡达》的故事讲述了人类的思想被转移到纳美人的身体里,这部电影通过描绘一种脱离人类实体身体的化身冒险故事,探讨了人类的肉体和精神成分之间可能的分离和重新组合,触及了自我概念的可塑性和多维性。《阿凡达》的基本主题映射了数字世界中个体数字自我和数字身份建构问题。在虚拟世界中,创造与现实生活的真实身份不同的虚拟化身是常见的现象,同时也涉及个体自我的发展、社会环境中身份认同的发展、人类文化的建构等多重问题。

数字自我与现实自我这两个自我形象是相对应并息息相关的。数字自我可能是现实自我在网络中的镜像呈现,也可能与现实自我存在很大的差别。一些研究表明,我们在网络世界呈现的自我和线下有一定的相似之处,比如关于自我呈现的研究表明,网络上个体使用频率最高的自我呈现策略是讨好(迎合他人的喜好)和胜任/自我提升(让自己显得有能力胜任某项任务),这和面对面互动时的自我呈现策略类似。而另一些研究则较为关注线上-线下的自我差异。Jin借鉴Higgins的自我差异理论,将虚拟身份偏离实际自我的程度定义为虚拟自我差异(virtual self-discrepancy)。在数字世界中,消费者可以戏剧性地改变他们虚拟化身的形象和行为属性,使其线上身份和线下真实的自我差别很大,如修改性别、种族、身高、脸型,甚至可以化身为精灵、魔法师、动物等不可能在现实世界中存在的身份。消费者也可以在虚拟空间中选择隐藏自我的某些特质或者有意放大某些部分。在数字世界,个体自我呈现的选择空间会大得多,有些在现实生活中受限于自身条件或外在环境的自我呈现可以通过网络环境中的自我呈现来弥补缺失。基于补偿理论的研究认为数字自我是一种补充性的自我呈现和补偿性的自我呈现。补充性强调数字自我是现实自我的延伸,而补偿性则强调数字自我是现实生活中不能或不愿表达的自我。比如,在数字世界,孤独的消费者更愿意进行自我表露,但现实生活中孤独感并不会带来更多的自我表露。视频游戏中,玩家操控的化身也往往更接近理想自我而不是现实自我。

情境转换是数字自我存在不一致的一个可能的关键原因。情境转换是指人们的交际活动从一个交际渠道转移到另一个交际渠道的过程。当人们从现实世界向虚拟世界迁移时,他们可能会感受到虚拟身份建构中真实自我与虚拟自我之间的矛盾。

2010年美国的一个调查显示,49%的人会在网上使用匿名和假身份。我们可以在网络游戏或虚拟世界中扮演自己最幻想的角色。在前数字时代,我们可以通过购买新衣服或汽车、改变发型、结交新朋友等来尝试新的身份。但是,在当今的数字时代,由于网络的物理隐身性,以及能够创建虚拟化身的自由,为人们的自我实验提供了更容易、风险更小的环境。比如,人们会以新的性别身份出现在网络上。数字世界让你发现你是谁,可以让你成为你想成为的人。相对来说,在博客、论坛和社交媒体中通常涉及现实生活的问题和现实的自我呈现;在游戏和虚拟世界中主要涉及虚构的自我呈现,可能有着更戏剧化的虚拟自我差异。

延伸阅读 3-1

自拍:一种纠结的"自我技术"

自拍是如何反映自我的? 自拍中的自我是真实的自我吗?

一、自拍概念与历史

"自拍"即自己对自己拍照,这一自我记录的艺术传承于自画像,自从1839年第一张自拍照诞生以来,自拍便成为摄影家情有独钟的表达方式。到了移动互联网时代,自拍已不再是摄影家的专利,任何人在任何地方都可以自拍。2013年,《牛津词典》将"自拍"(selfie)选为年度热词,并定义其概念:一个人给自己进行拍摄的照片,尤其是指利用智能手机或者网络摄像头进行拍摄,并且将其上传至社交媒体的照片。如今,发布自拍已经成为一种非常流行的展示自我的手段,根据2017年中国互联网络信息中心发布的《用户行为研究报告》,48%以上的用户会在QQ空间、微信朋友圈里上传照片。

二、自拍的动机:自我建构 & 自我认同

自拍对于当代年轻人是再正常不过的一件事,其原因固然有手机、互联网的发展与繁荣,但心理因素才是其幕后的主要推手。

当人们对社交软件的依赖足够高,点赞、评论、转发等互动成为日常生活中习以为常的动作时,自拍便从一种关乎个人审美喜好的行为转变为关于建构虚拟身份、实现自我认同的手段。有研究发现,使用网络社交平台会使女性从事更多与照片有关的行为,使年轻女性更频繁地美化并发布自拍照。经过修饰的照片虽然仍有现实基础,但更多地反映了人们对憧憬中的自我形象的认知。美图自拍在一定程度上是一面《白雪公主》中的"魔镜"。法国的精神分析学家拉康在其镜像理论中认为,婴儿通过镜中的形象认识自我,但镜像中的自我认同是在想象中完成的,这种自我认同是一种幻觉。但是人们需要这种幻觉:个体对图片的美化一方面表达了对理想自我的愿望,另一方面,假想的"他者"目光会干扰个体,使个体不自觉在美图中设想如何去迎合他人的评判,正如"魔镜"中的声音一样,人们需要假想的他者肯定。自拍的照片成为一种文化资本或社会资本,个体通过自拍获得点赞、评论等反馈,从而获得自我认同,并在内心辩论中实现自我建构。

三、自拍与自我建构

自拍作为印象管理的一种方式,强调的"在场感"表达了发布者自我形象塑造的意向,同时发布者也通过他人对自拍的评价,来评估自我及其社会关系。因此自拍反映的是个体的自我建构过程。这种过程是在社交平台上通过与他人的互动实现的。自我建构的概念最早由黑泽尔·罗斯·马库斯(Hazel Rose Markus)和北山忍(Shinobu Kitayama)于1991年提出,指的是个体在认识自我时,会将自我放在何种参照体系中进行认知的一种倾向。玛莉琳·布鲁尔(Marilyn Brewer)等认为,每个个体的自我建构都包含三个组成部分:从自身独特性定义自我、从自己与亲密他人的关系中定义自我、从自己和所从属团体的关系中定义自我。他们将这三种建构倾向分别命名为个体自我(individual self)、关系自我(relational self)和集体自我(collective self),也称为自我的三重建构。自我的三重建构与自拍有着对应关系:个体自我-单人自拍。当个体把自拍发布到社交网站时,个体倾向从自己的亲密关系与所属团体来定义自我,此时关系自我与集体自我就被建构了。在社交媒体上发布自拍照,事实上是一种宣誓行为,是对自我与他者之间关系的认可和建构。比如,情侣发布自拍合照配上文字"官宣"就表达对双方关系的肯定。又如,2018年风靡一时的"炫富摔"照片,实则是宣称对物品的所有权。发布自拍并不是一个"完成时",而是一个"进行时",通过发布自拍,我们用图片传达某种信息,再通过环境与图片的互动(转发、评论、点赞)来确认这种意愿得到了何种回响(好评、恶评),然后再评估这种回响是否公正(这个评估的过程往往充斥着主体间的监督和修正),最后决定意愿的去留。如此,自拍者在线上呈现和互动过程中实现了对于自我身份的想象和建构。

四、自拍与自我认同

自我建构与自我认同有着密切的联系。自我认同是指在个体的生活中,通过与他者和环境进行主动的互动,并结合反馈形成自我反思,使行为与思想逐渐形成一致的状况。自我认同研究的代表性人物之一安东尼·吉登斯认为自我认同并非个体所拥有的一个特质(或特质集合),而是个体对其个人经历进行反思理解后而形成的自我概念。吉登斯认为身体不但是"实体",还被体验为"一种应对外部情景和事件的实践模式"。一个人对身体控制越好,就越被视为一个"优秀的社会能动者"。自拍为身体提供了一种新的外部情境和应对事件的实践模式,身体可以通过自拍来与他者互动,即便身体不能总是保持绝佳状态,但通过美图修饰,个体仍然可以传达自己拥有美好身体的信息。不过这种行为有些微妙,长期实践可能会造成本尊与自拍的"错位"。彭兰指出,"自拍可能会创造出一个与现实自我发生越来越大分离的、依托于美化后的身体形象之中的'虚假自我',且在个体生活中不断弥散"。

五、自拍的后果:在场与缺席

从某种程度上说,自拍加强了人们的在场感,人们用自拍决定自己的存在方式,来彰显其存在感。普通大众很少成为媒体焦点,最多也只是人群中的甲乙丙丁。新媒体技术给了每个人做主角的舞台,利用手机App,你可以"独占"杂志封面,制作各种"万众瞩目"的摩登照片。有学者认为自拍在现代生活中扮演一个举足轻重的角色,因为它是一种资本或能力的炫耀方式。比如,街头碰见明星,你用镜头框住自己和他(她),来炫耀自己的好运气;又如,用旅游景点的自拍,展示自己的生活品质,用毕业照自拍,留念自己美好的青春。自拍占用了人们相当的注意力,人们不得不对着镜头摆弄身体,力求达到相机中最好的视觉效果。对图片中彰显在场感的热烈追求可能反而会造成真实现场中的缺席状态。我们不时会听到这些抱怨,人们过分关注虚拟社区而忽略了对现实周遭的关注。现代社会把相当一部分人变成了showmaker,自拍是制造show的仪式,通过贴图、点赞和分享等行为,达到社交网络中"现身"的目的。在很多场合,人们的注意力被自拍所瓜分,从而失去了对现场的参与和投入。"多么美好的一刻啊！记录下来吧。"人们的这种念头无可厚非,用学者的话来说,自拍是一种相当纠结的技术。这种show是为了展示给他人看的(除非你设为自己可见),那么在自拍发布后主体与环境就会不断进行身份认同的谈判,很多情况下这名主角还是环境的"提线木偶"。自拍者不可避免地会考虑点击"发送"后的预想情况,因此这种"在场"方式,通常也是被其他因素所干扰的。自拍、美图里的自我是真实的自我吗？如此看来,至少不是完全纯粹的自我,自拍是受到他者意志反馈的不断塑造和再塑造的自我身份。

资料来源:

1. 彭兰.自拍:一种纠结的"自我技术"[J].新闻大学,2018(5):45 – 55.
2. BLOG O W. The Oxford Dictionaries Word of the Year 2013 is Selfie[Z]. 2013.
3. 中国互联网络信息中心.2016 年中国社交应用用户行为研究报告[Z].2017.
4. 于茉莉,韩金凤,田录梅.女大学生同性竞争与社交网站发布美化自拍行为的关系:外貌比较的调节作用[J].心理与行为研究,2020,18(3):405 – 411.
5. 余富强,胡鹏辉."我拍故我在":景观社会中的自拍文化[J].新闻界,2018(3):61 – 67.
6. 吉登斯.现代性与自我认同:晚期现代中的自我与社会[M].夏璐,译.北京:中国人民大学出版社,2016.

第二节　去物质化的数字财物和数字世界的延伸自我

麦克卢汉曾说,媒介是人的延伸,贝尔克(Belk)也认为数字世界中也存在着自我的延伸,但相对于现实世界,数字世界的延伸自我发生了一些变化。

延伸自我理论认为人们会有意或无意地将我们的财物视为我们自身的一部分。我所购买的各种物品都不同程度地建构了自我,也同样是个体和集体的记忆标记。物品是延伸自我的一部分已经得到了大量研究的证实,比如一些与自我联结比较紧密的物品丢失或被盗时,我们会感觉痛苦。延伸自我的概念在各个消费领域都可能出现影响,包括收藏、宠物、器官捐赠、礼物、产品处置和物品废弃等。那么,数字世界的延伸自我会因为网络和数字的特殊性产生哪些变化？

一、虚拟物品:去物质化的物品

2020 年全球游戏收入已经达到 15930 亿美元。游戏的大量收入来自玩家对装备、皮肤、道具等虚拟物品的购买。用真实世界的钱购买这些虚拟产品的动机,和购买其他物质性的产品是类似的:通过向其他玩家展示来获得地位和声望;解决真实的或想象中的问题,表达身份认同;增加吸引力;标记群体身份。当然也有一些动机,比如不要以新手的身份出现。特别是对年轻玩家来说,在操作类似模拟人生的游戏时,他们会去探索在现实世界中无法负担的对奢侈品的购买。

在现实世界中,我们将实体的财物作为延伸的自我,但在数字世界中,原本作为延伸自我组成部分的大量物品变得去物质化了。比如原本我们收藏唱片,这些唱片可能构成了自我重要的一部分。但今天我们的书面文字和数据都大量电子化了,变成了无形的、非物质的。这些数据可以存储在本地硬盘,也可以存储在云中。我们喜爱的音乐会存在某个数字设备中或者是某个服务器中,我们不再需要整理和清洁一排排唱片或 CD,有的只是一个歌单列表。

在去物质化的过程中很多东西会产生变化,可能会丢失很多东西,又可能会获得很多东西。如书不仅包含文字,书的工艺和磨损都是其内容,但电子化了之后这些内容就会消失。可是新的收藏方式也有其迷人和刺激之处,比如在线音乐的易用性很高,可以即时重新调整和重新编排歌曲,还能和远方的人分享音乐。有人表示将其 1000 多张唱片迁移到数字世界时,他发现自己对音乐有了一种新的亲密感,音乐从原来的塑料"监狱"中解放出来。这些补偿性收益暗示了数字音乐的发展前景。

这里面我们能看到一些基本的行为变化。以前更私人的音乐获取和欣赏行为可以变成更多人的集体实践。我们可以根据别人听的音乐很好地判断他们的性格,这不仅适用于个体。音乐品位往往是共享的、相互塑造的,从而群体身份也能通过共享的音乐偏好得到表达和融合。由于互联网和去物质化,我们也可以在更广泛的虚拟社群分享我们的热情。

在我们进入数字时代之前的音乐品位和标记性产品可以通过唱片或磁带被他人所知,但是绝不像今天这样快:通过浏览别人的列表/歌单,浏览他们的线上约会档案,或是阅读他们的博客或论坛评论,我们可以快速地获得别人的有关信息。音乐只是非物质化的一种,对音乐的去物质化已经改变了我们呈现自我的方式,也改变了了解别人、与别人互动的方式。收藏品、图片、信件、音乐和贺卡都逐渐去物质化了。也有一些数字财物本来就没有实体物质的存在,比如游戏中的魔法剑和盾牌等。

二、对虚拟物品的依恋

这些去物质化的书籍、照片和歌曲,是否与其物质对等物一样,能够构成延伸的自我?消费者是否会像依恋物质财物(包括数字设备)那样依恋这些非物质化的财物?我们是否能从虚拟的财物中获得地位和增强自我的意识?我们是否会失去数字财物而悲伤,或感到自我的消失或削弱?

Denegri-Knott & Molesworth 提出,虚拟产品是物质世界和想象世界之间的一个类别。数字虚拟消费不同于物质消费,因为数字消费缺乏一个物质实体的对象,并且其消费的对象也不能够被用于现实中去(比如数字虚拟剑并不能用来切割,虚拟汽车也不能真的让我们在现实中驾驶)。但 Lehdonvirta 对这种区分提出了异议,他认为不存在完全的非物质的消费,正如所有的物质产品也有很多非物质成分一样(如设计、包装和广告形象),虚拟物品并不会比物质物品不真实,它们也能够满足人的真实欲望,只不过它们的使用仅限于特定的情境。Lehdonvirta 认为,从现象学意义来看,数字产品对其拥有者来说是非常真实的,而且在线上,有形的物质产品才是不真实的。

具体来说,Denegri-knott & Molesworth 提出了虚拟消费可以实现四个功能:①它可以同时刺激消费者对物质和虚拟产品的渴望;②它可以实现白日梦,比如关于财富和地位的白日梦,通过在游戏中扮演角色,很多在现实中不可能实现的事情可以在虚拟世界完成;③它可以实现不可能的幻想,比如成为一个魔术师或太空海盗;④它可以让人们不断进行自我试验,比如成为电子游戏中的英雄或成为 ebay 上的卖家。有学者认为所有身份都是虚拟身份,也就是说,不管是通过物质的还是虚拟的物品来表达,我们的外在身份和内在自我意识其实都是我们通过想象性构建的,或者是不断变换的。

　　虚拟物品也会让我们产生依恋,成为延伸的自我。消费者在虚拟物品上投入了大量时间和精力,比如:对文件、照片等仔细备份、归档和存储,以及其他一些有意义的仪式性行为;玩家在模拟人生中买了一栋新房子,然后花了大量精力使其个性化;也有人痴迷于扫游戏中的家或者装扮游戏中的自我,而不在意自己生活中的家或者外表打扮;还有人打印并保存他们珍贵的虚拟物品。这些例子都显示了消费者可以通过这些特别的占有仪式来实现虚拟物品的特殊化,使其成为延伸的自我。当数字财物成为延伸的自我的一部分时,我们就会害怕失去它们。很多青少年有时会痴迷于备份他们的文件,因为他们担心如果设备被盗或者崩溃,他们的数字财产可能丢失。甚至有的夫妻离婚时为游戏装备的分割对簿公堂,一位玩家因为他的数字财产被抢走了而自杀,这些都是对数字财物的强烈依恋的表现。对虚拟物品依恋的部分原因可能是因为人们花了大量的时间、工作甚至金钱来获取虚拟物品。然而这些东西只是计算机代码,有可能被无限复制。玩家会对有人使用外挂复制稀有物品产生排斥和焦虑。为了进一步提升价值,游戏商会人为地让这些虚拟物品变得稀缺,比如限量款皮肤等。对于数字世界的爱好者来说,无论是在游戏、博客,还是在社交媒体中,数字内容对他们来说都意义重大。共享的音乐、品牌、偶像可能会让消费者成为一个想象中社群的一员,使得消费者对于代表自我的虚拟财物非常依恋,比如社群的电子勋章,以及过往的微博内容等。

三、实体财物和数字财物

　　现实世界和虚拟世界之间的区别正在瓦解,但仍有一些关键性的差异值得注意。在感知上,实体财物和数字财物的价值感知存在不对等。电子邮件、电子贺卡、电子书、数字期刊、照片、报纸、音频、视频和相应的真实产品的价值感知有一定的不等价性。因为这些数字产品的控制权和所有权存在不确定性,导致了备份的产生,并且认为它们没有那么"真实"。没有物理性实体的财物成为延伸的自我的可能性会降低。比如,删除一张电子贺卡要比丢弃一张实体贺卡容易得多;有人觉得相较于黑胶唱片,数字音乐缺乏情感和金钱价值。数字化的纪念品也被认为不如实物纪念品有价值。物质财产可以馈赠给亲友,接受者觉得有义务保存,但数字财产就很难说,可能你的家庭成员并不感兴趣。此外,虽然我们会对数字财产进行一定的定制化和特殊化,或举行"占有仪式",但由于数字财产很多时候可以无限复制,很难将其视为完全独特、不可替代和独一无二的。这些都表明,虽然数字财产可以是延展自我的一部分,但可能不如物质财物那么有效。当然,这也可能是其运作的领域不同。比如,游戏装备可能只在游戏中与其他玩家互动时才被视为延展自我的一部分。

　　在将数字财产视为延伸自我的一部分的倾向上,可能还存在年龄差异。研究发现,年龄较大的消费者(58～67 岁)比年轻消费者而言,更不可能将数字财物视为他们延伸自我的一部分[①]。

⬤➤ **案例 3 - 1**

数字礼物:祝福视频

　　"郑橙好兄弟,永远都如意!""生日快乐,21 岁了嗷,该吃吃,该喝喝,遇事别往心里搁!"这些话出自一条生日祝福视频。这条视频是一个多月前,18 级新闻班郑橙(化名)的朋友为他购

---

　　①　BELK R. Digital Consumption and the extended self[J]. Journal of Marketing Management,2014,30(11－12):1101－1108.

买的某网红的生日祝福。在郑橙生日当天,他朋友把视频发到朋友圈为他庆祝。类似的这种生日祝福视频最近很流行。除此之外,祝福视频还有非洲小朋友、非洲肌肉男、外国人、动物、风景区举牌祝福等,包罗万象,无奇不有。非洲小朋友们不标准的中文发音,配上明朗的笑脸和大白牙,在各个媒体上传递着魔性般的快乐(见图3-1)。这些在淘宝、闲鱼等电商平台上都能买得到。它们的价格更低且满足了消费者猎奇的心理。

图3-1 非洲小朋友的生日祝福

其实名人祝福视频很早就有,近年来,许多中小企业、微商的宣传视频中经常会出现一些明星录制的祝福视频,每条视频长为10~30秒,种类包括生日结婚、招商会、促销会、发布会、开业庆典、公司年会、洽谈合作等。最早的祝福视频大都是明星们免费录制给自己的亲朋好友以及工作人员的家人。后来,有人从中发现商机,开始将这些祝福视频用作商业目的,从而开启了收费模式。

随着技术发展和短视频需求的增长,越来越多的明星进入明星祝福产业链。对于名人们来说,随时随地录一个视频,读读稿子就可以赚钱;对商家来说,不再需要花费高额的出场费即可拥有明星助阵;对粉丝来说,可以看见偶像在舞台之下的模样,可以一对一地收到名人明星的祝福,情感上获得了极大满足。从2018年起,藕粉、WishR等明星祝福视频售卖平台相继成立,拉开了祝福视频平台化发展的序幕。它会呈现公众人物的姓名、照片和个人经历等信息,标明起价、接单周期和视频限制,并给出一些已经送出的视频作为样片。

网红也开始在祝福视频产业链当中分一杯羹。以快手、抖音等短视频平台为发展起点,网红在短视频平台上积攒了大量的粉丝,为售卖祝福视频打下基础。网红自带视频娱乐效果,粉丝群体分散,再加上其便宜亲民的价格,所以网红的视频在一般消费者群体当中更受欢迎。网络名人、非洲小孩等的祝福视频的价格更加亲民,为50~300元。

随着祝福视频生产者的多样化,大量个体消费者开始购买祝福视频作为数字礼物送给亲朋好友。消费者的范围也在原本商家为主的基础上,增加了许多个人消费者。一方面,大量网红祝福视频流行带来了价格下沉,推动更多的个人消费者能够支付得起一条祝福视频的价格;

另一方面,祝福视频的内容更加多元,不仅仅是以前的开业庆贺、促销祝贺等,个人婚庆、生日等视频内容的大为流行,满足了个体消费者的精神需求,刺激了个体消费的增加。

作为一种数字礼物,祝福视频的购买动机与购买物质性产品的目的类似:购买虚拟的祝福视频作为礼物,同样是为了人际炫耀和解决真实的问题。

1. 功能价值

根据艾媒咨询发布的《2020年中国礼物经济产业研究与用户消费行为分析》,巧克力、鲜花、首饰和创意礼物位列2020年中国情侣节日送礼类别前四位,"纪念意义"位于2020年中国情侣节日送礼关注因素榜首。

同样,在生日礼物方面,功能性的物品更难取得好的送礼效果。比如,水杯是一种常见的生日礼物选择。但当人人都拥有一个或者多个水杯时,基本的喝水功能需求已经被满足了,水杯不再是一个好的选择。

由此可见,在年轻人逐渐成为礼物消费的主体且基本的生存需求更容易被满足时,礼物的功能性价值不再是消费者的核心需求了。人们对虚拟生活的接受度提高,对数字产品的需求度提升,对精神需求的追求更加多元化。礼物的选择范围从物质礼物扩展到了虚拟数字礼物。这给了祝福视频等虚拟礼物一个绝佳的崛起机会。

2. 社会价值

对送礼物的人来说,礼物在丰富他人人设的同时,也彰显了他们的社会地位。对收礼物的人来说,礼物的层次也会侧面反映他们的社会地位。

同时,祝福视频作为短视频的特性决定了它更易于传播且更有广泛传播的正当性,有助于实现人际"炫耀"。郑橙的朋友们先在朋友圈发布祝福视频,希望给郑橙一个惊喜,郑橙看到后再转到了自己的朋友圈。在这个过程中,更多的人会看到祝福视频,郑橙和感兴趣的朋友也更容易传播这条视频(见图3-2)。而祝福视频会一直挂在朋友圈和各种群聊中,成为网络空间人设的一部分,永远刻在郑橙的虚拟形象中。

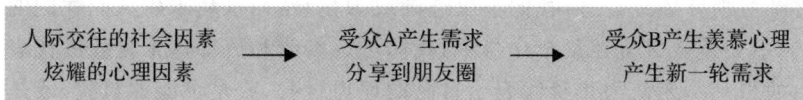

图 3-2 祝福视频的需求循环

3. 认知价值

公众人物的祝福能给消费者带来新奇感。名人和名声的根本就在于内向与外向注意力的不平衡,也就是有更多的"关注箭头"指入而非指出。而短视频和直播技术的发展打破了这个通道,使得作为普通人的我们也能接收那些备受关注的公众人物的祝福,获得特别的体验。

同时,快手等短视频平台下催生的土味网红也满足了受众的娱乐猎奇心理。比如某年轻偶像收到粉丝为他购买的某土味网红祝福视频时,既享受到纯粹的土味快乐,也产生了强烈的反应,对粉丝大喊"你们好土啊,吃我一拳"。可想而知,土味网红带来的娱乐猎奇效应是非常强大的。

4. 情感价值

祝福视频可以给消费者带来情感上的满足,比如收到自己喜欢的网红或者明星的祝福,有强烈的情感满足。

内容决定了情感价值,而虚拟生活接受度就是祝福视频满足情感价值的调节变量。假设一个礼物可以带来100分的情感满足,如果互联网的虚拟感削弱了礼物的价值,实际收礼者就只能接收到50分,产品的价值也大大降低。然而,随着技术发展和疫情期间线上需求的增长,人们对生活虚拟化接受度不断提高,一个庞大的、全靠媒介建立的虚拟世界越来越霸占了我们的视野,让我们仿佛活在媒介之中。也就是说,虚拟礼物带来的情感效果并不亚于实体礼物,100分的虚拟礼物我们可能已经可以接收到90分以上的价值了。当郑橙喜欢的带篮子读出他的名字时,他便将消费的产品与自我概念联系起来,象征性地实现了自我。这极大地拉近了郑橙与网红之间的距离,所获得的满足感与真正和网红做成朋友的满足感没有很大区别。

资料来源:

1. 林品儒,彭海益,徐澜心,杨国纲. 网红祝福视频信号研究,中山大学2018级传播学课程作业.
2. 周文佳. 明星祝福视频产业链受众需求及问题分析[J]. 视听,2020(11):76-77.
3. 张西流. 明星祝福视频应按广告代言担责[N]. 中国消费者报,2020-08-28(01).

第三节 重塑真身:虚拟化身及化身认同

第一波数字研究预测我们将从自己的身体中解放出来,并呈现出我们想要的任何形象。性别、种族、阶层和身体带来的歧视将会消失,我们将进入一个完全平等的网络时代。但这种情况随着"视觉突破"而改变,导致了"自我的新结构和定义"。在社交媒体、视频网站等更具视觉化的互联网环节中,我们变身为某个化身,或是照片,或是视频。在Photoshop等软件的帮助下,我们购买了皮肤和饰品,让我们的数字自我外表和自己的外表相似。有学者将化身定义为"我们的数字表征",正如当你制作一个性别、年龄和种族与你一样的化身时,它从生理-心理层面都感觉像你。然而,虚拟世界中很少有病态肥胖、老年或残疾的化身。

化身的重塑是一个渐进的过程。随着我们设计自己的化身,给它起名字,学习操作它,并对它的存在逐渐习惯并感到舒适,我们不仅逐渐成为化身,而且越来越认同我们的化身。

此外,我们不只是被放置在某个化身中,我们可以修改和装饰这个自我的代表。对化身身体的修改自由使得一些人认为化身代表了自己的理想自我,或是可能的自我,或是启示性的自我,或是一张我们可以在上面试验多样自我的画布。在网上,相貌平平的人把自己描绘成为拥有美丽外表的人。家境平平的人带着精致的珠宝,害羞的人更可能成为主动的诱惑者。

此外,许多MMOG玩家和数字世界的参与者都有多个角色。有时候,这些小号只是为了获得一些匿名体验,可以在网上脱离一下现实中的个性;有时候,它们变成探索不同性格的试验工具。一些研究表明,消费者可能拥有多个自我并且在自我之间产生对话,当面对一个潜在的消费选择的时候,不同的自我之间可能存在冲突或讨价还价。举例来说,人们会在"家庭自我"和"工作自我"之间斗争。然而,数字世界展示的多样的自我不同于传统研究中的多重自我、次人格等较为厚重和深层的自我,更像是一种方便快捷的"身份旅游"。比如在线上约会时,一位男性可能编造自己的富有程度和相应的故事背景,将自己装扮成一个富二代,以获取该身份能够得到的关注和约会机会。同时,他可能还有可能拥有另一个账号,打造"文艺青年"的人设并和他人互动。

毫无疑问,在一些网络活动中有多个自我可能是自由和有趣的,也涉及严肃的自我实验,但在数字世界中,试图维持多重自我角色是有困难的,特别是角色之间有着内在冲突的时候。

例如,尝试控制不同的受众看到自己的 Facebook 内容,在朋友圈发布内容时进行分组可见,有些人则小心翼翼删除了家人在 Facebook 上的评论,以免被朋友看到……由于区分难度过大,人们可能干脆只呈现某一个一致的数字自我。此外,维持多重自我的另一个约束因素是记忆,它使得我们不能真正、严肃地接纳非常不同的多重自我。当我们在多重自我的扮演中穿梭时,维持每个自我的人设完整性和一致性需要更好的记忆。

目前对虚拟化身探讨最多的是对游戏领域的相关研究。虚拟化身(virtual avatar)是玩家在视频游戏中的虚拟自我呈现方式,通过操控虚拟化身,玩家可扮演不同的角色,并拥有新的身份。作为现实自我的投射和展示,虚拟化身会影响个体的自我认同,并对生理、心理及社会行为等产生潜在的影响,带来自我的变化。

虚拟化身作为一种存在于视频游戏中的虚拟自我呈现方式,可以被游戏玩家实时看到,经常通过外表(如性别、服装)、表情(如微笑)等视觉形象和行为(如跳舞)呈现出来,是连接虚拟和现实自我的手段。它不仅代表了个体的虚拟自我,也是现实自我的替代改变,并成为个体身份的重要部分,因此会对个体的自我形态和自我认同产生潜在影响。虚拟化身向玩家传递了与自我相关的信息,并具有自我建构和自我评价的功能,也会对个体的自我概念产生影响。

一、化身认同

化身认同的概念源于角色认同。角色认同最早由 Maccoby & Wilson 提出,指观众将自己想象为电影中的角色,并感到自己亲历了角色遭遇的事情。后来这一概念被泛化到文学作品和其他媒体内容中去。认同发生时,个体沉溺于虚拟世界中,幻想自己就是角色本身,通过角色体验虚拟世界,与角色存在情绪和认知上的联系,角色替代了个体的真实自我,个体暂时失去自我意识。在视频游戏中,现实自我和媒体角色不再独立,界限变得更加模糊。玩家在游戏中主动扮演并操纵化身,带有很强的交互性。个体与虚拟化身建立了更加紧密的联系,因此个体也更容易对虚拟化身产生认同。

Klimmt 等人提出了游戏化身认同理论。他们认为化身认同是一种与媒体使用者自我知觉和认同有关的社会心理现象,是个体在虚拟情境中短期自我建构的结果。个体在游戏中操纵并体验游戏虚拟化身时,将自己想象为化身,与化身融合,并将化身特征融入自我概念,导致自我知觉发生了暂时性改变。化身认同过程往往不受意识控制,认同游戏化身意味着激活和加强了与化身特征紧密相关的自我概念,而玩家的现实自我却没有被激活或激活程度很低。个体在认同过程中并没有完全忘掉现实自我,并且这种认同是一个短暂的过程,化身认同具有选择性和易变性。但从长期来看,对虚拟化身的认同也会带来潜在的长期影响。

Van Looy 等人提出化身认同的三维结构并形成了量表:相似性认同(similarity identification)、理想化认同(wishful identification)和具身临场感(embodied presence)。相似性认同是指人们喜欢和认同与自己相似的虚拟角色;理想化认同是指对理想化身的认同,比相似化认同更有吸引力;具身临场感是指将虚拟化身与感官和非感官的方式体验表现为现实自我的心理状态,临场感越强,化身与现实自我的融合程度越高。

Li 以早期 Cohen 的媒体角色认同为基础,提出了化身认同的四维结构:情绪体验(feelings)、专注(absorption)、积极态度(positive attitudes)、化身对自我认同的重要性(importance to identity)。情绪体验是指游戏过程中虚拟化身的遭遇或行为引发个体的情绪反应,专注是指在游戏中注意力高度集中,这两方面反映了个体和化身之间的情绪、认知联系。积极态度是指个体对虚拟化身具有积极的态度,希望将化身的特质融入自我概念。化身对自我认同的重要性是指个体在视频游戏中间自我概念与化身融合到一起,并将化身作为显示自我一部分的程度。Li 等人开发了玩家-化身认同的量表,包含 15 个题项。

二、化身外表对自我概念的影响

化身的外表,如性别、身高、体型、肤色、发型和服饰等形象特征不仅展现了游戏角色的属性,而且影响了个体对自我概念的知觉。在游戏中,玩家会通过化身外表的特质对自身特质进行推断和评价。比如自己的虚拟化身具有吸引力的面孔会让个体感觉自己更有胜任力、外向、友好和自信。矮小的有吸引力的虚拟化身会让个体觉得自己具有孩子气。发型和服饰时尚会让个体觉得自己是外向、会交际的,而服饰颜色灰暗则个体易将自己知觉为内向的。具有女性化、有吸引力的化身会让人觉得自己宜人性高。邪恶化身形象更容易使个体形成攻击性的自我概念。总之,现实环境中对外貌的刻板印象都会影响到虚拟化身对个体特质的认知。虚拟化身不仅影响玩家对自己的认知,还会影响线下的行为。数十项心理实验都表明,人们只要披上化身的皮,哪怕是很短的时间,就会改变。比如一个更高的化身会增加人们的信心,这种信心的增强会持续到现实世界。同样,一个更有吸引力的虚拟形象会让人们表现得更热情、更善于交际,一个更老的虚拟形象会让人们更关注省钱,一个身材很好的化身则会让人们锻炼得更多。这种现象被称为"普洛透斯效应"(Proteus Effect)(普洛透斯是古希腊的神,他可以随心所欲地变身)。心灵不仅是我们物理身体的具身心灵,它现在也是我们虚拟化身的具身心灵。虚拟化身可能会彻底地融入我们自己,成为我们生命的一部分。

三、化身行为对自我概念的影响

化身行为主要指游戏玩家操纵化身在虚拟环境中做出的动作,它对个体的自我知觉与行为有更加广泛和深入的潜在影响。已有研究发现,相比于其他非赛车类游戏,在赛车这一类冒险游戏中,个体会觉得自己更加胆大妄为,并对危险的道路环境表现出更高的风险容忍度。同样,用化身在游戏中参与暴力行为会让玩家体验到更强的自我唤醒,会将自己知觉为一个有暴力倾向的人,逐渐形成玩家的攻击性自我概念。特别是对男性玩家而言,虚拟化身的暴力行为会让他们觉得自己更有男子气概。这种影响不仅是短期的,还会长期默化为人格层面的改变。比如青少年长期玩游戏会影响其人格的发展;长期使用化身参与暴力行为,会促使个体更容易形成攻击性人格特质。对赛车游戏的纵向研究也发现化身对玩家的冒险、叛逆和感觉寻求方面的自我概念有长期影响。

案例 3-2

"闪耀暖暖":完美自我

我是西柚子,一名 19 岁的大二女生,从 2019 年 8 月 6 日开始试玩"闪耀暖暖"游戏,之后每天至少上线三次,因为不同时段要上线领取"体力"(做许多游戏任务都需要消耗体力值),以及每晚 19:20 会参加固定联盟派对时间,每天游戏时长累计 30~60 分钟,游戏至今一年左右的氪金总额是 15420 元人民币,算是"闪耀暖暖"(以下简称闪暖)游戏的深度玩家了。

最初接触到闪暖游戏,是开服前在包括豆瓣、微博、微信朋友圈广告在内的多个平台都看到了闪暖的 PV 视频。因为小时候我就喜欢芭比娃娃,也会自己给娃娃做衣服,所以对换装游戏很感兴趣,之前也玩过奇迹暖暖(未氪金),而看了闪暖展示换装的视频后,觉得 PV 里展示的衣服和妆容都很精致,3D 化的人物相比以前的换装游戏也更新奇,于是产生了去试玩一下的兴趣。

　　起初我主要是接受游戏剧情设定的角色,完成游戏的任务。在设定上,"我"是帮助暖暖从"奇迹暖暖"(上一个游戏)穿越到680年前拯救奇迹大陆的天选之人。在剧情上,"我"会帮助暖暖做出一些选择以及通过提升搭配之力帮助暖暖通关(提升搭配之力是游戏最主要的任务,不同衣服有不同的数值)。

　　这个游戏最打动我的点就在于可以自由换装,然后定格拍照,搭配衣服妆容、选取拍照动作和背景的过程让人觉得很有意思,看着最终拍出的美美的成品照片很有成就感,这也是我为游戏氪金的主要原因。我氪金的第一笔是在开服不久的活动阁"一起去海边吧",里面放出的一套泳衣很好看,但获取方式只有通过抽阁,抽阁则需要使用游戏中的代币"粉钻"或者抽卡券,想要收集漂亮衣服的愿望促使我开始氪金买抽卡券的礼包。同时氪金也会提升我的战力,在游戏的重要部分竞技场以及心阶模式的排名中我也能相对于其他玩家取得靠前的名次。

　　最开始我氪金的金额比较小,一般为两位或三位数,后来渐渐增多了,一方面是由于确实喜欢游戏出的新衣服,但并不是游戏出的所有衣服我都喜欢,这时候促使我氪金抽卡的原因就是想要收集齐套装,提升收集度。每次看到游戏中的套装图鉴很高的百分比,我都感觉非常满足(在游戏中一般称所有活动全齐无瑕疵)。在我小的时候就有"收集癖",从收集糖纸到一个系列的文具,很多时候我氪金都是为了满足这种心理。另一方面,闪暖的累充机制使得用户每次充值一定数额就能触发一定的累积奖励,这也会刺激我为了能够得到新衣服以及游戏中的代币"粉钻"更多地去氪金。

　　与绝大多数换装游戏不同的是,闪暖游戏人物会和玩家有更多互动,这让玩家觉得游戏环境会更加真实。在游戏最初会让用户选择玩家性别,不同性别的玩家在和暖暖的互动上(包括触发随机对话和"此刻"回复)会有一点差异。我是女生,所以和暖暖的日常对话上更偏向于闺蜜,"暖暖"会向我撒娇以及讲述自己的经历。游戏里还有一个类似于朋友圈的设定"此刻",包括暖暖在内的NPC都会在这里分享一些瞬间(一般是剧情触发后),玩家也可以相应地给予回复;而在换装以及面板上也会随机触发和暖暖的一些对话,这都增强了玩家与游戏中的NPC之间的互动性和真实感。

　　随着游戏的深入,我对暖暖的感情也慢慢有了一些变化。每个玩家对暖暖的感情不同,有的人会把她当作"女儿",给她购买各种各样漂亮的服装、饰品,会有一种收集和养成带来的成就感;有的人把她当作姐姐、妹妹(具体视年龄而定)或朋友,会有相互陪伴的依赖感。

　　作为"非剧情党",我对于帮助暖暖拯救奇迹大陆的主线剧情并不是很在意,只是随着剧情的深入,我对暖暖人物的认识更立体了,暖暖对我来说更像是引领陪伴游戏的"朋友"以及承载我搭配想法的"模特"。由于身材、相貌、时间、精力等原因,我自身不怎么在意扮扮,而对于这方面的一些想象和愿景就通过给暖暖搭配得到了投射。暖暖在某种程度上是我的 wanna be,也在一定程度上使我的想法得以呈现,满足了我在现实生活中难以实现的对自我外在形象构建的欲望。

资料来源: 根据访谈资料改写。

四、虚拟化身影响自我概念的理论解释

　　身份模拟理论(identity simulation)认为基于化身的游戏不仅为个体提供了相关认知、情绪体验的机会,而且让个体在游戏中能够进行身份模拟,体验了不同自我。游戏玩家会纳入所控制的虚拟化身的特质和态度,通过不同的虚拟化身,玩家体验到自我概念、态度、情绪等方面的内在改变。这种基于虚拟化身的自我知觉又会影响到个体现实的态度和行为。

自我启动效应(self-priming effect)认为虚拟化身的行为会激活记忆中的相关特质图式,形成了自我启动。这个理论比较侧重于虚拟化身对自我概念的暂时性改变。比如攻击性的游戏激活了个体记忆中的攻击行为图式,增加了自我概念中攻击性特质的可获取性,使得原本的自我概念受到影响。

自我知觉理论(self-perception theory)从自我观察的角度来提供解释。自我知觉理论认为,人们像从第三者视角那样通关观察自己的行为和外表进行自我知觉,推断自己的态度、情感和内在特质,并且这种自我知觉可能会影响个体随后的行为。个体在游戏中观察到虚拟化身的外表和行为,并对自身特质进行了推断,比如在暴力游戏中,虚拟化身在游戏中的攻击性行为让玩家知觉自己是一个具有攻击性、男子气概的人。特别是在虚拟环境中,匿名性特点容易引发个体的去个性化,增加了对情境线索判断自我概念的依赖程度。在数字世界中,去个性化的环境削弱了显示自我,个体自我意识下降,更依赖外部环境线索来重建自我。

虚拟化身影响自我概念的理论解释框架如图 3-3 所示。

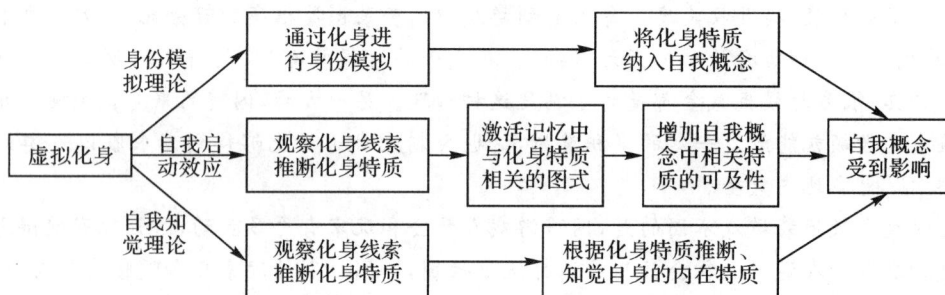

图 3-3 虚拟化身影响自我概念的理论解释框架①

五、化身认同的影响因素

虚拟化身对玩家自我概念的形成和延展无疑有影响,但也存在着其他一些调节变量,使得虚拟化身的影响呈现不同的效应②。

1. 游戏的特征

游戏的逼真性如图像和音效,以及沉浸式虚拟现实技术能够增强游戏的真实性,使得玩家在虚拟环境中有沉浸感和临场感。在 MMOG 中,由于临场感和沉浸感,人们常觉得玩家就是那个化身,角色就是玩家,玩家就是角色。在最极端的沉浸感中,你不是在扮演那个生物,你就是那个生物;你没有假设的身份,你就是那个身份;你不是在投射一个自我,你就是那个自我。

Eladhari 区分了不同程度的沉浸感:从化身(avatar)到角色(character),再到人格面具(persona)。在化身级别中,虚拟化身更像是操作木偶,角色则是玩家自我的延伸,是玩家在游戏中的整个人格,但到了人格面具的层面,玩家已经不再区分自己和其化身,两者是一体的。

2. 游戏的交互性

游戏的交互性是指玩家使用化身主动参与游戏中的各种活动,并与自己、其他游戏角色进行互动。视频游戏是一种主动的交互体验,为玩家提供了自由和安全的体验行为与后果的虚

---

① 衡书鹏,赵换方. 视频游戏虚拟化身对自我概念的影响[J]. 心理科学进展,2020,28(5):810-823.

② 衡书鹏,周宗奎,孙丽君. 视频游戏中的化身认同[J]. 心理科学进展,2017,25(9):1565-1578.

拟环境。玩家可以对虚拟化身发出指令并控制其行为,当个体通过化身不断行动和决策时,玩家对虚拟化身的卷入度就更强了。交互性越强的游戏,玩家与虚拟化身的身份融合度更高,玩家对化身的情感依恋更强,自我概念的改变更加显著。

3.化身的定制化

当玩家可以根据个人偏好选择和改变虚拟化身的外表和属性时,虚拟化身就越来越代表自我。已有研究显示,定制化的虚拟化身相比于默认化身更容易改变玩家的自我概念。这可能是因为个体更容易将自己投射到定制化的虚拟化身中,对化身的认同感也更强,比如化身的视觉形象更容易让玩家回忆起自己,有更多的自我激活。因此,定制化的虚拟化身更容易改变玩家关于自我的观点。

4.化身-个体的相似性与吸引力

使用与自我相似的化身,可以促进化身认同,并体验到更强的临场感。而有吸引力的化身往往是个体的理性自我或者不可能的自我,玩家会对其形成理想化认同。认同度越高,越容易暂时性地改变自我概念。

5.游戏的叙事

游戏叙事是游戏中精心构建的背景信息或故事情节。常见的叙事方式是剪辑场景,如全动态影像或者引擎电影序列、游戏过程中关卡之间简短的书面或口头过程动画,以及在游戏中与 NPC 的互动对话等。当玩家进入游戏故事时,现实世界变得难以触及,他们的注意力完全聚焦于故事当中,对故事中描述的场景会产生近乎真实的心理表象,并随着故事情节的发展体验到强烈的情绪反应。当人们进入故事后,虚拟化身与自我的心理紧密度上升,并因为故事角色之间的融合发生和角色一致的态度和自我概念的改变。

6.现实-理想自我差异

现实-理想自我差异是个体对现实自我没有达到理想状态的知觉,会导致沮丧、失望、挫折感,甚至抑郁。现实-理想自我差异大的个体有较强的改变现实自我的动机。在游戏中,虚拟化身往往代表了理想自我,个体为了减少现实-理想自我的差异带来的消极情绪,会更加认同代表理想自我的虚拟化身,甚至使自我概念发生改变,以弥补现实自我的不足。

7.私我意识

私我意识(privateself consciousness)是个体对自我行为与反应的意义和原因进行自我反思,以及关注自我独特身份和认知构成的倾向。私我意识水平反映了个体对自身认知、情绪、行为和身份的意识程度。高私我意识的个体不太容易受环境线索的影响而改变其对自我的认知。

第四节 分享:分布式的、共同建构的自我

一、分享

我们在网上可以找到各种信息、小说、图像、电影和音乐——大多数都是免费供人访问、下载和分享的。这些东西之所以存在,首先是因为其他人分享了它们。毫无疑问,你可以在网上分享作品、电影和音乐,也可以分享手稿、论文、评论、品牌评级、URL 或者其他。有时候这种分享模式是商业化的,但在其他许多情况下,分享是以非商业的方式在运作。

分享本身不算新鲜事,自人类诞生以来就一直存在,但数字技术帮人们更多和更广泛地分享。对于那些活跃在微信上的人来说,他们的社交媒体朋友可能比他们的直系亲属更了解他们的日常生活、联系和想法。日记曾经是私人的或只与亲密的朋友分享的,现在被贴在博客上任人阅读。在朋友圈发布一臂之遥的自拍照标志着一个变化:传统的家庭相册中,摄影师并不经常出现在相册中,而在自拍照中,他们必然会出现。此外,早期的家庭相册在数字时代演变成为一个更像个人相册的东西。正如 Schwarz 指出的,我们已经进入了一个前所未有的自我描述的时代。这无疑导致了更多的自我反省,以及更多的数字化的、一日内更新多次的自我来代表我们自己。

网上的分享和自我表露如此之多,部分原因是所谓的"去抑制效应"。比起面对面环境,在网上人们似乎能够更好地表达他们的"真实自我"。缺乏面对面的目光交流,加之匿名和隐形的感觉,似乎让我们可以更自由地表露自我。但这并不意味着有一个固定的"真实自我",自我更像是一种不断更新的进程。正如精神分析一样,我们可能把写博客和参与社交媒体、论坛对话视作一种自我治疗的方式。研究者发现情绪不稳定的人更可能试图通过网络社交和自我表露来提高幸福感。已有研究发现,常常发朋友圈的人也更可能感到愉快。但这是否是一种有效治疗仍然悬而未决,因为一些人通过网络进行有效率的交谈,但另一些人只是通过新环境重复旧的冲突。但现在来看,我们的确在网上做了大量身份认同的工作,因为互联网总是问我们:你是谁?你有什么要分享?

如果去抑制则会导致更多的网络分享,忏悔的冲动则导致更深层次的自我表露。忏悔是一种古老而新颖的行为。除了分享我们所经历的美好事物,我们中许多人也分享我们所经历的不好的、令人尴尬的罪恶的事情,虽然有些信息是相对匿名的。这些自我叙述与民族志的自白故事并无不同。就像宗教忏悔一样,在线叙述时听者的缺席如同宗教忏悔时屏蔽听众的眼睛,会让我们更容易忏悔。在网上向匿名的、看不到的陌生人坦白和忏悔,会让人感到自由。互联网让曾经私下的坦白变得更加公开。在福柯的观点中,忏悔、沉思、自省、学习、阅读和给朋友些自我批评的信都是"自我技术"的一部分,通过这些技术我们寻求净化。博客和社交媒体是这种忏悔发生的主要数字平台,也可以在照片和视频分享网站上找到此类自我表露。互联网让"注释自己"和"表达自己"变得极为容易。此外,读者的数量和反馈可以为忏悔者提供了自我验证。忏悔性的博客也可能对读者起到治疗作用,能产生同理心,又能够让他们满足窥私欲。

通过去抑制和忏悔,在网上分享自我的信息变得更容易,我们在网上展示和讨论着自己,书写自己的自传。同时需要警惕的是,由于与他人分享,数字自我的管理过程并不完全在自己的控制之下。即使我们将某些内容限制在好友圈发布,也不能保证这些信息不会被转发或引用。与朋友分享秘密并不是新鲜事,但现在潜在的受众要更广泛得多。随着私人日记越来越公开,内心秘密越来越多暴露在公开网络,社交媒体的隐私缺失会让消费者感到一种脆弱感。

我们因为要证明自己的存在,所以在数字世界里不断分享,不断交流,但事实上,这种对联系的渴望,与其说是一种治疗方法,还不如说是一种病症,它表达着我们害怕孤独的焦虑,但并不能解决问题,相反它使我们与外界更为隔绝。同时我们已经失去独处的能力,而这种独处才能让我们集中注意力思考问题,找到自我,在找到自我的同时,才可能与他人产生更好的联系。

二、共同建构的自我

虽然有单机游戏,一个人可以独自上网或听歌,但很大程度上,我们的数字生活是社会性的。我们期待别人评论,和他人联系互动。其他人在我们数字自我的建构过程中参与越来越多。Turkle 将其称为"协作自我"。

　　朋友之间通过他们的帖子、表情和评论帮助彼此建立和重新确认自我。现在,几个女孩可以在试衣间试衣服并拍照上传,网友对其进行评论,如"可爱""不好看"等。一种曾经只有在试衣间的女孩才相互知道的消费体验,被展示给公众观看并得到反馈。传统意义上购买伙伴能够提供的,都可以从遥远的网络伙伴那里得到。社交网站被视为心理发展的重要场所,很多点赞和评论其实都可以翻译为:嗨,我依然是你的朋友,我关心你。就像面对面时互惠的微笑一样。

　　青少年有时还会在自己照片上添加自我贬低的评论,显然是为了寻求认可或安慰。博客也可以被视为一种寻求肯定的形式。大多数博客不仅单方面提供经验和见解,还邀请反馈和互动。读者的肯定,即使只是在页面呈现浏览量,都可能提供给个体信心,帮助其在新的方向上拓展自我。自我的共同建构也会在线下面对面的接触中发生,但线上的去抑制效应让人们更容易尝试新的自我。同样地,去抑制作用使得他人(包括朋友和匿名网友)更容易提供反馈,从而参与到他人自我的共同建构中来。其他人在网上给我们的照片添加的评论像是元数据,为我们的照片增加了数字光泽。也就是说,被评论过的产品/照片/文字产生了不同的、更丰富的意义,就像一幅画或古董的出处可以增加其价值一样。这些累积的评论在发布后很长一段时间内都在积累并继续增强数字自我。就连青年人使用的表情包,也会因为多人使用产生丰富的意义,比如青年人会优先使用像素模糊的表情包,在他们眼中,像素模糊就像是"电子包浆",显示出该表情包是一个大家广泛使用的表情包。

　　另一种在线建立整合、共享自我的方式是共享审美和判断。对于什么是好看的,什么是糟糕的电影,以及什么是"我们的"音乐皆有共同的认识。比如我们所参与的在线社群往往一起共建了我们的数字自我。在许多虚拟社群中,个人由于匿名,个体身份缺失了,反而导致了对群体身份更大的重视。在线社群的内部规范、仪式和嵌入性,能够形塑和影响参与其中的数字自我。在社群中,内在和外在的我之间不再明显区别,在社群交流的空间中,自我和他人的心理感觉可能是重叠的。这个自我是共享的、整合的,是在线社群期望或不期望的聚合性自我,超越个体和他人两者,成为一个共享的整合自我。数字世界自我超越的可能性被放大了。

三、分布式记忆

　　现实中的物品不仅能够成为个体的延伸自我,通常还能够提供对过去的回忆,比如家具、纪念品、照片等。然而,在数字世界里,一些新的设备和技术可以记录和存储我们的记忆。这些技术使得我们能够访问个体和集体的自传体式记忆,我们的记忆越来越多外包给硬盘和搜索引擎,这是否提高了记忆的准确性? 自我是否真的延伸到这些痕迹中去了?

　　个体自传式记忆有三种功能,分为自我、社会和指令。自传体知识通过提供一种随时间而延续的感觉来帮我们形成和维持自我。这也解释了为什么在数字世界中多重自我可能很难维持,因为我们缺乏每个角色的独立传记。自传体式记忆帮我们从过去中学习,指导我们未来的行为。但因为数字技术,我们的记忆不仅受益于我们网上的行为,也受益于他人的网上行为。正如数字自我是在网络上共同建构的,我们的记忆也是在网络上和大家一起建构的。

　　在线社群培养整合性自我的方式之一就是共享数字产品,并围绕它们发展集体记忆。个体记忆是嵌套在集体记忆中的,集体记忆也是由个体记忆和各种媒体描述塑造的。分布式的数字记忆也在集体记忆和整合性自我的层面运行。我们上传照片、视频、帖子和时间轴提供了线索,将我们与过去的个人和集体记忆联系起来。数字自我的呈现不仅受益于修饰过的照片,也受益于他人添加的标签和评论。

随着多个在线角色的扩散,核心自我的想法被打破了。但核心自我的幻想仍然是一个强大而可行的概念。核心自我的存在是一种信念而不是一个事实。在数字世界中,自我被延伸到化身中去,广义地说,我们强烈地认同这个化身,以至于它可以影响我们线下的行为和自我意识。与前数字时代的不同在于,我们现在在网上自我表露和忏悔,将之前是半私密的自我转变为更公开的自我。这在自我的共同建构中也很明显,网友的即时反馈,可以帮我们确认或修改自我。整合性自我不再是从个人角度来设想,它是共同构建的,而且是和他人共同拥有的。我们虽然依然将消费的物品作为个人和整合性自我的回忆线索,但不同的是,我们现在更有可能转向数字化和在线共享的纪念品,而不仅在私人物品、作品和照片中获取自我的记忆。我们越来越多地将记忆外包,这些记忆线索可能被其他人评论或回应,以一种更积极的方式共同建构对过去的集体意识。同时,由于对数字痕迹的无限存储可能,意味着我们可以通过各种排序规则展现自我和发现自我,而不是通过创造一个连贯的自我叙述来发现自我。然而,我们的自我叙述很难对听众进行隔离,这意味着我们不能轻易地呈现相互冲突的自我。人们越来越多有意识地管理在线自我的呈现。自我被更积极地管理、共同建构,被互动、公开地去抑制、忏悔、多重呈现,并受到我们和我们的化身在网上行为的影响。

» 第四章

情感消费：可爱与酷

数字时代,消费行为从理性走向感性。由于信息的极大丰富,几乎每种消费品都有多种替代品可以选择,理性的产品实用价值已经不再有显著的差异化,也不再稀缺。消费者在购物时越来越追求情绪和情感上的体验,比如更注重环境、气氛、美感,追求品位,寻求享受;抑或愿意为"情感体验"付出更高溢价,如消费包含更多情绪情感的内容信息,喜爱拟人化的品牌,为"呆萌"的宠物花费更多,通过追星/游戏来"养女儿""养儿子"等。在情感消费时代,消费者购买商品所看重的已不是商品数量的多少、质量好坏以及价钱的高低,而是为了一种感情上的满足,一种心理上的认同。在这一趋势下,品牌不仅重视品牌/产品和消费者之间的买卖关系的建立,更强调相互之间人性化的情感交流,唤起和激起消费者的情感需求,诱导消费者心灵上的共鸣。

本章不就情感消费各个领域的现象进行一一阐释,而是撷取两种较为普遍赋予品牌或产品的积极人格特质,探讨数字时代越来越多的"感性"的运用的理论根源及其对消费者的影响。

第一节　可爱与萌

"萌"是一门大生意,不仅本身可以成为商品(如表情包等),还有无数的公司、品牌依赖"卖萌"来吸引消费者。特别是在社交媒体上,很多定位于成年消费者的品牌大量使用可爱的拟人吉祥物或动画角色与消费者进行互动。随着品牌人格化的流行,卖萌成为一种吸引消费者注意力、鼓励消费者互动、促进产品保留的普遍工具,能给公司带来很多利益。然而在营销的学术研究中少有直接的回应,原因可能是"萌"在学术中似乎显得太不严肃、太不理论化了。不过,关于其核心概念"可爱"的研究已经历经了 70 余年的历史,生物学家、社会心理学家、神经科学家、文化研究学者等都证明了其对于人类行为强大的形塑作用,"可爱"的存在对人类生存和发展有着重要作用和意义,其在商业中的运用和研究亦值得重视和更多的促进。

一、萌与卖萌:作为形容词、名词与动词的可爱概念

可爱研究涉及的领域包括消费行为、性别研究、文化研究、交互设计、社会学、心理学、神经科学等。对于"可爱"的存在和流行,主要有四个视角的解释。心理学和神经科学认为人们对"可爱"偏好是一种普遍、本能的生态性准备状态,有利于保证后代生存和繁衍;人类学家、文化学者和社会学家认为,可爱的流行在于其社会根源和文化传统;进化学家和生物学家认为,对可爱的偏好是生物幼态持续的表现,有利于人类的进化;而性别学者则认为,性别权力造成了"可爱"流行。

相对于"可爱"在东亚乃至全球流行文化中的广泛呈现和重要影响,学术界对可爱的系统研究还十分缺乏,对可爱消费文化和消费者行为的研究就更加有限。有远见的学者已宣称,可爱会是 21 世纪数字文化和消费文化的主导美学。2016 年,学术期刊《东亚流行文化》专刊探讨了这一主题,希望将可爱研究确立为一个新的学术领域。从历年来学术文献的数量变化来看[①],可爱研究在数字时代的确进入了一个繁荣期(见图 4-1)。

---

① 文献采用搜索+滚雪球的方式收集,即在 EBsco 数据库中以 cute、cuteness、kawaii、baby schema 等关键词搜索,获得文献后,穷尽其参考文献中与"可爱"相关的文献,获取下一批后再次检索其参考文献,直至没有新的文献,以此建立整个文献库。

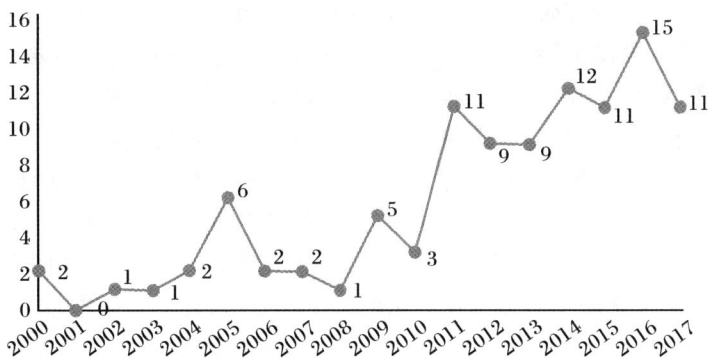

图 4-1　关于"可爱"的学术发表数量在数字时代急速上升[①]

现有的可爱研究文献在进行理论回顾时都会追溯到生物学家 Knorad Lorenz，他最早提出了一个与可爱密不可分的概念——婴儿图式（baby schema）。这位诺贝尔生物学奖获得者通过田野观察发现婴儿能够引发人类个体强烈的积极反应，比如会让我们产生自发的微笑。他据此提出一条著名的假说：所有物种的新生儿的典型外貌（圆脸、大眼睛等）都可作为一种触发人们的积极情感，进而促进相关行为反应的关键性视觉刺激。这种新生儿的面貌特征就被称为"婴儿图式"。虽然 Lorenz 并没有提供经验证据来验证他的假说，但后期大量的研究都证实了他的洞察。追随这一源头的研究主要集中在心理学、神经科学、生物学领域，大多采用西方的自然科学的研究范式，如实验等来验证"可爱"在全世界范围内亘古长存的生理的和进化的基础。这也是可爱研究中最集中的研究主题。

日本的可爱文化可以追溯到更早的源头。在江户时期，就开始出现可爱主题的文学和绘画，但直到 20 世纪 70 年代才开始蓬勃发展，80 年代对可爱的推崇达到了顶峰，"卡哇伊"（kawaii）在日本流行文化中占据了主导地位。此时日本学者对可爱的研究才系统地发展起来，并影响了东亚和东南亚地区（中国、新加坡、泰国等）对于可爱消费文化的探讨。这一部分的研究以人类学、社会学、文化研究、美学研究为主，采用更加人文的探索方式，并不限于对婴儿图式的可爱的探讨，而是在更广泛的意义上探讨"可爱"，多采用思辨或是质性的方法。

本节基于对可爱研究的两个大的流派的文献的借鉴，试图呈现对该领域的研究现状和与营销研究相关的学术进展。

1．"萌"与其语义流变

"萌"或"卖萌"目前没有明确的学术定义，仅有语言学的学者探讨过"萌"的语义流变。"萌"一词始于 2003 年左右的日本，在以动漫、游戏为中心的"御宅族"中，这个词用来表达对特定人物，或是对人物身上一部分要素（如眼睛、制服、方言等）深深爱慕的状态。"萌"真正在我国变成大众的日常用语始于 2010 年。但日语网络流行语"萌え"在被汉语吸收的过程中，出现

---

① 由于文献库涉及较广，包含面孔研究、神经科学、生物学、国家软实力等有相关度不是很高的文献，因此，在最终统计可爱研究历年来的文献数量时，只采用了那些在标题或关键词中直接提及 cute、cuteness、kawaii 和 baby schema 的文献，包括期刊论文、会议论文、学位论文、书籍、书籍章节共计 110 篇。其中有 7 篇是 2000 年以前发表，未绘入图表。

了概念隐喻和概念整合,语义成分没有完全进入整合空间。"萌"在汉语中的主要含义变成了"可爱、幼小、未成年",可以做形容词,也可以做名词,"对某事物有强烈喜爱之情"变成了次要含义。"卖萌"是中国语境下出现的动词,表示展示、显露出"萌"的特质。

"萌"与"卖萌"在学术上涉及这样四个相关领域的研究:可爱(cute)研究、卡哇伊(kawaii)研究、幼态持续(neoteny)研究、装可爱(pastiching cute)研究,统称可爱研究。从汉语对于"萌"的语义来看,其核心含有"可爱、幼小"的含义,英文中的 cute/cuteness 概念能够对应表达这部分含义。此外,又因为"萌"还有一部分更复杂的概念内涵,与日文中的 kawaii 概念形成一定的对应。由于萌文化以一种青年亚文化形态传入中国,青少年和准成年人是这一文化的主要发起者和行动者,这又涉及生物学"幼态持续"的概念。最后,"卖萌"是典型的装可爱行为,其和台湾地区的撒娇研究、韩国的发嗲研究、日本的卡哇伊研究相对应。

2. 可爱(cute)的概念:婴儿图式

英文 cute(可爱)一词源于 acute(敏锐),在日常用语中的含义十分模糊,有多重含义,包括"某人很好""想让人揉捏的东西""有趣和幽默的行为"。这个词用于形容一系列与令人喜爱的美、无辜的吸引力有关的事物。

然而以美国学者为主的可爱研究者,对其概念呈现相对清晰:只要满足婴儿图式的标准就是可爱,即一个典型的可爱物品拥有一些特定的婴儿的面孔、生理特质和行为特质,如头大圆润、身体很柔软、短厚的四肢、大眼睛、圆脸蛋、小鼻子和小嘴巴,以及摇摆的步态。

对可爱的定义的差异也在一定程度上解释了为何对"可爱"的感知存在跨文化差异。在英语圈,cute 是专属儿童的,如果称女性为 cute,则会带有对女性的不够成熟表示轻蔑的意思,是不正确的表现。但在东亚文化中,特别是日本文化中,称女性"可爱",是一种确定无疑的赞美。在日语中,可爱是一个广义的概念,不仅指婴儿图式的可爱,还包含其他内容。为了区分,有些日本学者直接使用了"卡哇伊"这个概念。

3. 卡哇伊(kawaii)的概念:一种普遍的情绪

卡哇伊是现代日本流行文化的核心概念之一,最早也不是学术概念,而是私人的非正式词语。早期对其研究,日本学者还是使用了 cute 一词,后来由于 kawaii 的内涵要更加多样,不是代表着婴儿图式的 cute 概念所能涵盖,因此开始逐渐使用 kawaii 作为概念本身。其情况类似于中国的关系研究。

日本学者认为很难从总体上定义什么是卡哇伊。卡哇伊是一个定语性形容词,也用作名词,是一个熟悉度很高但较少在正式出版物中出现的非正式词汇,在许多日常情境中,用于说明物品或人的某种属性,或表达言者对于一个物品或人的喜爱评价,其对象可以是带有婴儿图式的,也可以与婴儿图式无关。对卡哇伊的判定是极其主观的,同一个物品是否卡哇伊要看当时的情境和评价人的个性。在语义上,学者通过多次调查发现卡哇伊的语义总体是积极的,含有小、慢、轻、易接近、弱小、无助等含义。

日本词典中,卡哇伊的含义是形容词:

①看起来很可怜,引发同情,怜惜,令人同情的;

②有吸引力,很难被忽略,让人珍惜的,让人疼爱的;

③有一种甜蜜的本质,可爱的;

④年轻女孩和小孩的脸或轮廓;

⑤像孩子一样无辜、顺从、动人；

⑥事物或形状很吸引人，小且美；

⑦细小的、可怜的（带有轻微的蔑视）。

正如以上定义所展示的，卡哇伊有多种，有相矛盾的含义，主要是这个词在历史中，其词义发生了多次变化。"卡哇伊"一词最早可以追溯到10世纪左右，所指的是上级对下级的情感，但随着历史时期的不同，词义各不相同。在13—15世纪，卡哇伊含有"因为极度兴奋，脸色变得绯红"的含义，从这个意义上来说，"萌"这个概念属于卡哇伊的隔代遗传①。

在回顾历史和现有研究的基础上，Nittono在2016年将卡哇伊定义为一种普遍的情绪。他认为卡哇伊有两个层面的含义，即作为一种情绪和作为一种社会价值观。目前对卡哇伊作为一种社会价值观的实证研究非常有限，但卡哇伊作为一种情绪，得到了较多的探讨，也有更广泛的学术前景。卡哇伊作为一种情绪，是指一种积极的感受，这些感觉和情绪是在体验一些迷人的、友好的、无害的、愉快的、有趣的或非常甜美、纯洁或无辜的事物时感受到的。这种情绪是没有威胁性的、激发接近动机和亲社会导向的。在这个定义和框架下，对卡哇伊的研究巧妙地避开了主观性造成的定义困难，并借此超越了日本的地域文化，以及婴儿图式的框架，而变成一种普遍的心理情绪状态②。

4. 幼态持续（neoteny）：进化的视角

"幼态持续"是一个生物学的概念，其含义是"一个物种的幼年特征一直保持到成年"。借用这个视角理解消费社会中弥漫的返童化现象——成年人的消费呈现出青少年的特征——部分可以视作是生理的幼态持续引发了行为的幼态持续③。

幼态持续是一种在多代的繁衍过程中缓慢推进的发展过程，对人类的进化有着重要作用。相对于黑猩猩来说，人类的幼儿期在不断延长，这种延长使得人类的头骨不管是在形状上、大小上，还是持续生长的时间上，都更有利于其大脑的可塑性，以及语言、文化的发展。在神经结构、人类遗传学研究中都发现幼态持续在前额皮质的成熟、高认知能力的获取和情感能力的习得中，都起着重要的作用④。

在营销研究中，有学者借用幼态持续的概念来解释消费者对孩子气特征（如外表上的稚气年轻、性格上的活泼开放等）的偏好。Oliver在2016年指出躯体的发育迟缓，导致了人们消费行为也如同儿童。可爱文化的流行，有部分是消费者对幼态持续的偏好导致的。这种偏好导致了两种后果：一是使得带有孩子气的拟人产品和品牌受到消费者欢迎。比如Brown在2010年指出幼态持续是拟人化品牌特征的一个共同点，并且在过去这些年变得"更年轻、更可爱、更

---

① 四方田犬彦. 什么是可爱[J]. 北京电影学院学报，2006(1)：21-24.

② NITTONO H. The two-layer model of kawaii：A behavioural science framework for understanding kawaii and cuteness[J]. East Asian Journal of Popular Culture，2016，2(1)：79-95.

③ OLIVER M A. Consumer neoteny：An evolutionary perspective on childlike behavior in consumer society[J]. Evolutionary Psychology，2016，14(3)：1-11.

④ ZDRAVKO P，MILOŠ J，GORAN Š，et al. Extraordinary neoteny of synaptic spines in the human prefrontal cortex[J]. Proceedings of the National Academy of Sciences of the United States of America，2011 (32)：13281.

孩子气、越来越可爱"①。二是使得消费者想要将自己变成一个极端幼态的物种。他们通过模仿一些媒体传递的美学标准（如稚气的面容），或者采用孩子气的行为将自己和永远的青春融合在一起。这种重获青春的欲望可以在消费服装、化妆品、肉毒杆菌、胶原蛋白和整形手术中看到，也可以在酷文化和可爱文化的流行中看到。

5. 装可爱（pastiching cute）：撒娇、发嗲的概念

可爱的消费不仅仅是拥有可爱的东西，还包括通过像婴儿一样行动——"成为"可爱的物体②。除了通过消费，还可以通过"撒娇""发嗲"扮演可爱，称之为"装可爱"。这部分的文献主要在性别研究领域，探讨的主题也多与"女孩气质"、性别权力相关。可爱并不是专属于女性的概念，但装可爱，在这里特指女孩通过展现幼稚化的特征，来吸引男性伴侣的注意力，并希望得到男性伴侣的保护和照顾，体现了一种"被动型的女性化地位"③。

在中国的各个地区，"撒娇"文化是类似的。Qiu 在 2013 年定义撒娇为"故意的行为，为了激发对方的感情，故意在其面前表现得像一个被宠坏的孩子"④。大多数中国男性对此都有积极反应。女性撒娇的表现：在语言上，多使用婴儿语——缓慢、柔软，带有鼻音，用第三人称表达第一人称（人家不要嘛），并使用 ma 和 la 最为句子的尾音来软化表达⑤。此外，撒娇还采用更高音调，短句子语法，特殊重复的词汇（如小狗狗）、音韵（如简化辅音）和话语（如更多疑问句），以及用婴儿的声音哭等；在非语言特征上，撒娇包括噘嘴、微笑、扭肩、眨巴像小狗一样的眼睛，而且这些动作最好由娇小、瘦、好控制和无助的女性来演绎比较好。

在韩国也有类似的现象，发嗲是指"迷人的""可爱的"，显示出童年时代特征的"语言和非语言以及非语言的行为"⑥。发嗲也是以男性为中心的女性表演。除了类似撒娇的声音和行为特征之外，Puzar 在 2011 年扩展了发嗲的非语言的行为：做出迷人的但是孩子气的、脆弱和不稳定的动作，假装突然惊喜或动机不明的悲伤、愤怒，包括用脚踢、轻轻捶对方（小拳拳捶胸口），噘嘴，鼓起脸颊等，带圆眼镜，甚至通过化妆品和手术来获得可爱。在文本的交流中，这种习得性的脆弱则通过"悲伤和哭泣的表情符号"来表达。

装可爱是一种女性通过社会化发展出来的技能，其次要用途是服务于恋人间的亲密交流，或者求偶行为。基于此，装可爱可以解读为男性和女性之间的动态关系表达，与成人和儿童之间的类似，都采用将自己放置于附属或恳求的地位，来征求男性伴侣的"爱"和"注意"。撒娇是一种软性的操控方式，是女性一种强大的武器。

---

① BROWN S. Where the wild brands are：Some thoughts on anthropomorphic marketing[J]. Marketing Review,2010,10(3):209 - 224.

② ABIDIN C. Agentic cute(ˆ.ˆ)：Pastiching East Asian cute in Influencer Commerce[J]. East Asian Journal of Popular Culture,2016,2(1):33 - 47.

③ YANO C R. Wink on pink：Interpreting Japanese cute as it grabs the global headlines[J]. The Journal of Asian Studies,2009,68(3):681.

④ QIU Z. Cuteness as a subtle strategy[J]. Cultural Studies,2013,27(2):225 - 241.

⑤ FARRIS C S. Chinese preschool codeswitching：Mandarin babytalk and the voice of authority[J]. Journal of Multilingual and Multicultural,1992,13(1 - 2):197 - 213.

⑥ FARRIS C S. Chinese preschool codeswitching：Mandarin babytalk and the voice of authority[J]. Journal of Multilingual and Multicultural,1992,13(1 - 2):197 - 213.

二、可爱的分类

可爱研究涉及两大类型的"可爱"。一类是婴儿图式的可爱,这是可爱研究中最集中的主题,研究也多采用心理学、神经科学的实验范式;另一类是对非婴儿图式的可爱进行探索,这部分内容目前虽然较少,但研究范式多样,并且随着"可爱"含义和边界的不断演变和扩大,该类研究将会有更多创新的机会和有趣的发现。

1. 婴儿图式的可爱

可爱有一个重要的维度是婴儿图式①。从进化学角度来讲,可爱是生物后裔一种潜在的生存保护机制,使得完全依赖他人的婴儿能够更好地生存②。研究视觉信号进化的科学家已经证实了一系列广泛而又不断扩展的特征和行为,会使得某些东西看起来很可爱:明亮的、前向的大眼睛配上大圆脸,一双大圆耳朵、松软的四肢和蹒跚摇摆的步态等。这基本上是一组婴儿的特征,也就是说,我们之所以觉得一个生物或物品"可爱",是因为该对象带有明显的"婴儿图式"。

早期研究发现,可爱的婴儿图式能够提升颧部肌肉的活动,也就是和微笑相关的肌肉的活动③,让人产生自发微笑④,以及更强的保护动机和趋近行为⑤。

神经科学研究发现,婴儿图式的面孔能够捕获人的注意力和触发照料的动机和行为。人们可以在1秒钟之内区分出婴儿和成人的面孔,婴儿面孔会被优先注意到。带有类婴儿线索的可爱面孔也更容易吸引人的注意力。更重要的是,受到婴儿图式的可爱的刺激,会触发身体的照顾具身效应,如增加手的精细动作和照顾动机,如柔情和保护欲⑥。

神经科学对于可爱的研究,已将"婴儿图式"的概念从视觉引申到了听觉和嗅觉上,证实了婴儿的声音和气味也同样存在着促进成人抚育行为的作用。研究发现,不管是视觉图片,还是气味,以及婴儿的令人愉快的声音,都会快速"点燃"大脑中具有"特权"的神经回路,以支持关键的父母亲抚育的能力。

婴儿图式的可爱效应还会泛化到动物和物品上。比如儿童和成人会给予小狗和小猫与婴儿图式一样的可爱评分,精细动作和照顾反应也出现在对可爱的小动物的反应上。物品如果具有更高的婴儿图式,也会带来类似的效应。动物或物体拥有的可爱线索越多,或者信号越夸张、声音越大,所激起的感受就越大。

---

① NENKOV G Y, SCOTT M L. "So cute I could eat it up": Priming effects of cute products on indulgent consumption[J]. Journal of Consumer Research, 2014, 41(2): 326 - 341.

② KRINGELBACH M L, STARK E A, ALEXANDER C, et al. On cuteness: Unlocking the parental brain and beyond[J]. Trends in Cognitive Sciences, 2016, 20(7): 545.

③ HILDEBRANDT K A, FITZGERALD H E. Adults' responses to infants varying in perceived cuteness[J]. Behavioural Processes, 1978, 3(2): 159 - 172.

④ DONGHUI D, XIAOCEN L, YUJIE Z. Babyface effect: Babyface preference and overgeneralization[J]. Advances in Psychological Science, 2014, 22(5): 760 - 771.

⑤ 窦东徽,刘肖岑,张玉洁. 娃娃脸效应:对婴儿面孔的偏好及过度泛化[J]. 心理科学进展, 2014, 22(5): 760 - 771.

⑥ SHERMAN G D, HAIDT J, IYER R, et al. Individual differences in the physical embodiment of care: Prosocially oriented women respond to cuteness by becoming more physically careful[J]. Emotion, 2013, 13(1): 151.

2. 非婴儿图式的可爱

（1）高卡哇伊-低孩子气的可爱。日本学者认为，"卡哇伊"包含了婴儿图式的可爱，但除此之外，有其他的"可爱"形式，不同的形式对人们的心理的激发作用不同。Ihara 在 2011 年，Nittono 在 2012 年，Nittono 在 2016 年进行了三次调查，发现存在着不与婴儿图式相关的"可爱"形式，如微笑、开心的人、花朵、甜点和饰品等。数据显示，在可爱维度上得分高、在孩子气维度上得分低的这一类型可爱物品和婴儿图式的可爱所激发的心理状态是不同的。可爱但不孩子气的物品激发的是更高的接近动机和与对方的互动动机，而婴儿图式的可爱激发的是抚育动机，这显示了卡哇伊的感觉和婴儿图式的可爱存在一定的差异。

（2）古怪的可爱（whimsically cute）。Nenekov & Scott 提出了古怪的可爱这一类型，这种可爱具有异想天开的性质（比如带有热带颜色和粉色火烈鸟的裙子、迷你人形的冰激凌等），和幽默、顽皮联系在一起。古怪的可爱并不是以婴儿图式为特征的，而是与有趣和好玩相关的[①]。他们认为，古怪的可爱和婴儿图式的可爱是两种不同的可爱，其所对消费者起到的影响也完全不同。古怪的可爱会启动"有趣"的心理表征，从而增加人们的放纵行为；而婴儿图式的可爱启动的是"脆弱"的心理表征，导致对他人的谨慎，不会增加放纵行为，甚至会减少放纵消费。

（3）讽刺的可爱。Andreas Riessland 通过研究可爱的三方面（搞笑、纯粹、无害）在日本广告中的运用与广告效果，发现过去近 20 年广告对可爱呈现形式的变化。研究发现，随着时间的流逝，可爱的商业运用似乎被赋予了一种更加成熟的个性，呈现出更加讽刺的、恶搞的特质。婴儿的（幼稚的）可爱在针对成年人的活动中越来越少，可爱因素的使用呈现出更加讽刺的、半开玩笑的特质，它甚至开始恶搞自己。这种可爱与 Nenekov & Scott 指出的古怪的可爱有相似之处，都指向一定的幽默、趣味。但 Andreas 所提出的这种类型的可爱还包含着一定的讽刺的元素，更多在强调可爱中蕴含的一种更趋向成人的一种价值观。而 Nenekov & Scott 指出的古怪的可爱则更多地指向商品的外在造型。

广义的可爱（如卡哇伊、萌等）比婴儿图式的可爱概念更大。可爱引发的正面情绪不仅仅是通过婴儿图式来吸引的，可爱的感觉也不是天然地与保护和抚育联系在一起。

二、卖"萌"：可爱产品的前因与后效

可爱产业（cute business）开始于 20 世纪 70 年代的日本。1971 年，日本一家名为 Sanrio 的文具公司将目标市场定位于对可爱发狂的年轻人，通过引入毛绒玩具、装饰花边和彩带来吸引他们。Hello Kitty 是其最受欢迎的产品之一，每年为其创造 50 亿美元的利润，其形象还提升了全球超过 22000 个产品和服务对于消费者的吸引力。在 20 世纪 80 年代，日本商业开始在广告促销中采用可爱的角色，到 80 年代末银行已经采纳使用角色作为公司 Logo。可爱的商业化并不仅在日本，另一个将可爱资本化的大公司是美国的迪士尼，至 2016 年，迪士尼公司年度营收已经达到 556.32 亿美元，市值近 1700 亿美元[②]。现在，市场上可爱的产品数量在多

---

① NENKOV G Y, SCOTT M L. "So cute I could eat it up": Priming effects of cute products on indulgent consumption[J]. Journal of Consumer Research, 2014, 41(2): 326 - 341.

② 迪士尼 2016 财年净利大涨 12%[EB/OL]. [2016 - 11 - 13]. http://finance.sina.com.cn/roll/2016 - 11 - 13/doc-ifxxsmuu5545074.shtml.

品类中都有快速的增加,其目标消费者不仅针对儿童,还针对成人消费者。市场上充斥着可爱的服装、用具、电器、办公用品,甚至汽车。

什么元素或特征会引起消费者的可爱感知? 对可爱的感知是否存在个体差异? 可爱元素对消费者的认知、情绪和行为的具体影响是什么?

1. 可爱产品的外观特征和内在特质

(1)外观特征。Hello Kitty、泰迪熊、米老鼠、Pokemon 是被学者探讨较多的可爱物品。它们都符合 Lorenz 提出的婴儿图式:头大圆润、身体柔软、短厚的四肢、大眼睛、圆脸蛋、小鼻子和小嘴巴,以及摇摆的步态。Kinsella 在 1995 年对日本的可爱文化进行研究时总结可爱产品的基本特征是:小小的、柔和的、圆的、软的、可爱的、不是传统日式风格而是异国风情的(特别是欧洲或美国风格)、梦幻的、有各种褶边和蓬松的。可爱产品也包括一些卡通人物,这些可爱的卡通人物形象是小的、柔软的、婴儿模样的、哺乳动物模样的、圆的,没有身体附肢的(比如手臂),没有身体孔的(比如嘴),没有性别、没有声音、无助的或者困惑的[①]。

在交互设计领域更进一步量化了引发人们可爱感知的具体特征,以期运用到产品的设计中去。研究发现,在颜色上,红、蓝、紫等明亮的主色调会显得更可爱,而绿和黄比较少被感知到可爱;在纹理上,柔软的纺织品和中等长度的绒毛也会带来更高的可爱评分;在动作上,带有敬畏和惊奇的蹒跚步伐会是一种更无害、更友好,也更可爱的动作表达;在声音上,高音调的声音显得更可爱;在尺寸和比例上,相对较小的物品更可爱,类似婴儿的三头身比例得到的可爱评分更高;在形状上,圆形或者像星星的四角形更可爱,而正方形则显得不可爱。

从上面的研究可以看出,在很大程度上,可爱产品的特征就是婴儿的特征,包括物理的和象征的。比如三头身是婴儿的身体比例,高音调是婴儿声音的特点,圆的概念被描述为传递着无限和纯洁等。

(2)内在特质。有些人和物不一定在外观上展示出可爱的特质,但是其内在的一些特质仍然使其可爱。比如:Allison 在 2004 年指出,可爱是与甜美(sweet)、依赖(dependent)和温柔(gentle)相联系的特质的集合;Riessland 在 1998 年指出可爱有趣(funny)、纯洁(pure)、无害(harmless)三方面的特质。在产品拟人化的研究中,学者对产品对婴童的拟态程度开发了量表,测量涉及了四个维度:甜蜜性(sweetness)、简单(simplicity)、共情(sympathy)和小巧(smallness)[②]。

总体来说,可爱意味着脆弱、无助、有趣、无攻击性、毫无心机、顺从、诚实等,这些都是与温暖度有关的特质,是去竞争性的,让人感觉舒适安全,能够引发人们的共情。

2. 可爱感知的个体差异

(1)性别和年龄。相比男性,女性对可爱更敏感。研究发现,女性对婴儿面孔的喜爱程度更高,对婴儿面孔吸引力的变化和差异也更为敏感[③]。年龄也对可爱感知有影响。

---

① MIESLER L,HERRMANN A,LEDER H. Isn't it cute:An evolutionary perspective of baby-schema effects in visual product designs[J]. International Journal of Design,2011,5(3):17-30.

② CHEOK A D, FERNANDO O N N. kawaii/cute interactive media[J]. Universal Access in the Information Society,2012,11(3):295-309.

③ DONGHUI D,XIAOCEN L,YUJIE Z. Babyface effect:Babyface preference and overgeneralization[J]. Advances in Psychological Science,2014,22(5):760-771.

Sprengelmeyer 等人在 2009 年发现年轻(19～26 岁)和中年(45～51 岁)的女性对于婴儿可爱程度差异的敏感性显著高于男性(19～26 岁及 53～60 岁)和中老年女性(53～60 岁)。

(2)接近动机。可爱之所以带来愉悦感,是因为可爱可以刺激个体脑部的奖赏区域。因此当个体主管奖赏和惩罚的神经系统有差异时,个体对可爱刺激的敏感度就出现差异。当个体有强接近动机时,相比于那些弱接近动机的人来说,更可能感知到刺激物的"可爱",并更喜欢它[1]。

3. 可爱元素对消费者认知、情感、行为的影响

(1)自动化的推断。做出推断是影响人们决策和行为的重要内容,看到可爱,会让人产生一系列的自动化推断。比如娃娃脸特征的人,被认为更热情、纯真、顺从、富有同情心、诚实、易于合作、友好亲善、值得信任;但他们也被认为缺乏城府、易上当受骗、缺乏胜任力。这导致在竞选中,拥有可爱娃娃脸的政客的竞争力较弱。选民倾向于选举看上去成熟、浑身散发出能力和竞争力的候选人,而不是有着娃娃脸的候选人。

可爱还会引发对脆弱的推断。一方面,这能产生很强的消费者偏好和吸引力,但也可以产生严重的负面效应。Wang & Mukhopadhyay 在 2015 年测量了消费者对一些有着婴儿图式的产品失灵时的反应。结果显示,消费者从可爱产品上感知到的脆弱性——就是最早这个产品吸引他们的地方——阻碍了他们修复和重新使用这个失灵的产品。脆弱的推断成为产品的缺陷,人们可能推断可爱外观的产品有比较低的性能表现,特别是在工具性产品品类中。可爱产生的脆弱推断可能对品牌个性的感知有一些负面的影响,特别是对粗犷维度的品牌个性有影响。另一方面,可爱并不一定适用于所有的产品类别,诸如饼干、零食、厨房用具或文具用可爱元素可能会增加市场份额,但在另一些产品类别中,这种方法可能会降低产品试用和消费,如葡萄酒。

(2)积极的情感反应。看到可爱物体时,人们会经历一种积极的情绪。可爱唤起的积极情绪是一种基本感官愉悦。众多研究发现,当人们看到婴儿时,面部微笑肌肉自动激活。可爱在商业中也依然起效,比如相比成熟脸的卖家,婴儿脸的卖家引发了消费者更强的积极情绪反应和潜在的购买意向,甚至可爱的产品也可以让人们感到高兴。研究发现,当消费者浏览可爱的汽车时,面部与积极情绪相关的肌肉较为活跃,其运动模式和他们观看婴儿脸的模式类似。这些积极的情绪反应是非常快速的,具有自动化的特征,不需要经过认知评估。

对可爱的积极反应是一种复杂的情绪,可爱还可以诱发特定的内心深处温柔的情绪。人类学家和心理学家都认为对可爱物体的温柔反应是一种强烈的、稳定的和稳健的情绪反应。

(3)更高的信任。可爱形成的自动化的推测除了脆弱之外,还有相关的一系列特质评价,比如诚实和可信。比如泰迪熊出现在环境中,可以让成人更加诚实,减少作弊现象。而娃娃脸的成人相比起成熟脸的成人,看起来更诚实可信,从而使得消费者产生更高水平的信任。Gorn 等人在 2008 年发现,当公司面临产品危机时,公众更愿意相信娃娃脸的 CEO 的声明,而不是成熟脸的 CEO 的陈述,因为脸部的可爱特征启动了婴儿更诚实的信念。

(4)更高的互动倾向。可爱不仅刺激抚育需求,从普通的角度来看,它具有一种刺激社会互动(social engagement)的特质。可爱会激发与社会关系相关的情绪,比如感动、触动和暖

① HELLÉNK,SÄÄKSJÄRVI M. Development of a scale measuring childlike anthropomorphism in products[J]. Journal of Marketing Management,2013,29(1-2):141-157.

心，还会增强接近动机，这些情感和动机可以急剧增强以信任、分享、团结为特征的公共分享，如果可爱与亲密互动相结合，则能够进一步增强这种公共分享。"可爱资本"，在促进社会关系、愉悦感和幸福感上都扮演了重要的角色，已成为社交媒体"参与性文化"中情感、社会、创新和财务投资的重要组成部分。

（5）更高的保留倾向。人类倾向于喜欢具有可爱特征的动物，虽然可爱并不是相似物种中谁更优的决定性因素。但数据显示，人们对可爱动物的偏好，越来越多地影响物种的生存，以及是否会在未来几年灭亡。

这种对可爱事物的保留偏好，在消费中也有体现。实验研究表明，与外观设计较为优雅的产品相比，可爱产品的优势在于能够与其主人保持长时间的亲密关系。在外观具有同等程度吸引力时，可爱的外观会引发更高的保留产品的倾向。

（6）放纵性消费。古怪的可爱会带来放纵性的消费，特别是针对成年人的产品，如用了古怪可爱的冰激凌勺子，会导致人们食用更多的冰激凌。人们也会把带有古怪可爱的物品多用于放纵消费的场合，而不是用于办公场合。此外，受到古怪的可爱的刺激，人们会看更多肥皂剧，而不是严肃影视。这一效应的内在机制在于，古怪的可爱会启动"乐趣"（fun）的心理表征，这种启动效应增加了消费者对于自我奖励的关注，导致了随后的放纵消费；而婴儿图式的可爱启动的是脆弱和照料的心理表征，并不会让消费者把关注点放在自我奖赏上，也不会增加放纵消费。

放纵消费对消费者有一定的负面的影响，如何避免这种影响？Scott & Nenkov 在 2016 年发现可以通过对消费者责任心的提醒来防止放纵消费。有两种方式可提醒消费者的责任：①通过提高消费者的个人控制感的感知来提醒消费者，他们对自己的生活结果负有责任；②通过提醒消费者对于他人的责任，这使得消费者在面对各种各样可爱产品时，能够做出更符合长期健康和幸福的选择。

（7）更多亲社会行为。可爱引发的共情，对于人们的亲社会行为具有重要的作用。Batson等人在 2005 年发现可爱提升抚育行为的关键在于共情的产生。研究发现，感知到受害者的可爱与他们面临的危险，可以提高人们的亲社会捐助。当一个看起来很可爱的拟人化的物品出现时，比如有一个人脸的垃圾桶，人们更愿意履行保护环境的责任。其他许多领域的研究也表明，婴儿和宠物（无论是实际的还是拍摄的）都会影响到周围人的社会行为。

可爱会扩大人们的道德边界。研究发现，当广告信息中呈现的动物比较可爱时，会引发人们的共情和怜悯，从而更愿意关注这种动物的福利，而消费其肉类的欲望就降低了，道德边界甚至会蔓延到无生命体中。台湾地区学者通过 3 个研究显示，当产品（汽车）以绿色环保为卖点时，其产品设计如果带有明显的婴儿图式时（如汽车前脸），会促进购买。但当产品以功能为卖点时，其产品设计如果带有较为成熟的面部特征时，才会促进对产品的购买。

这些研究指向一个重要的效应：可爱不仅刺激更好的抚育行为，还会带来很多道德层面的影响。可爱会使得我们的道德边界扩大，原本不在我们道德作用范围内的人或者事物，会因为"可爱"而提高我们的共情的能力，从而将"哪些实体值得道德考虑"的边界扩大，最大化我们的道德关怀。

（8）弱化对危险感知。Riessland 在 1998 年的案例研究中发现，银行和公共部门发布的小册子印有很多卡通形象，其目的并不是为了给予消费者一种温暖的触动，而是为了软化包含在小册子中提到的潜在危险的影响。小册子内容翔实，并附图适当说明潜在的危险，或者在灾难中的正确行动,但这些漫画风格的插图在某种程度上颠覆了严肃的基调。现实灾难的危险被移入一个幻想的卡通世界里,画面的启示性信息(人们逃离倒塌的建筑物、睡觉的床开始着火)和读者真实的生活场景之间产生了一种心理距离,使人不至于产生心理负担。

可爱的力量不仅用于让潜在的危险看起来不那么明显,也会允许人们超越社会习俗的限制,来谈论一些禁忌的话题。原本无法作为公开讨论的话题,由于在广告中使用了可爱的卡通形象,就让有些禁忌话题可以被讨论。

(9)建立起个性化的品牌关系。可爱可以给消费品带来温暖和快乐的品质,比如使得冰冷的新技术变得友好。Riessland 在 1998 年通过访谈发现,自动柜员机让银行业务变得没有人情味,银行于是将可爱动画人物放在周围,使得完全无人性化的银行交易被注入一种情感吸引。即使是那些没有什么使用价值的产品,也可以利用可爱,使其对消费者更有吸引力。

现代消费者可能无法与其他人建立起全面的关系,可爱的设计使得消费者总能和可爱的物品去建立和发展关系,成为当代社会孤独个体的补偿和逃难所。用动画角色作为品牌形象如今十分流行,海报中和产品中使用动画形象可加深顾客与角色的情感纽带,进而建立起商业机构与顾客的情感纽带。

三、可爱作为一种消费文化

如果说心理学主要是从进化的视角和微观个体层面探讨可爱的前因、后效及其存在的生物基础,那么人文学科则是从文化建构的视角和宏观集体层面探讨人类社会是如何对可爱进行意义建构的。具体到可爱的消费文化研究,则着重探索了消费者如何积极地重建"可爱"的象征意义并将其传递、编码到广告、品牌、零售环节和物质产品中去,以此展示他们特殊的个性、社会环境、他们的身份和生活方式目标[①]。

可爱概念本与孩童似的无辜联系在一起。但是当今社会的可爱是消费者导向的、做作的、可以培育出来的、人工的、可购买和可销售的[②]。可爱的意义从原来的被动的性别再生产,逐渐变成了消费者表达、反抗和达到目的的工具,其内涵在消费和互动中不断丰富和拓展。

1. 满足地位需求和性别地位的再生产

Harris 在 2000 年指出,"可爱"是人类的消费需要:需要感到自己优于别人,通过可怜那些"可爱"的东西而感到自身的一种优越。"哦,这太可爱!"往往是面对那些畸形、发育不良、被剥夺的物品的反应,比如泰迪熊是没有牙齿、爪子的。可爱的东西是可怜的,表现出需要朋友或需要被购买。Harris 将"可爱"视为"极大夸大了权力的差异"。因此,"可爱"的事物,诸如穿着人类服装的拟人化动物或者穿着成人风格服装的儿童也是一种强调宠物或小孩劣势地位的方式。可爱对我们的地位优越感起到强化作用。

这一论断解释了为什么"可爱"为何更多地与女性关联在一起。除了生理上的原因使得女性对可爱更为敏感外,还因为将女性建构为"可爱"的主体支撑了社会的性别地位再生产。很明显,不同年龄的人都喜欢可爱的事物,但在市场上,可爱的确更吸引女性,而不是男性;并且

① ZEBROWITZ L A, MONTEPARE J M. Social psychological face perception: Why appearance matters[J]. Social and Personality Psychology Compass,2008,2(3):1497 - 1517.

② GRANOT E,ALEJANDRO T B,RUSSELL L T M. A socio-marketing analysis of the concept of cute and its consumer culture implications[J]. Journal of Consumer Culture,2014,14(1):66 - 87.

可爱与多种女性化的特征联系在一起,如小、美丽等。从可爱商品/服务的消费、穿可爱的衣服,到假装孩子气的行为和无辜的外表,女性比男性更积极地卷入了可爱文化中。日本女权主义者指责这些可爱潮流其实是对女性的文化主导和剥削。它鼓励女孩和年轻女性在进入20岁的后期时,仍然保持行事顺从、软弱和无辜,而不是表现成熟、自行和独立①。西方的"公主文化"也一样,这些可爱的产品从小就推动女孩把注意力集中在她们的外表上,鼓励女性保持顺从、依赖、无知并愉快地待在从属的、被动的性别角色中。Maynard & Taylor 在 1999 年通过对日本和美国针对年轻女孩的广告图片进行内容分析也发现,两国"女孩子气"的水平是显著不同的。这些广告构建了年轻女孩形象,反过来也鼓励年轻女孩按照这种模板来认同自我的形象,这就使得社会原有的性别地位被再生产了。

2. 逃避成长的避难所

可爱消费在 20 世纪 80 年代的日本达到一个显著的高峰,一些社会学家认为有一部分原因在于"可爱"变成了准成年人逃避成长的避难所。当时的日本社会,"暂停心态"、缺乏成长欲望、缺乏承担成人的社会角色和责任的欲望是非常普遍的。年轻男性很大程度上开始变得被动,充满了希望化的思维,成为女性所展示的可爱文化的受众。对于许多准成年的男性来说,可爱文化代表了自由和对社会期许压力和规则的逃避。对于女性来说,对可爱事物的喜爱不仅仅是反映自己的喜好,更反映了她们一种深深的渴望:希望自己是少女气的和年轻的。可爱的意义从以往的无知的幼稚转变为对永恒青春的渴望。年轻女性一方面通过腐化的消费尽情享受她们作为无牵无挂的都市女郎的短暂几年自由,另一方面通过可爱美学来表达出她们对失去自由和年轻的恐惧。当年轻女性年纪渐增,特别是在婚前的那段时间,她们沉浸在可爱文化中的需求就会更强烈。

此外,可爱产品的消费特点也让其更具有一个避难所的性质。由于可爱是带有幻想的本质的,很难从现实生活和社会中进入,而且可爱消费大部分只能在一定的私人时间内享受,比如在家中、私家车内或是在自己的手提包、铅笔盒内。因此,年轻人开始借助某些带有可爱外表和情感品质的可爱商品或在某些消费地点进入"可爱世界"。消费可爱的商品,在空间上和想象上都使得消费者进入了一个不同的世界,隔绝了现实生活和职场的残酷②。

3. 浪漫的怀旧

可爱消费也展示出人们对于过去美好时光的怀念,在这一点上,日本和美国有众多相似之处,两者的差异是日本的可爱美学更多是成人对理想童年的怀旧,而美国的可爱美学则是在工业社会中对乡村社会的怀旧。

乡村生活和儿童时期所代表的过去的、更原始的生活被描述为纯真的、淳朴的和精神统一的时期,它们被现代社会关系和现代城市联手污染了。对自然乡村生活的城市怀旧情绪被迪士尼动画片捕获,并通过可爱的形象传达给大众。迪士尼的可爱是建立在重回理想化的乡村文化的基础上,其可爱风格在日本获得了极高的推崇。日本人通过借鉴迪士尼的美学风格,理

---

① ZEBROWITZ L A, MONTEPARE J M. Social psychological face perception: Why appearance matters[J]. Social and Personality Psychology Compass,2008,2(3):1497-1517.

② ZEBROWITZ L A, MONTEPARE J M. Social psychological face perception: Why appearance matters[J]. Social and Personality Psychology Compass,2008,2(3):1497-1517.

想化他们的童年和残留的孩子气,以此获取部分童年的简单、快乐和情感温暖。

4. 矜持的反抗

对可爱的追求产生了一个内在的消费方向:将年轻人的看和感觉物品的方式导向为一个儿童的看和感觉物品的方式。因此,可爱的时尚是一种对已建立的社会价值观和现实的反叛或者拒绝合作。比如日本女性亚文化中,可爱以"幼童书写"的形式出现(也被看作是早期的表情符),这是年轻人故意模仿儿童笔迹,故意拼错单词,显得毫无能力,颠覆了传统概念①。

通过可爱消费进行反叛的日本青年是矜持的、懒散的小反叛者,而不是像典型西方青年酷文化中有意识的、有野心的和挑衅性的反叛。日本青年的行事表现出一种性成熟前的脆弱和无辜,以强调他们的不成熟和对社会责任的无能力履行,而西方青年的行事则表现出挑衅性,以强调他们的成熟和独立。原因在于,在西方,成年与权威、个体权利联系在一起;而在日本,没有人会将成年和个体解放联系起来,反而意味着妥协,并履行对父母、雇主等的义务,担负社会责任。这背后的意识形态是为什么日本青年对社会的反叛变成了对成年的反叛。

不同于源于西方青年文化的那种讽刺性的文化,比如朋克,可爱文化并不谴责物质主义和财富展示。许多当代的西方青年文化反对现代消费文化,鼓励年轻人谴责物质主义,表现为购买更少、减少打扮或者购买便宜的二手货。但在日本主流社会和青年文化中,个人消费不是被描述为反社会和不道德的,人们通过制裁型的消费来反对旧的社会价值观。

5. 通过可爱完成对传统秩序的隐形颠覆

可爱逐渐从一个性别角色的刻板印象,变成一种软性的武器。Abidin 在 2016 年通过对新加坡 3 位网红的案例分析,发现网红们通过有选择性地利用"可爱",操控和引导粉丝持续的注意力,从而增加她们的粉丝数,进而增加她们的广告收入。这些网红利用一种得到反复实践和社会认可的女性气质的脚本来扮演可爱,将自己幼稚化、玩偶化,并在与男性伴侣和粉丝的关系中将自己置于较低的位置,但这种表演其实掩盖了她们真实的地位角色。这些网红处处表现出对男性伴侣的柔顺和依赖,但其实这些男性伴侣只是其影响力经营的道具,辅助她们扮演可爱的角色。她们的表演也模糊了她们作为 KOL 和粉丝之间的权力等级,她们擅长夸大对粉丝的牺牲和顺从,以重申粉丝在这段关系中的优势。作为一种表现策略,可爱元素使得网红可以将自己定位为一个没有威胁性的、柔顺的人,巧妙地掩盖了她们影响和操纵粉丝的能力,但实际上她们在悄悄地颠覆原有的等级制度,并通过这种软权力来获得巨大的个人收入和成功。

第二节　品牌酷感

"酷"是现代人渴望的品质之一,消费者渴望拥有酷的产品,获得酷的体验,成为酷的人。因此,企业也非常重视"酷"的市场价值。可是,找新的代言人不一定会让消费者觉得酷,把"酷"这个字融入品牌标语或者文案也不会让消费者觉得酷,"酷"是消费者的一种心理感受,而不是企业用广告词或推出新产品、改变定位能够简单引发的。

---

① MIESLER L,HERRMANN A,LEDER H. Isn't it cute:An evolutionary perspective of baby-schema effects in visual product designs[J]. International Journal of Design,2011,5(3):17-30.

20 世纪 80 年代，营销者将年轻人视为酷消费的目标市场，把酷营销与享乐主义相结合，迅速推动了酷消费在全球的蓬勃发展。在 20 世纪 90 年代，酷概念被引入中国，并得到了广泛的传播，成为当代中国的一种流行文化。与此同时，营销学者开始探讨酷的概念内涵及意义。随着研究的不断深入，大多数学者认为酷是一种积极的感知。如今，酷已成为年轻消费者评价产品和品牌的一种新的心理标准。

一、酷的概念

"酷"无疑是一个褒义词，但和"好"是有差异的，其内涵也在不断变化和演进。当代"酷"（coolness/cool）的概念起源于黑人文化，指非洲人面对危险时所表现出的超然态度。在 15 世纪，酷是指"压力下的优雅"；19 世纪，酷有好、很好和令人愉快的含义；而在 20 世纪 30 年代，酷成为美国人的一个习语，有冷静、沉着、明智和老练的意思；20 世纪 40 年代，酷被黑人爵士音乐家视为反抗白人文化的一种手段，此时的酷已经变成时尚、时髦和别致的代名词；20 世纪 60 年代，酷文化现象在美国兴起，比如自由主义运动、反文化运动、嬉皮士等，酷又被赋予了新的含义，如自主性、反叛、个性等。

不同领域的学者对酷的内涵有不同的见解。人格特质视角的研究认为，酷是一种人格特质或多种人格特质的综合。比如，Pountain 等在 2000 年将酷视为一种叛逆，将其描述为超然、自恋、反讽和享乐主义。个体感知视角的研究认为，酷是一种积极的评价或感知。Sundar 等在 2014 年基于科技产品，将酷定义为用户的多维判断，是用户感知产品的独特性、吸引性和亚文化吸引性。此外，Mohiuddin 等在 2016 年提出了社会营销中酷感知的概念框架，指出酷感知具有偏离规范性、自我表现性、象征成熟性、颠覆性、亲社会性、逃避性、吸引性。综合视角的研究认为酷感知由内外两个方面组成：内在的酷感知是指文化对象的个性，外在的酷感知是指文化对象的风格和外观特征。Bruun 等在 2016 年指出数字产品的酷感知可以分解为内在酷感知和外在酷感知，前者指赞许性、叛逆性和有用性，后者指享乐性和美观性。

对于品牌酷感这个概念，Warren 在 2019 年通过对文献的梳理和 3 个系列研究（焦点小组、深度访谈和内容分析）提出了品牌酷感的 10 个组成特征，并通过定量的方法测量了这 10 个特征对于品牌酷感知的影响，见表 4 - 1。

表 4 - 1　品牌酷感定义的特征组成及相关文献

特征	定义	参考文献
非凡/有用	一种积极的品质，能使品牌在竞争对手中脱颖而出/提供卓越的功能价值	Belk et al.（2010）；Dar-Nimrog et al.（2012）；Im, Bhat & Lee（2015）；Mohiuddin et al.（2016）；Runyab, Noh & Mosier（2013）；Sundar, Tamul & Wu（2014）
高低位的	与社会阶级、声望、教养、尊重有关	Belk et al.（2010）；Connor（1995）；Heath & Potter（2004）；Miner（2013）；Nancarrow, Nancarrow & Page（2003）；Warren（2010）
美观的	具有吸引人的、在视觉上让人愉快的外观	Bruun et al.（2016）；Dar-Nimrog et al.（2012）；Runyan, Roh & Mosier（2013）；Sundar, Tamul & Wu（2014）
反叛的	反对、反抗、颠覆习俗及向社会规范宣战的倾向	Bruun et al.（2016）；Frank（1997）；Milner（2013）；Nancarrow, Nancarrow & Page（2003）；Pountian & Robins（2000）；Read et al.（2011）；Warren & Campbell（2014）

续表

特征	定义	参考文献
原创的	与众不同、有创造力、做以前从未做过的事情的倾向	Bruun et al.（2016）；Mohiuddin et al.（2016）；Read et al.（2011）；Runyan，Roh & Mosier（2013）；Sundar，Tamul & Wu（2014）；Warren & Campbell（2014）
真实的	以符合或忠诚于其所感知的本质或根源的方式行为	Nancarrow，Nancarrow & Page（2003）；Read et al.（2011）；Sriramachandramurthy & Hodis（2010）
亚文化的	与被认为独立于主流社会和被排除在主流社会之外的人组成的自治性群体有关	Belk et al.（2010），Runyan，Roh & Mosier（2013）；Sundar，Tamul & Wu（2014）；Thornton（1995）
流行的	流行的、时髦的、被大多数人喜欢的	Belk et al.（2010）；Runyan，Roh & Mosier（2013）；Sundar，Tamul & Wu（2014）；Thornton（1995）
符号化的	被广泛认为是一种文化符号	Holt（2004）；Warren & Campbell（2014）
有活力的	有强烈的热情、精力和活力	Aaker（1997）；Sriramachandramurthy & Hodis（2010）

资料来源：WARREN C et al. Brand Coolness[J]. Journal of Marketing，2019，83(5)：36－56.

虽然酷的定义没有统一，但有四个基本公认的特质①。

首先，酷是社会建构的，酷不是某个物品或人的内在固有属性，而是观众的感知。从这个意义上说，酷是一种社会建构的特质。只有别人认为某人和某物很酷的时候，他（它）们才酷。

其次，酷是主观的和动态的。随着时间变化，消费者不同，大家认可的"酷"也不同。例如，消费者感知新款 iPhone 手机很酷，但是随着身边使用的人越来越多，消费者对该款手机的酷感知可能会消失。尽管酷是非常主观的，但消费者在看到它时非常容易就能识别出来。此外，酷是一个连续的变量，有着相似背景和兴趣的消费者，对特定社会背景下什么是酷有着共识。因此，酷具有亚文化的特征，当酷的产品从一个亚文化群体流向主流文化群体时，该产品的酷感知也会减少或消失。酷的操作化的最好方式，是使用共识评估技术——问一组消费者他们觉得某物或某人是否酷。就像对于创造力的判断一样，酷的感知是一个连续变量，而且具有情境性。

再次，酷被感知为一种积极的品质。在口语中，酷通常表示称赞和欣赏，有"极好""很棒""了不起"等意思；少量的定量研究证实了酷被大家认为是一种渴望的性格特质，定性研究也把酷描述为积极效价的，甚至消费者会用酷这个词作为"我喜欢它"的同义词。

最后，虽然酷是一个积极特质，但酷超越的仅仅是积极的或是渴望拥有的感知。酷不仅仅是"好"的另一种方式，还有自己的内涵。消费者感知到的其他一些特质，让酷的事物和其他事物区别开来，而不仅仅是喜欢或者积极情境。

延伸阅读 4－1

什么是酷？ 对不合理规范的适度反抗

以往的研究认为，酷的人是那些遵循某种特殊的亚文化群体的规范、标准和理想的人；酷是一种叛逆的态度；酷是不一致，是个体主义，是蔑视，或者不愿意追随潮流。也有一些人指出，性行为、享乐主义和超脱是酷的潜在前因。

---

① 李见，龚艳萍，谢菊兰，等．"哇！这真酷"：消费者酷感知研究综述及展望[J].外国经济与管理，2020，42(1)：42－54.

Warren & Campbell 在 2014 年的研究中认为，自主性（autonomy）才是酷的内核。自主性是指不顾社会规范、信念和他人的期望，去追求自己的内心的意愿，指一个人或一个品牌在多大程度上遵循自己的内在动机或个性来行事。从众、模仿他人和归属感意味着缺乏自主性，因为他们需要服从或遵循他人的意志。相反地，不拘礼节、叛逆、个性、本真和独立则显示出自主性，因为他们需要做自己的事情，违背他人的期望和指示。自主性是一个内在的特质，不能直接被观察到，但可以从行为中推断出来，消费者往往会从符合规范或模仿他人的行为中被推断出缺乏自主性，而从与规范不同的行为中被推断出具有自主性。

当一个品牌不遵守那些不合理的社会常规，从而给消费者带来的积极主观感受，就成为酷。之所以有人觉得一些颠覆式科技产品给人带来"酷"的感觉，其实并不是因为科技本身让一个东西变酷，而是某些科技带来的"另外的价值"——打破某些不合理的社会常规。当年消费者为了一首喜欢的歌曲，却不得不买下一整张 CD，这在现实中普遍存在，而 IPod 打破了这个常规，可以购买单曲，这就会让消费者感觉很酷。

Warren & Campbell 在 2014 年通过四个实验证明了自主性是酷的前因。在实验一中，打破常规设计的矿泉水品牌获得了更高的酷感知评价。在实验二中，两位作者设计了一个 2（自主性：高或低）×2（规范：合法、不合法）的组间实验。参与实验的被试者会看到一个服装品牌的海报并对品牌酷的程度打分。但在看到同样的海报之前，不同组的被试者会看到不同的故事。

故事 1：
某个城市要举办节日庆典，市民们穿上蓝色衣服，以悼念曾经保卫城市的士兵们。

故事 2：
某个城市要举办节日庆典，市民们被要求穿上蓝色衣服，以缅怀祭奠一个过去的腐败独裁者。

故事 3：
某个城市要举办节日庆典，市民们穿上白色衣服，以悼念曾经保卫城市的士兵们。

故事 4：
某个城市要举办节日庆典，市民们被要求穿上白色衣服，以缅怀祭奠一个过去的腐败独裁者。

数据显示，在品牌的酷感知上，打破不合理常规＞遵守合理常规＞遵守不合理常规＞打破合理常规。故事 4（消费者先读到了"市民被要求穿白色衣服以祭奠独裁者"这个不合理的常规，然后看到了这个品牌声称自己"坚持蓝色设计"），即打破了这个不合理常规的品牌故事，品牌得到了最高的酷评价（M＝5.10）。与此相比，读到"市民被要求穿蓝色衣服以祭奠独裁者"的人，看到品牌遵循这个不合理常规，酷感知得分较低（M＝3.96）。当然，打破常规不一定总是好的，如果打破合理常规，有时候会带来反价值——读到"市民穿上白色衣服悼念保卫城市的士兵"这个故事的人，再看到宣称"坚持蓝色设计"的衣服，品牌的酷感知最低（M＝3.59）。

实验三中，作者证明了中等程度的自主性比极端自主性更能引发品牌酷感知。人们更喜欢一些不那么极端的离轨行为，中等程度的自主性增加了人们对"酷"的感知。自主性对酷的感知影响呈现倒 U 型曲线，先正相关，后负相关。

实验四中，作者发现了酷感知的个体差异，不同消费者会对什么是恰当的自主行为有不同的判断。持"反文化主义"世界观的消费者，其对离轨行为的接纳阈值要比普通人高。

资料来源：
WARREN C，CAMPBELL M C. What makes things cool? How autonomy influences perceived coolness[J]. Journal of Consumer Research，2014，41（2）：543－563.

二、酷产品的特征

研究认为保持中性情绪或面无表情是酷的,像是球员在球场上隐藏自己的情绪能给观众更酷的感知。不过近期的研究表明,相对来说,微笑在非竞争环境中可以使人看上去更酷,无表情在竞争环境下更酷。因为在非竞争环境下,微笑可以通过温暖激发消费者酷感知;而在竞争环境下,无表情可以通过主导性触发消费者酷感知。

产品的新颖性可以显著提高酷感知,产品色彩也是影响消费者酷感知的重要视觉因素。有研究认为冷色比暖色更能增强个体的酷感知。对于科技产品而言,有研究认为原创性、吸引性以及亚文化吸引性是影响酷感知的核心属性。用户界面的享乐性、经典美感、吸引性、有用性、叛逆性也都会影响用户的酷感知。

但是,与"可爱"具有比较明确的外观特征不同,酷感知具有社会建构的特点,消费者酷感知会受到社会情境的影响。比如产品设计风格会影响消费者的酷感知,不过,到底是简约的风格,还是华丽的风格更有酷感,取决于社会情境和目标群体。例如 iPhone 的设计秉承极简主义,而小米 9 的设计十分华丽,但是它们在各自的粉丝眼中都很酷。再比如之前觉得酷的设计或品牌随着时间流逝不再酷了,因此酷产品或品牌是有其生命周期的(见图 4-2)。

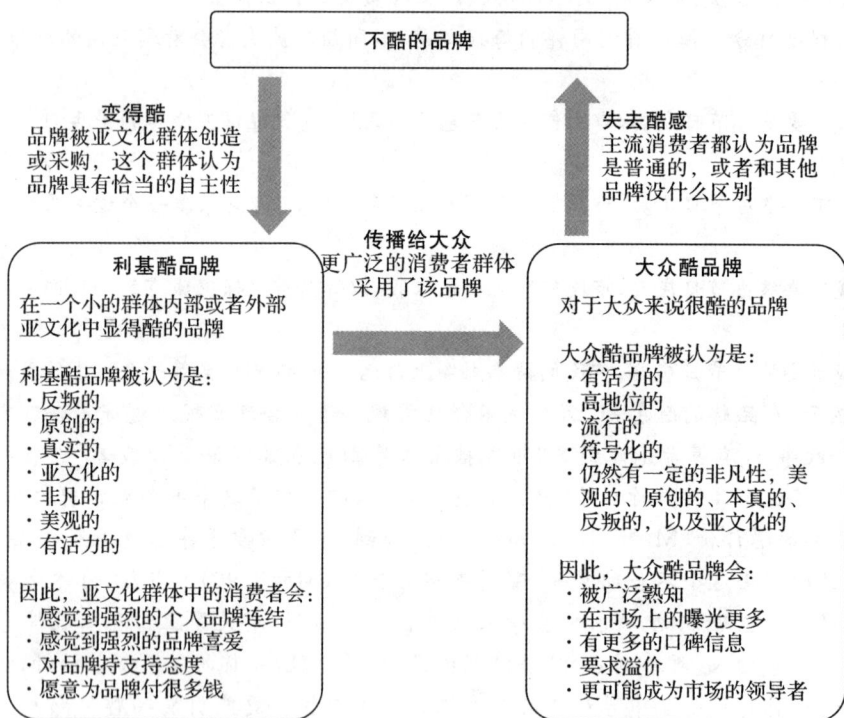

图 4-2　酷品牌的生命周期

三、酷感知的个体差异与动机

通常来说,青少年热衷于追求酷感知。学者们分析认为青少年的自我概念往往是不稳定的,他们渴望通过酷的态度、行为和产品提高自我评价。首先,自我差异是驱动青少年追求酷感知的主要动机。一方面青少年渴望成年人的独立与自由,另一方面青少年的生理和心理发展水平决定了他们仍需要依靠父母。这种理想自我与现实自我的差异促使青少年渴望通过酷消费来摆脱孩童身份，重新构筑独立和自主的自我概念。其次，群体归属和压力是青少年消费者渴求酷感知的一个重要原因。亚文化群体不仅能给予群体成员归属感，而且能赋予他们与众不同的标签。例如，青少年的参照群体可能是成人，所以他们努力通过酷的产品和行为展示自己的成熟，表现出更多的自主性和较少的孩子气。可有些学者认为，酷感知并不只是青少年的专利，它已经融入了主流消费者的意识形态。有研究显示 Y 世代的消费者（在跨入 21 世纪以后达到成年年龄的一代人）愿意为酷的产品或品牌支付溢价。

在性别方面，有研究认为与女性相比，男性更偏好酷感知，因为酷感知能够提升男性的刚毅形象。对于男性青少年而言，酷感知能够提升其成熟度，从而使其获得同伴的赞赏。不过，贝尔克等在 2010 年指出，不仅非裔美国男性偏好酷感知，女性亦如此。但是，新近的研究发现，性别与赞许性酷感知并不相关。

独特性需求可能是消费者渴望酷的又一重要心理动机。消费者独特性需求是指个体通过购买、使用和处置消费品，来形成自己的个性和提高自己的社会地位，从而彰显自己的与众不同。独特性需求理论认为，独特性需求是普遍存在的。实证研究表明，消费者的独特性需求与酷感知显著正相关。

另一个驱动酷消费的重要动机是自主性需求。自主性是指消费者追寻自己的兴趣，而不顾社会规范和他人期望。现有研究发现，消费者的逆反心理、超然态度以及享乐感知均与酷感知显著正相关，这些因素反映的均是消费者对自主性的追求。实证研究表明，适当的自主性能够引发消费者酷感知。此外，成就需要、归属需要和认同需要也是酷感知的重要驱动因素。

四、品牌酷感知对消费的影响

品牌酷感知会对消费者认知产生影响。具体而言，有研究认为酷感知有助于消费者维持和展现独立、自主和个性的自我，进而能够增强他们的自信和控制感。酷的产品可以满足消费者的独特性需求，进而会改变消费者对自我的认知。类似地，O'Donnell & Wardlow 在 2000 年指出酷感知会削弱青少年自恋的脆弱性，提高青少年的自尊。酷感知不仅能够增强消费者的归属感、自我认同和社会认同，而且可以降低消费者的不安全感。

以往研究还发现，酷感知可以正向影响消费者态度。例如，Warren 等在 2018 年发现，酷的代言人能激发消费者对品牌的好感。Kim 等在 2015 年发现，智能手机的酷感知可以正向预测消费者对品牌的态度。同时，现有研究对酷感知影响消费者态度的原因也进行了一些探索。具体而言，Im 等在 2015 年基于运动鞋和手机产品，发现享乐价值在酷感知与消费者态度之间起中介作用。

此外，有研究认为酷感知也会影响消费者的情感。例如，Runyan 等在 2013 年指出酷感知具有享乐属性，能够激发消费者的愉快、高兴和兴奋等积极情绪。Holtzblatt 在 2011 年指出产品酷感知的重要性已经超越了产品独特性和美观性，可以给消费者带来更大的惊喜。实证研究也表明酷的手机和网站会激发消费者的积极情绪。

在行为层面，首先，酷感知会对消费者的购买或使用行为产生积极影响。例如 Kim 等在 2015 年研究发现产品酷感知通过消费者态度间接正向影响消费者的使用意愿。类似地，一项基于可穿戴智能设备的研究表明，消费者酷感知可以通过享乐价值和功能价值正向影响用户的使用意愿。基于苹果手机和手表的研究表明，酷感知可以显著加强消费者购买意愿。此外，有研究考察了网站设计的视差滚动技术对用户行为的影响，发现该技术可以通过"酷感知→感知生动性→用户参与意愿"这一中介链间接影响用户使用网站购买产品的意愿和网站使用意愿。

最后,酷感知能够提升消费者对品牌的忠诚度,激发消费者的积极口碑。酷的产品具有变革性,可以为消费者创造一种"前所未有"的体验,吸引用户持续使用和主动传播。Sriramachandra & Hodis 在 2010 年研究发现,酷可以正向预测品牌信任和品牌忠诚,并通过品牌忠诚间接地正向影响积极口碑和品牌溢价支付意愿。类似地,一项旅游调查研究表明,游客对旅游目的地的酷感知可以通过满意度和依恋对游客的忠诚行为产生间接影响。

第五章

在线社群与社群参与

商品交换始终不能形成人与人的纽带,社交连接始终是人类的刚需。不管是传统社群,还是在线社群,都是人与人之间的一种连接方式,在数字世界,个体成为整个网络的节点,连接为一个个的圈子和社群。随着技术的不断变革,社群之间的连接和沟通方式也在同步进化,比如从曾经的 BBS,到 QQ 群,再到现在的微信群、微博超话等,但不变的是人对于社交连接的需要。

整合了消费者社群的价值网代表了 21 世纪营销最戏剧性的变化。如果营销向此方向转变,那么营销理论、研究和实践都将会发生巨大的革命。1979—2008 年这三十年的中国的营销,基本是围绕广度、覆盖度来进行的。而最近这十几年,由于人群在网络上不断互动和汇聚为圈层,营销也逐渐转向窄众,是定向社群的营销,并且社群构成的自组织也成为企业进行价值共创的重要节点和伙伴。

第一节 在线社群与品牌社群

社群是 19 世纪末社会学中描述人与人之间关系的一个非常重要的概念。传统的观点认为,社群由一定的社会关系、共同生活的人群、一定的地域和特有的文化等基本要素构成,并且其成员对所属社群具有情感和心理上的认同感。简言之,社群是以人们之间的相互关系和情感联结为标志、以地域为界限而形成的社会网络关系。

有了互联网之后,就有了跨越空间的连接(如电子邮件),但是还不能实现高效互动。Web2.0 带来了社交网络,实现了高效率的多种方式的互动(如 Facebook、微信),于是,网上的任何人既可以是"观众",也可以是"演员"。这种可以随时随地平等互动及分享的"网络社群"或"在线社群"(online community)或"数字化社群"(digital community)如雨后春笋般发展起来,著名的有 Facebook、Twitter、LinkedIn、微博、QQ、微信等。根本的变化发生了,20 世纪人类社会是基于等级层次的金字塔结构,21 世纪则是基于相互关联的点对点的互动网络结构。

一、在线社群

在线社群(online community)这个概念是 1993 年 Howard Rheingold 提出的,指当有足够的人在网络上进行足够长的公开讨论,并带有充分的人类情感时,所涌现的社会集群。社会学家对"在线社群"的界定是:"人们在线与志趣相投的人交流,和他们保持互助的友好关系,赋予其线上活动以一定的意义、归属感和认同感。"在线社群的典型特征是:去地域化的非正式组织,且成员之间有着较为持续的关联。如星巴克的会员体系本身不是社群,但如果会员们在网络上进行交流和沟通就可以形成在线社群。

研究者认为,与传统的社群最大的不同在于,网络社群具有能量急剧放大的"聚变效应"——在这种互动网络中,分散而微不足道的信息与个体可能激发出巨大能量,这恰如原子一样发生了不可思议的聚变效应。正因为数字化网络的巨大魅力,新的学科如社会物理学、网络科学正在从技术和实证的角度探究网络如何影响人的行为。

二、品牌社群

在线社群可以分为产品型社群、兴趣型社群、社交型社群、任务型社群。品牌社群往往是上述各个方面的综合,而非单纯的社交型社群。在数字时代,品牌的消费者在线社群的持续发展可以增加销量,增加新用户,引流,降低获客成本,节省客户服务的成本,也能够挖掘和引发新的消费者需求,以及成为品牌信息传播和公关的重要助力,对企业而言,是客户资产建立的重要标志,是处于活跃社群状态的品牌资产,是企业发展可依赖、可量化管理的重要推动力。

品牌/消费者社群的建立并不是将消费者聚合在某一个平台上,而是通过设计,重新创造关系、创造连接,将围绕品牌核心价值或价值观的现有客户、潜在客户以及企业进行连接,包括已有的连接和创造新的连接。在 Cohen 提出的符号共同体概念中,社群存在于其成员的心智中,它是通过共享的意义、规范和文化象征性建构起来的。通俗地说,关键应该是"在人的脑海中创造一个社群",而不是"利用微信/QQ/论坛这些工具拉一群人进来"。

品牌社群是一个对公司或品牌功能、价值和价值观具有强烈共鸣的非正式组织的社交群体,社群成员之间具有共同仪式和惯例、共同意识和责任感,它建立在使用某一品牌的消费群体所形成的一系列社会关系之上[①]。该群体热衷于通过个人或群体协作提升企业运作水平和个人价值水平。它是传统的各种客户组织在数字时代和移动互联网平台上的新发展。

品牌社群作为一种动态变化的有机整体,包含有形要素、无形要素以及连接有形和无形的互动要素三个方面。有形要素是指品牌社群所涉及的产品、品牌、消费者及企业营销人员。无形要素是指社群成员在品牌社群中所产生的共同意识、归属感和责任感,甚至是品牌崇拜和品牌信仰。连接有形和无形的互动要素主要指共同的仪式和惯例,品牌社群的形成和维系主要依赖社群成员的共同意识和责任感。

在品牌社群情境下,相比原来单个消费者来说,群体会对个体的心理和行为产生更大的影响。品牌社群中的仪式、行为规范和独特的文化等,使得消费者对品牌意义的认识更加深刻,更有利于消费者借此来构建和表达自我,进而促进消费者的品牌忠诚。消费者的自我构建会直接影响他们对品牌的认同,进而对他们与品牌相关的购买行为产生明显作用。除品牌认同外,消费者还会对品牌社群形成认同,它包括认知和情感两个要素,表现为消费者对社群仪式、行为规范和共同目标的认同。这种认同会对社群成员产生"社群参与"和"社群压力"两方面影响。社群参与对社群成员保留成员资格、向他人推荐和积极参与群体活动等有正面影响,而社群压力对上述行为意愿则有负面作用。此外,品牌社群意识对成员的社群忠诚和品牌忠诚均有积极影响。社群意识越强的成员,其社群忠诚度越高,越倾向于保护所忠诚的品牌,而抵制其他竞争品牌。

三、相关概念

1.社会网络

社会网络研究萌芽于对社会关系的探索,如今已成为社会学研究的一个重要领域,有相对成熟的理论和方法。学者们已经提出了一系列指导社会网络研究的概念、命题、基本原理和相关理论,创造了有助于更好地理解社会关系及其结构的测量手段、方法及分析技术。社会网络研究已超越传统社会学研究领域,开始向政治学、经济学和管理学等学科延伸。

社会网络是由一群特定的个体所形成的独特联系,具有特定的联结方式。这里的个体可以是个人、商业组织、社会团体、民族甚至国家,社会学者将其统称为行动者。行动者在持续的社会接触过程中,产生了多种联系,进而在整体上形成具有特殊结构和运行规则的关系网络。这种关系结构及其对行动者的影响模式正是社会网络研究的主要对象。社会网络理论和分析

---

①　王宁.自目的性和部落主义:消费社会学研究的新范式[J].人文杂志,2017(2):103-111.

方法被广泛地应用在经济社会行为及其过程研究中。学者们提出了一些重要的概念,如博特(Burt)的"结构洞"、林南的"社会资源"、科尔曼(Coleman)的"社会资本"以及格兰诺维特(Granovetter)的"弱关系"和"镶嵌"等。

2. 社会资本

社会资本概念早期出现在传统社区研究中,它是长期交往中形成的稳固的人际关系网络,是信任、合作及群体活动的基础,对于社区功能和社区延续有重要作用。社会资本是自然产生的一种社会关系,对个人发展具有很好的支持作用。它是实际或潜在资源的集合,与个体相互承认并形成默契的持久关系网络密不可分,而且这种关系网络具有体制化的特征。社会资本有多种形式,不管哪一种形式,都构成社会结构的一部分,能够为社会结构中的个体提供便利条件。社会资本是能够通过协调成员行为来提高社会效率的信任、规范和网络,也可促进群体内合作的非正式规范和信任。

然而,社会资本并不是一个单维概念,而是实际和潜在资源的总和,它源自并镶嵌于个人或社会组织所拥有的关系网络之中,行动者可以通过网络来获得这些资源。

3. 情感部落

与在线社群另一个相似但不同的概念是情感部落。情感部落是一种情感的实践活动,最本质的特征是"在一起"。这种"在一起"的社会关系具有神圣性和"集体感性",比如线下的音乐会、泼水节、球赛以及在数字世界的集体追剧、弹幕狂欢等。在线上,同样有因为某种强烈情感而临时聚集在一起的情感部落,如帮助某明星打榜超话而临时聚集的粉丝和大众、社交媒体上追剧的粉丝等。情感部落有一些典型特征。第一,具有强烈的群体情感驱动性,大量有共同情感的网络用户连接在一起,形成"弥散同盟(diffuse union)"。第二,他人在场是我快乐的源泉,现场看球赛、狂欢节都是需要他人在场的,追求"在一起"的感觉,他人的快乐构成我快乐的烘托,并对我的快乐形成强化,难以把个体的情感单独析出。第三,情感在一个密集的空间中频繁互动,使得情感共振并导致情感极化。第四,非定向的人在一起。个人与个人的情感链接,未必要求交往方是熟人,但在场和亲近使得他们具有很强的群体成员感和群体责任感等。第五,集体性的情感会导致集体行为,其动力不是来自理性选择,而是情感①。

但情感部落和社群的区别在于流动性,学者们认为情感部落虽有强大的社会动力,但它是短暂的,带有偶发性的,成员的流动是迅速的。情感部落的生命周期很短,随着音乐会的结束或是剧集的结束随之四散,而社群是更为长期的组织,社群中的互动也更为持久。

四、在线社群形成过程

1. 消费者个体聚合成为星簇

在一个主题在线社群中,如健康互助社群、兴趣类社群或品牌社群,其本身是一个松散的、没有正式组织结构的消费群体,消费者可以自由加入和退出,几乎每天都有新的成员加入,每天也都有成员离开。从表面上看,社群边界模糊,成员链接松散,但这并不影响其作为一个整体而存在,社群成员会在长期互动中形成朋友之情和同侪之谊。社群成员之间基于这种情谊

---

① MALINEN S. Understanding user participation in online communities: A systematic literature review of empirical studies[J]. Computers in Human Behavior,2015(46):228 - 238.

逐渐形成关系法则,如社会认同、义务和期待、社会信任等,这些关系法则深刻影响着社群成员的态度和行为意愿。

作为一个共同体,社群成员内部会共同创造内部交流语言,以形成能够和外群体加以区分的符号标识、群体内成员的共享意义和社群相关的历史叙事等。如微博的粉丝社群会有大量的字母缩写来代替具体词汇,如 zqsg(真情实感)、xswl(笑死我了),针对具体某个明星的粉丝,亦有大量缩略、仅内部人才能看懂的称呼等。这种基于开放的社交媒体形成的半封闭的社群文化,便于社群成员之间形成相应的社会认同、彼此之间的社会信任以及保守社群的集体隐私。

社群中有明显的礼物经济的特征。大量的成员之间会有义务和期待。义务和期待是指个体以自身成本为代价无偿向他人提供服务,但是期待这种好意在将来的某个时点会以某种方式得到回报。此时,回报成为社群成员约束自己的一种道德责任感。社群成员可以直接回报给向自己提供帮助的成员,也可以间接地做出回报,去帮助其他社群成员,将这种好意传播出去。社群成员见面时的相互问候、对新手所提问题的主动解答、为社群活动的自愿劳动等,都体现了义务和期待关系法则的存在,并逐渐积累成社群成员和社群整体的社会资本。

品牌社群作用机理理论模型如图 5-1 所示。

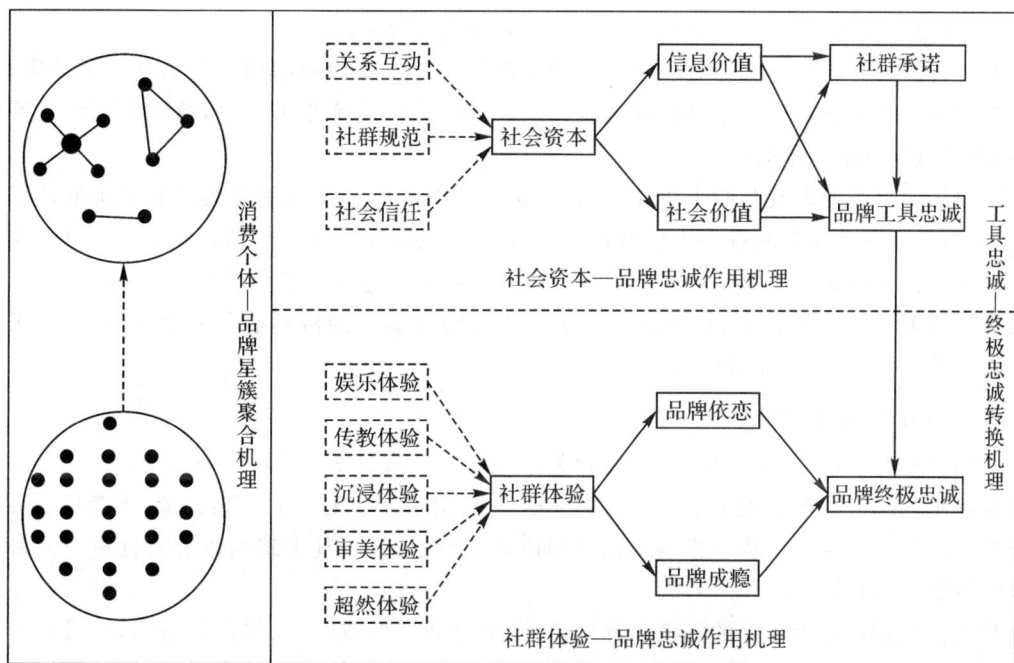

图 5-1 品牌社群作用机理理论模型

资料来源:薛海波.品牌社群作用机理理论研究和模型构建[J].外国经济与管理,2012(2):50-57.

在线社群内部成员并不是均衡链接,也不是完全的一个整体,在同一个社群中,会分化多个亚小群体的"星簇"。圈外人或新成员可能很难对诸多不同的亚小群体加以区分,但随着新成员在群体中体验的增多,他们会开始察觉各个群体之间的差异,并会被那些和自己的需要相匹配的群体所吸引,并最终加入该群体。这种内群体的分化可能是因为价值观的差异,如明星的粉丝社群中存在着 cp(couple)粉、rps(real person slash)粉、剧粉、唯粉、屏幕粉、私生粉等之间的差异;也可能是围绕产品的细分群体,如一个在线咖啡社群中消费者围绕咖啡不同的味道形成不同的消费群体。一个社群中分化的小群体之间可能存在着大量的竞争和斗争,在面对外群体的竞争时又能够合力对抗。

2. 社会资本促进对社群的承诺和对品牌的工具性忠诚

在线社群提供给社群成员的价值在于两大类社会资本:信息价值、情感价值/社会价值。

在线社群是一种"信息源",能够帮助社群成员获取知识、做出决策。对于品牌社群来说,它能提供的信息包括产品使用和保养经验及诀窍、不同产品或品牌之间的性能和价格比较、品牌意义和发展历史、品牌最新动态等。社群成员在制定购买决策时,会到社群中搜寻信息;在使用过程中遇到问题时,也会到社群中搜寻信息;在要转让或购买二手产品时,仍然会到社群中搜寻信息等。

除了获取信息等工具性价值外,社群成员在品牌社群中还能获得社会性或情感性价值。随着新成员社群体验的增多和社会信任的建立,其与社群的异质性减弱而同质性增强,弱关系逐渐转变为强关系。此时,社群成员对社会支持、社会关系等情感性价值的要求增多。原来单纯的信息索取此时转变为信息共享。社群成员感知到自己投入的越多,能够分享到的信息就越多,因此会持续地在情感、认知和行为等多个方面进行投入。

消费者的社群成员身份和对品牌社群的承诺对其与品牌相关的购买行为具有显著影响,这种影响的一个主要结果就是其品牌忠诚。他们密切关注品牌相关信息,持续购买该品牌的产品,甚至抵制其他竞争品牌。

这种品牌忠诚的形成有两个重要原因:一是社群中的信息交流使得成员对品牌的认识更加深刻,因经济利益而对品牌产生忠诚;二是社群成员为了加入在线社群以获取关系网络中的社会资本而持续购买该品牌的产品或部件,此时,对品牌的忠诚是消费者被其他社群成员认可和接受的工具。可以看出,这两种品牌忠诚的产生分别源于经济利益和社会利益,具有工具性,因此可以称为工具性品牌忠诚。

3. 社群体验促进终极忠诚

在品牌社群中,受产品使用程度、品牌关系和消费者自身等诸多因素的影响,消费者的品牌体验各不相同。薛海波提出了五种社群体验:娱乐体验、传教体验、沉浸体验、审美体验和超然体验。这五个维度对消费者影响的强度和持久性各不相同,其中超然体验是促进对品牌和社群终极忠诚的利器[1]。

超然体验指消费者获得的沉浸和巅峰体验,如自我变换或唤醒、与世俗分离,以及与外在世界产生"天人合一"等感觉,是消费者的娱乐、沉浸和审美等体验的升华,能够给消费者带来极度的幸福和快乐感。超然体验难以名状,具有唯一性,其特征表现在消费者具有高涨的情绪,奇妙、新奇甚至神灵显现的感觉,极度的快感,以及消费者的全神贯注和对个人极限的挑战。

超然体验能够提升消费者和其他消费者、产品、活动、价值观、品牌和符号等的关系,比如:巅峰体验增强了消费者与山地车及山地车运动的关系;非凡的消费体验促进了乘木筏

① 王宁.自目的性和部落主义:消费社会学研究的新范式[J].人文杂志,2017(2):103-111.

的旅行者与自然、具体地点、服务提供者、其他旅行者，甚至是他们临时组成的消费群体的关系；跳伞运动者同样感知到与其他消费者、服务商和某些地点关系的增进；参与吉普狂欢会的消费者将他们在活动中产生的美好感觉转移到他们的吉普车、吉普品牌和其他吉普车手身上，形成对他们的情感依恋；网上冲浪者的消费体验对其与网站、公司和品牌的关系都有正向作用。

在线品牌社群中的消费和互动体验能够增强社群成员与产品、活动、品牌、其他消费者和整个社群的关系，促使社群成员对产品、品牌和活动等入迷、上瘾，并产生依恋、崇拜甚至信仰。形成终极性品牌忠诚，即社群成员在社群仪式、惯例、展示或赛事活动中，因获得超然体验而将品牌内化为自身不可或缺的一部分，进而产生的对品牌的情感和相关行为。

延伸阅读 5-1

粉丝社群的偶像忠诚：集体情感的常规化

粉丝社群发展出了生产规范。生产规范增加了粉丝的偶像忠诚，但依然存在风险。粉丝对生产规范的认同和对偶像的忠诚，都基于偶像的卡里斯玛权威。韦伯指出，卡里斯玛权威存在着内在的不稳定性和延续的困难。一旦偶像的卡里斯玛权威合法性减弱，生产规范反而会引发粉丝的大面积流动。

因此，粉丝的集体情感还需要一个常规化（routinization）的过程。在这个过程中，生产性嵌入起到了关键作用。没有制度赋予的强制权，饭圈驾驭粉丝流动除了依赖于生产规范下粉丝的认同管理，还依赖于粉丝与粉丝之间有效的人际关系网络。这是一个将超凡个人魅力（对偶像的爱）转移到日常个体情感互动上（粉丝之间的友情）的过程。社交媒体为粉丝之间形成关系提供了便利，同时生产规范所带来的偶像忠诚使得部落流动减缓，且生产过程中必不可少的协作增加了粉丝个体在部落网络中的嵌入性。对偶像的情感进一步转移到粉丝之间日常的情感互动上，减少了卡里斯玛权威的内在不稳定性，将粉丝对偶像的情感进行了"常规化"，成为个体流动的结构性阻碍，进一步稳固了偶像忠诚的情感基础，减少了部落流动。集体情感的常规化如图 5-2 所示。

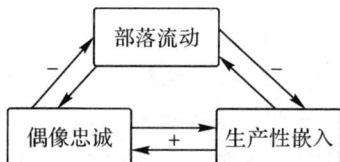

图 5-2　集体情感的常规化

生产性嵌入是指粉丝因为生产协作，通过线上线下交互被嵌入到饭圈组织的联系网络中，这些联系的强弱影响着成员的决策和行为选择。不同于消费性嵌入只是基于情感体验而形成，生产性嵌入除了情感链接之外，也是为了更好地生产协作（线下应援、打榜集资、内容制作等）而逐渐形成的。生产性嵌入通过三个关键因素将集体情感常规化：①网络中的成员与他人或其他活动的关联程度，即虚拟联系；②成员通过网络感知到自己与所在虚拟社区的匹配程度，即虚拟匹配；③在虚拟组织中，各种联系的易中断程度或离开虚拟组织和社区需付出的代价或做出的牺牲，即虚拟牺牲。

1. 虚拟联系

在虚拟网络中的成员与他人或其他活动的关联程度，即虚拟联系。基于微博平台的粉丝们，通过微博群、超话、微信群聚合和联系在一起。外界的一些偶像相关的舆情事件、社群内的内容产出，都会让粉丝之间形成越来越多和越来越紧密的联系，使得个体无限嵌于粉丝群体的联系网络之中。

在粉丝的连接过程中，有些粉丝因为其内容产出的能力、判断决策能力、消费能力，逐渐成为社群的核心，拥有大量粉丝，俗称"大粉"。他们处于饭圈的最高阶层，拥有高的粉丝社会资本，主导粉丝规范。这类粉丝的虚拟联系非常高，一举一动都受到其他普通粉丝，以及社群外部人的关注。

部落规模越大，虚拟联系就越多，能够动员的社会资本就越多，这让许多核心粉丝不愿意轻易放弃自己的粉丝身份。

当虚拟联系越来越多，对偶像的爱转化为粉丝之间的情。即使对偶像没有那么喜欢了，"粉丝情"也会减少粉丝的流动，反之，粉丝的流动也会互相影响。

2. 虚拟匹配

虚拟匹配是指个体感知到的组织与组织环境的相容性与舒适性。如果粉丝觉得自己与部落是相容的，就会减少流动。如果在饭圈形成过程中，形成了良性的分工合作，粉丝就会各司其职，相互鼓励，互相提供价值，各有收获，体会到情感部落的舒适性。但如果在部落的发展过程中，粉丝的领导阶层没有很明确，或者人手不足、经验不够时，就比较难做到有效的虚拟匹配。比如：后援会的人以权谋私，只放和自己关系良好的粉丝进入，而其他有能力的人被排除在外；数据组没有及时招新或者对平台数据规则理解陈旧，或者在挑选打榜项目时选择了吃力不讨好的榜单；"产粮太太"一直得不到鼓励和重视；"大粉"在规范引导上有不同见解和矛盾导致大面积争吵等。以上都会导致大量粉丝感到有力无处使，影响粉丝的热情，导致粉丝的流动。

3. 虚拟牺牲

在虚拟组织中，各种联系的易中断程度或离开虚拟组织和社区需付出的代价或做出的牺牲，即虚拟牺牲。由于放弃粉丝身份而丧失物质、心理等方面的利益会减少粉丝的流动。

粉丝脱粉或爬墙等于就是放弃了自己的粉丝身份，虚拟牺牲较大。首先，粉丝文化符合Gelfand等凝练的紧文化的"核心要素"：社会规范强度较高和对偏差行为的宽容度较低。如前所说，生产性嵌入的粉丝都跟同一个偶像的粉丝交往。这种紧密依赖和选择同质群体让部落有比较高水平的同质性、群体性和集中性。与此同时，社会规范的强度也更高，对偏差行为的容忍度更低。

粉丝一旦爬墙和脱粉，通过较长时间经营而获得的与"小姐妹"的融洽感、受承认感、受尊重感、安全感等主观情感收益也将丧失，还会受到部落一些激进粉丝的攻击和辱骂。而其他的普通粉丝即使不会直接对其表达不满，也会在群里或自己的微博上对其进行负面的评价，对其双向取消关注，互动骤降。特别对于一些"大粉"来说，脱离了粉丝身份以后就要放弃在这一饭圈内使用的账号，换言之，在某一明星饭圈内获得的社会资本与象征粉丝身份的账号是紧紧绑定的，一旦流动就会丧失。更重要的是，离开的粉丝想要回到原来的部落，就很难被再次接纳，这些都一定程度上限制了粉丝的流动。

粉丝对偶像的情感是不可能得到偶像的回应的，没有回应的情感生命周期较短，但通过生产性嵌入,粉丝对偶像单方面的爱逐渐转化为粉丝之间的情感互动,集体情感转移到了更加稳固的情感基础之上,完成了集体情感的常规化,并构筑了退出壁垒,进一步降低了个体的部落流动。生产规范认同带来了粉丝对偶像的忠诚,而偶像忠诚可促进生产性嵌入和减缓部落流动,生产性嵌入可降低部落流动,增加偶像忠诚。偶像忠诚、生产嵌入、部落流动三者形成了循环三角。

资料来源:

周懿瑾.偶像忠诚与部落流动:生产规范与嵌入性的作用:关于粉丝爬墙和脱粉的网络民族志[J].中国社会心理学评论,2021(1):144-178.

第二节　在线社群参与度

德国心理学家库尔特·勒温在群体动力的研究中提出过"参与改变理论"。他认为,个体中有两类人,即主动参与型和被动接受型。他用实验证明主动参与者更容易改变其态度和行为。如果能让用户主动参与到营销活动中来,更容易影响其对产品或品牌的态度和行为。

在移动互联网时代,营销的成败越来越取决于消费者的参与程度,甚至在某种意义上,营销就是为了实现消费者参与而建构出消费者在线社群。在在线社群和数字化口碑的平台上,病毒营销(viral marketing)、社交媒体营销(social media marketing)和粉丝营销(buzz marketing)发挥了巨大的市场效应。原因之一是在在线社群中很容易通过数字化口碑产生粉丝效应和羊群效应,参与可以提高消费者和品牌忠诚,并在很多方面有利于品牌。

缺乏用户活动和贡献往往是在线社群失败的最常见的原因,营销人员的难题通常是:"为什么三个月后这个群里就没人说话了?"沉默的社群将不能提供新鲜的内容,最终导致访问量减少。但保证高参与度并不是一件容易的事情,激励用户参与社群活动被视为在线社群成功的关键。

参与最常用的衡量指标是内容贡献的数量和成员之间的关系质量。因为发布的信息量越大,成员之间的感觉越亲密,这个在线社群就越成功。

在物理空间研究社群参与时,有证据表明公民社会的参与增加了参与者的社会资本,积极的社区成员在他们的身边能够拥有更多紧密的社会联系。在线参与被发现有类似的效应:那么些积极参与的人是拥有最多社会链接的人,越多人参与一个在线组织和政治活动,他们在线下也越有可能积极参与这些活动。在线设计网络还可以增加社会资本,促进心理健康。

一、参与的概念与测量

参与的定义有一定的争议。一些学者认为,创建一个账户就已经是一种积极的、有目的的行为,并不需要其他可见的参与;更多人认为任何访问过某个网站并以某种方式参与其中都可称之为参与。很多时候,社群设计者所认为的"参与"与消费者自己所认为的"参与"是不一致的。在设计者眼中,注册账户或浏览就是参与;而在消费者眼中,积极地参加社群的活动才算参与。

一般来说,参与可以通过量化数据来看到。最常见的量化指标包括会员持续时长、上网使用时间、访问次数、内容点击次数/浏览量、内容产出数量以及与他人的社会互动密度。总体来说,量化成功指标关注的是活动的数量,站点的流量越多,就越被认为是成功的。当然,仅用数字不足以解释参与社群的原因,因此还有一些定性度量指标。最常见的指标是成员满意度、对社群的归属感,以及成员之间的关系质量。这些指标的使用是基于这样一个假设:高的满意度、归属感和在社群中形成的友谊,预示着较低的流失率和更高的参与度。

二、参与的类型

最常见的分类方法是用参与行为的积极-消极的两分法来区分,有两种基本的社群参与成员,即主动参与成员和被动参与成员。被动参与成员主要是指浏览内容、利用社群提供的好处而不参与社群活动的成员,通常被称为潜水者。这两种类型反映了成员对社区的承诺程度。但不管是主动者,还是潜水者,都是一个社群所需要的,这两种参与类型都是通过在线体验了解社群的合法方式。

一般来说,营销者和学者都会比较看重积极参与者或"发帖者",但潜水者在社群中也占有重要的地位。虽然潜水者不会对社群内容产生贡献,但大量潜水者可能会增加一个社群的受欢迎程度,因为他们会产生网站流量和增加点击量。虽然潜水者比较缺乏社群感和归属感,但是,潜水者也会因为与他人进行交互而觉得自己属于这个群体。无论什么形式的参与,比如浏览和发帖,都对社群意识的发展有积极的影响,而花时间在网络社群浏览实际上会增加对群体的依赖。

此外,潜水行为在新手中是很典型的,因为它可以作为一种了解社群及其规则的学习方式。比如,在对维基百科参与者的研究中,参与被理解为从内容消费者到内容创造者的转变。这种从新手到经验丰富的会员的转变,或者说从潜水者到活跃的发帖者的转变,也被描述为从社群边缘到社群中心的转变。然而,这个过程并不是那么简单,因为成员可以在中心和边缘来回移动。尽管随着时间的推移,将潜水者转变为积极参与者的机会在逐渐变小。社群成员参与的深入过程如图 5-3 所示。

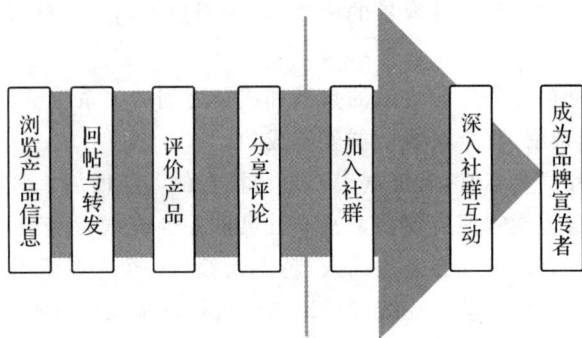

图 5-3 社群成员参与的深入过程

资料来源:唐兴通. 引爆社群:移动互联网时代的新 4C 法则[M]. 2 版. 北京:机械工业出版社,2017.

除了积极-消极参与的分类,还有更加复杂的分类。参与不仅被看作是内容贡献,还可以是与其他成员建立联系。一个 YouTube 视频的相关互动研究证实了三类内容消费者:互动消费者(将 YouTube 看作是一个互动工具)、消极消费者(将 YouTube 看作是如同电视一样的被动观看的媒体)、主动消费者(用户积极评论内容,但不评论其他用户的评论)。主动消费者和消极消费者将 YouTube 视为一种类似于电视的频道,而追求社交连接的交互式参与者则更有可能将 YouTube 视为一个在线社群。对社群最有积极影响的是互动型的参与,因为互动消费者形成了子群体,更加注重社群导向。

Forrester 从在线社群的行为来分类,将社群中的角色分为:

①创造者:经常写微博、博客、制作图片、上传视频等的人;

②评论者:在网络上对其他内容作出回应的人;

③收集者:用书签等工具收集信息的人;

④参与者:参与社会化媒体维护个人主页、个人信息更新的人;

⑤观看者:浏览、观看的人;

⑥不活跃份子:参与度特别低的人。

也有研究将社群中的角色分为:

①外围用户(潜水者):松散的参与者(路人粉);

②入门新手:向着积极参与努力(萌新);

③熟悉内情的人:非常坚定的社群人员(铁粉);

④领导者:领导、支撑用户参与,互动管理的人(粉头);

⑤出走的人:因为新的关系或其他原因而逐步离开社群的人(脱粉)。

三、影响参与的因素

1.动机

如果消费者自身没有驱动力,营销人员对社群引导再多也无用。理解消费者参与的动机是社群研究的一个关键问题。一方面,通过调查消极用户加入社群的动机,管理员可以为潜在用户创造有效的、更有吸引力的社群;另一方面,通过了解长期用户继续参与的动机,管理员能够更好地留住他们。如参与维基百科的人群中,最主要的动机是"有趣"以及"意识形态"。具体来看,有趣与贡献数量是正相关的。

参与的动机可能因社群类型的不同而不同。在维基百科中,有趣和意识形态是最重要的驱动因素。在创意社区(如摄影和音乐),展示自己技能的动机刺激着人们做出内容贡献,希望能够得到对其创意工作的多样化的反馈。

动机被分为内在动机和外在动机。受内在动机趋势影响的用户并不期望他们的共享受到外部激励,因为参与行为本身就是一种奖励。Cook 等人在他们对一个创造性的音乐社群的研究中注意到业余爱好者和专业人士之间的差异。专业人士不太可能回馈社群。因为他们认为其专业技能是需要付费的,而业余爱好者即使没有酬劳也愿意展示自己。Tausczik & Pennebaker 对数学问答网站的研究却得出了相反的结果,拥有最多专业技能的人更愿意帮助他人。在专家和非专家之间,都存在着建立声誉的动机,并无不同。Fuglested 等人研究了在电影评分社群中预测哪些新人会成为积极的参与者,并将动机划分为:他人导向动机,如志愿服务;自我导向动机,如获取自身的利益。他人导向动机预示着更高的基础参与度,更高社群参与度的人更可能形成一种社群感。

Nov 等人在对一个照片分享社群的研究中发现了四种动机:内在动机驱动的享受(enjoyment)、承诺(commitment)、外在动机驱动的自我发展(self-development)和声誉建立(reputation building)。他们发现自我发展动机和信息共享的数量之间存在负相关关系,人们会在内容生产的质量和数量间进行权衡,有着自我发展的动机的用户会关注质量而不是数量。也有学者认为,用户不一定是理性的,可能只是无意识的习惯让他们参与到社群中来,习惯在需要较少认知努力的任务中扮演更重要的角色。因此,习惯与轻量内容的生产相关,比如评级、点赞等。

2.激励

在关于奖励和激励参与的研究中,声誉和权威等非物质激励被认为是最有效的奖励。特别是强烈的归属感是人们内容贡献和参与的重要激励因素,会让人们觉得自己有义务在没有金钱回报的情况下为社群做出贡献。类似地,对成员贡献价值的解释和解读可以进一步增加贡献,特别是在一种微妙的方式下去陈述成员贡献时,这种激励效应更加明显。只有在企业或品牌网站上,金钱激励才起作用。尽管声誉系统可能会鼓励用户,但人气排名这种模式也会带来负面影响,因为它会让排名低的用户感到不受欢迎。

社交互动也是一种激励。对那些注册了某个网站但不活跃的用户进行的分析表明,这些潜水者与其他人没有联系,在网站上朋友很少。与其他成员大量接触、积极参与社群都会使得用户难以放弃网站。对于新成员来说,社群的反馈很关键,那些受到反馈和得到回答的新成员更有可能留在网站上成为活跃的成员。能够引导新成员发言并给予反馈,新人从潜水者变成积极参与者的概率就会大大提高。反之,在线社群中如果缺乏有趣的人或朋友就会使得消费者减少参与或离开。

总体而言,积极的、奖励性的和非惩罚性的激励风格是最有效的激励社群参与的手段。

3.人格特质

研究发现,外向的人上网时间可能更少,但更倾向于使用社交媒体分享和表达他们的观点,而那些神经质较高的人会寻求一种归属感。Cullen & Morse 发现,高神经质的人不太可能积极参与在线社群的活动。不同人格特质的人的参与动机可能不同,高宜人性的人的参与动机主要是出于帮助他人,而高责任心的人的参与动机主要是为了寻找有用信息。有学者将性别因素纳入了分析,发现性格外向的女性在网上更少问问题,但相对于同样特质的男性来说,他们更加积极地寻求友谊。

另外,一些在线交流的特征,如异时性、匿名性和隐蔽性都会更加吸引内向的人,因为他们更谨慎,总试图最小化他们行为带来的风险。听众的规模会让外向者贡献更多,但会让内向者贡献减少。界面设计中,如果显示他人的行为线索,如之前访客的访问和评级,会对那些比较高神经质的人产生很大的影响,他们会提供类似于其他人的评分。

虽然不同人格特质对参与行为有影响,但并没有迹象表明活跃的参与者是被特定性格类型所主导的。个性化的用户界面设计,比如网站可以通过提供让用户感觉舒适的信息来适应个体的人格特质,从而增加在线参与。

4.群体过程

(1)社群成员相似度。除了消费者的个人特质之外,各种各样的群体过程也会影响在线参与。越是同质性的群体,越可能形成联系、形成社群。通常,在现实世界中创造新的社会联系的选择受到社会认可因素影响,比如年龄、性别、教育或地理,但这些在网上通常是不存在的。相反,人们乐于分享他们的兴趣和经验。

Casalo 等还研究了个体对互惠和相似性的感知对社群成功的影响。他们发现,当成员感受到他人的互惠和相似性,能够积极地影响他们的成员满意度和参与意愿。具体来说,响应速度、价值观和频率是一个社群互惠的关键元素,因为他们非常有利于对话的形成。

(2)社群成员结构(金字塔型、平等环形、星系)。一般来说,有三大类的社群结构:金字塔型,即社群中有一个灵魂人物,每个成员都认同他;平等环形结构,即成员之间比较平等;星系,即社群中形成多个小群体,每个小群体都有较为中心的人物,相互之间亦有链接。星系结构是较为稳定和能够保持长期活跃的社群结构(见图5-4)。

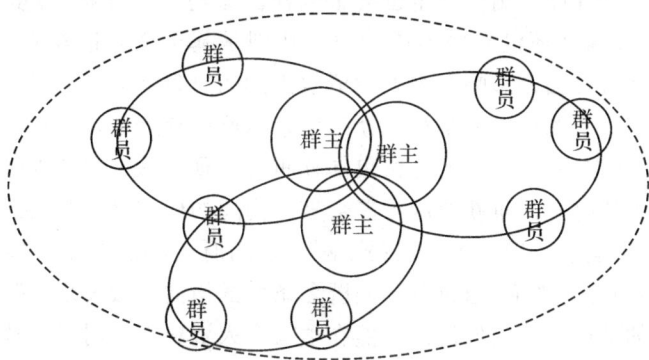

图 5-4 星系结构

资料来源:秋叶,邻三月,秦阳.社群营销实战手册[M].北京:人民邮电出版社,2018.

(3)群体动力进化:关注内容→关注彼此。在线社群成为社群的一个重要标志是:人们较少关注网站的特定内容而更多关注彼此时,网站就开始进化为真正的社群了。Gazan 研究了一个问答网站,他发现当内容的焦点从事实问题和答案转移到更多关于个人用户和社群本身的内在问题时,社群的一个关键转折点就产生了。同样,Bryan 等人也注意到,当"维基人"被吸引到社群中时,他们对这个网站的看法就改变了,他们开始把它看作一个社群,而不是一堆文章。

在一项对博客社群的研究中发现,新来者可能以评论者的身份开始,之后当他们在社群中建立了自己的身份,他们就会开始写自己的博客。个体通过观察那些已经参与实践的个体,在与他们互动的同时模仿他们的活动,从而成为社群成员,因此新来者需要观察其他人并学习如何融入。Rodger & Chen 研究了乳腺癌 BBS 的用户参与生命轨迹,发现随着时间的推移和会员的频繁参加,成员的导向发生了变化,从寻求信息转变为提供信息的人,他们开始通过分享信息来造福他人。对这种转变的一个解释是,当参与者对群体感到舒适,他们也会更有信心向其他成员提供信息和支持。在消费者社群中也发现了类似的变化,在对在线扑克玩家的长时间研究中,Lindholm 等人注意到,随着时间的推移,花在网站上的时间减少了,用户更多地参与到社群中去。

5. 在线社群的交互技术和政策

从社群的设计者和管理者的角度来看,核心问题在于如何改进与用户的交互,使得网站对用户来说更具吸引力,更促进参与。一个成功的社群往往有着明确的社群目标,基于可靠的软件,支持群体内子群体的形成。学者们支持让群体内自然形成规范,而不是从外部对其进行调控,因为这样,这个群体可以形成自我调节和克制。

技术的可用性不是影响参与的最重要的因素。Muller 等人从参与率、关系和共享三个方面比较了 188 个在线社群。他们的结论是,即使使用相同的技术,社群所有者和成员也会利用这些资源去形成不同的组织形式和成果。在社群中,最重要的因素并不是技术,成员可以在满足最低可用性标准的前提下得到很大的满足。对在线健康社群的研究也发现,尽管技术的设计并不是为了支持社交互动,但用户能够适应系统的局限性,形成自己的角色和子群体,并发展出强大的关系网络和社群规范。多个研究都表明,技术问题或糟糕的可用性并不是放弃社群的主要原因,相反,用户看重的是有趣的内容和人物,如果无法做到这一点,他们就会离开。

此外,个性化和匿名程度的制度规定也会影响社群参与。一开始,许多社群都存在着"冷启动"的问题,即社群或网站还没有内容或用户。特别是基于个人推荐或评论的网站缺乏内容,这对网站的可靠性有负面的影响。个人邀请他人加入社区可以作为吸引新成员的一种解决方案。更具体地说,基于邀请者的个性化介绍信息强调社交互动,可以显著提高被邀请者的参与度。但随着时间的推移,老客户的存留也同样重要。研究发现用户倾向于离开网站的关键节点,就是网站改版的时候。重新改版可能会破坏沟通的模式,限制对集体内容的访问。

匿名的程度也会影响参与度。匿名在关系刚开始的时候特别有用,实名制的使用可能会限制用户想要表达的内容。然而,通过对不同匿名条件的横向比较发现,完全匿名是最不可取的,因为会导致大量的消极情绪的发泄。虽然在填写个人资料选项时最首选的是假名,但这种程度的匿名比完全匿名来说,会增加投稿数量,并显著减少负面帖子。

6. 多样化的参与方式,降低参与门槛

怎样才能把潜伏者变成活跃者? 社群参与的方式越简单方便,越能解决成员的问题,就越有可能保证大部分访问者的活跃度。这意味着,在线社群应该有多种不同的参与方式,并且难度有所不同,让社群中的每个人都能找到一种合适的方式参与。例如,作为网络社群的典范,Facebook 和微信为参与者提供了多种不同的参与方式。成员可以更新状态、装饰主页、发表评论、上传照片或视频、分享笔记和链接、打电话、玩游戏、做小测试、用手机支付、创建事件等。参与对社群成员是有一定要求的,如果参与门槛较低,比如点赞,就会便于成员积极参与。

持续的反馈也能让社群成员保持参与,让用户不断知道自己的行为有所反馈,了解现在在哪、距离目标有多远、下一个目标是什么,有利于他们的投入和积极行动。

» 第六章

影响者营销

影响者(influencer),亦称意见领袖(opinion leader)一直存在于人类社会中,随着媒介发展,影响者群体从线下迁移至线上,并不断衍生出更加丰富的内涵和形式,在传播过程中变得更加具有交互性,突破了地域和时空的限制。在这个注意力资源稀缺的互联网时代,消费者在暴露信息过载的环境下,对传统广告已产生免疫,他们更愿意主动去获取信息。因此具有专业知识和活跃度更高的影响者聚集了大批粉丝,其影响力在品牌营销和消费者决策中变得越来越重要。本书首先对影响者进行概念解析,然后讨论数字化时代信息传播的变化,探讨影响者的形态和特征,最后讨论影响者对消费者行为的影响机制。

第一节　影响者概述

一、影响者的概念

影响者,即意见领袖,这一概念起源于美国社会学家保罗·拉扎斯菲尔德在 1984 年所做的关于公民投票决策机制的研究。该研究提出著名的"两级流动传播理论",认为大众传播媒介对普通人的影响并不是直接到达的,而是通过影响意见领袖,然后意见领袖传递到更多普通人的过程。在传播学中,活跃在人际传播网络中,经常为他人提供信息、观点或建议,并对他人施加个人影响的人物,被称为"意见领袖"。营销领域中,Rogers 等则将意见领袖定义为对其他人的决策可以施加不对称影响的人。虽然学者们对意见领袖的概念不尽相同,但基本上都认为意见领袖是群体中经常为他人提供意见、观点或建议,并对他人施加个人影响的人物。意见领袖作为媒介信息和影响的中间和过滤环节,对大众传播产生重要的影响[①]。

伊莱·休卡茨在《人际影响》一书中接续拉扎斯菲尔德的"意见领袖""两级传播"的概念,进一步探讨人际关系对传播效果的影响。他证明了不仅在政治领域,在诸如购物、时尚以及其他各种社会生活领域,都活跃着一大批意见领袖,他们对大众传播的效果起着促进或阻碍的作用。后来的研究大都认为,大众传播要取得良好效果,首先必须重视这些意见领袖的存在[②]。

Stern & Gould 将意见领袖这一概念运用到消费领域,他认为意见领袖通过口碑交流来影响消费者的态度或行为,而且跟随者认为意见领袖所传达的关于产品或服务的建议信息,比企业的相关营销更可信和有说服力[③]。

意见领袖之所以成为具有价值的信息源,是因为他们掌握了多种社会权力:

①由于他们具有专家的权威,在技术上有竞争力,因此具有说服力。

②他们以无偏见的方式预先考察、评价并综合产品信息,所以他们拥有知识的力量。

③不同于商业支持者,意见领袖并非代表某一公司的利益,他们别无企图,更值得信赖。他们针对商品提供的信息既有正面的,也有负面的,所以更客观。

④他们在社会上很活跃,在社区具有广泛的联系。

⑤他们在价值观和信仰上与消费者类似。

①　郭庆光.传播学教程[M].2 版.北京:中国人民大学出版社,2011:189 - 190.
②　郭庆光.传播学教程[M].2 版.北京:中国人民大学出版社,2011:189 - 190.
③　STERN B B,COULD S J. The consumer as financial opinion leader[J]. Journal of Retail Banking, 1988,10(2):43 - 52.

⑥意见领袖往往是那些最早购买新产品的人,他们敢于承担较大的风险①。

早期研究者们从传播学的视角对意见领袖给出定义,而后在营销领域和公共问题领域探索意见领袖的影响,有很多研究都认为意见领袖对人们的态度和行为的影响超越了新闻和广告所产生的影响。

二、网络意见领袖/KOL/影响者

随着互联网技术的发展,意见领袖的影响力从线下转移至线上,网络让意见领袖更有力量。在网上群体中,意见领袖具有强大的社会网络,这使得他们有能力在更大范围内直接或间接地影响许多消费者的购买决策。近些年来,他们通常被称为 KOL(key opinion leader),即网络意见领袖或网络影响者(influencer)。Trusov、Bodapati & Bucklin 认为在社交网络中,社群里最具有影响力的人被称为 KOL。Chapple & Cownie 则将 KOL 定义为通过 Instagram、YouTube 等社交平台分享日常生活吸引数百万粉丝,在特定的兴趣领域中有影响力的人。Khamis 等人认为 KOL 通过成功地将自己打造成社交媒体平台上某个领域的专家而出名。Lin、Bruning & Swarna 强调了 KOL 是通过分享自己创作的内容获得大量粉丝的社交媒体用户,他们的在线社交活动已转变成了主要职业。在中国,这些网络中有一定影响力的KOL 也被称为"网红"。从意见领袖的核心定义来说,网红、博主、达人等概念可以视作意见领袖在不同语境的不同称谓。

与线下意见领袖类似,网络意见领袖在他们的工作和沟通中是积极的参与者,他们的社会网络不仅庞大,而且发展良好。在一个或多个特殊议题中,其他人相信他们,并把他们当作可以信赖的信息源。

有研究表明,KOL 在社群的舆论形成中扮演着重要的角色。在中国的网络平台发展过程中,网络意见领袖成为重要的信息关键节点,早期更偏向群体和大众传播的属性。Lyons & Henderson 指出网络意见领袖相对非领袖明显处于优势地位,尤其在创新性、对相关事物的自身感知、持久性涉入和开拓性行为方面。他们天生对情报敏感,这使得他们易于获得新的信息②。在网络信息互动的过程中,网络成员之间由于知识贡献、信息的有用性等形成了不同的地位,意见领袖通常具有高可信度和声誉的特征。毫无疑问,一些拥有数百万粉丝的微博用户比那些只有少数粉丝的用户更有影响力,他们有更大的权力影响他人的意见。

现阶段,网络意见领袖的影响力不仅在舆论领域发挥作用,对商业的影响也越来越大③。他们被资本所收编,甚至被资本人工培育出来,用以影响和指导消费者的购买行为。他们也被称为影响者(influencer)。影响者营销,是指利用社会化媒体影响者(SMIs)等主要影响者的优势来推广或使消费者认可品牌产品和服务的营销战略。与传统意见领袖不同的是,数字世界的意见领袖或影响者,还可以是虚拟人物,如虚拟偶像 Imma、完美日记的"小完子"等。

KOL 的形成和发展是一个动态的过程。与正式组织不同,KOL 并不是正式任命的。他们通常是在通过与社群成员的互动过程中产生的,成为 KOL 并不一定意味着个人将永远保

---

①　迈克尔·所罗门.消费者行为学[M].卢泰宏,杨晓燕,译.10 版.北京:中国人民大学出版社,2014:289.

②　迈克尔·所罗门.消费者行为学[M].卢泰宏,杨晓燕,译.10 版.北京:中国人民大学出版社,2014:289.

③　XIONG Y,CHENG Z C,LIANG E H, et al. Accumulation mechanism of opinion leaders' social interaction ties in virtual communities:Empirical evidence from China[J]. Computers in Human Behavior,2018 (82):81 – 93.

持这种地位。随着社群的发展,一些意见领袖可能会继续成为其社会群体中的意见领袖,而另一些则可能再次成为普通成员。

关于社交媒体上的网络意见领袖,或者说影响者的相关研究并不丰富,除了商业领域的文献之外,有大量文献是出自计算机科学领域。从研究历程上来看,从概念的提出,到可信度研究、认同感研究等,整体时间跨度都是在社交媒体兴盛之后这短短十年时间(见表 6-1)。

表 6-1　网络影响者营销的研究历程

研究范式	主要贡献	理论基础	代表性文献
概念的提出	揭示影响者崛起的原因与过程,提出影响者及影响者营销相关概念	二级传播理论;社会资本理论	Freberg et al(2011);Uzunoglu & Kip(2014);Khamis et al(2016)
可信度研究	影响者作为信息源对顾客信息接受性产生影响,从顾客认知角度揭示了影响者营销中信任的重要地位	信源理论;来源可信度模型	De Veiman et al(2017);Djafarova & Rushwirth(2017);Xiao et al(2018)
认同感研究	探索影响者与顾客的相似度、形象一致性等因素引发的认同感对顾客品牌态度、购买行为等变量的影响,弥补了之前可信度研究中顾客与社会化媒体影响者间情感因素的缺失,为后续研究提供了新的思路和见解	社会影响理论;自我形象理论;匹配假设;意义迁移理论	Xu & Pratt(2018);Schouten et al(2019);Shan et al(2020)
准社会关系研究	引入准社会互动、准社会关系等传播学理论来从整体上解释影响者与顾客间的关系,研究这种关系如何影响消费者决策,弥补了认同影响者与顾客间关系描述不充分的不足	准社会互动理论;准社会关系理论	Hu et al(2020);Jin & Ryu(2020);Reinikainen et al(2020);Sokolova & Keli(2020)

资料来源:贾微微,别永越.网红经济视域下的影响者营销:研究述评与展望[J].外国经济与管理,2021,43(1):23-43.

网络意见领袖/影响者通过在线分享所创作的内容(娱乐、情感、美容、时尚、美食等)进行自我展示、对话而与追随者建立联系,建立庞大粉丝群。他们具有多重身份、感知真实性等特征,见表 6-2。

表 6-2　网络影响者的特征

特征	具体描述	对企业的价值	代表性文献
有影响力	拥有庞大粉丝网络(关注者的数量反映网络规模并作为受欢迎程度的标志)	大量粉丝意味着更大的(商业)信息传播范围,并且可以充分利用口碑的力量	De Veirman et al(2017)
	具有较高可信度的信息源	影响者代言可以提高企业信息可信度,帮助企业实施更有效的营销策略	Lou & Yuan(2019)
	通常专攻某一特定领域,并在该领域内建立影响力	企业通过与影响者合作,可以与大量目标消费者沟通;影响者与个人专业领域对应品牌合作时,消费者更可能接受或信任影响者的意见	Torres et al(2019)

续表

特征	具体描述	对企业的价值	代表性文献
感知真实性	影响者真实性指其展现出真实一面,并保持与品牌的一致性。影响者在社会化媒体上通过分享与品牌匹配的个人生活细节及透明化战略等可信的人物角色	当消费者感到影响者是开放的、自我呈现的、真实的时,他们对影响者产生更高程度的信任,更可能信任影响者所传递的品牌信息	Duffy(2017);Audrezet et al(2020);Wellman et al(2020)
多身份	影响者是内容生成者,他们通过社会化媒体平台在线分享自己创作的内容,并以此来吸引消费者	在影响消费者购买决策方面,影响者创作的内容比企业传递的信息更可靠和有效	Ge & Gretzel (2018)
	影响者扮演着与传统意见领域类似的传播者角色;他们与新事物保持同步,通过社交网络分享信息	意见领袖在信息传播中起着关键作用,是营销传播中必不可少的元素,对消费者的态度、决策和购买行为均具有重要影响	Casaló et al(2018);Ki & Kim(2019)
	影响者同样具有名人身份,他们在社会化媒体上依靠自我打造而出名,被视为微名人	相对于传统名人来说,影响者和消费者更加亲密和相似,影响者被认为比传统名人更值得信任	Schouten et al(2019)
	影响者也是消费者,同样会购买产品、表明态度	影响者传递的信息不会被轻易地感知为受商业利益驱动,往往被认为更加可靠和有效	Shan et al(2020)

资料来源:贾微微,别永越.网红经济视域下的影响者营销:研究述评与展望[J].外国经济与管理,2021,43(1):23-43.

第二节　影响者的类型

一、影响者类型简述

在传统时代,影响者,即意见领袖主要来源于两类群体:一是与消费者具有同质性的群体成员,如消费者的见多识广的同伴;二是拥有一定社会地位、受教育程度较高或是具有社会威望的参照群体成员,如明星。其中,第一类群体传播的力量、范围小,因此还需要具备对消费者的信息上的可到达性,通常又表现为地域上的接近性。

互联网营造了大量新型群体关系,比如在同一个话题下发表言论的用户、使用同一社交平台的用户。在这种群体关系中,口碑信息的传播者可以是消费者过去完全不熟悉且也不具备地域接近性的个体。在数字化时代,消费者意见领袖主要来源的边界之间也逐渐模糊,滋生了介于"同伴"与"明星"之间的新型消费者意见领袖。

一方面,许多的关于意见领袖的文献都指出意见领袖具有领域性,或者说意见领袖是相对于某一范围而言的,在美妆领域的意见领袖不一定是手机的意见领袖。另一方面,相关研究也发现意见领袖具有一些共同特征,如社交能力强、信息渠道丰富、对产品的卷入度高、时代感强、乐于沟通等。

从个性特征来看,研究发现,开放性高、亲和性高、责任心强和神经质程度低的用户可能会形成牢固的网络关系,更可能成为意见领袖。因为外向性和亲和性促进了频繁的交流,频繁的交流提供了关于他人的知识和信息,减少了预测他人行为的不确定性。此外,频繁的交流会激发积极的情绪(包括愉悦-满足和兴趣-兴奋),然后产生关系凝聚力,这会激发承诺行为,比如保持交流关系,互相赠送象征性的礼物,以及为其推荐的商品买单等,这种关系凝聚力为用户增加了朋友的数量。

除了领域的差异,在传统的消费者行为学中,意见领袖还有两类。

1. 市场行家(market maven)

市场行家是积极传播各类市场信息的人。他们不一定要对某些特定产品有兴趣,也不一定是产品的早期购买者,但他们了解市场动态。在微博上,诸如薅羊毛之类的博主(也被称为"淘宝客"),每天发布优惠券和促销信息,就是市场行家的一种变形。

2. 代理消费者(surrogate consumer)

除了对他人的购买决策有影响力的 KOL,还有一类营销中介成为代理消费者。代理消费者是为购买决策提供信息的人,比如室内装修设计师、股票经纪人、留学中介等都可以堪称代理消费者。

在近年中国的新兴市场中,受到平台助推和品牌需求的影响,网络中的 KOL 的数量增长很快。目前市场实践更多是按照 KOL 的影响力大小和所在的主要平台来区分 KOL 的类型。

按照意见领袖的影响力大小,KOL 被分为头部、腰部、尾部三大类。头部 KOL 是指粉丝量大、影响力高的意见领袖,通常头部 KOL 数量较少,但影响力的覆盖面广。腰部 KOL 是指有一定粉丝量和影响力的中小 KOL。这部分 KOL 的数量较大,个体的影响力没有那么全面,但往往在某个垂直领域,如美妆或手机等领域有较大的影响力。尾部 KOL 则是指数量最为庞大的小 KOL,粉丝量小,影响力有限。但值得注意的是,KOL 的影响力不是单从粉丝量来衡量,还要从真正触达的用户数、粉丝黏性等指标来衡量。2017—2018 年网红人数粉丝的增长率见图 6-2。

图 6-2 网红人数及粉丝的增长率

资料来源:艾瑞咨询《2018 年中国网红经济发展洞察报告》。

品牌需要结合每类 KOL 的特点,选择与自身产品调性相符的 KOL 进行合作。根据 AdMaster2019 年的数据显示,微博和抖音头部 KOL 粉丝量远高于其他平台,更适用于单向传播的扩散(如新闻发布)。小红书和知乎尾部账号更多,素人 KOL 占比较大,更适合口碑传播(如产品推荐),见图 6-3。

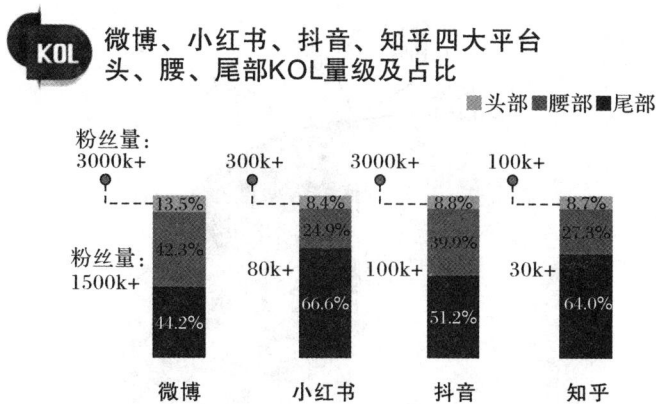

图 6-3　各平台头、腰、尾部 KOL 量级及占比

资料来源：AdMaster《2020 年 KOL 营销趋势白皮书》

案例 6-2

精细化 KOL 营销以稳步发展品牌

1. 完美日记品牌投放策略

完美日记每年 3—4 月和 9—10 月上线大量新品，在一个月的时间里，依靠小红书、微博、抖音等平台打造 1～2 个爆款，从前期造势，到后期维护运营，总共用时一个半月左右。然后，利用天猫"6·18"和"双十一"活动的巨大势能，把产品销量推到一个较高的水平。在产品质量和用户需求的把控，也让完美日记的爆款具有更长久的吸引力，因而，完美日记销量上去之后，并没有滑坡式下降，反而呈现阶梯式上升的情况。

2. 投给谁？

既然明确了完美日记的集中式投放策略，那接下来的问题就是完美日记如何选择投放目标。首先对账号以粉丝量级进行分类，主要分为：

① 明星（认证）；

② 知名 KOL（加 v 认证）；

③ 头部达人（粉丝数＞50 万）；

④ 腰部达人（5 万＜粉丝数＜50 万）；

⑤ 初级达人（5000＜粉丝数＜5 万）；

⑥ 素人（300＜粉丝数＜5000）；

⑦ 路人（小于 300 粉丝）。

完美日记并非是一味在寻求大牌明星的代言，而是广泛投放腰部以下的小众 KOL。其自上而下的投放比例为 1∶1∶3∶46∶100∶150。对于"路人"类型来说，基本上属于用户的自发传播（见图 6-4）。

从声量的组成来看，完美日记声量的主要提供者是初级达人和腰部达人。再从十二动物眼影这个爆款声量来看，同样符合分布趋势。路人粉丝的量级看起来很大，但实际上并不能对声量起到多大贡献；明星和知名 KOL 带来的声量也微乎其微（见图 6-5）。

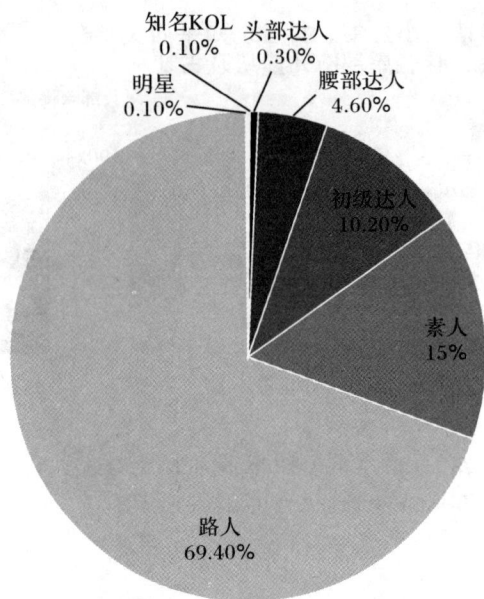

图 6-4　各类型达人占比

数据来源：小红书、千瓜数据

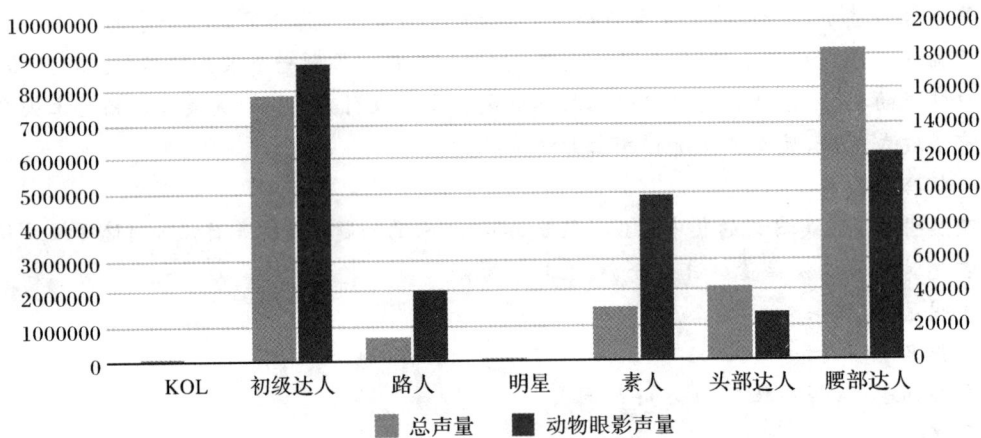

图 6-5　各达人声量的大小

数据来源：小红书、千瓜数据

可以推测这种"金字塔式"投放策略完全是基于人们"跟风"的心理：

①首先，与明星和知名 KOL 合作，但数量非常少，主要目的是把声势造起来。

②其次，由于头部达人会跟风明星，再跟他们谈合作，条件会更宽松。

③再次，腰部达人和初级达人会跟风头部达人、明星，与他们的合作就非常容易了。

④最后，营造出所有人都在用完美日记产品的盛况，导致普通用户跟风晒出自己的笔记。

根据三个标准来判断完美日记的投放目标：

①完美日记小红书账号笔记里多次提到的小红书用户；

②多次写完美日记分享的用户；

③最早体验并分享完美日记新品的用户。

在此标准上,分析完美日记小红书发布的所有笔记,可以理出一份投放目标名单。可以看到,同期对比 2018 年和 2019 年,完美日记在小红书上投放的 KOL 数量明显上升(见图 6 - 6)。

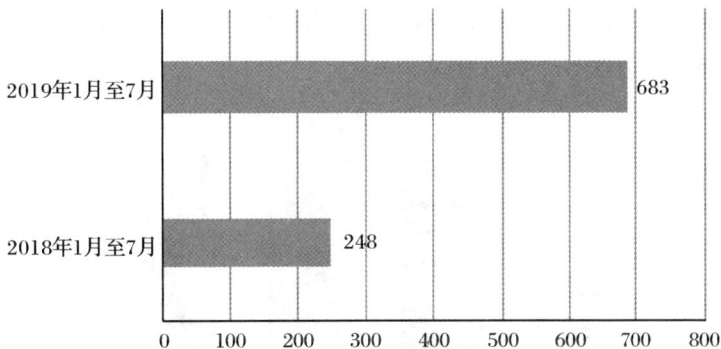

图 6 - 6　1—7 月同期达人投放数量对比

数据来源:小红书、千瓜数据

横向对比 KOL,可以发现一个规律:完美日记可能更倾向于广泛地进行投放,大部分 KOL 与完美日记的合作次数都在 3~6 次,而少量高价值的 KOL 会反复投放。可以看到,2018 年到 2019 年的增量部分的 KOL 也是集中在 3~6 次合作区间(见图 6 - 7)。

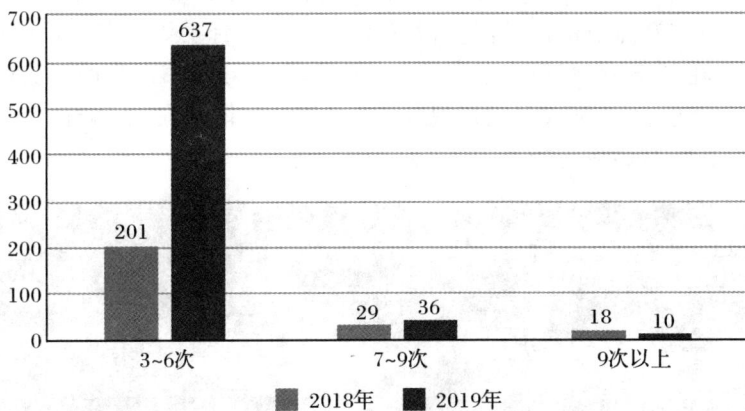

图 6 - 7　1—7 月同期达人对比(按发帖数量)

数据来源:小红书、千瓜数据

二、社交媒体平台对影响者类型的影响

在传统时代,信息传播通常为一对一、一对多的模式,网络使多对多的传播模式成为常态,传播关系呈网状。消费者接受产品信息的渠道愈发丰富,且消费者为了作出更明智的购物决策,也会自主通过多渠道、多平台、多信源搜寻相关信息,不仅影响者,即意见领袖拥有多个追随者,普通消费者也拥有多个意见领袖。

在多次信息接触中,若消费者获取到的是一致意见,则能规避认知失衡,促成其作出购买决策。同时,意见领袖希望提升自身的影响力,则需要拓宽与追随者接触的渠道,来增加与消费者接触的频次,从而强化自己的消费意见对消费者的影响。最后,品牌若想通过意见领袖来影响消费者,将所有鸡蛋放在一个篮子里的策略显然不能达到营销效果的最大化。因此,多数 KOL 是全网运营,内容覆盖不同的平台。由于每个平台各有特色和资源,其受众人群也不一样,每个内容平台都有着不同的功能定位和语言风格。因此 KOL 会根据平台来调整自身的内容输出。例如,公众号注重文本表达和故事的深度叙述,文化类和教育类的内容在公众号的阅读场景中最具有优势。淘宝直播侧重分享商品使用感受,美搭、美妆、美食占比高达 70%。2018 年中国网红拥有平台账号个数占比见图 6-8。

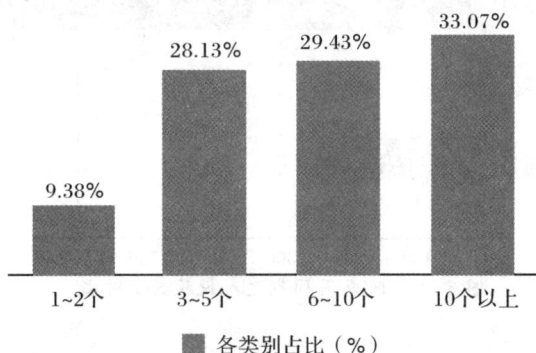

图 6-8 2018 年中国网红拥有平台账号个数占比

资料来源:艾瑞咨询《2018 年中国网红经济发展洞察报告》

社交媒体平台以微博、微信为代表,是 KOL 营销的主场。由于双微渗透率已经相当之高,加上互联网人口红利渐渐消逝,流量增长放缓。目前平台主要争夺的是用户的时间和黏性。社区平台如小红书、B 站,短视频平台抖音正迅速崛起,小红书海量的真实口碑,B 站泛二次元文化和抖音富有创意、又潮又酷的短视频带来的沉浸式体验,成功占有了年轻人的市场和时间。从图 6-9 得知,B 站成为"Z 世代"最偏爱的平台。

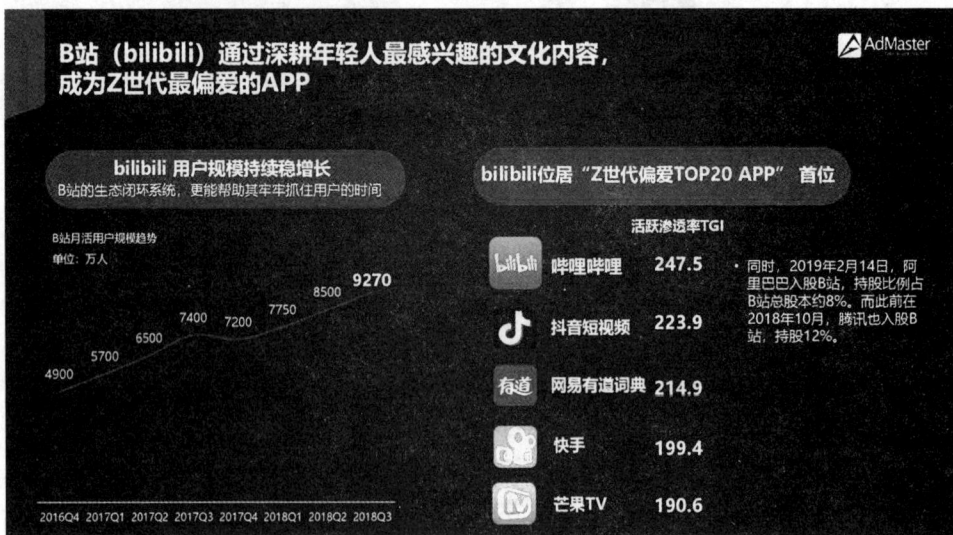

图 6-9 B 站用户运营情况

资料来源:AdMaster《2019 中国社会化及内容营销趋势》

案例 6 - 3

六大角度看透抖音、快手、B 站、小红书上 KOL 的带货逻辑

在经历了一路高歌发展和激烈的流量争夺战役之后,短视频平台的"阵容"已然十分强大。当下,抖音、快手、B 站、小红书在各自领域都拥有着相对稳固的用户群体且各具特色,是市场关注度颇高的几大短视频平台。

纵观这四大短视频平台,均以内容创意为吸引源,注重 KOL 的创作力,但在整体调性,包括带货特性等方面存在一定差异。瞄准匹配品牌产品调性的短视频平台成为品牌营销突围的一大动力。

对市场上这四大主流短视频平台进行详细分析,包括分发逻辑、关系黏性、用户基础特征、内容调性、导流路径、适合带货品类等六大角度,可以看到表 6 - 4 的对比。

表 6 - 4　四大短视频平台的对比

平台	分发逻辑	关系黏性	用户基础特征	内容调性	导流路径	适合带货品类
抖音	• 机器算法 • 人工推送 • 强内容运营 • 粉丝关系 • 地域算法	• 弱关系 • 平台推送及内容运营	潮流、时尚 • 90 后占比 52.9% • 男女占比:45%∶55% • 一、二线城市用户占比:超 50%	有趣、潮酷、年轻	• 平台自有:完善电商直播、购物车、抖店、电商小程序等功能 • 第三方平台接入:可接入天猫、淘宝、京东	• 冲动消费品 • 时尚消费品 • 大众消费品 • 新品
快手	• 机器算法 • 粉丝关系 • 地域算法	• 强关系 • 更关注私域内容和粉丝关系	大众、接地气 • 90 后占比 80% • 男女占比:42%∶58% • 三线及以下城市用户占比:超 54%	猎奇、搞怪、趣味	• 平台自有:上线快手小店,内测"快直播"平台 • 第三方平台接入:接入有赞、淘宝、天猫、无敌掌柜,京东链接可申请	• 大众消费品 • 性价比产品
B 站	• 粉丝关系 • 兴趣推送	• 强关系 • 拥有超强黏性的高净值用户	年轻、二次元 • 90 后占比 85% • 男女占比:52%∶48% • 一线城市用户占比:超 47%	动画、COS、鬼畜等主流二次元文化	• 平台自有:上线电商小程序功能 • 第三方平台接入:通过邀约广告接入淘宝、天猫、京东等第三方平台	• 个性化产品 • 二次元周边 • IP 衍生品
小红书	• 粉丝关系 • 兴趣推送 • 人工推送	• 强关系 • 意见领袖属性明显	垂直、种草 • 90 后占比 70% • 女性为主 • 一、二线城市用户占比:超 50%	分享、种草、搭配	• 自有电商平台	• 时尚消费品 • 高端消费品 • 美妆日用品

1. 抖音

"抖音有毒"这句话是有根据的。由于多元音乐风格＋高颜值人物＋酷炫技能特效＋模仿热潮＋个性化推荐机制＋趣味丰富的内容,抖音圈粉无数,其爆发并非偶然,内在深度的运算逻辑起着助推作用。刷抖音,其实是在刷一种沉浸式的快感,抖音是更注重效率、曝光的短视频平台。

在分发逻辑层面,抖音依托机器算法、人工推送、强内容运营、粉丝关系、地域算法等基本的分发逻辑为不同用户群推荐高喜好度的视频内容,高度的信息匹配得以保证用户的体验和黏性,热门的视频内容也更易获得深层次推荐的机会而得以爆发。因此,抖音是强算法性的短视频平台。

在关系黏性层面,抖音具有弱社交关系,依赖平台推送及内容运营的基本特性。

在用户基础特征层面,抖音用户的主要特征更偏潮流、时尚。其中"90后"用户占比达到52.9%,男性用户占比45%,女性用户占比55%,覆盖的一、二线城市用户占比超过50%。抖音成为年轻用户群和高收入城市居民的聚集地。

在内容调性层面,有趣、潮酷、年轻的内容风格是抖音视频的主要基调,带有强烈的新鲜感的高质量内容是吸引用户观看的秘诀。

在导流路径层面,抖音平台完善电商直播、购物车、抖店、电商小程序等导流功能,接入天猫、淘宝、京东等第三方平台,双线引流转化路径,减少用户购物决策时间成本,直接达成消费。

在适合带货品类层面,基于抖音在内容、算法等方面的特性和目前的案例,我们发现冲动型消费品、时尚消费品、大众消费品、新品等类型的产品容易在抖音形成销售。

2. 快手

老铁关系撑起了快手的一片天。强社会关系、强信任度促成了快手的高转化能力,稳固的社交关系是快手打出的一条差异化路线的"好牌"。作为一个 UGC 短视频社交平台,快手可以高效链接内容生产者和内容消费者,形成强有力的关系链条。

在分发逻辑层面,快手依托于机器算法、粉丝关系、地域算法等进行内容个性化的推荐,有针对性地满足用户的不同需求,相对公平地进行推荐,视频内容得到分配展现的概率被提升。结合具有相同兴趣用户的其他喜好,组合性地进行推荐,无形中扩大兴趣边界,降低用户对单品类内容的审美疲劳感。

在关系黏性层面,快手具备强社交关系链,更关注私域内容和粉丝关系,可以更好地沉淀用户价值,KOL 和粉丝之间具有强纽带关系和强烈的认同感,用户的留存和忠诚度高,这也是快手很明显的一个优势。

在用户基础特征层面,快手用户的基本面貌以大众、接地气为特征,其中"90后"用户占比高达80%,男性用户占比42%,女性用户占比58%,同时,覆盖了58%的三线及以下城市的用户。快手在下沉市场渗透率高,占据着天然的流量红利,极具商业潜力。

在内容调性层面,猎奇、搞怪、趣味是快手的内容主风格。大开眼界、接近民生的天然内容素材来自普通用户的分享,反映了真实的社会现象,更贴近大众生活,共鸣感强烈。

在导流路径层面,快手上线了快手小店,内测"快直播"平台,同时接入有赞、淘宝、天猫、无敌掌柜等第三方平台,京东与拼多多也宣布接入快手小店。

在适合带货品类层面,快手是大众消费品、性价比产品等类型的产品卖货的"主通道",这和快手城市人群和用户消费特征有着直接的联系。

3. B站

B站,以UGC为主导,有着独特的弹幕文化,创造的是一个高黏性、高活跃度、优质内容创造力的年轻人文化娱乐社区,基于用户的兴趣而形成了众多细分的圈层,有效满足Z世代用户多样化的需求。

在分发逻辑层面,B站采用的是相对公平的流量分配机制,依托粉丝关系、兴趣推送的分发机制,根据用户关注话题等数据进行定制化推荐。

在关系黏性层面,B站有着庞大的UP主生态圈。UP主通过持续创造优质内容保持和粉丝的互动,B站UP主和用户之间具有强紧密的社交关系,可以高度凝聚用户黏性。

在用户基础特征层面,B站用户标签多为年轻、二次元,其中"90后"用户占比高达85%,覆盖了中国互联网用户群中最年轻的群体,男性用户占比52%,女性用户占比48%,一线城市用户占比达47%。

在内容调性层面,动画、cos、鬼畜等主流二次元文化是B站的内容"顶梁柱",能够激发用户好奇心、脑洞大开的内容,用户的参与度更高,且具有惊人的传播效应。

在导流路径层面,B站上线电商小程序功能,同时通过邀约广告接入了淘宝、天猫、京东等第三方平台,打通商业化链路,加速内容变现。

在适合带货品类层面,个性化产品、二次元周边、IP衍生品等类型的产品更容易在B站卖货,用户转化率比较高。

4. 小红书

小红书,年轻生活方式分享平台,以"社区＋电商"的模式、UGC生活笔记为主,KOL生产原创内容,消费者主动分享使用体验,通过真实的购物攻略内容吸引用户自发种草,主动搜索,实现转化。

在分发逻辑层面,小红书是基于粉丝关系、兴趣推送、人工推送等模式进行内容分发,根据用户喜好推荐内容,给用户推荐所关注账号更新的笔记内容,利用社交关系留存用户,提升用户黏性。

在关系黏性层面,小红书具有强社交关系属性,意见领袖的属性明显,由红人引导式消费,强有力地刺激用户购买。

在用户基础特征层面,用户种草属性强烈,其中"90后"用户占比70%,以女性用户为主,一、二线城市用户占比超50%,集中在经济发达地区,用户普遍具有稳定的收入,消费欲望强。

在内容调性层面,小红书内容更偏分享、种草、搭配等特性,诸如此类干货实用的内容可以弱化广告成分,降低用户选购的时间成本,且用户被安利的概率更高。

在导流路径层面,小红书拥有自有的电商平台,打通社交和电商的关联,可以实现一站式购买转化,切实解决用户的购物需求。

在适合带货品类层面,时尚消费品、高端消费品、美妆日用品等类型的产品更容易在小红书畅销。

短视频平台的带货特性不一,熟悉各大短视频平台的带货逻辑能为品牌主确定更精准的营销方向。在平台、产品、达人、内容等方面的选择上,平台带货也具备一些其他的特性。

资料来源:

六大角度让你彻底看透抖音、快手、B站、小红书的带货逻辑[EB/OL].[2019-06-26].https://www.growthhk.cn/cgo/model/22169.html.

第三节　影响者对消费行为的影响

市场竞争为消费者带来多样的商品选择,但也导致消费者在选择商品时,需要面对和考虑大量的信息。而影响者,即意见领袖作为拥有一定专业知识的个体,能在消费者面临纷繁复杂的选择时,传播更具有说服力的信息,形成对消费决策的影响。传统意见领袖的影响力研究主要关注对意见领袖对新产品的扩散的作用、对新技术采纳的作用和对社会观点形成的作用等。而数字世界的网络意见领袖影响力不止于此,而是对广告影响、品牌管理、顾客关系管理的全方位影响。

一、影响者的消费影响力

影响者,即意见领袖对消费行为的影响力在过去与意见领袖本身的社会影响力有着紧密的联系,因此,明星、专家等具有社会地位或权威性的意见领袖往往能对消费行为产生更大的影响力。

但在数字化时代,消费者能自由挑选信息和意见领袖,因而对意见领袖的要求也随之提高,意见领袖的知名度不再是决定因素,意见领袖对产品的介入度、能被感知到的专业性和交互性对消费者的信任产生了直接影响,进而成为消费者意见领袖影响力的重要影响因素[①]。

①产品介入度,即对产品长期、持续的关注,这种关注通常与介入者的爱好、专业和兴趣等紧密联系。

②能被感知到的专业性,即消费者对意见领袖专业性的判断,通常来源于消费者对意见领袖产品介入度的判断和消费者对意见领袖的认可程度。

③交互性,即意见领袖与消费者双向互动的程度,以及这种互动的同步性程度。

在某个领域拥有专业知识、能够对消费心理有着敏锐感知的"网红",是目前消费者能便捷接触到的、最符合消费者期望的消费意见领袖。

与传统意义上的名人相比,网红具有更高的产品介入度能力,不同于演员或歌手,在网络平台传递信息就是支持网红身份的重要部分;网红推荐的产品通常都与其传播的信息所属领域相关或接近,例如美妆博主推荐彩妆用品,穿搭超人分享服装包饰,从而保障其在专业性上的信服力。而社交平台提供了消费者与网红实时交流的工具,网红可以传播信息,而消费者也能实时针对网红传播的信息进行互动。

另一个值得关注的改变是影响力的可测性,通过意见领袖传播产品信息的传统营销中,往往难以测量意见领袖的影响力与转化率。而基于网络平台进行的数据化营销中,通过数据监控软件,可以实时地监控到意见领袖传播内容的点击、曝光、销量转化,这既对消费者意见领袖的影响力提出了更高要求,也使得消费者意见领袖的身份逐渐职业化。

📖 延伸阅读 6 - 2

小营销大力量,KOL 带货力为何如此强大?

中国品牌营销市场所具有的多变性和多样性一直是品牌战略营销研究中非常重要的一个方向。伴随着社会化营销的兴起与发展,KOL 营销逐渐被品牌视为社媒传播中的重中之重。

---

① 张立功,郭晓龙,韩东亚,等.考虑消费者网购体验滞后的产品定价研究[J].中国管理科学,2019,27(3):77-84.

为什么 KOL 市场能够在中国品牌营销中取得如此巨大的成就？一个品牌又该如何在众多品牌都利用 KOL 营销时取得更好的效果？在这篇文章中，我们将会分析 KOL 在中国市场中具有强大带货能力的原因，从而为品牌主提供参考与建议，为品牌带来更大的效益。

1. KOL 促进了消费层级的传导

众所周知，社交媒体拥有即时社交以及实时捕捉并激活消费者的能力，约 72% 的消费者通过社交媒体与其钟爱的品牌进行互动。过去十年，社交类广告复合增长高达 61%，智能化社交将会为品牌营销提供更加沉浸化的场景。而线上渠道的爆发必然会伴随着 KOL 舆论导向力度的增强，当 KOL 具有一定的舆论导向力度时，消费的层级观点就会变得更加明显（见图 6-10）。

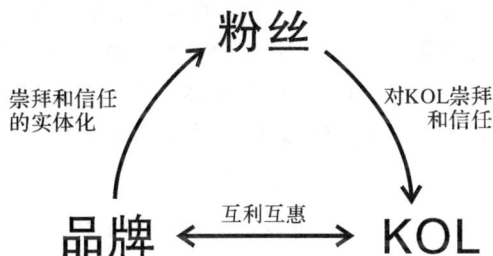

图 6-10　KOL、粉丝与品牌之间的关系

这种舆论导向力的增强并不是指 KOL 可以直接改变消费行为，而是指对于品牌与消费者来说，中间的宣传渠道将会展现出层级化的特点。KOL 的角色正是品牌与消费者之间的沟通桥梁。这种桥梁和纽带的力度越强，品牌的理念及产品优点将会借助 KOL 这一渠道更为直接地完成转换过程，从而产出更贴近消费者的内容。对于消费者来说，KOL 所推荐的品牌产品已经是经过 KOL 内部消化并筛选过的内容。因此，品牌、KOL 和消费者三者之间形成了一种由品牌提供产品、KOL 筛选产品、消费者消费产品的层级模式，并且这种层级模式会伴随着社交媒体力量的增强而增强。

2. KOL 促进了品牌理念的病毒传播

病毒传播是指一个内容能够如病毒般迅速传播到互联网的各个平台，而这种刷屏式传播，对于品牌来说是增强曝光量的重要手段。传统媒体领域广为人知的 7 次曝光对于用户的影响在社交媒体中也同样存在。通过不同的 KOL 去密集覆盖和影响某一类或某一个用户群，那么这个用户群也会被逐渐影响和改变，从而对 KOL 产生信任。所以，在众多平台上，KOL 必须随时保持自己更新内容的能力，并且具有长期有效的曝光度。通过内容产出和品牌宣传相结合的方式就可以为品牌的社会化宣传带来巨大效益。

一个持续有影响力的 KOL 需要做到的日常维护包含举办粉丝互动活动、产出引起粉丝共鸣的内容、分享自己的生活并带动产品销售。尤其是伴随短视频、直播等新传播方式的发展，品牌传播要想引起共鸣，就必须在多种平台上持续曝光自己的产品。而这也凸显了众多中小型 KOL 的作用。例如在 YSL 星辰口红系列活动中，在 YSL 的官方微信上并没有对于该款产品进行任何的宣传，然而一群美妆博主井喷式的密集传播，发起 YSL 星辰口红的抽奖活动，仅仅通过一小支单品就改变了口红的市场消费格局。在这其中，数十个大中小型 KOL 都起到了不同程度的刷屏效果。

3. KOL 形成了社群类消费闭环

KOL 虽然在互联网中具有名人的特质,但是其实他们更多承担的是社群建设者的角色。他们会将用户根据特性和兴趣聚集在一起,而他们在这个聚集的社群中更是要不停分享新的见解来维持社群活跃度。

对于 KOL 来说,受众粉丝圈是一个闭环。他们与粉丝构成了属于自己的内部社区,他们不仅仅是社群的领导者,需要为社群提供内容,更要与粉丝交谈,打开心扉,并提出实时建议。KOL 不仅可以通过 UGC 及与粉丝的互动丰富社群内容,更可以通过自身的行为引导和规范其他粉丝用户的行为。发帖、评论、晒图、直播……越来越多的互动模式,使 KOL 与粉丝的融合进一步加深。

KOL 所具有的带货能力,和他们在市场中所处的位置息息相关。首先,KOL 可以作为品牌与消费者的纽带,这种层级式消费越加明显,KOL 的带货能力就会越强。其次,KOL 可以为品牌增加曝光,形成刷屏似的传播。最后,KOL 是社交闭环中的领导者,他们的意见不仅能左右消费者,更能为品牌产品提供策略上的指导。因此,KOL 在品牌营销中的作用是不可忽视的。

资料来源:

SocialBeta:小营销大力量,KOL 的带货力为何如此强大[EB/OL].[2019 - 01 - 09]. https://socialbeta. com/t/parklu-kol-marketing-strategy-8.

二、影响者对消费者行为的影响机制

随着网络技术的发展,对影响者,即意见领袖的研究越来越深入。目前,对于意见领袖的研究主要集中在对意见领袖的识别以及意见领袖产生的影响方面。在意见领袖的识别方面,以往的研究主要关注了哪些用户在社会网络中具有影响力。对意见领袖的影响力的研究非常之多,如意见领袖对新产品扩散的作用、对新技术采纳的作用和对社会观点形成的作用等。

1. 意见领袖如何参与消费者的决策

随时代改变的还有消费者的购买行为和决策模式。如前文所述,在移动互联网时代,消费者由被动接受信息转为主动获取信息。根据日本电通集团 2004 年提出的 AISAS 模型,在数字化媒体环境下,消费者做出购买决策的模式经历了 5 个环节,而意见领袖对消费者购买行为的影响正是来源于在这些环节中向消费者施加的影响。

①attention:消费者接触到产品或相关信息,这些信息可能是来源于意见领袖,也可能是来源于其他渠道。

②interest:意见领袖对产品的推荐会促使消费者对产品产生兴趣。

③search:消费者主动搜寻相关信息,这些信息有很大一部分来源于意见领袖传播的消费意见。

④action:消费者评估获取的信息,决定是否购买。

⑤share:消费者基于自己的购物体验,再将信息传播给其他人,此时消费者扮演了一个类似意见领袖的角色。

2. 基于网络购物的消费者意见领袖

网络购物的普及除了为消费者带来便利外,也带来了因产品体验滞后而造成的对产品认知的不确定性。当消费者没有直接接触产品就需要作出购买决策时,则需要获取更多的信息来弥补对产品了解的不足,此时意见领袖在消费者获取产品信息的渠道中将扮演更为重要的角色,对消费者的影响力也会提升。

此外，网购的便捷也缩短了消费者接受消费意见和作出购买决策之间的距离，以宣传为目的的消费者意见领袖在传播产品信息时往往会一并传播相应的产品购买方式。消费者在接触到产品信息时也接触了购买方式，一旦消费者被意见领袖的消费意见所影响，也能即时通过附带的购买方式下单购买产品。

从4Ps营销理论出发，我们或许能更好地理解网络消费者意见领袖对消费行为的影响。例如，数字化时代常见的消费者意见领袖——平台主播，其具有的强大的带货能力可以用以下四点来解释。

①产品（product）：通过直播向消费者展示产品，介绍产品的特点和功能，缓解因产品体验滞后而造成的不确定感。

②价格（price）：根据观众的人数和观众互动的热情来发放直播福利（通常为优惠券），来调节产品价格，给出具有竞争力的价格。

③渠道（place）：主播充当了品牌与消费者之间的网络销售渠道之一，通过直播间购买和直接进入品牌首页购买是不同的渠道，提供给消费者的福利或价格也会有所差别。

④宣传（promotion）：不断肯定产品的质量或价格。

3. 消费者意见领袖的双向影响

根据两级传播理论，意见领袖在品牌与消费者之间起着桥梁的作用。但传播过程并非是单向、线性流动的，基于互联网时代传播的特点，意见领袖的传播也应是双向互动的。因此，消费者的反馈能通过意见领袖回流给品牌，即意见领袖的影响不仅能施加给消费者，也能施加给品牌方。

专业的消费者意见领袖能通过与追随者的互动，了解追随者对产品的态度和购买意向，从而再反馈给品牌。品牌可以根据从意见领袖处获取的关于消费者的信息，来重塑产品卖点，更改产品定位，以迎合受众的喜好，提升产品的受欢迎度，应预先估计备货量，更高效地完成销售。

通过这种消费者导向的良好互动，既能提升意见领袖对消费者的影响力，也能增强意见领袖对品牌的说服力。

延伸阅读 6 - 4

从 KOL 到 KOC，营销如何离消费者更近？

KOL 已经成为品牌传播链条中不可或缺的一环，但近些年品牌方也开始重视 KOC（key opinion consumer）的价值。

KOC 不同于 KOL 长期创作某一垂直领域的内容从而获得垂直营销力，KOC 甚至不能被称之为意见领袖，但却在垂直用户群中拥有较大的决策影响力，能够带动其他潜在消费者的购买行为。比如在 KOL 发布的相关内容下面，KOC 对产品信息的热门评论往往更能够体现普通用户的看法，也能够在很大程度上影响用户最终决策行为。因此控评成为品牌种草营销中的重要运营动作。

从发布内容来看，KOC 所分享的内容通常并不聚焦且呈现生活化、兴趣化，以一个普通用户的身份来为品牌打 call，而不是作为专家形象进行产品推介。这就让 KOC 拥有更多的真实感，从而更能影响其他用户决策。

从用户关系来看，KOC 与普通用户联系得更加紧密（KOC 可能本身就是普通用户的一员），在发布内容时更能够通过同理心来影响其他用户。而 KOL 有时因为商业合作的原因，发布的信息并不受用户信任。随着 Z 世代的崛起,年轻用户也越来越不盲从 KOL 的推荐信息。

1. KOC 更具有传播爆发力

严格来说,KOL 与 KOC 的区分并不非常清晰。KOC 很可能会成为小型的 KOL。现在人们越来越有看热评的习惯,而热评的力量就是 KOC 传播价值的体现,甚至不少热评都能成为传播素材,拉动病毒化的品牌传播。对于品牌来说,KOL 合作成本低,内容更具有真实感、说服力,与其他用户的黏性更大,会是未来品牌传播更好推广的合作标的。

2. KOC 要在哪里找?

KOC 缺乏 KOL 那样的系统化的内容创作能力,但通常乐于在各个社交平台中进行自我表达与分享。

如果品牌拥有自建社群,KOC 往往是社群中的活跃分子,且乐于向其他用户分享不仅限于品牌产品内容的信息。通常意义上来说,KOC 会是垂直领域中各品牌的深度用户,且拥有一定的跨圈层传播力。另外 KOC 还可能同时加入各个品牌中的用户社群,拥有一定自身的影响力,并与各个品牌的运营人员关系维护得也都不错。

品牌在用户群中识别出 KOC 后,可以尝试与 KOC 进行价值绑定,但更多的是一种弱性的合作关系,而非直接像 KOL 那样进行广告投放。通常来说,试用、分享会是不错的营销方式。总而言之,KOC 就是具有传播力、影响力的核心用户,值得品牌方进行精细化的运营引导。

3. 品牌需要造 KOC 吗?

除了在用户中识别 KOC 之外,品牌方也可以尝试自造 KOC。在如今"私域流量"概念大热的环境下,不少品牌都正在尝试将用户导入个人微信号中,而个人微信号以非官方人员的形象进行运营,就可以看作在制造 KOC。

KOC 的运营主要在于人设的搭建与丰富,比如说 KOC 的朋友圈中不能只是分享与品牌有关的硬广告,否则容易让用户产生厌倦从而被屏蔽;也不建议通过利益的方式进行诱导关注,否则利益点一旦消失,其他用户就失去关注的理由。

前面说到 KOC 最重要的在于真实感,KOC 需要大量分享与品牌不相关的话题以丰满人设,比如一些段子、自拍、好玩的事情、兴趣内容等,具体要看品牌方为 KOC 设置的人设与定位。

但这种运营类的日常工作,对于大多数品牌方而言,并不是一件容易的事,而且如果要虚构一个人设进行运营,保证真实性的内容难度也不小,通常要构建一整套的"剧本"来执行。有些品牌方以活跃员工的个人号为起点进行内部孵化,可能成功率会相对更高,但无论如何孵化 KOC 都是一件需要花费大量精力的事情。

4. KOC 运营是一个养成游戏

对于品牌方而言,KOC 的培育、发掘更像是一则养成游戏,由于 KOC 通常并不具有太多商业化的属性,所以需要长时间来积累信任感,否则难以真正说服 KOC 本人及潜在用户。

另一方面,KOC 通常以一个独立个体存在,网络上的分享通常只是兴趣爱好使然。发展较好的 KOC(也是品牌首要考虑的 KOC 对象)正处于从 KOC 到 KOL 蜕变的成长关键点,品牌方若想抓住这部分高价值 KOC,需要投入运营者大量的时间精力,否则目前通过数据化、自动化的技术方式还难以进行 KOC 的准确筛选。

资料来源:

周在安. 从 KOL 到 KOC,营销如何离消费者更近[EB/OL]. [2019 - 06 - 17]. http://www.acem. sjtu. edu. cn/faculty/teacherview/38467. html.

第四节　如何识别影响者

为了对消费者产生口碑的涟漪效应，企业会尽可能地通过特殊消费者来影响普通消费者的消费决策，但并非所有消费者都能对其余消费者产生影响，因此，许多企业开始设法识别影响者，即意见领袖，与其进行营销合作。大多数相关研究发现，意见领袖在网络中的最重要特征之一是对其追随者的巨大影响力，因此，成员之间的联系数量和与他人互动的程度是识别意见领袖的关键标准。目前学术界有三类方法可以帮助企业识别意见领袖。

一、自我指定法

自我指定法是用于识别意见领袖的最常见的技术，即直接询问人们是否认为自己是意见领袖，由被研究对象对自己在群体中多大程度上是意见领袖做出评价。

此种方法能在大群体中筛选潜在意见领袖，但需要注意的是，此种方法受个体的偏见影响较大（个体可能会扩大或忽略自己的影响力）。具体的测量可通过量表来实施，可参考图 6－11。

请你根据你和朋友、邻居关于________的互动在下列尺度上为自己打分。

1. 一般来说，你和朋友、邻居是否经常谈论________：

很频繁				从不
5	4	3	2	1

2. 在你和朋友、邻居谈论________的时候，你：

提供很多信息				提供很少信息
5	4	3	2	1

3. 在过去的半年中，你向多少人介绍过一种新的________？

很多人				没有
5	4	3	2	1

4. 与你的朋友圈子相比，你有多大可能性会被问及关于某种新的________？

很有可能				根本不可能
5	4	3	2	1

5. 在谈论新的________时，以下哪一项最有可能发生？

你向朋友介绍				你的朋友向你介绍
5	4	3	2	1

6. 在你和朋友、邻居的讨论中，总体而言，你：

常常被看做建议来源				不被看做建议来源
5	4	3	2	1

图 6－11　意见领袖量表的最新修订版

二、社会计量法

社会计量法可以描绘在群体成员间的沟通模式，即询问人们向谁征求意见，来找出人们了解产品的信息源，适用于对小群体的互动模式进行近距离的研究。这种方法是识别产品信息源最精准的方法，能在一定程度上规避自我指定法中会出现的“意见偏差”，但是应用的难度和成本很高，只能在人数有限且独立的社会环境中有最好的分析效果，如监狱、军事基地、医院等。

三、计算机挖掘法

计算机挖掘能更为快速、准确地找出网络意见领袖。基于社会网络分析的技术,通过中心性、结构洞和独立性来识别意见领袖。社会网络分析是对社会网络的关系结构及其属性加以分析的一套规范和方法。它主要分析的是由社群、个体和社会关系的结构及其属性。在社会网络分析中的网络节点(node)代表了社会网络大的个人或其他单元,节点与节点之间的连线则表示人与人之间的关系。一个固定规模社会网络成员间联系的紧密程度决定了网络信息传播的速度。罗纳德·伯特根据个体在群体中的位置提出了"结构洞"(structural holes)理论。所谓结构洞,是指如果在网络中的两个节点间不存在连接,而且在它们中间也不存在冗余关系,则两个节点的空隙就是结构洞。跨越结构洞的"网络桥"具有在不同信息流中转移知识的优先权,拥有较多结构洞的个体在网络中具有重要的地位。社会网络中某个成员是否是意见领袖,很大程度上取决于其是否能够控制网络信息的流通。社交网络分析中的一些基础概念见表6-5。

表6-5　社交网络分析中的一些基础概念

概念	定义
网络密度(density)	社会网络中行动者之间的联系程度,密度越大,表明网络成员之间的关系越密切。通过社群图、矩阵等可以对某一网络的密度进行测量分析[1]
网络可达性(reachability)	对于一个图来说,如果其中的任何两点之间都存在一个途径(path),则称这两点是相互可达的(reachable),称该图是关联图(connected graph)[2]
结构洞(structural holes)	竞争者跟某些人相联系,相信某些人,义不容辞支持某些人,依赖于跟某些人的交换,他们息息相关,此行彼动。通过一个人跟另一个人的关联,洞就存在于竞争场域的社会结构中。社会结构中的这些洞,或简称结构洞,是竞争场域中的竞争者之间的关系间断(disconnection)或非对等。结构洞是指企业家获取信息、时间、人员和控制的机会[3]
社会资本(social capital)	对交易中有预期回报的社会关系的投资[4]
节点度(nodal degree)	与某节点相关联的线条数目,又称关联度[5]

---

[1] 1969年,米切尔把社会网络进行符号化处理(the concept and use of social network),明确地提出了密度(density)、可达性(reachability)、方向性(directedness),扩展了巴恩斯的关于人际关系域的概念,把它变成人类的秩序(human order)。参见林聚任.社会网络分析:理论、方法与应用[M].北京:北京师范大学出版社,2009:113;刘军.社会网络分析导论[M].北京:社会科学文献出版社,2004:56.

[2] 刘军.社会网络分析导论[M].北京:社会科学文献出版社,2004:85.

[3] 林聚任.社会网络分析:理论、方法与应用[M].北京:北京师范大学出版社,2009:19.

[4] 林南认为,社会资本,即嵌入于社会网络中的有价值的资源,构成了个体行动与结构形成和约制之间的基础性联系。参见林南.社会资本:关于社会结构与行动的理论[M].上海:上海人民出版社,2005:28;林聚任.社会网络分析:理论、方法与应用[M].北京:北京师范大学出版社,2009:192.

[5] 林聚任.社会网络分析:理论、方法与应用[M].北京:北京师范大学出版社,2009:92.

续表

概念	定义
点入度(in-degree)/ 点出度(out-degree)	一个点的点入度(in-degree)是指直接指向该点的点的总数;点出度(out-degree)是指该点所直接指向的点的总数①
中心度(centrality)	中心度(centrality)测量的是行动者在网络中所处的位置,可分为地方中心度(local centrality)和总体中心度(global centrality)。前者又称节点中心度,反映的是节点度或关系的集中程度,或者说是一个人在网络中的主导位置情况,节点度越大,与之相关联的人越多,此人越居于中心位置。后者指某节点在整个网络中与其他各节点的距离,反映的是各节点之间的密切程度,用各节点的最短距离计量②
网络集中度 (中心势,centralization)	整体的紧密程度,而不是某些点的相对重要性,故又称整体图中心度,反映的是图的结构"中心",由图中的各点或点集围绕图的中心而形成③

通常来说,意见领袖是在网络中拥有更多社会资本的成员。目前,关于网络意见领袖的算法主要由有四类。

①用户属性分析法,即通过关注、转发等静态关系来确定意见领袖,此种方法在一定程度上忽略了网络的动态性和用户间的交互性。

②信息交互分析法,即通过分析用户发布信息的影响力及传播特性来反映用户的影响力,挖掘意见领袖。

③网络结构分析法,即根据用户的关系建立网络结构,并通过衡量用户在结点中的重要性来挖掘意见领袖。

④基于主题的挖掘,即将用户对某一主题的依赖性考虑到挖掘算法中。

延伸阅读 6-5

国王的新衣:自媒体流量造假乱象

2016 年 9 月微信曾有过一次内部统计接口升级,屏蔽了一些刷单工具;不少浏览量轻松达到 10 万＋的公众号,在那一夜文章浏览量只有之前的十分之一,甚至更低——那时读者们第一次直观意识到,那些流量博主看起来数据光鲜,背地里也许都是假的。

"个人 KOL 造假的情况非常多。美妆、时尚、旅行、母婴这几个类目中,阅读超过 1 万的博主有 95％数据是假的。"某公众号的运营者对界面新闻说,"不存在检测不到,只要(用技术工具)刷了,99％都可以监控到。"

从门户网站时代甚至报纸时代开始的以数字为唯一驱动的坏习惯,伴随着商人追求曝光

---

① 刘军.社会网络分析导论[M].北京:社会科学文献出版社,2004:99.

② 巴拉乌斯(A. Bavelas)最先对中心度的形式特征进行了开创性研究,验证了如下假设,即行动者越处于网络的中心位置,其影响力越大。研究发现中心度与群体效率有关,也与参与群体的个人满意度有关。随后的学者利用这个概念解释复杂的社会系统。

③ 林聚任.社会网络分析:理论、方法与应用[M].北京:北京师范大学出版社,2009:19.

与名声的天性——尽管如今网信办与平台自身整顿数次,自媒体经济也逐渐从几年前的资本红利期走向冷静,但买流量仍然是业内常态。

数据造假就像国王的新衣——但凡和流量经济扯上一点关系,广告主、代理公司、媒介投放机构、自媒体KOL本身都对此心照不宣——却没人敢站出来做第一个说国王没穿衣服的小孩。

1. 数据造假:低成本的狂欢

事实上,流量造假的经济成本和法律成本都不高。

"过去公众号每1000个阅读大概二十几块,"某公众号的运营者说,"现在涨到每1000个阅读在70~80块钱。"尽管买流量贵了,但仍然是风险很低的事——一篇文章刷到10万浏览量的成本约为5000块,而有的公众号一篇合作收费甚至能达到10万元。

听起来很神秘的"刷阅读"其实很简单。只要在平台上搜索"微信公众号运营"等字样,就可以出现很多选择。一些微信公众号运营公司也会和固定的自媒体合作,计费标准为1000阅读为准,通常范围在50~80元。

操作方式分为两种:一种是通过人工刷单。这些所谓的运营公司会有许多任务群,里面会有专门刷单的人手动操作。微信平台很难识别出这种方式,因为是真实的阅读和点击。但是对于广告主而言,这些数据毫无意义。除了对微信公众号的阅读之外,还有在抖音、快手等短视频网站刷赞。另一种是通过刷量工具,应用一些技术手段实现阅读的增长。这些还可以做到阅读增长速度和时间段的设置,来避免看起来"太假",以及规避微信平台的监测。尽管如今依靠技术手段刷数据越来越难——过去渠道刷量可通过电脑与手机模拟器(不需要实体手机)刷数据,如今则是主要依赖群控软件与手机矩阵(一台电脑可控制多台手机),但和收益比起来仍然不会亏本。

这项看起来一本万利的买卖催生了不少以买粉和快速复制起家的营销号,它们的内容几乎没有真实可言——只需要从其他博主的原创内容中复制拼贴,一路买粉便能成为百万博主。

城市生活号就是营销复制的重灾区——那些在上海成功的城市美食生活号,会迅速把商业模式复制到周边城市,再靠买流量、大号互推、广点通等方式寻求曝光,这一切几乎不需要投入多少人力成本做原创。

2. 难以量化的转换率

品牌商们也知道这些都是假的,而促使他们缄默的原因是"老板满意"。

"甲方有硬性数据要求才能申请市场预算""预算不够时甚至会主动找假账号,毕竟报价便宜而且数据好看。"

"那些拍板决策的人并不一定完全明白社交媒体的逻辑,"其生活方式自媒体的创始人曾在时尚及奢侈品行业负责市场工作,"而且社交媒体往往需要去和总部报告。一些小众的博主确实说服力不够——大的博主合作的品牌有一定累积,国外总部往往觉得是合适的。"

还有一个原因,是因为对于某些行业来说,广告投放可量化的KPI太少了。

"美妆、时尚、旅行和母婴这几个类目中,浏览量超过1万的95%可能是假的。"某公众号运营者对界面新闻说。

一个原因是这些行业原本的传统媒介投放思路便是大规模的铺面——报纸杂志、户外灯牌、电视广告、门户首页,品牌们用各种让人目不暇接的炫目海报告诉消费者品牌出了新款,能在他们心里种草便达到目的。

所以到了社交媒体时代,同样需要这样强大的曝光量——点赞、浏览量、评论数量则是衡量曝光的直接标准。不过这种曝光也很难衡量它的转化率。例如包、珠宝、腕表的奢侈品品牌仍然是个依赖线下门店销售的品类。即使投放了自媒体广告,你也无从得知这个人买了某款包,具体是通过什么途径种草的——可能是社交网络中看到了明星的街拍,或者是在小红书上见到 KOL 力推,街上也有不少人拥有它(或它的仿制款)……

在投放效果无法被具体卖出多少件货所衡量的时候,阅读量或者点赞数成了唯一看似可控的 KPI。

"(这些行业里)大家都爱面子,希望自己流量好看。"其实并不是没有水分较少的追踪投放效果的方式,只是其更适合衡量为了转化率的投放。品牌可以将链接着产品页面的源码(source code)置入自媒体公众号的推送中,便能得知点进链接的都是从什么途径来的,类似 Instagram 照片中的商品购买页面和微信公众号的阅读原文选项。

只是很多时候一些自媒体并不愿意把实际转化率暴露在客户面前,"说到带货,八成网红都是有点退缩的"。

3. 叫醒那些装睡的人

整个行业也在试着改变。

联合利华前任 CMO Keith Weed 曾在戛纳宣布,将永久拒绝与买粉、数据造假的 KOL 合作,并优先考虑与打击数据欺诈行为的平台投放。

微信的几次信息流改版在一些人看来,尽管短期让自媒体的浏览量和转发量都有所下降,但长期来看,那些勤勤恳恳耕耘内容的人或许更容易留在人们的关注列表中。在全球范围内,社交平台本身纷纷宣布改革,Twitter、Facebook、Instagram……它们大刀阔斧清除僵尸粉的做法让人们觉得流量经济去伪存真的时代很快就要来临了。

不过或许并没那么快。正如我们前文提及的某公众号——它并不是第一个站出来说流量造假的公众号,据其所述目前仍然是自己投入成本收集数据、建立数据库并做数据监测。尽管该账号的最终目的是让行业对此有所关注,对接真博主和品牌,但目前激起的声音仍然仅限于小范围之内。

将这曾繁荣的景象彻底撕开需要勇气。行业必须找到更好的替代方式,比如没有了浏览量,品牌还有什么方式可以得知自己的真实投放效果? 没有了那些带来曝光数字的大号,还有什么能影响到口味变化迅速的年轻消费者?

为广告主和代理商所愈发关注的是中小型网红,一些在细分领域黏性极高的自媒体,随着圈层经济和亚文化对于年轻一代的影响,正在逐步崛起。

社交营销机构时趣服务宝洁的负责人告诉界面记者,如今包括宝洁在内的大广告主也开始选择一些乍看曝光一般,但在自己的圈层内有较高影响力的中小型网红。

这类网红的优点在于他们本身接到的品牌合作没有大号多,品牌价值并不会被稀释;且他们的受众往往黏性很大,转化率较高。

只是无论如何,自媒体生态若是需要达到健康的平衡——你必须叫醒那些装睡的人。

资料来源:

刘雨静. 国王的新衣:自媒体流量造假乱象[EB/OL]. [2019 - 01 - 07]. https://mp. weixin. qq. com/s/l0B4Y5dRrkbo2d3YIfSmKw.

第五节 对影响者的监管和管理

平台经济的快速生长让对影响者,即意见领袖的培育与商业变现也迅速变成一个产业,带来了经济的新的可能性,但也增加了监管的难度。由于发展过于迅猛,目前的法律法规、政策条例等还没有完全清晰地建立起来,存在着一些模糊地带和争议,使得 KOL 经济在繁荣的同时,也存在不规范、不道德甚至违法的行为,如纳税、虚假宣传、各地监管责任不清晰等难题。

对这些新问题的治理涉及多个领域和部门,相关管理部门也频繁出台一些政策规范和管理规定。虽然不是完全针对 KOL 的人员治理,但涉及直播、主播、演艺人员、网络环境治理等多方面,同样会对 KOL 产业的治理和规范形成制约。下面就近期的一些政策规定进行梳理。

一、对儿童的保护

萌娃类账号如今已是各大视频、直播平台上的宠儿,拥有百万、千万粉丝的"儿童网红"不在少数。"儿童网红"往往比成年人更具吸金能力。一些家长和平台受利益驱使成为"啃小族",让未成年人充当"儿童网红",将演艺圈及网络直播平台一些浮躁心态、功利思维,过早地灌输给了孩子。这种揠苗助长的方式,势必会造成孩子畸形成长。特别是一些"儿童网红"的"恶示范",可能教坏更多的未成年网民。因此,必须及时杜绝和抵制"啃小族",切实保护好孩子的童年不被金钱、流量腐蚀。

2021 年 7 月,中央网信办启动"清朗·暑期未成年人网络环境整治"专项行动。行动包括严肃查处炒作"网红儿童"行为,严格排查后台"实名"认证制度,严禁 16 岁以下未成年人出镜直播。建立网络直播申报、审批制度,对审查通过的直播平台在播内容进行实时播控和跟踪管理,发现问题及时查处。

再者,禁止诱导未成年人进行打赏行为,防止炫富拜金、奢靡享乐、卖惨"审丑"等现象对未成年人形成不良导向。严格限制网络直播中的暴力、低俗、危险内容和不文明语言,保护未成年人的"视界"。严厉打击直播、短视频网站平台存在的针对未成年人的有害信息。

同时完善监管措施,建立网络主播实名制及信息共享"黑名单"体系,加大对制作、传播不良网络信息行为的惩处力度,不能放任主播传播非法视频,侵害他人,尤其是未成年人的权益。

二、对演艺人员的规范

2021 年 9 月,国家广播电视总局办公厅发布了《关于进一步加强文艺节目及其人员管理的通知》。该通知主要有以下八个方面的规定:①坚决抵制违法失德人员;②坚决反对唯流量论;③坚决抵制泛娱乐化;④坚决抵制高价片酬;⑤切实加强从业人员管理;⑥开展专业权威文艺评论;⑦充分发挥行业组织作用;⑧切实履行管理职责。

2021 年 9 月,文化和旅游部发布的《网络表演经纪机构管理办法》明确规定,网络表演经纪机构不得以虚假消费、带头打赏等方式诱导用户在网络表演直播平台消费,不得以打赏排名、虚假宣传等方式进行炒作。网络表演经纪机构应当加强对签约网络表演者的约束,要求其不得以语言刺激、不合理特殊对待、承诺返利、线下接触或交往,或者赠送包含违法内容的图片或视频等方式诱导用户在网络表演直播平台的消费。

三、直播带货领域的管理规定

直播带货作为线上零售的新形态,增速迅猛,根据中国互联网络信息中心发布的数据,截至 2021 年 12 月,我国网络直播用户规模为 7.03 亿,较 2020 年 12 月增长 8652 万,占网民整体的 68.2%。

网红主播通过与商家开展合作,利用其自身流量优势为商家的产品宣传和销售,转化效率比传统线上零售更高。然而这其中也存在大量问题,比如广告法是否适用问题、带货网红的纳税准则问题等。

2020 年 11 月 23 日,国家广播电视总局发布《关于加强网络秀场直播和电商直播管理的通知》,以加强对网络秀场直播和电商直播的引导规范,强化导向和价值引领,营造行业健康生态,防范遏制低俗庸俗媚俗等不良风气滋生蔓延。该通知要求各级广播电视主管部门组织辖区内开展秀场直播、电商直播业务的平台进行登记备案工作,按照通知要求对已开展的秀场直播、电商直播业务进行全面梳理和分析研判。对初步筛查不符合要求的直播内容进行清理整顿;按要求督导相关平台建立直播内容分级分类管理和审核制度,完善直播间、主播、审核员数量的结构报备、打赏控制等管理机制;对整体不符合开办直播业务条件和能力的平台,应通报有关部门,组织联合关停其直播业务。

2021 年 3 月,国家市场监督管理总局发布《网络交易监督管理办法》,明确规定,网络直播带货必须提供回看功能,网店不得通过删除评价、好评前置等方式误导消费者,将网络直播带货等网络交易新业态纳入监管范围。同时,监管部门将对售卖假货、借直播卖货形式进行诈骗等违法犯罪行为的不法分子依法惩处。该办法明确提出,网络电商直播平台要对开设直播带货的商家和个人进行相关资质审查和实名认证,完整保存审查和认证记录,不得为无资质、无实名、冒名登记的商家或个人开通直播带货服务。平台须对相关信息的真实性定期进行复核,发现问题及时纠正。要对头部直播间、头部主播及账号、高流量或高成交的直播带货活动进行重点管理,加强合规性检查。

2021 年 4 月,国家互联网信息办公室、公安部、商务部、文化和旅游部、国家税务总局、国家市场监督管理总局、国家广播电视总局等七部门共同发布《网络直播营销管理办法(试行)》,针对直播带货中的"人、货、场",将"台前幕后"各类主体、"线上线下"各项要素纳入监管范围,同时明确细化直播营销平台、直播间运营者、直播营销人员等参与主体各自的权责边界,进一步压实了各方主体责任。该办法要求,直播营销平台应当建立健全账号及直播营销功能注册注销、信息安全管理、营销行为规范、未成年人保护、消费者权益保护、个人信息保护、网络和数据安全管理等机制、措施。该办法要求直播间运营者、直播营销人员遵守法律法规和公序良俗,真实、准确、全面地发布商品或服务信息,明确直播营销行为 8 条红线,突出直播间 5 个重点环节管理,对直播营销活动相关广告合规、直播营销场所、互动内容管理、商品服务供应商信息核验、消费者权益保护责任、网络虚拟形象使用提出明确要求。

不仅是相关管理部门,平台也会担起监管责任。根据淘宝直播发布的《淘宝直播管理规则》,针对主播不同的违规行为,淘宝直播会采取相应的管理措施和处理措施。管理措施包括公示警告、取消单场直播浮现权、拉停直播、删除违规信息,处理措施包括缴存/扣除风险保证金、限制参加直播营销活动、限制主播权限、清退主播身份。

四、税收

2021 年 9 月,国家税务总局办公厅发出通知,要求进一步加强网络直播从业人员的税收管理。通知明确指出,网络主播 2021 年底前能够主动报告并及时纠正涉税问题的,可以依法从轻、减轻或免予处罚。已有上千人主动自查补缴税款。

2022 年 3 月 30 日,国家互联网信息办公室、国家税务总局、国家市场监督管理总局联合印发《关于进一步规范网络直播营利行为促进行业健康发展的意见》,明确将着力构建跨部门协同监管长效机制,加强对网络直播营利行为的规范性引导,鼓励支持网络直播依法合规经营,促进网络直播行业在发展中规范,在规范中发展。网络直播平台应当严格按照有关法律法规规定及"后台实名、前台自愿"的原则,对网络直播发布者进行基于身份证件信息、统一社会信用代码等的认证登记,开展动态巡查核验,确保认证信息真实可信。网络直播平台应当每半年向所在地省级网信部门、主管税务机关报送存在网络直播营利行为的网络直播发布者个人身份、直播账号、网络昵称、取酬账户、收入类型及营利情况等信息。该意见在规范税收管理方面提出要依法履行代扣代缴义务、规范税收服务和征缴、打击涉税违法犯罪行为。

从野蛮生长到合法合规,对网红、KOL 等的管理需要各部门各方面协同发力,相信未来该产业会逐步走向成熟。

» 第七章

口　碑

斯坦福大学商学院教授伊塔玛·西蒙森与心理学家阿莫斯·特沃斯基合作,研究产品组合方式对购买决策的影响。实验中,第一组参与者要在标价 169 美元和 239 美元的两个相机中选择一个。第二组参与者多了一个选择:标价 469 美元的相机。结果第二组中,239 美元的相机比 169 美元的更受欢迎。在产品组合中增加一个价格更高的产品选项,人们会倾向消费较多,这种现象被称为妥协效应。2012 年,西蒙森和博士生塔利·赖希修改了实验:参与者仍要在三个价位不同的相机中选择一个,但可参考亚马逊上的评论。结果显示,妥协效应消失了。购买决策与相机的功能和用户评论高度相关,三个相机的价格和功能对比对消费心理影响不大。

这个研究表明口碑能够影响消费者个体的决策模式,产品口碑对潜在购买决策影响甚大,让营销者对消费者的影响减弱,权力正从营销者手中向消费者手中转移。

第一节　口碑概述

一、口碑的概念及其发展历史

口碑(word of mouth,WOM),最初是由人们口口相传的一种评价信息。在传统媒体时代,口碑往往发生于强关系人群的人际交流中。随着互联网的普及和社交媒体的发展,人们的信息创造与获取方式发生了重大的变化,口碑频繁出现在线上,且不再仅限于强关系之间,被称为网络口碑或电子口碑(electronic word of mouth,e-WOM),是指基于互联网进行传播的评价信息,显示出更大的影响,也成为学界与业界共同关注的焦点。

过去,消费者容易被营销人员所主导的品牌传播所影响,现在,网上用户评论和社交媒体丰富了消费者的信息来源,通过朋友建议、专家测评、陌生人的产品评价,消费者可以对产品做出更准确的预判。消费者一旦体验到网上的丰富信息,就不容易再被传统的营销因素左右。谷歌发起的一项研究发现,消费者在购买前参考的信息来源平均为 10.4 个;另一个调查则发现 30% 的美国消费者在网购之前会参考亚马逊的产品信息和评论。波士顿咨询在 2011 年的调查表明,在 20 个受访国家中,中国消费者发表的在线评论数量最多,同时阅读在线评论也最频繁,中国消费者对线上信息源的信任程度要远远高于电视广告[①]。目前的学术研究的结果也显示出口碑的巨大威力:线上口碑影响个人的购买意愿、信任和忠诚水平、消费者参与,从而也影响企业的产品销售、收入以及股票价格[②③]。

从线下的人际口碑到线上的网络口碑的传播经历了三个阶段的进化发展[④],如图 7-1。

———————

①　江晓东.什么样的产品评论最有用?——在线评论数量特征和文本特征对其有用性的影响研究[J].外国经济与管理,2015(4):41-55.

②　KING R A,RACHERLA P,BUSH V D. What we know and don't know about online word-of-mouth:A review and synthesis of the literature[J]. Journal of Interactive Marketing,2014,28(3):167-183.

③　BERGER J. Word of mouth and interpersonal communication:A review and directions for future research[J]. Journal of Consumer Psychology,2014,24(4):586-607.

④　KOZINETS R V,De VALCK K,WOJNICKIET A C. Networked narratives:Understanding word-of-mouth marketing in online communities[J]. Journal of Marketing,2010,74(3):71-89.

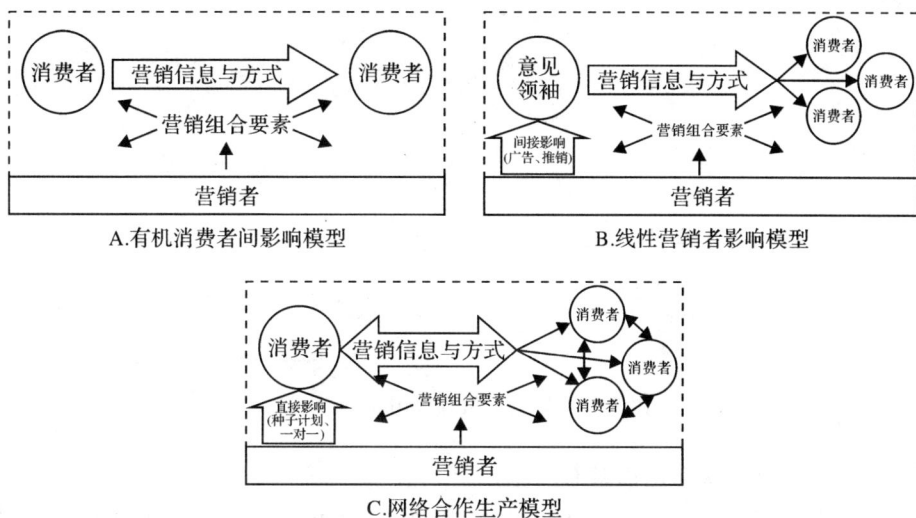

A.有机消费者间影响模型

B.线性营销者影响模型

C.网络合作生产模型

图 7-1 口碑传播的三个阶段

资料来源：KOZINETS R V，De VALCK K，et al. Networked narratives：Understanding word-of-mouth marketing in online communities[J]. Journal of Marketing，2010，74(3)：71-89.

1.消费者间有机影响模型

早期的学术研究确立了口碑是一种重要的社会力量。比如早期 Ryan & Gross 在 1943 年的扩散研究表明，在采用决策上，购买者之间的沟通比营销传播更重要。此时口碑的影响模型如图 7-1A 所示，消费者之间会产生关于产品和品牌的自然沟通，这种沟通没有品牌的激励和直接影响。这些口碑的交流动机是为了帮助别人，比如警告别人一些产品和服务较差，或者是出于想表达自身地位的动机。

2.营销者线性影响模型

随着营销理论和实践的进步，口碑理论开始强调特别有影响力的个体在口碑传播过程中的重要性，这类个体被称为意见领袖。识别并试图影响这些有影响力的、受人尊敬的、可信的意见领袖能够更好地影响普通消费者的决策。营销者通过传统的手段，如广告和促销，一方面直接影响普通消费者，另一方面通过对意见领袖的影响间接影响普通消费者。这个阶段被称为线性影响模型，如图 7-1B。

3.网络协同生产模式

在数字世界中，口碑传播发生了较大的改变。首先，其影响范围被大大扩大了，超出了原本人际影响的范围。因此，市场营销人员已经开始直接管理口碑。通过有针对性地培育和购买商业性和职业化的意见领袖(key opinion leader，KOL)，或者寻找关键意见顾客(key opinion customer，KOC)进行传播，或者营销者产出具有黏性和病毒性的内容，引发消费者网络的传播。此时的口碑是在消费者网络相互交换、共振产出的。

二、口碑对消费行为的影响

蜂鸟营销创始人埃曼纽尔·罗森与伊塔玛·西蒙森于 2014 年提出了影响力组合这一模型，来探讨口碑与传统营销力量对消费者购买决策的影响，如图 7-2 所示。

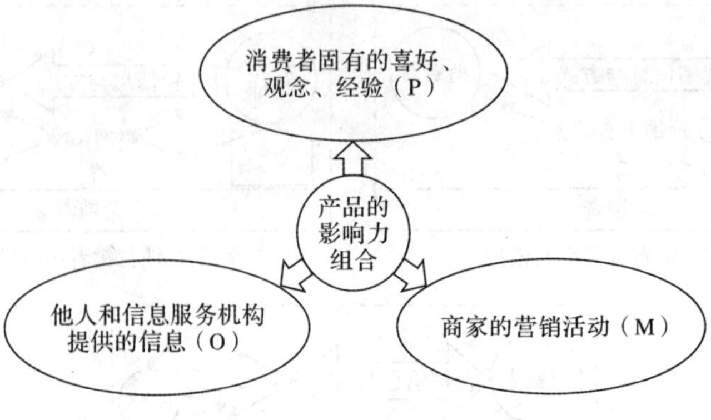

图 7-2 影响力组合(Influence Mix)

他们认为,影响购买决策的因素有三个:

①消费者固有喜好、观念和经验(prior preferences,beliefs,and experiences,简称 P);

②商家的营销活动(marketers,简称 M);

③他人和信息服务结构提供的信息(other people,简称 O)。

这三者构成一个产品或品牌的影响力,它们之间是一种零和博弈的关系:消费者对其中一个因素的依赖性越强,对其他两个的依赖性则越弱。比如买油盐酱醋,P 可能是最重要的影响力;购买零食饮料时,M 可能是最重要的影响力。

想了解消费者在购物时对 O 因素的依赖程度,企业可以参考 O 连续体:你的产品越靠近渐变轴上"相关"的一端,消费者卷入产品信息传播变革的程度越深,越易受 O 因素的影响(见图 7-3)。比如,高介入的产品更容易受到口碑的影响①。

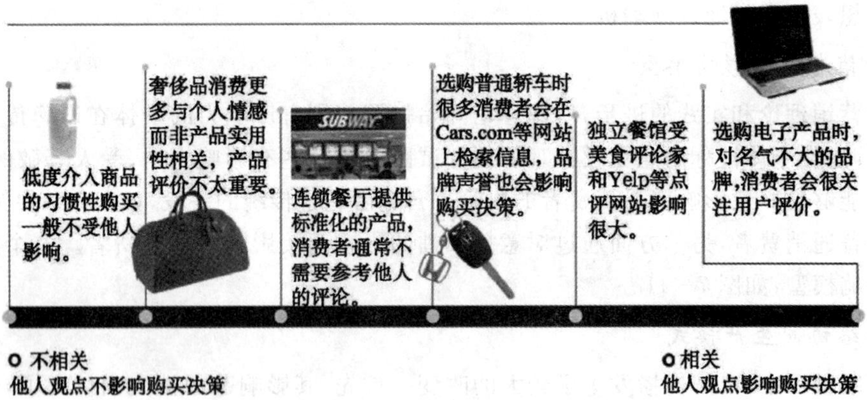

图 7-3 O 连续体

研究发现,在产品特征上,可试用性和易于观察这两个因素都会降低消费者对口碑的依赖。可试用产品的优势在于,在购买前为消费者提供最真实的使用体验,方便消费者判断是否适合自己的需求。当消费者无法通过试用的方法来获取产品信息时,对口碑的需求便会大大提升,以帮

① KOZINETS R V,De VALCK K,WOJNICKIET A C. Networked narratives:Understanding word-of-mouth marketing in online communities[J]. Journal of Marketing,2010,74(3):71-89.

助做出正确决策,规避风险。对于私密性较强的产品或服务来说,消费者既难以获知他们身边有多少人正在使用,也不能通过"眼见为实"见证使用表现,因此只能借助口碑的数量和效价来进行判断。

第二节　口碑的不同因素对消费者的影响

一、口碑的形式

广义上,消费者传播品牌相关的信息都可以是口碑的一种。狭义上,口碑的形式可以分为在线评级和评论两大类。

在线评级(如五星评分)是由以前使用过产品或服务的用户使用1~5星的数值来对体验进行打分,一星往往代表着"糟糕体验",五星代表着"优质体验"。这些评级会被网站聚合并直观地展示给潜在客户浏览。显示给在线消费者的顾客评级可能在格式上有所不同。比如Yelp、IMDB等网站通常使用平均值格式,向购物者显示一个加权平均得分,而诸如Newegg之类,则使用评分具体分布格式来报告评级,显示每个星级的评分数量。

在线评级对消费者购买行为有显著的影响,虽然公认评分是主观的,但在线评级很方便,能低成本地为消费者提供参考。在其他条件相同的情况下,消费者无疑更喜欢评级较高的产品。评级的呈现方式也会有影响,由于信息处理流畅性的作用,即使得分一样,均值方式呈现的评分会比分布格式的评分形式更加有利于增加消费者的购买意愿。

二、口碑数量

口碑数量(volume),是指消费者对某一产品或服务发布的评论数之和,代表了网络口碑总体规模的大小。口碑评论的数量对销售的预示作用主要源于网络口碑的知晓效应(awareness effect)。评论数量对销售的作用有大有小,可受到信源、产品性质等方面的影响。在信源方面,当口碑具备高度的信源专业度时,口碑数量更有助于拉动耐用品(durable goods),顾名思义即使用时间较长(至少在1年以上)的产品,如电冰箱、汽车、电视机、机械设备等的销售。耐用品的口碑数量越多,消费者能获取的信息就越充分,也越有利于销售[①]。此外,口碑数量与电影的票房收入也呈显著正相关,无论网络评价好坏,只要讨论得越多,电影的票房收入就越高。书籍的销量与口碑数量的关系也类似。

三、口碑效价

口碑效价(valence)指消费者对产品或服务评价的好/坏(正/负),一般用评论分数的平均值或者正负面评论的比例来衡量,如五星评价的百分比。与评论数量的影响机制不同,评论效价对产品销量的影响往往出于说服效应(persuasive effect),产品或服务的评分越高,越容易引发其他消费者态度的转变,从而说服他们接受和购买该产品。口碑的效价对销售的影响远远大于口碑的数量的影响[②]。

---

①　ROSARIO A B,SOTGIU F,De VALCK K,et al. The Effect of Electronic Word of Mouth on Sales: A Meta-Analytic Review of Platform,Product,and Metric Factors[J]. Journal of Marketing Research,2016,53 (3):297－318.

②　BERGER J. Word of mouth and interpersonal communication:A review and directions for future research[J]. Journal of Consumer Psychology,2014,24(4):586－607.

或许人们会下意识地认为,正面口碑能够提高销量,而负面口碑会降低销量。但研究证明这种认识是不全面的。整体而言,正面口碑对销量的影响更大。但口碑效价对销量的影响会因产品性质而异,比如除了成熟产品和低财务风险产品(如书籍、DVD等)以外,负面口碑与其他产品的销量下降之间并无联系,特别是体验品。此外,口碑发出者与接收者之间存在强关系,有助于口碑发挥最大的作用。

四、口碑差异

口碑差异(variance)是指消费者所发布的评论信息存在的差异或不一致,反映了消费者对产品或服务态度和观点上的分歧,通常采用评分的方差或标准差来度量。

总体来说,消费者的评价越一致,越能降低消费者对购买风险的感知,从而提升购买倾向。评论差异对销量的影响会根据产品性质的不同而不同,对于服务、享乐品、成熟产品和低财务风险产品来说,口碑差异对销量变化的解释力就小得多。诸如电影类的产品,其评价越不一致,差异性越大,反而越能提升购买倾向。

五、口碑的有用性

口碑的有用性是一个信息质量特征,被 Mudambi & Schuff 定义为顾客感知的产品评论对其购买决策过程的助益。一些电商网站,比如亚马逊的评价系统除了显示每条评论的内容和评论者之外,还会显示有多少人认为这条评论是有用的。研究发现,发表高质量评论和经常发表评论的评论者会引起较多的关注和回复,且只有此类评论者发表的评论会对销量产生显著的影响。那些低质量或是较少评论的评论者发表的观点很容易被忽视而不具有影响力。

口碑有用性的影响因素涉及评论的客观性、可信度、可诊断性、评论字数长度、评论的及时性以及文本特征等。一般来说,产品评论中,包含客观事实的信息、观点明确的口碑评论感知有用性更高,导致对消费者购买决策产生更大的影响[1]。

对多年来口碑研究的元分析显示,最具影响力的影响变量是评论家的评论,其次是第三方的信源、评论的效价(正负)。在线产品评论对销售在如下情况下有很大的影响:当口碑是一个评论家写的,且出现在一个非卖方的第三方网站上,并在评价中包含正面或负面的效价信息。

六、其他因素

在平台特征上,独立的第三方发布平台有助于口碑数量和效价发挥更大的销售推动作用。独立性一直以来都是第三方发布平台的立足之本,同时也是外界对在独立网站发布口碑的用户的印象评价,认为他们的行为都是由利他主义驱动。独立平台的口碑,无论是从数量上,还是从效价上对销售均有较大的刺激作用,但这部分平台目前都在逐渐被商业利益逐渐侵蚀。

产品所在行业的竞争情况也会影响到口碑对销售的作用。行业竞争一旦激烈,各大商家为了抢夺宝贵的资源便会各出奇招来吸引关注,消费者所接收到的信息、所面临的选择就会陡然剧增。对于行业竞争激烈的产品来说,口碑可能更多地给消费者带来负担,不仅无法帮助做出决策,还会使其下意识地一再推迟购买行为。

---

① 江晓东.什么样的产品评论最有用?——在线评论数量特征和文本特征对其有用性的影响研究[J].外国经济与管理,2015(4):41-55.

第三节 如何促进口碑的生产

企业都希望在产品营销中制造口碑效应,实现更多口碑传播。首先,企业需要激励更多的消费者讨论品牌或产品,促进口碑的生产。有三种主要的激励方式可以增加消费者的口碑生产,即经济激励、非经济激励和联合激励,见表7-1。

表7-1 口碑生产激励方式和目标

激励方式		与激励效果相关因素	激励目标
经济激励	平台或企业提供金钱奖励	社区中朋友数、效果时限、实施激励前用户的积极性、推荐目标的设定、奖励的竞争性、奖励分配方式	评论频次、评论质量(评论长度、评论感知有用性、评论主题)、评论者的努力水平
	折扣或优惠券	奖励的贵重程度和易得性	评论数量、评分、评论质量
非经济激励	设计积分系统	距下一目标的距离、进度显示的设计、身份等级、分数分配规则、积分计算方法、徽章价值和拥有徽章的人数、同伴评分系统的设计	用户回答问题、提问数、评论数、生成内容价值、评论效价
	可视化声誉	与内容、关注者相关状态的显示,是否公开贡献者信息、业余编辑的监督	生成内容数量和质量
	提供标准	社会标准和外部标准	评分、评论数量和长度
	其他	得到反馈的积极水平、社会关系	新进入者未来的贡献行为、发图行为
联合激励		实施联合激励的时间和类别	生成内容频率、努力程度、内容质量

资料来源:秦芬,李扬.用户生成内容激励机制研究综述及展望[J].外国经济与管理,2018,40(8):141-152.

一、经济激励

从短期来看,经济激励能同时提升积极用户和不积极用户的参与度,增加贡献频次,丰富评论中涉及的主题,但对评论长度没有影响,对评论的感知有用性和贡献者的努力水平反而起到副作用。

用户在社区中的朋友数量、实施经济激励前用户贡献内容的自愿程度也会影响经济激励的效果。经济激励对朋友少的成员的评论行为起到激励作用,但使朋友多的成员失去动力,更重要的是,取消激励后,实施激励之前自愿、积极贡献的用户反而变得不积极了,因此激励时要区分积极用户和消极用户。产生以上结果的主要原因是经济激励降低了贡献者的利他主义和内部动机,使其产生"交易思维",即用最低的努力成本获得单位奖励,最终导致长期的过度合理化效应。

经济激励不仅影响用户贡献内容的频率及努力程度,还影响其他用户对口碑的可信性、有趣性的感知,从而降低了口碑对购买决策的影响力。当前美国联邦监管机构和主要的在线平台(如亚马逊)认为付费评论是一种可能的虚假广告形式,付费评论也会导致互惠的偏见,因此建议商家尽量避免和限制付费评论。

二、非金钱激励

除了直接的经济激励,平台还通过游戏化设计、声誉系统等其他非经济激励鼓励用户贡献内容,如向贡献者提供不同荣誉称号、评论者排行榜、提供标准等。非经济激励利用贡献者的利他主义精神或者追求名声的心里,内化其收益,以实现激励的目的。

1.设置积分系统

积分系统中包含级别,实现某一级别需要的积分以及与该级别相对应的徽章,常用于激励用户贡献更多内容,但用户贡献的内容具有选择性,倾向于贡献积分高的内容。采用积分系统的平台中,用户可以分为三类:追求最高等级的、致力于排名前十的和关注下一级别的,三类用户贡献内容的动机不同,前两者的主要动机是获得荣誉,而第三种用户仅为获得积分这种外部奖励。此方式对三类用户激励效果也不同。

目标梯度假设(越接近目标的最终状态,越能坚持)在积分系统中对用户贡献内容行为作用显著,小范围假设(除了行动的实际进程,人们会把已完成的和未完成的两部分进行比较,而人的动机受其中较小一部分的影响更大,因为人们更关注于较小的一部分)也会产生一定影响。积分计算方式、获得规则,获得徽章的人数和该徽章的价值都影响其激励效果。比如当内容贡献者获得的积分是从该内容中获益用户的社会影响函数时,体现了互惠激励,这种方式比基于成就的激励更受用户喜爱。只有在最佳答案可以获得积分的规则中,前后答案之间的关系才会影响用户贡献行为。

使用积分系统激励的积极作用体现在:将要达到既定的目标之前,不管是较低层次的,还是较高层次的目标,基于荣誉的奖励都能激励用户加速贡献知识,在获得勋章之前的几天,用户不断增加问、答问题,得到徽章当天,问答数达到巅峰。但它的缺点也很明显:首先,用户实现目标后,贡献水平显著下降;其次,随着用户身份提升,内容的平均质量不断下降,即基于荣誉激励的累积效果是短暂的,并且随时间而下降。不过关于用户实现目标后贡献下降的速度,学者有不同的结论。有学者认为用户刚获得一个新称号时,短期内也会增加贡献的内容,Rechenberg 等在 2016 年的研究表明,用户获得勋章奖励后的几天时间内,问答量下降得最明显。此负面影响在关注下一等级的用户中体现最为明显。

根据以上分析,在平台中设计积分系统时,不同级别之间的距离要合理,若下一个目标太难实现,用户可能放弃贡献内容。另外,最高级别目标的设置也要慎重,因为用户可能产生自满效用,即当达到最高级别身份时,单纯追求地位的用户可能没有动机贡献内容了。

百科全书、评论系统中常能见到贡献者排名,比如在亚马逊的评论者排名系统中,消费者可以通过该系统查看到评论者的排名、评论总数、有用票数等数据。同伴认可是激励用户自愿贡献内容的重要动机,评分、评价、有用性投票等同伴反馈系统正向影响评论频率、连续性和质量。排名系统的存在加剧了评论者关注度、注意力的竞争,评论者会有许多战略性评论行为。一方面,评论者会避免评论拥挤度高的产品,以求降低关注度的竞争;另一方面,评论者倾向于选择流行度较高的产品来评论,这导致评价的差异化。

2.可视化声誉

(1)显示状态标记。显示状态标记包括显示与内容相关(如喜欢该内容的人数)或与贡献者相关(如追随者数)的状态标记等。Henning-Thurau 等认为声誉(如"我的贡献向其他人表明我是一个聪明的顾客")能激励用户贡献内容。正是因为用户追求声誉,有时少量的金钱奖励才不仅不能够发挥激励作用,反而起到反作用。只要用户可以看到自己的关注者,哪怕关注者是沉默的,即与用户不产生任何的互动,也能产生激励作用。关注代表了用户对被关注者一定程度的信任,关注者的存在(即使用户是沉默的)和信任两个因素,影响了用户写评论的行为。Paulo 等在实验中也发现当用户变得有人气时,他们会增加介绍产品的频次,对听众较少的用户比听众较多的用户的作用更强。从内容质量上来看,当作者具有更大规模的听众时,他们的评论会更加客观。

显示状态标记能同时激励追求名声效益和内在效益的用户,且对于大多数非商业用户,名声效益的激励作用要大于内在效益。微博中的粉丝数量、社区中的订阅者或关注者数量都是表明用户影响力的一种有效信号。追求名声效益的用户虽然发布的内容并不直接产生效用,但对许多粉丝可以产生激励作用。发布内容是吸引新粉丝、获得其他用户关注的一种方式。如果用户发布内容不能影响未来的粉丝数,则发布内容的频率会下降。而对于因为社会效益而贡献内容的用户,会因有许多粉丝查看发布的内容而受到激励,所以随着粉丝数量的增多,用户会增多发布的内容。

(2)公开贡献者信息。可视化声誉的另一种方式是公开贡献者信息,Forman 验证了公开信息促使生成的内容更有用,这是因为在线用户愿意公开信息可能是希望获得社区的身份认同或者获得其他社区成员的认可,因此贡献有用内容的动机更强烈。

3.提供标准

(1)提供社会标准。社会标准指有关人士中某一行为的流行性,如告知购买某产品的用户已经写评论的用户数。社会标准可以影响用户行为,因为了解其他人做了什么相当于提供了既定背景下的社会标准信息。根据社会比较理论,人们经常通过与其他人的比较来评价自己、决定正确的行为。电商平台和评价网站中,如告知用户其他用户的评价数和评分中位数,评论的数量和评论长度都会有所增加,评分也会提升。社会标准与用户的内部动机相关,因此提供社会标准会提高贡献者的努力程度。

(2)提供外部标准。外部标准指请求成员坚持标准或者贡献以实现共同目标。外部标准与社会标准相比,激励效果较差。Garnefeld 等向问答社区用户发送规范的请求以激励用户,如"请帮助我们成为最大的问答社区,为了实现这个目标,我们需要 100000 个回答者,请回答您选择的问题以帮助社区",结果表明这种请求只能提高活跃用户发布内容的短期意愿,对不活跃用户的贡献行为并无影响。

除了上述常用的非经济激励方式,学者还探讨了社会关系对用户生成内容行为的影响,以及社区中内容响应的积极性对新用户未来贡献行为的影响。平台的社交性对吸引用户和维持用户的贡献有很大影响,因此平台要充分开发利用其社交功能;而为了激励新用户在社区内积极贡献,平台管理者要鼓励其他用户回复新进入者的问题,以使新进入者获得积极反馈。

三、联合激励

单纯使用金钱激励用户生成内容存在许多问题,因此学者提出采用经济激励和非经济激励相结合的方式。Burtch 等通过实验发现,同时采用金钱与社会标准联合的方式不仅激励用户贡献更多的评论,而且评论也更长。这是因为金钱激励可能削弱用户贡献内容的努力程度,但是社会标准信息使用户认为写评论是正确、合理的行为,而不是为了获得金钱,同时提供金钱激励和社会标准后,增加了用户贡献内容的概率,但未减弱其贡献内容的努力程度。

除了可以同时联合激励,还可以分阶段联合激励。Aaltonen & Seiler 发现在维基百科中,文章越长,其被编辑次数越多,文章质量也越高,即内容贡献具有累积增长效应。因此利用此效用,初期用经济奖励激励用户生成更多内容,后期使用非经济奖励等方式激励用户积极参与其中。比如商家发售新产品时,开始时采用金钱激励用户写评论,尽管此时的评论可能较短,随后转向利用社会标准激励其可持续贡献长评论,最终谋求更高质量的内容。

口碑生产激励方式的优缺点如表 7 - 2 所示。

表 7 - 2　口碑生产激励方式优缺点总结

激励方式		相关用户动机	优点	缺点
经济激励		获得物质奖励和经济奖励	1. 短期内增加了所有用户的参与频次和评论反馈数 2. 增加了评论中涉及的主题 3. 大量的金钱奖励提升了众包平台中解决方案的数量和质量	1. 对评论长度没有影响 2. 产生挤出效应,评论的有用性、贡献者的努力水平降低,降低了朋友多成员的贡献动力 3. 产生过度合理化效应,取消后,原来的积极用户变得不积极 4. 影响了其他用户对 UGC 可信性的感知 5. 奖励的小额增长降低了众包平台中用户的努力水平 6. 得到的产品评论有偏差
非经济激励	设置积分系统	外部奖励、荣誉、互惠、利他性	1. 激励用户贡献更多内容 2. 接近既定目标时,能激励用户加速贡献内容 3. 激励作用较经济奖励持续时间更长 4. 积分获得方式规则灵活,平台可以利用用户的多种动机实现激励	1. 激励效果具有阶段性,实现既定目标后,用户贡献频次降低 2. 随着身份的提升,内容的平均质量不断下降 3. 基于荣誉激励的累积效果是短暂的,并且随时间而下降
	设置排名系统	同伴认可、注意力、社会比较	1. 正向影响用户的贡献量和贡献的持续时间 2. 能产生更多差异化的评价	评论者会有许多战略性评论行为,等级高的评论者更愿意发布中等评论,并避免极端评分
	可视化声誉	声誉、利他性、自我形象、同伴认可、内在效益	1. 沉默的关注者也对贡献频次和内容质量产生激励 2. 正向影响用户的贡献量,且持续时间较长 3. 当有评论者个人信息时,评论更加正面 4. 当关注者规模较大时,评论者发表的内容更加客观	对于追求名声的用户,当发布的内容不能影响未来粉丝数,使发布频率下降
	提供标准	主观规范、社会比较	评论数、评论质量和评分中位数都受社会标准影响	提供外部标准对不活跃用户的贡献行为无影响
联合激励		获得经济奖励和主观规范	削弱了经济奖励的缺点,用户不仅贡献更多的评论,而且也更努力	经济奖励和非经济奖励如何联合还需深入探讨

资料来源:秦芬,李扬.用户生成内容激励机制研究综述及展望[J].外国经济与管理,2018,40(8):141 - 152.

第四节 如何促进口碑的传播

研究发现人们每天超过 70% 的讲话都是关于自己的,如个人经历或关系,相似地,超过 70% 的社交媒体帖子也都是关于自己生活和即时感受的①。大多数人进行口碑传播的动机,虽然有利他的成分,但大多数的动机是自我导向和自我服务的。

如图 7-4 所示,人们有五种动机来传播口碑信息,通过对五种动机的洞察,设计相应的信息,能够增加口碑的传播和病毒信息的传播。

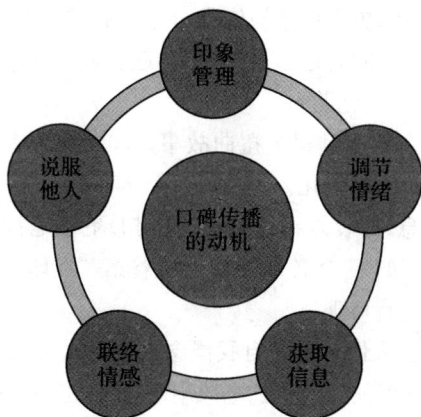

图 7-4 传播口碑信息的五种动机

一、印象管理

人们转发信息或传播口碑,动机之一是为了塑造自己在他人眼中(以及自己眼中)的形象。自我提升是人们的基础动机之一。人们喜欢自己在他人眼中是积极的。由此,人们更喜欢分享和转发那些让他看起来更好而不是更糟的信息,以及让他们看起来更特别的信息。人们喜欢展示他们的鉴赏力、社会地位。有些研究表明,寻求地位是人们在网上发表评论的主要动力。

1. 自我增强

印象管理的相关研究显示,自我展示可以是防卫性的(如避免社会不赞成),或者是寻求性的(如寻求社会赞同)。防卫性的自我展示是更常见的。自我服务偏见显示,人们会低估自己的缺点并高估自己的优点。人们会避免直接的自我夸赞而热衷于过分的谦虚,即在分享他们成就的同时自嘲。

2. 彰显身份

除了让自己显得很好之外,人们会通过分享的内容来展示自己是谁,自己是什么身份,这种展示是给自己看的,也是给他人看的。如果一个人总是谈论新的餐馆,其他人会认为此人是一个"吃货"。如果一个人总是知道最新的体育新闻,其他人会认为他是一个体育爱好者。因此人们会谈论

---

① BERGER J. Word of mouth and interpersonal communication: A review and directions for future research[J]. Journal of Consumer Psychology, 2014, 24(4): 586-607.

特定的话题或想法,不仅是为了增强自我,也是为了显示他们特定的性格特征、知识和某个领域的专长。

3.填充谈话空白

在谈话中出现空白,或是比较长时间才回复会带来不好的印象,因此人们会分享几乎所有的东西来填补谈话空间。人们通常在走廊或其他地方遇见自己的同事或认识的人,在这些地方,人们不会交谈太久,他们可能不会想要讲最有兴趣的事,但是他们又不想站在那里沉默。

印象管理动机会使得人们喜欢转发分享以下类别的信息。

①娱乐信息。转发娱乐信息显得自己有趣、幽默、知晓内幕。大量的研究和实践都发现,有趣的、惊奇的、戏剧性的和搞笑的事情更有可能被转发分享。有趣的产品(如手持洗衣机)比普通产品(如洗衣机)会得到更多即时和在线的讨论。另外,相比起普通的故事(熊猫生下了一个宝宝),人们更喜欢传播极端的故事(熊猫生了三胞胎)。

印象管理会使得人们常常在传播过程中扭曲故事。60%的故事都在传播中被扭曲了,娱乐的目的也使得人们对故事进行夸张和极端化。

②有用的信息。有用的信息(如装修建议或商品折扣)更多地被分享转发,因为这显得分享者看起来很睿智或很乐于助人,比如"25个必须要尝试的餐馆""在印度旅游必备的App"等。有用性也解释了为什么高品质的品牌更有口碑。

③与自我概念相关的信息。人们对于与自我概念联系更紧密的象征性产品(汽车、服装、发型)的分享、讨论、转发要多于实用性产品(洗衣机、电风扇、袜子),这些产品常常被用于表达或彰显自己的身份。一些人很在意自己的某一个身份,如果认为在某个领域展现的知识会表明他是什么样的人,则会着重分享某一领域的信息。

④高地位产品。彰显自身的社会地位或文化资本的产品会被讨论得更多。如谈论拥有劳力士会让人们看起来富裕、地位高。因此,溢价高的品牌被讨论得更多。信息可以暗示地位,人们可能通过分享转发某些知识来展示自己是圈内人,是知晓内幕的。

⑤独特的产品信息。能够显示自我的独特性的产品会被更多讨论和传播。如限量版运动鞋或其他独特的产品和经历,会让人们看起来比较特别或和其他人不一样。因此,科技产品的早期采用者既是意见领袖,又有独特性需求,这种矛盾使其发展出一种分享策略:分享+恐吓,即对产品表示积极评价,但同时会提到产品的复杂性。

⑥一时之间能想到的几乎任何事情。人们为了填补谈话空白,会提到一时之间能够想到的事情,表明自己不是一个不会交流的人。因此越是记忆中可获取程度高的产品,越容易被讨论。被环境时时提醒的产品会得到更多的口碑。比如80%的关于咖啡的口碑,是受到相关环境暗示产生的。这解释了为什么广告越多的产品会收到越多关于产品的口碑,越频繁出现的广告越可能让产品停留在消费者的脑海中,被想起的可能性越大,对其的分享、评论就会更多。同理,公共可见的产品(衬衫)比不可见的产品(袜子)会得到更多的口碑传播。增加产品或者想法的可见性,可以增加它们被谈论的机会。

在进行印象管理时,人们会谈论积极的东西还是消极的东西?研究表明,人们偏好分享好消息而不是坏消息,因为分享好消息会让其看起来更好。谈论积极的经历对个人能力有支持作用(我选的餐馆好极了),人们希望避免自己与任何负面的事情相联系。此外,人们也偏好与积极的人互动,因此消费者会愿意分享积极的事情以避免看起来像一个有负能量的人。当然,负面的分享评论也可以帮助人们进行印象管理。评论者和传播者为了看起来更聪明、更像专家,也会分享一些负面的评论。总体来说,人们谈论到自己的经历时,多讨论积极的内容,但谈论他人经历时,则会传达负面的口碑。

二、调节情绪

1.发泄

飞机取消、服务很差,与别人谈论这些可以帮助人们应对负面经历,提供情绪疏导,降低负面情绪的影响。与其默默埋在心里,不如将愤怒表达出来,会让人们感觉好一点。90%的人相信,分享情感经历会有缓解作用。在人际互动中,对情绪疏导的渴求是人们愿意分享负面的个人经历的动机。在消费环境中,研究建议愤怒的顾客或不满意的顾客分享口碑以发泄。

2.释义

人际交流能够通过帮助人们理解到底发生了什么以及为什么发生,从而进行情绪调节。情绪刺激通常引发一种模糊的感受。比如有人被解雇,会感到很消极,但却不知道其究竟是愤怒,还是悲伤,或者两者都有。另一种是有人感受到一种特定的情绪,比如焦虑,却不明白到底为什么有这种情绪。与他人交谈可以帮助当事人理解到底有什么样的情绪感受以及为什么有这样的情绪感受。将情绪转化为单词,要求有清晰的和深思熟虑的表达,这可以产生对消极经历的释义等。这些洞察可以让人们从负面经历中复原,增加长期的幸福感。

3.报复

当人们经历了不好的消费体验后,分享转发也使得人们可以惩罚或报复某一个公司或个人。报复有点类似情绪发泄,只是在目的上不同,发泄的目标是希望感觉变好,而报复是为了惩罚。因此,愤怒、挫折或者不满意的顾客更可能用负面的口碑来进行报复。

4.回味

除了负面情绪,正面情绪体验也会通过口碑交流让人变得更加愉悦。回味经历过的情绪体验可以激活相关的情感。分享美味的法式晚餐,或者一次神奇的巴西之旅可能鼓励了对积极事件的反刍和调味。交流积极事件可提高积极情感,甚至这种愉悦会超过经历本身带来的愉快。

最后,与他人分享负面情绪会促进幸福感,因为它增加了感知社会支持。有时候消费者通常不确定自己的决定是否为正确选择,因此与他人谈论可以帮助他们确认自己的决策,减少心理失调。

情绪调节的动机会使得人们喜欢转发分享以下信息。

①情绪性内容。心理学研究发现,人们会将其90%的情绪体验与他人分享。高度满意和高度不满意的顾客都更可能进行口碑传播。人们更愿意转发有更高享乐价值的邮件、情绪性的社会轶事,也更愿意回味能够引发恶心、有趣、惊奇、快乐和轻蔑等情绪的内容。实验研究发现,如果电影或新闻中所蕴含的情绪越强烈,就越可能被分享。极端强烈的情绪,比如高度的恐惧也可能阻碍分享与传播,因为这些情绪使人震惊,导致人们无法及时反应。

②负面情绪内容。情绪调节倾向于关注负面情绪的管理,许多社会分享的文献都表明分享可降低负面情绪,因此人们可能会愿意分享负面情绪经历来改善心情。虽然分享负面情绪会让人们得到舒缓,但是印象管理的因素会导致人们不愿意分享。

③高情绪唤起的内容。情绪唤起是指个体的心理被激活并准备随时待命的状态,如心跳加快、手心冒汗、肌肉颤抖等。不同情绪的心理唤起程度不同,比如焦虑和悲伤虽然都是负面情绪,但是对心理的唤起程度不同。在负面情绪方面,高唤起的情绪,如愤怒,比低唤起的情绪,如悲伤,更能增

加人们的发泄欲望。在正面情绪方面,高唤起的情绪,如兴奋,比低唤起情绪,如满足,有更高的回味的渴望。

一些研究发现支持了唤醒可增加社会信息流动的结论。引发起愤怒、焦虑、敬畏的新闻能够激发起更高水平的心理唤起,也更容易被转发分享。研究发现,谣言在冲突、危机、自然灾害时最为繁盛,因为此时有普遍的焦虑。而当某篇文章激发起较低的情绪,比如悲伤时,那么这篇文章就很难被分享转发。

偶然的生理唤起也可能会增加非关联内容的分享,比如跑步。如果人们将他们普遍感到的生理唤起错误地归因于某个故事或谣言身上,他们可能会认为该内容更加有趣或具有娱乐性,因此会分享转发该内容。

三、获取信息

当消费者不太确定购买哪些产品和如何解决特定问题时,他们向其他人求助,他们会去找口碑,他们会主动谈起这个产品,希望得到推荐、建议或者外部视角。通过与他人的交流,消费者可以获得应对状况的方法和建议,并解决问题。比如听说了一个关于某公司糟糕售后服务的故事,可以帮助顾客避开这一品牌。

因此当消费者的决策是风险、重要、复杂、不确定的决策,或是缺乏可信信息的决策时,他们就可能求助于口碑,所以当品牌涉及风险较大的内容时,它会被更多讨论。

四、联络感情

口碑和信息分享是一种联络感情的低成本的办法,如同"社会胶水"将人们"粘"到一起并加强社会联系。此时,社交媒体的分享功能是"创造社会和谐"而不是"传递信息"。人们热衷于品牌社区的一个原因就是希望与自己大致相同的其他人联系。

共享和转发可以加强共享的观点、群体成员感,以及一个人的社会层级。人们购买或消费其实是一个沟通系统,勾画了人们属于哪个群体,并允许人们与相似的他人沟通交流联系。口碑有相似的功能,与朋友讨论你们共同喜好的商品或议题可以加强两个人的共同点,就好像一种社交货币一样允许他们能够融入群体,并显示他们是圈内人。

联络感情动机会使得人们喜欢转发分享两类信息,即有基本共识的内容和更加情绪化的内容。情感相似性会增加群体的一致和谐,帮助人们在注意力、认知和行为上同步。因此在此动机下的交流话题不一定是最有趣的内容,但一定是有共同点的内容,即跟每个人都相关,都能评论,比如星座。此外,经历了高情绪唤起的人会更强烈地渴望与他人联结,因此会导致人们更多地分享情绪化的内容。

五、说服他人

人们的转发和口碑传播还可能是为了说服他人。一个消费者可能赞扬某一个餐馆并说服他们的配偶或是朋友去那里;朋友可能说某部电影不好,因为他们想看另一部。此类的口碑信息的情绪会更加极端化,内容更加带有情绪唤起性或煽动性。

案例 7-1

为什么网易总能刷爆你我的朋友圈?

回顾 2017 年,网易产品的营销可谓是月月刷屏,无论是刚起步的产品,如网易严选、网易有道翻译官,还是已经有一段时间沉淀积累的产品,如网易新闻、网易云音乐,针对每个不同的产品所策划的营销方案都具有独立性，而且几乎每次营销都带来了一波又一波的传播高峰，不仅成功地为产品制造了话题，获得了巨大的曝光度，同时在社交媒体中声势也轰轰烈烈，甚至得到了高于行业平均水平的转化率。

从 2017 年初开始，网易云音乐的年度报告在新年的第一个工作日占领了朋友圈，辞旧迎新之际，人们总是喜欢总结一下过去一年，网友纷纷截图，在朋友圈展示自己的音乐喜好和品位。

2017 年 3 月底，网易云音乐联合杭州地铁打造了乐评专列地铁，从 5 年来积攒的 UGC 乐评中精选了 5000 条优质评论，印满了杭州地铁 1 号线的车厢和江陵路地铁站。一句乐评就是一个故事，来来往往的乘客被这些故事打动了内心，在强烈的共鸣之下引发了朋友圈一轮又一轮的分享刷屏。

"五一"期间，网易新闻与饿了么洞察到当下年轻群体中所流行的丧文化，在上海共同打造了一家四天的快闪店"丧茶"，紧紧抓住了年轻人的眼球，不仅在开业当天盛况空前，还刷爆了朋友圈。

"六一"儿童节，网易新闻与哒哒工作室策划了 H5《这是成年人不敢打开的童年》，采取了一镜到底的 3D 透视效果呈现"80 后""90 后"看过的经典动漫，该 H5 在 5 月 31 晚上线仅 3 小时就获得了 150 万的 UV，引发了儿童节的刷屏传播。

7 月初，正值哈利·波特诞生 20 年之际，网易新闻与哒哒工作室联合策划了又一个 H5《这篇文章只能用魔法打开》，新颖魔幻的内容风格、互动方式和 UI 设计让无数"哈迷"为之刷屏转发。

9 月中旬，网易有道推出新产品有道翻译官，为其策划了 H5《深夜，男同事问我睡了吗》。产品的功能巧妙地融入了峰回路转的故事，创意让人拍案叫绝，这个没有请任何供应商、零成本、完全出自有道市场部的 H5 在朋友圈的刷屏之下获得了百万级别曝光量。

到了 2017 年末，为了一年一度的"双十二"，网易考拉连续推出了 H5《入职第一天，网易爸爸教我做人》、H5《入职半个月，网易爸爸让我怀疑人生》，随后又推出了续集 H5《入职网易的第 55 天，Julia 动了辞职的念头》，将职场新人一波三折的办公室"戏精"故事演绎得活灵活现。三个 H5 每次推出都引发了朋友圈的传播高潮。据网易内部透露的数据显示，通过 H5 获得的卖货量也近千万，实现了传播度与带货量的双赢。

从 2017 年初刷屏到年末，网易各产品的营销马不停蹄，除了数量上高产，在传播效果上也令人啧啧称道。网易被戏称为一家让互联网事业耽误的广告公司，那么网易是如何把营销玩得风生水起，不同产品的营销为何都能引发刷屏狂潮，它们背后的内容生产和传播机制有着什么样的共性？

首先，网易十分注重圈层营销。圈层营销是让内容符合不同类群的兴趣取向，从而激发类群之间的传播。在目前去中心化的时代，传播的路径由媒介向受众传播，变为了媒介向受众传播，受众再向更多的受众去传播，可见受众在内容传播路径中的节点作用日益突出。因此，要选择关键的目标受众圈子。这个圈子是引起未来更广泛传播的种子人群，最后再定位和策划适合这一圈子传播的内容。如网易有道翻译官的《深夜，男同事问我睡了吗》和网易考拉的 Julia 系列 H5 都是以职场人士、办公室白领作为目标人群进行营销。Julia 系列 H5 刚开始正是在营销圈里"火"起来，后来才传播到更多不同圈子。因此，网易营销的背后首要任务是聚焦到准确的、特定的圈子人群，然后根据圈内人的爱好、年龄或生活方式等特征，结合产品的功能特点去定位内容，策划出目标圈子人群感兴趣的、符合他们价值观的内容，才能让营销产生高效的自传播。

网易能够策划出那么多创意"爆表"、打动人心的内容，除了对目标圈子和传播内容的定位有清晰把握，还离不开对创意和对热点的精准洞察能力。Julia 系列的三支 H5 以办公室作为场景，职场新人被要求寻找上百位网红进行合作，还要在预算非常有限的情况下策划精彩的年会……这些讲述职场"残酷"的创意故事源于网易考拉市场部对自身的洞察，他们对于营销同业圈子的人群同样很熟悉,Julia 的原型仿佛就是曾经的自己,或是办公室的新人,代入感和真实感强烈。而 H5 采用了"自黑"的手绘日漫形式,将这样轻松幽默的 H5 转发到朋友圈也不会担心老板的另眼相看,反而可能获得调侃和点赞。《这是成年人不敢打开的童年》的创意则是网易洞察到了"80 后""90 后"有大批热爱动漫的青年,动漫陪伴他们度过了青葱岁月,H5 中呈现的《灌篮高手》《名侦探柯南》《火影忍者》《哆啦 A 梦》和《美少女战士》5 部动漫正是他们的童年记忆,以此庆祝和缅怀"80 后""90 后"再也回不去的儿童节,勾起了他们共同的记忆。在追忆每部漫画时,H5 背景都是对应漫画的 BGM,大大增强了代入感。网易的洞察力也体现在对热点和节日的选择上。丧茶之所以出现,是因为有微博网友吐槽想在喜茶的对面开一家对着干的丧茶,这一话题逐渐升温,被网易注意到,于是就借此热点机会将丧茶实现了。网易也洞察到了哈利·波特诞生二十周年、儿童节这些节日背后的价值,挖掘出了这些节日对于特定圈层人群的意义。借势共情、节日、社交媒体中的情绪热点,网易的刷屏事半功倍。

除了在一个圈层传播,还需要引发更加广泛圈子的关注。网易为了穿透圈层传播,将品牌、产品与营销内容中的情感、情绪建立了密不可分的纽带,每次刷屏的背后都是受众情感的共鸣和内心深处的表达。网易云音乐打造的乐评专列有足够的故事感,这些来自 UGC 的评论藏着用户在生活中真实的体会,唤起了大众的共鸣。当人们在车厢内、站台上阅读一句句由音乐引发的或悲或喜,与友情、爱情、亲情相关的评论,尽管不是自己的故事,但这封闭的空间也放大了各种情绪,让人心有戚戚焉。乐评也是网易云音乐宝贵的资源,是它区别于其他音乐品牌 App 的重要因素,乐评专列加深了大众对网易云音乐的认知和印象,云音乐不仅能听歌,还有很多触动人心的故事。同样地,丧茶关注到年轻群体的内心世界,突显流行在年轻群体中的"丧"文化,通过茶饮突出他们对生活、工作的焦虑感与无奈感,而《这是成年人不敢打开的童年》则以动漫的共鸣唤出了人们对童年的记忆,对童年的怀旧之情。实际上这些 H5、活动正是在帮用户表达出他们内心想表达,却不知道如何表达或者不敢表达的话,因此,这些引发刷屏的作品某种程度上是在帮助用户缓解情绪,并传递自己认可的价值观。因此,转发才将变得如病毒一般蔓延扩散,形成疯狂的刷屏。

参考资料:

1. Julia H5 续集再度爆红,看看网易市场部是如何做到的?［EB/OL］.［2017 - 12 - 14］. https://www. digitaling.com/articles/42116.html.

2. 为什么网易总能刷屏?背后的"圈层营销"才是真正的秘诀［EB/OL］.［2018 - 01 - 28］. http://www. sohu.com/a/219422173_464133.

3. 2017 年刷屏的网易,都做过哪些神级营销案例?［EB/OL］.［2018 - 01 - 24］. http://www.sohu.com/a/218569975_329410.

4. 10 分钟 10W＋,网易新闻如何做到月月刷屏?［EB/OL］.［2018 - 01 - 23］. http://www.yixieshi.com/105401.html.

5. 你只看到了网易云音乐刷屏,却没看到背后的逻辑!［EB/OL］.［2017 - 03 - 23］. https://baijiahao.baidu.com/s? id=1562896656486104&wfr=spider&for=pc.

6. 2017 年 10 大刷屏 H5 案例［EB/OL］.［2017 - 12 - 09］. http://dy.163.com/v2/article/detail/D5D4G3VG0511NDL5.html.

7. 为什么网易的广告总能撩到你?［EB/OL］.［2017 - 12 - 08］. http://www.sohu.com/a/209320758_99967244.

8. 丧茶凭什么这么火?［EB/OL］.［2017 - 05 - 09］. http://news.ikanchai.com/2017/0509/131978.shtml.

六、其他因素

除了动机之外，消费者特质、传播渠道也会影响消费者的分享和转发动机。社交媒体的匿名性、强弱关系、用户数量、地位高低、表达形式（文字、图片、视频、口头等）都会对口碑的传播产生影响。

七、意见领袖的助推

意见领袖（KOL）对口碑的生产和传播有很强的影响，详见第六章。

延伸阅读 7 - 1

口碑传播的 STEPPS 方法

为什么某些产品会大卖，某些故事被人们口口相传，某些视频链接被疯狂地点击，某些谣言更具传播力，但另外一些却无法掀起波澜？

沃顿商学院的营销学教授乔纳·伯杰的著作《疯传：让你的产品、思想、行为像病毒一样入侵》试图回答这一问题。乔纳·伯杰教授创建了一个网上工具 STEPPS，帮助营销者按照其想法进行六个方面的详细评估和改进。

通过大量实验，乔纳·伯杰教授总结出让产品得到口碑传播的战略——STEPPS。在他看来，如果人们愿意疯狂地传播某些产品、思想和行为，要归因于以下六个因素：社交货币（social currency）、诱因（triggers）、情绪（emotion）、公共性（public）、实用价值（practical value）、故事（stories）。

人们通常以为的质量、价格和广告并不能解释所有流行的行为，或者不是流行的全部原因。要想真正发起流行，传播者"应该创建一个有社交货币的、已激活的、富含情绪的、公共性的、有实用价值的故事，并确保你要传播的信息牢牢地被嵌在人们谈论的故事中，这样才能广泛地传递开来"。

1. 社交货币（S）

从某种意义上讲，能够传播的内容是富有流通价值的社会性货币。你会主动跟身边的人谈论话题，包括物质上的和观念上的，是因为谈起这些会让你觉得在给自己加分，无论是显得更聪明、更富裕、更时尚，还是更博学。乔纳·伯杰说："人们是否共享这条信息，主要是看这条信息能不能给他们带来面子和别人的尊重。我们之所以去共享更多积极的信息，是因为我们希望通过这种共享让自己在朋友面前显得更加积极、更加阳光并富有活力。"比如常见的贵宾卡，这是"一种有形且可视的标志"，这种标志可以展示自己与众不同的优越地位。还有一种创造社交货币的方式是营造稀缺性。"假如某些商品难以购买，就会引起顾客的注意，人们会相信这个商品值得购买……只要产品让顾客感觉有稀缺性……他们就会认为这种产品有价值，并将此消息传递给其他人。"

2. 诱因（T）

人们会谈论那些正好在他们嘴边的事情，因此，可以用一些刺激物激发人们的记忆，让他们想到你想传播的相关内容。比如，利用一个更加频繁出现或更容易被想到的东西去激发人们对你的产品的联想。1997 年夏天，玛氏发现巧克力条的销量突增，原因是那一年美国宇航局成功将火星车"火星探路者"送上了火星。火星的英文 Mars 和玛氏公司的巧克力条 Mars 相同，媒体和公众对火星的关注，激发了消费者在超市购物时对巧克力条的购买欲。

3. 情绪(E)

情绪也会促使人们去传播、转发、评论和谈论。在众多情绪中,最能促进信息传播的情绪是敬畏、生气、担忧、兴奋和快乐。因此,传播者不应该喋喋不休地去宣传产品和相关内容,而应该想办法获得消费者的情感投入。

4. 公共性(P)

通过让产品或内容更可见来帮助其传播。人们会模仿他人的行为,但不会模仿那些看不见的行为。驱使人们共享的关键要素就是公共可视性。对于一个产品而言,要想流行起来,就得增加它的外在可视性。比如,在用 iPhone、黑莓手机回复邮件时,手机会自动显示"发自 iPhone/黑莓手机"的字样,这会让原本不可见的消费变得可见,增加了人们消费、传播该产品的欲望。设计一个具有公共可视性的产品对于小公司或微型组织来说是非常有价值的战略,因为这样做可以实现自我传播,不需要为宣传花费额外的资源。

5. 实用价值(P)

人们更喜欢谈论一些实用的信息。为什么"养生宝典""10 个收纳技巧"这样的标题往往得到最多分享?因为这些总结性和功能性的内容能让消费者看到了价值。因此,只要公司能够证明自己的产品或理念能够帮助人们节省时间或金钱,人们就会自发地传播公司的产品或理念。

6. 故事(S)

故事是最古老的,也是人类最喜欢的信息传播方式。人们会记住并传播故事,但不会留意宣讲式的广告或产品功能列表。

资料来源:

1. 乔纳·伯杰. 疯传:让你的产品、思想、行为像病毒一样入侵[M]. 刘生敏,廖建桥,译. 北京,电子工业出版社,2014.

2. Crafting Contagious Guide[EB/OL]. [2018-01-17]. http://jonahberger.com/resources/.

第八章

数字化消费者决策与购买

有了移动终端,消费者不再需要"去购物",他们随时随地都"在购物"。数字化消费者行为最根本的变化是,数字化购买行为和决策模式与传统有很明显的不同。数字化消费者决策模式与传统消费者决策模式形成鲜明的对比,消费者决策的路径、时间、影响权重都与之前大相径庭,极大地改变了传统的终端购买行为和商业形态。例如,消费者的网上和移动购买行为对传统商业渠道、实体零售店形成了巨大的挑战;移动支付引发了广泛的金融科技创新。

第一节　经典消费者决策模型

消费者行为学很早就关注"消费者如何作出购买决策"这一问题,"决策观点"的消费者行为学发展得最早。行为决策理论(behavioral decision theory,BDT)是近几十年营销学最活跃的学术领域之一。相应地,出现了各种消费者决策过程模型(consumer decision processing)。本章先介绍消费者决策行为的基本或总体模型,再介绍数字化的消费者决策模型。

传统上,"消费者决策"是指消费者谨慎地评价某一产品、品牌或服务的属性,并进行理性的选择,即用最低的成本购买能满足某一特定需要的产品的过程。它具有理性化、功能化的双重内涵。尽管有的消费者在决策时并不注重产品属性,而是更多地关注购买或使用时的感受、情绪和环境,但决策过程模型仍对各种类型的购买行为提供了有益的洞悉[①]。

一、整体决策模型

为了解释消费者决策这一复杂的行为,从理性逻辑入手把消费者决策划分为若干阶段。把消费者看成是理性的问题解决者,由此将消费者购买决策的一般过程解读为认知的过程,分为五个阶段,构成消费者购买决策过程的基本模型如图8-1所示。布莱克韦尔把这一模型扩展为七个阶段,增加了"使用"和"处置"两个阶段(见图8-2)。

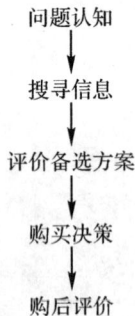

图8-1　消费者决策过程的五阶段模型
资料来源:莫温,米若尔.消费者行为学[M].4版.黄格非,束珏婷,译.北京:清华大学出版社,2003:148.

图8-2　消费者决策过程的七阶段模型
资料来源:布莱克韦尔,等.消费者行为学[M].9版.徐海,等译.北京:机械工业出版社,2003:52.

---

① BARDHI F,ECKHARDT G M. Liquid Consumption[J]. J Consum Res,2017,44(3):718.

二、类别购买决策理论

总体模型介绍了消费者决策的一般步骤,但购买不同产品,在不同心理状态下,购买决策的侧重点、决策步骤都会有差异,对不同类别的购买决策分析更接近实际的消费者购买决策。

在消费者行为学的研究中,初始倾向于将消费者视为理性人,其后又发现情感带来的决策不可忽视,进而提出了"理性-感性"的分类解释框架。然而,面对复杂多样的消费者购买情境和状态,"理性-感性"的框架并不完善,例如,消费者购买住房与购买牙膏是两个截然不同的决策过程。消费者受广告影响的情境也很复杂,如果以商品类别来区分,范围大、数量多,又不得要领。直到人们发现消费者对信息的关注程度是一个关键点。从信息关心度入手,并引入描述的新变量——介入度,才有了突破。由此,消费者决策的解释和应用框架由一维升为二维,即以"理性-感性"加上"介入度的高/低",将消费者决策的解释分为四类。以"介入度"作为首先要考量的指标,进一步将消费者购买分为几种不同的情景类型,分别解释其信息处理和购买决策过程。

1. 购买决策类别

美国学者亨利·阿塞尔根据顾客购买时介入度的高低和品牌的差异,把消费者购买决策分为四大类别:复杂决策、有限决策、习惯性决策和品牌忠诚度决策,如图 8-3 所示。

	高度介入	低度介入
决策（搜寻信息，考虑品牌的选择）	复杂决策 （汽车、电器等）	有限决策 （成人麦片、快餐食品等）
习惯（很少或没有搜寻信息，只考虑一种品牌）	品牌忠诚度决策 （运动鞋、成人麦片等）	习惯性决策 （包装蔬菜、纸巾等）

图 8-3　消费者介入度与购买决策分类

资料来源:阿塞尔. 消费者行为和营销策略[M]. 6 版. 韩德昌,译. 北京:机械工业出版社,2000:48.

介入(involvement)是指"一个人基于内在需要、价值观和兴趣而感知到的与客体的关联性"。其中"客体"(object)是指消费者可能会介入的品牌、产品、广告、促销或购物情境等。通常从策略上可分为品牌(产品)介入、信息介入和购买情境介入。阿塞尔的模型中指的是产品的介入度。低介入度时的消费者行为特征是惯性或习惯性行为(inertia),而高介入度时的消费者行为特征是热情或激情(passion)。

阿塞尔认为,消费者的复杂决策通常会有一个事先的计划并遵循消费者信息处理模型,而非计划购买决策通常是在惯性或有限决策中做出的,包括纯粹冲动性购买(pure impulse)、建议影响性购买(suggestion effect)、计划内冲动购买(planned impulse)、提醒购买(reminder effect),以及类别计划购买(planned product category)五种类型。

因消费者在不同情景中的介入度不同,他们遵循的信息处理决策过程也不同(见图8-4)。

为区分不同的购买决策,学者还分别建立了各自的消费者决策模型。布莱克韦尔等人将消费者购买决策区分为扩展型问题解决(extended problem solving,EPS)、有限型问题解决(limited problem solving,LPS)及习惯性(重复)购买决策(routinized response behavior,RRB)。有时还在扩展型问题解决(EPS)和有限型问题解决(LPS)之间再加入一个类型——中等问题解决(middle problem solving,MPS)。有关购买类型的过渡如图 8-5 所示。

图 8-4　介入度与不同购买类型的决策过程

资料来源:霍金斯,等.消费者行为学[M].8 版.符国群,译.北京:机械工业出版社,2003:476.

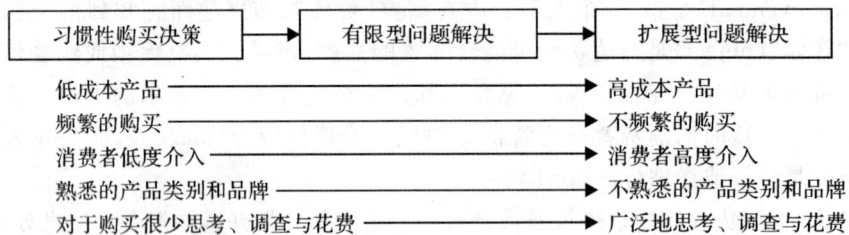

图 8-5　购买类型的过渡

资料来源:所罗门.消费者行为学[M].10 版.卢泰宏,杨晓燕,译.北京:中国人民大学出版社,2014:190.

J.布莱斯则把消费者决策分为程序化解决(即惯性)和非程序化解决,后者包括有限型问题解决、扩展型问题解决及冲动型购买决策。

购买者的购买决策类别并不会固定不变,而会随着商品生命周期的移动等原因(如对某种商品由陌生到熟悉)而改变,这意味着相应的购买状态发生了转移。霍华德等人建立了消费者决策一般模型,并分别建立了 EPS、LPS 和 RRB 状态下的消费者决策模型。霍华德强调,理解消费者的三个基本概念是产品类别、产品生命周期和市场,进而从产品生命周期(PLC)角度关联 EPS、LPS 和 RRB,与产品生命周期的三个阶段(导入、增长和成熟)相对应,将消费者的三种购买类别等同于决策的三个阶段(见表 8-1)。

表 8-1　消费者购买决策与产品生命周期

产品生命周期	决策阶段	使用信息数量	决策速度
导入阶段	EPS	大	慢
增长阶段	LPS	中等	中等
成熟阶段	RRB	小	快

2.流动性消费和实体消费

在移动互联网普及后,Bardhi & Eckhardt 在 2017 年基于消费者是否获得产品的所有权来对决策类型进行了区分。他们提出一个新的概念"流动性消费"(liquid consumption)。对于消费者而言,拥有产品所有权意味着消费者可以永久使用该产品,相反,消费者若只获得产品的使用权则意味着其只能在允许的时间段内使用产品,一旦超过了该时间段,消费者就无法继续使用该产品。Bardhi & Eckhardt 根据消费者是否获取产品的所有权提出了新的消费决策划分方式:一种是流动性消费,是指短暂的、基于使用权的和去物质化的消费;另一种是实体性消费(solid cosumption),是指持续的、基于所有权的和物质化的消费①。

流动性消费是信息时代的产物,强调产品使用权的短暂转移而非所有权的转移,如数字音乐、电子图书、共享经济等。值得注意的是,流动性消费的对象并不仅仅是虚拟产品,共享汽车、共享房屋都具备流动性消费的特点。

选择流动性消费的消费者在进行产品的选择时,更关注产品的灵活性、可适应性、流动性、轻便性等特点,这些是他们进行购买决策的主要标准,而不太关注产品本身的质量、价格等信息。这样的决策标准取决于他们的消费动机,他们认为,获取产品的使用权比获得产品的所有权更有价值,并希望通过仅获得产品的短暂使用权来摆脱拥有产品所有权所带来的负担,从而实现一种流动的生活方式。以共享消费为代表的流动性消费,体现出极强的"不求天长地久,但求曾经拥有"的特点,其发展速度之快超乎想象,应该得到各个领域的重视。

由于流动性消费具有灵活性的特点,消费者在进行此类购买时往往会通过一些互联网渠道以实现产品的快速交易(比如租房平台、购买影视剧的视频网站),因此,消费者做决策时会更多地收集互联网上的信息,尤其是口碑评价,而在使用产品后,也更乐于在互联网上分享自己的使用体验。此外,流动性消费的短时性让消费者很难与产品或品牌之间产生联系,也无法对品牌产生忠诚,但能促进消费者品牌和产品选择的多样化。最后,因为不拥有产品,流动性消费决策所伴随的道德问题与传统消费拥有产品所有权产生的道德问题不同,这给个体心理和社会心理研究都带来了新的主题。

实体性消费是一种更加传统和普遍的消费(比如购买房产、汽车),它强调产品所有权的转移。消费者在进行实体性消费时,更加关注产品的大小、质量、稳定性、安全性等产品属性信息,因为他们要拥有产品的使用价值,所以这些属性信息是他们进行购买决策时的主要标准。

由于实体性消费的特点,消费者在进行此类购买时常常选择线下的渠道,但随着电商的兴

---

① 　BARDHI F,ECKHARDT G M. Liquid Consumption[J]. J Consum Res,2017,44(3):718.

起,选择互联网渠道的消费者越来越多,但不管选择何种形式,消费结果都是一样的——消费者能够永久地拥有实体性的产品。在同类产品下,实体性消费的产品要比流动性消费的产品价格更高(比如纸质书比电子书更贵),因此在选择实体性消费时,消费者会投入更多的精力积极地处理产品信息。由于实体性产品比流动性产品更容易让消费者产生禀赋效应,消费者也更容易和实体性产品产生自我连接,从而也更容易产生品牌忠诚。

值得注意的是,Bardhi & Eckhardt 根据消费者是否想要获取产品所有权而提出的消费决策的划分并不是割裂的,而是连续的。换句话说,消费既可以是流动性的,也可以是实体性的,互联网时代下的"智能产品"最符合这种类型。比如智能冰箱,它本身是实体的、笨重的,但是它所具备的智能科技是流动的、灵活的。该类型消费特点的复杂性将带来决策过程的复杂性,智能产品的日益流行也意味着该类型的消费值得研究。

第二节 数字化消费者决策模型

数字智能技术所带来的不只是技术上的更新换代,它改变的是人们获取信息的方式、沟通方式和决策流程。从决策流程来看,在数字时代中,消费者决策的漏斗模型已经转变为双环模型,即消费者决策进程模型(consumer decision journey,CDJ)。

一、漏斗模型

在传统的"漏斗式"选购法中,一开始,消费者的脑子里有许多可能的品牌(漏斗口较宽的一端),当消费者系统地筛选候选商品数目时,备选项开始慢慢减少,最后消费者确定了一个选择购买的品牌(见图 8-6)。售后阶段成为决定消费者对品牌的忠诚度以及再次购买相应产品可能性的考验期。企业遵循漏斗模型,对能够接触到消费者的点进行系统的管理,在漏斗过程的每个阶段都向消费者进行"推"销,影响他们的行为,以增加进入最后选择清单的可能性。但是,由于产品选择面和数字渠道的扩大,消费者面对的信息激增,获取信息的能力也有了质的提高,漏斗概念已无法准确概括消费者决策的历程,简单的线性关系也无法概括所有关键购买因素和接触点。

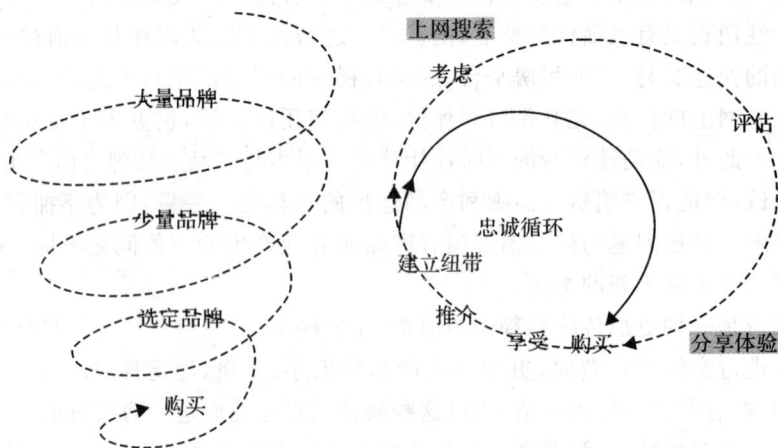

图 8-6 漏斗模型(左)和双环模型(右)

二、双环模型——消费者决策进程模型

2009 年,大卫·考特(David Court)与另外三位作者在有影响力的《麦肯锡季刊》(*McKinsey Quarterly*)上提出"消费者决策进程模型"(CDJ)①,次年埃德尔曼发表在《哈佛商业评论》上的文章引入和强化了这个模型,对数字化时代的消费者与品牌的联系做了新的描述。他们的研究表明,数字化消费者的决策进程不再是逐步地缩小品牌选择范围,数字化决策进程是环状循环往复的,由购买环(purchase loop)和品牌忠诚度环(loyalty loop)两个小环内切组成,包括 6 个关键阶段:考虑(consider)、评估(evaluate)、购买(buy)、体验(experience)、支持(advocate)和互信(bond)等。

数字化消费者的决策进程包含以下 6 个阶段:

1.考虑阶段

在消费者做出购买决策之初,脑海里会涌现出一些最常提及的产品或品牌,有些是他们在广告或店内展示中看到的,有些是在朋友家偶然碰到的,还有一些则是受到其他外界刺激留下印象的。根据漏斗模型,消费者在这一阶段想到的品牌最多,但是如今的消费者受到媒体信息的"狂轰滥炸",淹没在品牌的海洋中,常常从一开始就会考虑减少要购买的产品。此时,品牌知名度至关重要,进入初选品牌名单的商品最终被购买的可能性可以是未进入初选品牌名单商品的三倍。

2.评估阶段

那些在第一阶段未被纳入初步考虑范围的品牌并非全无机会。消费者会从同事、评论家、零售商,以及相关品牌和竞争品牌那里了解信息,他们最初考虑的品牌范围常常因此不断扩大。随着信息的增加以及选择标准的变化,他们一般会考虑一些新的品牌,同时剔除原先考虑的一些品牌。在后续阶段加入的品牌数量因行业而异,研究表明,那些对个人电脑进行积极评估的人,平均会向数量为 1.7 的初选品牌名单添加 1 个品牌,而汽车购买者会向其数量为 3.8 的初选方案添加 2.2 个品牌(见表 8-2)。这一行为变化给营销人员带来了机会,在品牌能够产生影响时增加了接触点,而那些已经进入初选范围的品牌再不能为拥有这一地位而高枕无忧了。

表 8-2 不同行业的消费者在积极评估阶段新增加的品牌数量

行业	购买的比例/%			品牌平均数量	
	初选	积极评估	忠诚循环	初选入围	积极评估阶段新添入
汽车	63	30	7	3.8	2.2
个人电脑	49	24	27	1.7	1.0
皮肤护理	38	37	25	1.5	1.8
电信运营商	38	20	42	1.5	0.9
汽车保险	13	9	78	3.2	1.4

资料来源:麦肯锡消费者决策调查,2008 年调查对象为美国汽车和皮肤护理,2008 年调查对象为德国移动通信,2009 年调查对象为美国汽车保险。

---

① BARDHI F,ECKHARDT G M. Liquid Consumption[J]. J Consum Res,2017,44(3):718.

在新的决策历程中,随着消费者把握了决策过程的控制权并积极"拉"或吸收对其有帮助的信息,由消费者主导的营销越来越重要。研究发现,在积极评估阶段中,有 2/3 的接触点都涉及消费者主导的营销活动,如互联网评论、亲朋好友的口头推荐、店内的互动以及对过去经验的回顾;1/3 的接触点涉及由企业推动的营销(见图 8-7)。传统的营销仍然重要,但是消费者决策方式的变化要求营销人员主动超越纯粹"推销"风格的沟通,学会运用口碑相传和互联网等手段来影响消费者主导的接触点。

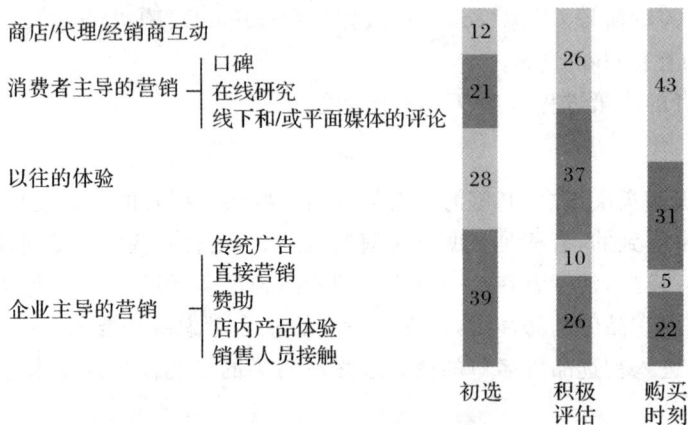

图 8-7 对于竞争对手和新客户来说,消费者决策历程中各阶段最有影响力的接触点(有效性的百分比)
资料来源:麦肯锡消费者决策调查中,2008 年调查对象为美国汽车和皮肤护理,2008 年调查对象为德国移动通信,2009 年调查对象为美国汽车保险。

克莱斯勒和通用等公司一直致力于运用有力的销售激励和经销商计划,以便在积极评估和购买阶段取得成功。但这些公司并没有选对战场,对它们来说,真正的挑战在于初步考虑和购买后阶段。丰田和本田等亚洲品牌以其品牌实力和产品质量主导了这些阶段。亚洲汽车品牌带来的正面体验使得购买者忠诚于它们,从而形成了正面的口碑,提高了这些品牌进入初选名单的可能性,甚至美国制造商持续不断的销售激励也不能破坏这种良性循环。

3. 购买阶段

越来越多的消费者都是等到了店内才做出购买决策,而且他们在店内很容易打消购买的念头。因此,购买点(point of purchase)是一个更为重要的接触点,因为它集中了商品陈列、包装、货源、定价、销售互动等诸多可以影响消费者的因素。例如,在护肤领域,有些几乎不可能进入消费者初选范围的品牌,却以富有吸引力的包装以及货架上的信息而在最后的购买点胜出。店内接触点可以为未纳入初选范围的品牌提供巨大的机会。

4. 体验阶段

当消费者做出购买决定时,营销人员的工作才刚刚开始,购买后的体验决定了消费者对该类产品的每项后续决策的意见,因此,这一历程是一个持续不断的循环。在购买产品后,消费者会与产品以及新的在线接触点形成互动,于是他们与品牌之间的联系会继续加深。如面部护肤品的消费者中,超过 60% 的人在购买产品后会在网上对产品展开调查,而这个接触点在漏斗模型中是完全没有的。

5.支持阶段

当消费者对购买的产品感到满意时,他们会通过口口相传推介这款产品,从而为评估其他产品提供参考,并激发该品牌的潜在影响力。当然,如果消费者对购买的品牌感到失望,他可能会弃用这个品牌,或者做出负面的宣传。但是,如果消费者与品牌之间建立起足够强大的纽带,他就会完全跳过考虑和评估这两个阶段,而进入享受—推介—购买的循环。

6.互信阶段

忠诚度会带来重复购买,但是在当前竞争越来越激烈的复杂世界中,并非所有忠诚度都是等同的。有两种类型的忠诚:一种是积极主动的忠诚,消费者不仅会坚持购买该品牌,还会向他人推荐;另一种则是消极被动的忠诚,消费者要么是因为懒惰,要么是因为令人眼花的选择带来的困惑,会继续购买某一品牌,但是未必会坚守。被动的消费者尽管会宣称忠诚于某一品牌,但是也愿意接受竞争对手为其提供的信息,改变购买的品牌。以汽车保险行业为例,多数公司都有一个看似忠诚、每年都会续签车险合同的巨大客户群。但研究发现,主要品牌的主动忠诚者与被动忠诚者的比例存在高达 6 倍的差异。因此,各保险公司都有机会打破对手的忠诚循环圈,通过简单易行的产品比较和转向流程,引诱其他公司的被动忠诚客户。它们为客户提供离开的理由,而不给客户坚守的借口。

2015 年,埃德尔曼又在《麦肯锡季刊》第 4 期上更新了双环模型的表述,称其为"消费者决策新旅程",如图 8-8 所示。该模型的目的是向企业体现使用互联网技术可以对决策旅程进行设计并不断优化,企业可以主动向消费者传递品牌价值,能够大幅压缩甚至完全消除消费者在购买过程中的考虑和评估部分,直接把消费者推入购买。

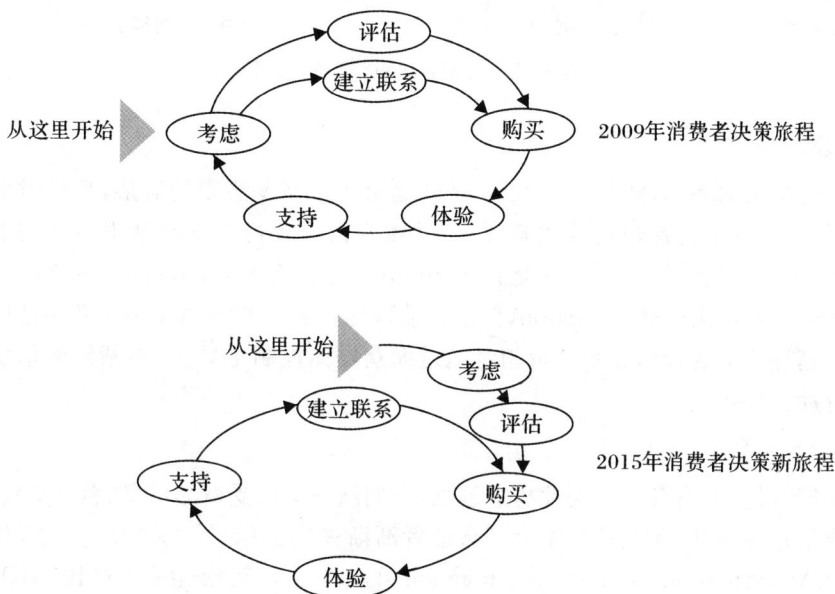

图 8-8 双环模型的进化

资料来源:周欣悦.消费者行为学[M].北京:机械工业出版社,2019.

三、从 AIDMA 模型、AISAS 模型到 SICAS 模型

进入移动互联网时代,消费者的决策模型也在不断发生变化。在传统媒体时代与互联网初期,行业广泛奉行的是 AIDMA,强调以媒体为中心,处于向用户单向传递信息的阶段。在互联网 2.0 时代(信息与人互动),基于搜索和分享应用的出现,用户对传统媒体的聚售转到了网络媒体上,信息的来源变得分散,用户的行为由被动变成了主动。AISAS 模型通过"搜索"与"分享"实现了消费者间信息的传递与渗透。在互联网 3.0 时代(智能互联网),SICAS 模型提供全面、精细化的消费者行为模式,ISMAS 通过"口碑"将网络与实体相互融合,弱化品牌商家主观推送信息的概念,强调消费者的需求与接纳度,并将忠实顾客与品牌忠诚度作为传播的核心。其模型的演进过程可见图 8-9。

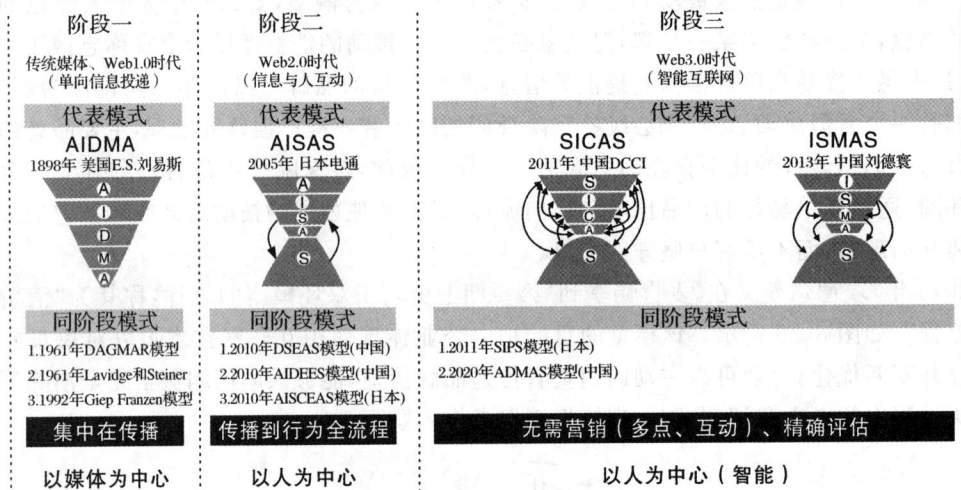

图 8-9 消费者决策模型的演变

1. AIDMA 模型

美国广告学家 E. S. 刘易斯早在 1898 年就提出 AIDMA 法则的雏形,后经学者的不断发展,构建了传统市场消费者购物的成熟流程,并成为消费者行为学领域很成熟的理论模型之一[①]。AIDMA 模型展示的递进过程是:attention(引起注意)、interest(产生兴趣)、desire(激发欲望)、memory(强化记忆)和 action(促使行动)(见图 8-10)。AIDMA 营销法则很好地反映了传统营销环境下的营销关系。营销者通过大众媒体控制主导权,不断影响消费者直至其产生购买行动。

2. AISAS 模型

在互联网时代,消费者的主动性越来越强,他们从被动接受商品信息、营销宣传,逐步转变为主动获取信息和认知,AIDMA 理论对营销者渐渐失去了指导意义。2004 年,日本电通集团提出 AISAS(attention-interest-search-action-share)的全新模型[②]。对比 AIDMA 模型,

---

① 崔玲美. 一文讲透用户消费行为模型(AIDMA、AISAS、SIPS、SICAS、ISMAS)[EB/OL].[2020-06-26].https://www.jianshu.com/p/df23b07dba13.

② 张伟,杨婷,张武康.移动购物情境因素对冲动性购买意愿的影响机制研究[J].管理评论,2020,32(2):174-183.

AISAS 模型中添加了两个来自互联网的典型行为模式——search（搜索）和 share（分享）。在前两个环节与 AIDMA 模型相同的情况下，如果消费者对某个产品感兴趣的话，一般会去互联网搜索（search）相关的信息，然后决定是否购买（action），接着还会基于自己购物的全程体验，将信息分享（share）给更多的朋友，如图 8-11 所示。

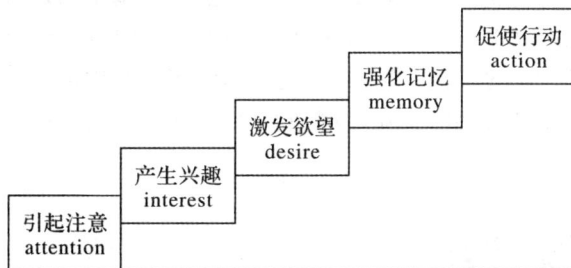

图 8-10 传统购买决策模型 AIDMA

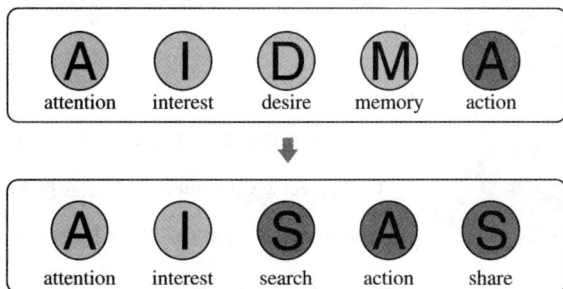

图 8-11 Web2.0 时代的购买决策模型 AISAS

AISAS 模型的营销效果评估首次出现了对售后行为的效果评估，但是营销活动的核心驱动依然是广告，营销活动的关键词是品牌的印象、认知，用户的行为效果评估多了点击、转化率等效果维度，销售效果的评估可以根据行业而细分定制，商家与消费者之前间开始了基于链接的简单的碎片化的反馈，具体见图 8-12。

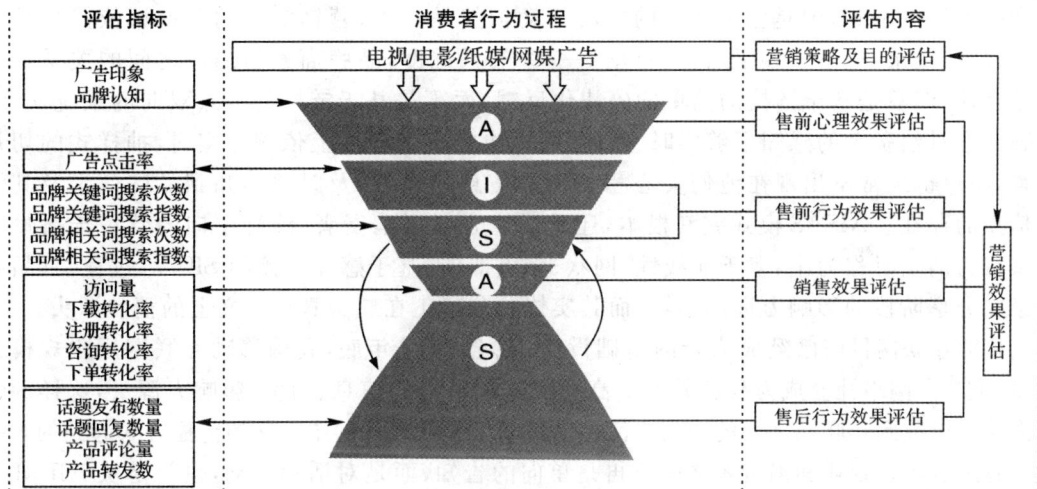

图 8-12 AISAS 营销效果评估模型

3. SICAS 模型

在互联网 Web3.0 时代,智能化的互联网移动应用为消费者行为的实时监测提供了可能性。DCCI 互联网数据中心通过技术手段对用户进行实时、连续、长期的监测后发现,用户的消费行为正在由线性的行为消费过程转变为网状、多点双向基于感知的连接,用户的体验分享正在成为真正意义上的消费源头。以 iPhone 品牌触点图为例,社会化平台的品牌到达率、PV 占有率及用户浏览时长均超过了门户网站,对用户的购买行为决策的影响更大,是品牌接触的重要触点和未来发展的趋势。由此,互联网数据中心(DCCI)于 2011 年提出了多维互动的 SICAS 模型,具体见图 8 - 13。

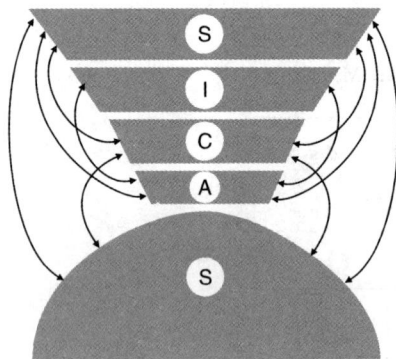

2013年DCCI基于长期以来对用户的行为追踪、消费测量、触点分析和数字被称为数字时代的用户行为消费模型

S. Sense 互相感知　I. Interest & Interactive 产生兴趣 & 形成互动

C. Connect & Communicate 建立连接 & 互动沟通

A. Action 促成行动　S. Share 扩散分享

图 8 - 13　SICAS 模型

资料来源:崔玲美.一文讲透用户消费行为模型(AIDMA、AISAS、SIPS、SICAS、ISMAS)[EB/OL]. [2020 - 06 - 06]. https://www.jianshu.com/p/df23b07dba13.

AISAS 将信息搜集和信息分享作为两个重要环节来考量,而这两个环节都离不开消费者对互联网的应用。互联网为消费者主动获取信息提供了条件,使消费者有机会从多种渠道获得详尽的专业信息,进行相对"明白"的消费。但是在 AISAS 模式之下,虽然有了针对搜索的 SEO&SEM,但是营销活动的核心驱动依然是广告,营销活动的关键词依然是品牌陈列、品牌效果,只不过多了点击、行动等一些效果维度,品牌商家与用户之间的关系虽然开始互动,但只是基于链接的简单的碎片化反馈,而不是基于链接的多点双向的系统交互。品牌商家对消费者的感知不够实时、敏捷,营销决策很大程度上依赖非实时、抽样式的切片调查,用户也经常不出现在他们关心相关消费信息的地方,及时地感知到品牌商家及其消费信息的存在。AISAS 模式究其根本,还是以广告吸引消费者、线性单向的营销传播过程以及行为消费过程为主,多于非线性、网状、多点双向、基于感知连接的 SICAS 过程,且品牌商家在分享阶段的影响力远远不够,而其实体验分享正在成为真正意义上的消费源头。

移动互联网目前已经成为新的基础设施,截至 2019 年底,我国移动互联网用户规模达 13.19 亿[①]。网络社会成为我们效率更高和更具影响力的信息、消费、影响力源头,这样的影响力甚至扩散到互联网之外的现实生活。以往基于大众媒体的中心化的传播方式起到的效果已经越来越弱。企业和消费者之间不再是单向的告知,而是对话和互动,也就是从 AIDMA、

---

① 数据来源:《中国互联网发展报告(2020)》。

AISAS 到 SICAS 的转变（sense-interest & interactive-connect & communication-action-share）。

有大量的消费者不再基于大众媒体获得商品信息，而是基于用户的关系网络，基于位置服务，基于用户与好友、用户与企业相互连接的实时对话——用户不仅可以通过社会化关系网络、分布在全网的触点主动获取信息，还可以作为消费源、发布信息的主体，与更多的好友共同体验、分享。企业也可以通过技术手段在全网范围内感知用户、响应需求。消费信息的获得甚至不再是一个主动搜索的过程，而是关系匹配→兴趣耦合→应需而来的过程。

如何在快速移动的碎片化环境中动态实时感知、发现、跟随、响应一个个"人"，能够理解他们，并且与他们对话，成为提高品牌营销成本效率的关键。而基于 LBS 位置服务随时随地的感知响应能力、基于社会化网络的沟通能力、基于 Ad Network 的覆盖-感知-交互-连接能力、基于开放平台商务协同数据建立交互连接的能力、基于实时数据流的需求实时响应能力、基于各路数据汇聚的开放 CRM 的运营能力、基于分布式电子商务与营销过程无缝对接的能力，成为企业在移动互联网时代的重要能力。

（1）sense（品牌-用户互相感知）：通过分布式、多触点，在品牌-商家与用户之间建立动态感知网络（sense network）是非常重要的基础。双方的对话过程无时无刻、随时随地，广告网络、智能语义技术、社交网络、移动互联网 LBS 位置服务等，这些都是互动感知网络的基础。动态响应以及充分有效地接触消费者变得非常重要，这其中既包括对消费者的感知，也包括被消费者感知。除了相关的技术之外，内容营销也非常重要，通过生产内容将消费者聚集，亦是有效的方法。

数字化时代的一个深刻变化是，消费者主动接触营销人员比营销人员主动接触消费者重要得多，这意味着消费者有更大的决策控制权。与营销人员的推式劝说相比，消费者主动与营销人员和其他信息渠道的接触更能决定他们随后的选择。对于消费者来说，关注、分享、订制、推送、自动匹配、位置服务等，都是其有效感知的重要通路，品牌商家所需要做的，就是以最恰当的方式能够被消费者通过这些通路感知。当然，不同通路的效率、特性不同，比如 2017—2019 年小红书 App 是一个有效的品牌信息投放的社交媒体平台，而之后抖音、快手又成为非常有效的平台。哪些通路效率更高，也是企业需要进一步研究的。

（2）interest & interactive（产生兴趣-互动）：形成互动不仅仅在于触点的多寡，更在于互动的方式、话题、内容和关系。这方面，曝光、印象的效率在降低，而理解、跟随、响应消费者的兴趣和需求成为关键，这也是为什么社会化网络平台，包括短视频社交平台越来越成为最具消费影响力源头的原因。此阶段的消费者，正在产生或者已经形成一定程度的心理耦合、兴趣共振。

（3）connect & communication（建立连接-交互沟通）：通过互动、内容、对话等形成和消费者的链接。

（4）action（行动-购买）：在行动-产生购买阶段，消费者的行为不仅发生在电子商务网站之中，O2O、App、社交网络、短视频平台等都可能成为购买的发起地点。

（5）share（体验-分享）：体验-分享的原始理解在于社会化网络，但是实际过程中，传播对象由地域/家庭组织变成了年龄/兴趣组件，并且互联网的开放分享会实现对消费者体验分享碎片的自动分发和动态聚合。体验、分享并非消费的末尾，很大程度上正在成为消费的源头，在体验、分享阶段进行互动、引导，其营销价值甚至大过以广告制造最初的 attention。这是一个以消费者为主体的时代。品牌不仅要关注消费者的分享行为,还要参与、引导消费者的分享行为。

SICAS营销效果评估模型如图8-14所示。

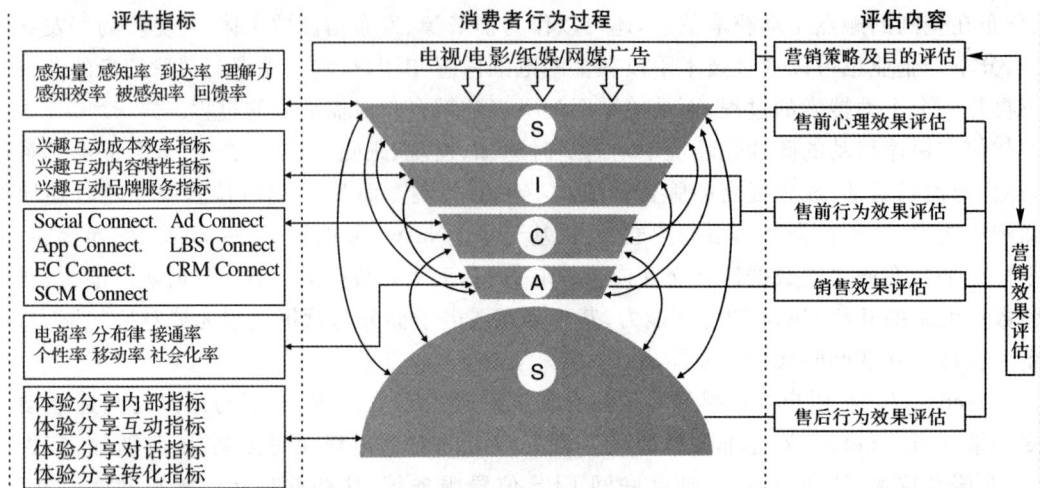

图8-14 SICAS营销效果评估模型
资料来源:崔玲美.一文讲透用户消费行为模型(AIDMA、AISAS、SIPS、SICAS、ISMAS)[EB/OL].
[2020-06-06].https://www.jianshu.com/p/df23b07dba13.

从AIDMA模型、AISAS模型到SICAS模型的变迁,可以看到在数字环境中,消费者决策模型的重心发生了一些变化,如从以媒体(流量)为中心到以人为中心,从侧重对消费者心理变化的研究到侧重对消费者行为的研究,从品牌对消费者单向传递信息到品牌与消费者的多维互动,甚至消费者之间的互动就能决定消费行为,从聚焦售前引导到关注售前、售中、售后全流程。

我国市场的发展存在多重交织的状态。最早的AIDMA理论作为广告创意中的基础理论,在新媒体时代也有着其作用。目前在内容产品中的植入广告,还依然受到AIDMA理论的影响。如《奇葩说》中美特斯·邦威的植入广告,使得品牌认知度、品牌好感度和购买意愿在"90后"消费群体中出现显著提升。电商平台拼多多通过传统的电视节目冠名、广告等快速影响消费者的心智,在巨额营销费用带动下,拼多多的活跃用户规模保持高速增长,2020年初其年度活跃用户数达6亿,远超京东的3亿数量级。

各品牌商家可以根据业务的实际情况,有选择性地参考使用。AIDMA强调媒体的重要性,对用户的消费心理历程把握得很到位,适用于品牌广告或高卷入度的产品;AISAS强调用户的搜索和分享及搜索指标的营销效果评估;SICAS精细化、精准化、大数据的广告效果监测,对使用企业有一定的门槛要求。

延伸阅读 8-1

行为习惯的差别：从桌面互联网到移动互联网

PC 端互联网经历了 20 余年的发展，而以手机为主要终端的移动互联网从真正萌芽到今天的蓬勃发展只用了短短不到十年左右的时间，发展速度惊人。2016 年，"双十一"当天阿里巴巴旗下各平台总交易额达到 1207 亿元，其中移动端占比达到 81.87%，远超 PC 端。2017年 8 月 4 日，中国互联网络信息中心(CNNIC)发布的第 40 次《中国互联网络发展状况统计报告》指出，网民中使用手机上网的比例由 2016 年底的 95.1% 提升至 96.3%，手机上网比例持续提升，手机作为我国第一大上网终端设备的地位进一步提升。

PC 端和移动端这两个互联网入口的设备本身存在差别，如屏幕尺寸不同、网络速度不同，导致在这两个入口上，消费者的使用习惯存在差异(见表 8-3)。

表 8-3　桌面互联网与移动互联网的差异

属性	桌面互联网	移动互联网
载体	台式机、笔记本电脑	智能手机、iPad 等智能终端
技术	ADSL 宽带	移动通信网、无线局域网及其他
内容	以信息为中心 强调内容的丰富性	以个人为中心 强调内容的个性化和精准程度

1. 使用时间不同

因为移动端是在移动状态下使用的，所以相应的行为表现和 PC 端不同。一方面，从时间上看，移动端的用户群有明显的起早贪黑的习惯。清晨起床、临睡之前是两个使用高峰时段。此外，中午外出吃饭时间也是移动端的使用高峰时段。1 号店的数据显示，手机端的下单时间与 PC 端基本错开。在 PC 端，1 号店用户通常习惯在上班时间下单，而在移动端，晚上 8 点至第二天凌晨 1 点是下单高峰期。此外，周末、节假日的下单量也很高。另一方面，手机由于是随身携带，往往会在等电梯、坐车等碎片时间里使用，其对信息的获取相应更加碎片化、简洁化。而 PC 端的使用时间较为完整，人们对信息长度、深度的要求较高。

2. 对信息的需求不同

手机屏幕不论是长度还是宽度都较 PC 要小，这导致其信息的容量要比 PC 小。对移动端的使用多在碎片时间，比如等车、上厕所、开会等，因此没有足够时间对信息精挑细选。这些都导致用户对信息的需求不同：在 PC 端喜欢更加详尽的信息，而在移动端则希望在短时间内找到合适的信息。比如淘宝的宝贝详情介绍，在 PC 端尽可能采用大量的图片文字，以多方面展示产品信息，但在移动端这种做法就不受用户欢迎，少图片、分段提供信息更符合消费者的需求。此外，电商的数据也表明，用户在移动端获取信息是为了采取行动，比如购买、下载，但在PC 端，获取信息则没有明确的行动导向。

3. 价格敏感度不同

1 号店的移动端运营数据显示，用户在移动端表现出有目的的购买，对价格的敏感度更低。PC 端用户习惯在电商网站"逛逛"，喜欢比价购买，而移动端的用户通常有很明确的购买目标,希望在更短的时间内找到合适的商品。因此在促销上,企业更多采取主题、品牌营销,而非仅仅靠低价吸引眼球。

4. 耐心程度不同

移动端用户的一个重要特征就是没有耐心,他们想要在短时间内找到合适的商品,或是可以马上打开网站,或是希望获得即时反馈。2012 年的数据显示,全球 71% 的网民希望手机上网速度能赶上甚至超过电脑上网速度。5 秒钟是大多数手机用户能够容忍的最长加载时间,如果网页或应用的加载时间超过 5 秒钟,74% 的用户会关闭网页,50% 的用户会退出应用程序。如果某个网页或应用一开始就无法正常运转,大部分用户没有足够的耐心再次尝试使用。

5. 行动导向程度不同

移动端用户从获取信息到采取行动的时间更短,目的性更强。2013 年,谷歌与尼尔森联合发布的《移动搜索时刻——了解移动如何促进转化》报告指出,在移动搜索引发的所有"转化"中,55% 的活动都是在 1 小时内发生的。GFK 调查公司也发现使用 PC 端制定出行计划的旅行者每天访问的网站类型都不同,如他们周四会访问旅游攻略类网站,周五会访问航空公司和酒店类网站,周末主要访问比价类网站。使用 PC 端制定出行计划的旅行者更倾向于策划中长期的旅行,需要经过深思熟虑,然后决定去哪里和在哪里预订。而使用手机制定出行计划的旅行者是在同一天内——周六同时浏览三类网站,他们更倾向于在同一天内不断切换各类旅游网站,主动去发现有用的信息,然后直接采取行动。

此外,随着地理位置定位、移动支付的完善,移动端用户的行动路径更为便捷,从而行为导向性更加明显。

资料来源:

1. 手机使用率达 83.4% 首次超越传统[EB/OL]. [2014-07-21]. PChttp://www.wokeji.com/shouye/gn/201407/t20140721_772092.shtml.

2. 移动互联网与桌面互联网区别[EB/OL]. [2018-04-15]. http://hrbcnc2007.blog.163.com/blog/static/126276047201110652739857/.

3. 1 号店重视差异化 理清 PC 端与移动端消费者不同习惯[EB/OL]. [2014-05-08]. http://www.chinabaogao.com/info/59876.html.

4. 从移动和 PC 端的对比看消费行为的差异[EB/OL]. [2012-08-10]. http://news.paidai.com/10853.

5. 移动互联趋势观察[EB/OL]. [2012-08-10]. http://isux.tencent.com/ydhlqs.html.

第三节　网购与移动购买

网购(online shopping)是指在互联网上完成购买决策全过程的购买行为。移动购买(mobile shopping)是指消费者利用智能终端完成购买决策全过程的购买行为。数据显示,2020 年国庆、中秋"双节"期间,网联、银联共处理网络支付交易近 10 万亿元,日均交易金额同比增长明显。据网联清算有限公司介绍,2020 年 10 月 1—8 日,网联平台共处理资金类跨机构网络支付交易 133.92 亿笔、金额 7.23 万亿元,日均交易金额较上一年同期增长 47%[①]。双

---

① 中国银联 & 网联:2020 年中秋国庆处理网络支付交易近 10 万亿元[EB/OL]. [2020-10-16]. http://www.199it.com/archives/1131896.html.

节期间的网络消费涵盖了购物、旅游、出行、餐饮等主要领域,可见网购、移动购买以及移动支付已经成为数字时代的普遍常态。

一、消费者购买决策中的新概念

在消费者决策过程的每一个阶段,互联网和智能终端都带来了新的概念和新的工具,迅速改变了传统的购物方式。

表8-4归纳了购买决策的各个阶段,社交媒体、消费者虚拟社群和智能终端所带来的新概念和新工具①。

表8-4　购买决策不同阶段的新概念和新工具

决策阶段	新概念和新工具
识别问题	• 网站广告 • 网上问题搜索 • 社群朋友的主题分享 • 优惠信息推送 • 内容
搜寻信息	• 网上搜索 • 网上广告、商家推介 • 网上的评分与评论 • 社交网络内部的咨询 • 网上产品与价格信息 • 网上促销信息、优惠信息 • 种草
评估备选方案	• 条码扫描/价格比较 • 消费者在虚拟社群内咨询讨论 • 网上商家引荐 • 地理位置促销 • 代理决策-意见领袖
购买	• 网上购物 • 手机购物 • 网上支付、移动支付 • 电子优惠券礼品卡(跨店满减/分享返现等)
购后行为	• 在社交网络和消费者虚拟社群中分享购后体验,包括文字、照片、视频等 • 在购物网站上进行评分与评论 • 在社交网站和虚拟社群中发表评论

资料来源:修改自特雷西·塔腾,迈克尔·所罗门.社会化媒体营销[M].戴鑫,严晨峰,译.北京:机械工业出版社,2014:224.

---

① PAPPAS I O, KOUROUTHANASSIS P E, GIANNAKOS M N, et al. Sense and sensibility in personalized e-commerce:How emotions rebalance the purchase intentions of persuaded customers[J]. Psychol Market,2017,34(10):972-986.

在所有可能影响消费者购买行为的信息来源中,被称为"电子口碑"的网上评分和评论是最常用的。消费者更加信任网上其他消费者提供的信息,而不太信任电视、杂志、广播、网络广告、赞助商广告以及来自销售人员或付费代言人的推荐信息。具体关于口碑的内容,详见第七章。

在网上研究商品时,大多数购物者都从搜索引擎开始(这就是优化搜索引擎十分重要的原因)。在移动互联网中,购物者则往往从社交媒体平台或是独立的 App 开始,也需要使用平台内的搜索引擎,同时有些消费者还会通过零售网站和品牌官方网站来获取信息。

案例 8-1

2020 年 11 月 11 日 0 点 30 分,天猫商城销售额突破 3723 亿元。自 2009 年淘宝的 B2C 平台开设"双十一"促销以来,其交易额增长达到令人目瞪口呆的地步(见图 8-15)。这一天也变成一个全民消费的狂欢日,成为第一个由商业力量推动的节日,其产生的消费量早在 2012 年就刷新了全球网购节单日销量纪录,远超美国的感恩节和圣诞节的消费量。

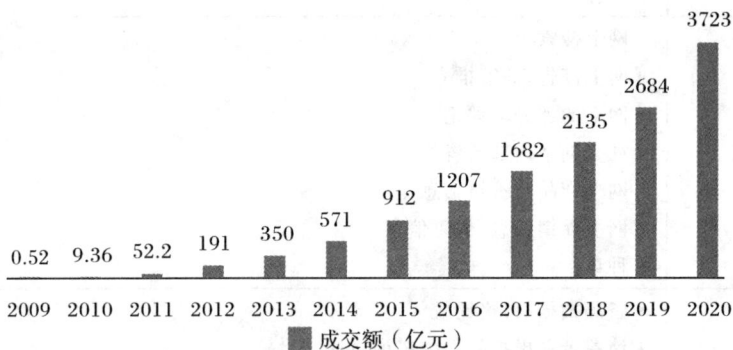

图 8-15 2009—2020 年天猫"双十一"购物节当日成交总额

2009 年,淘宝商城(天猫的旧称)为了打出品牌而策划了一次年中大促销,当时参与活动的品牌商家不超过 27 家,日交易额 5200 万元。2010 年的"双十一"是一个质的飞跃,对比 2009 年"双十一"销售额增速达到 1700%,天猫开始意识到物流问题是一个瓶颈。2011 年"双十一"销售额的增速为 455.56%,当日每秒产生 5 万订单;2012 年"双十一"销售额的增速为 267.31%,天猫遭遇超买问题;2013 年"双十一"销售额的增速为 89.53%,国内其他电商公司也开始扎堆购物狂欢节,"双十一"成为全民活动;2016 年虽然"双十一"销售额增速下降到 32%,但"双十一"已经成为中国电商行业热度的参考坐标。

从成交额过亿元的速度来看,一年比一年快,2016 年,天猫"双十一"销售额超过 100 亿元用了 6 分钟,2018 年只用了 2 分钟,而 2019 年只用了 1 分钟 36 秒。2016 年销售额超过 1000 亿元用了 18 小时 55 分钟,2017 年用了 9 小时 4 秒,而 2019 年只用了 1 小时 3 分钟(见表 8-5)。中国人的消费热情在这个狂欢节表现得淋漓尽致。

表 8-5　天猫"双十一"购物节总成交额过亿元用时对比

天猫"双十一"购物节总成交额(亿元)					2020年用时	2019年用时	2018年用时	2017年用时	2016年用时
2020年	2019年	2018年	2017年	2016年					
	100	100	100	100		1分36秒	2分5秒	3分1秒	6分58秒
	300		300	362		5分25秒		11分	1小时1分
	500	500	500	500		12分49秒	26分3秒		2小时30分20秒
	1000	1000	1000	1000		1小时3分	1小时47分		18小时55分
	2000					14小时21分			
3723					30分钟				
4982	2684	2135	1682	1207	24小时	24小时	24小时	24小时	24小时

注:往年天猫平台披露的"双十一"成交额仅包括11月11日单日,而2020年披露的成交额包括11月1日至11日,共11天。

2020年由于出现新冠疫情,直播带货成为各大平台"双十一"购物节的重要发力点。天猫2020年"双十一"期间总直播累计时长达1660年;京东举办创意总裁直播秀超500场;苏宁易购"双十一"主题直播超5万场;快手"双十一"预售期间日均在线主播超7万名。同时,直播成为商家增长销售额的新引擎。根据淘宝直播公布的数据,"双十一"期间有33个商家直播间成交额过亿,近500个直播间成交过千万。商家开播场次超过10万,GMV占比超过60%。

网购的火爆不但表明中国消费者的购买方式发生了巨大变化,消费者支付方式也发生了重大变化。2012年"双十一",消费者尚未习惯用手机支付,移动支付占比只有8%。在智能手机普及和淘宝的助推下,消费者逐渐习惯移动支付,2014年,手机支付的笔数和金额都有大量提升,总支付占比达到42.6%,到了2016年,移动端订单量是PC端的7.3倍,无线成交额占比达到82.25%(见图8-16)。根据智研咨询数据,2017年无线端成交占比已达90%。

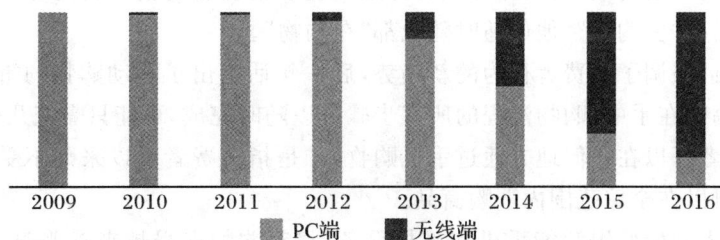

图 8-16　支付宝移动无线成交额的比重

从交易量的地区分布来看,经济发达的广东、浙江、江苏、上海排名前四,每年变化并不大。最重要的是,中西部地区的增速加快。

"双十一"涉足的品类也越来越丰富,根据天猫公开的数据,截至2020年,天猫已有30个品类参与"双十一"购物节,当日销售过亿的品牌逐年增长(见图8-17),入驻的品牌更是百花齐放(见图8-18),"双十一"保持着持续、迅猛发展的势头。

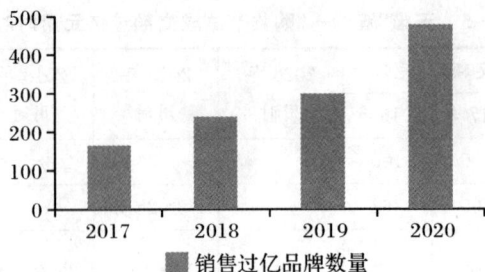

图 8-17 2017—2020 年天猫"双十一"销售过亿品牌数量

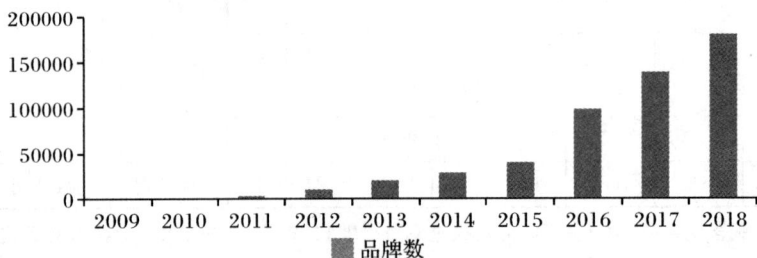

图 8-18 2009—2018 年天猫"双十一"品牌(店铺)参与数量

资料来源：

1. 艾媒咨询:2020 年中国"双十一"电商行业发展大数据监测报告[EB/OL].[2020-11-20].ttps://www.sohu.com/a/431177057_533924.

2. 中国产业信息网:2017 年天猫"双十一"销售额、移动端销售额统计分析及成交额重要节点数据一览[EB/OL].[2017-11-15].https://www.chyxx.com/industry/201711/581583.html.

二、移动购买行为

2010 年前后,由于移动终端的普及,出现了"移动购物""移动购物行为"和"移动购物者"(mobile shoppers)的新概念。2013 年查克·马丁在《决胜移动终端》一书中说:从来没有任何一种力量像现在的移动终端一样,如此强有力地改变着消费者的消费行为方式。有了移动终端,消费者不再需要"去购物",他们随时随地都"在购物"。

马丁前一句话强调了消费者行为的新趋势,后一句话指出了移动购物的重要特征。所谓"随时",是指购物就在手中,购物流程的所有步骤可以随时完成,可能只需花几分钟。所谓"随地",一是指消费者可以在任何地方通过手机购物,二是指消费者可以采购不受空间距离限制的商品,原则上可以在全球范围内选购商品。

随着更多的人开始使用智能手机和平板设备,移动购物变得越来越普遍,越来越容易实现。消费者的手机是随身携带的,时间和地点对购物效果的影响越来越显著。随着移动支付的发展,消费者或许不再需要现金、信用卡等。

总体来看,移动购买的特点是:"精准到人、精准到位、任何时间任何地点、强互动、高注意、O2O。"①我们将移动购物的新特征归纳为以下五个方面。

---

① HUANG L T. Flow and social capital theory in online impulse buying[J]. J Bus Res,2016,69(6):2277-2283.

1. 轻松获取场景性信息，并在消费者虚拟社群中获得偏好

在移动世界里，个体消费者有更多的信息主动权。他们通过 App、移动搜索、社交网络随时随地查询价格，货比三家，同时查看他人的评论和推荐。他们通过智能手机找到所需的商品，并通过各种方式与其他人取得联系。

与传统搜索不同，一个拥有智能手机的用户会基于时间、地点等来寻找一些信息，也就是说，移动消费者会基于场景来搜索信息。比如，路过一家餐馆时，他想了解其他人对这家餐馆的评价。有很多类似的服务或应用被数以万计的移动终端用户下载，并给移动消费者带来价值。即使移动消费者没有搜索，这类应用也可以基于他们所处的环境、他们所做的事情以及情绪状态来提供信息。因此，传统的购买搜索引擎关键词的做法在移动时代未必有很高价值。最好的做法可能是根据消费者所处的位置、所做的事情，适时地让他们找到所需的产品或服务，即提供场景性信息。

除了移动搜索和应用，移动消费者也可以通过扫描条码、增强现实技术、应用社交网络来寻找信息，但都呈现出显著的使用场景化特征。

移动用户很依赖同龄人的推荐，选择商品时消费者更信任他人的推荐。他们会通过社交网络等虚拟社区主动接触陌生用户，看他们对购买过的商品、听过的音乐、看过的电影的评价，从而形成自己的偏好和选择。

2. 购物流程快速化：从心动到行动，只需一瞬

有数据显示，移动端的消费者普遍没有耐心，总是希望立刻就可以找到他们想要的东西。他们从搜索到进行购买的时间更短。2013 年，谷歌与尼尔森通过对移动搜索的调研发现，45％的移动搜索是为了辅助决策过程而进行的，在需要作出关键决策的时刻，消费者往往会用手机获得信息。如针对酒店行业的研究就发现 82％利用移动终端预订房间的用户是在 24 小时以内决定并完成预订的，几乎是到了目的地就用手机来订酒店，比在电脑上订酒店花的时间要短得多。也许正如 PhoneTell 的联合创始人史蒂夫·拉森所说："网络搜索是为了获取信息，移动搜索是为了马上行动。"

在传统购物流程中，每个环节都较长，时间越长，原先所产生的购物冲动就会消失，流失潜在消费者的可能性很大。在移动购买中，从心动到行动，消费者所经历的环节在迅速减少，时间也几乎缩短到瞬间。冲动性购买行为更加显著。

Rackspace 的调研发现，手机能够激发用户的冲动性购买，尤其对于衣服和音乐，因此零售商都将结账流程尽可能简化。除了线上购买，移动网络技术也使得线下购买的流程尽可能简化。以往消费者在线下看到产品的广告，即使想要购买，也需要较长的时间，包括交通时间、搜寻店铺和商品的时间等。而新的 O2O(online to offline)的尝试则尽可能将消费者的每个冲动都迅速转化为行动。韩国 Home Plus 在地铁设置的虚拟超市被奉为 O2O 的经典案例，其实就是在地铁站里贴上商品的照片及二维码，等地铁的上班族可以用手机扫描商品，然后支付购买，下班之后蔬菜瓜果等商品便已经送达小区，省去了逛超市的时间成本。淘宝和各种报纸媒体合作的"码上淘"也是类似的例子，读者看到报纸上自己心仪的产品，打开手机淘宝，点击右上角的"扫一扫"，然后对准版面上的二维码，就可以跳转到电商页面进行购买。

2020 年已经被中国消费者普遍接受的直播带货，更是通过构建场景和线下导购线上化，极大地缩短了从知晓到购买的链路。在主播短短的几分钟的介绍中，消费者已经形成了偏好和购买行为。

3.精准定位技术提供更好的机会

在移动购物时代,移动终端的位置信息成为移动购物过程中的重要变量。这是因为随着移动终端的影响力越来越大,其"定位"技术和基于精准定位的各种 App 为消费者提供了许多有吸引力的服务,例如显示某一地点周边的餐馆、商店、停车场等,或者是呼叫出租车等。可以根据消费者的位置发送短信,告知附近正在进行的某些优惠活动和促销等。这些都是智能化的定点定向特定信息发送,在正确的地点、正确的时间,直接影响消费者的移动购买决策,其效果非传统的传播手段所能相比。

基于位置的实时互动使购物过程更具互动性。通过移动终端,购物者经过商场或专卖店时可以收到精确到以分钟计算的价格信息,立刻知道在线零售商和实体零售商进行的促销,这使得商业机会得到充分有效的利用。

4.一键下单移动支付

在数字化时代,消费者支付方式也发生了革命性的改变。消费者可通过移动终端一键下单。手机支付、钱包技术、条形码扫描、二维码扫描、产品信息和消费者奖励回馈计划的融合,促使移动购买的支付过程十分简单流畅,而且具有很大的吸引力。移动支付为金融科技的创新带来了巨大的商业机会。

5.售后的体验分享和传播——消费者发布信息

购买完成之后,移动购物者会通过手机和社交网络分享他们的收获和感受,包括购物体验、照片图片以及相关信息。这种网上和虚拟社群的口碑传播效应(WOM),对品牌和其他消费者都产生了非常重要而广泛的影响。在这一阶段,营销人员面临的挑战是如何才能成为消费者之间互动对话的参与者。

随着移动技术的继续完善,5G、AR/VR 等新的技术会加入消费者购买的整个体验流程和不同的场景中,移动消费者的行为将会继续演变,企业和品牌与消费者交互的方式也将从根本上发生变化。移动营销的新规则依然在形成中,但毫无疑问,旧规则已经被颠覆。

延伸阅读 8-2

中国的移动支付

移动支付是中国领先全球的一个领域。移动支付也称为手机支付,是指交易双方为了某种货物或者服务,使用移动终端设备为载体,通过移动通信网络实现的商业交易。移动支付所使用的移动终端可以是手机、PDA、移动 PC 等。

今天移动支付对个体生活方式的改变,在十年前是难以想象的。2000 年至 2009 年期间,国内运营商、银行以及第三方机构都在移动支付领域做了一定的尝试,但由于技术的不成熟,市场规模始终难以大幅扩大。

2010 年,中国人民银行发布了《非金融机构支付服务管理办法》,明确将移动支付纳入金融监管范畴。次年 6 月,央行下发了第三方支付牌照,银联、支付宝和财付通等 27 家公司获得许可证,成为国内首批持牌支付机构。2012 年,中国移动与中国银联签署移动支付业务合作协议,我国移动支付 NFC 标准得以统一,解决了阻碍移动支付发展的技术难题。同时,随着智能机和 4G、Wi-Fi 网络的普及,移动支付进入市场发展期,首先崭露头角的是打车领域。

2013 年及以后,移动支付发展迅猛,支付宝一直是这一领域的领头羊;2014 年微信支付推出红包功能,进入快速发展期。目前中国涉足移动支付的企业数目众多,其中以阿里巴巴和腾讯发展态势最为良好。

2016年G20峰会期间,中国的移动支付的普及程度成为到访中国的各国首脑惊叹的事情。国际市场研究机构凯度TNS发布研究报告称,中国内地、中国香港和韩国已经成为当前全球移动支付市场的三甲。中国市场移动支付发展之快,已经引得多家外媒的关注,《纽约时报》在2017年7月17日发表的报道《在中国城市,现金正在迅速过时》中称,"中国的主要城市几乎所有人都在使用智能手机支付一切费用,中国已跨入了'无现金时代'的行列"。而在三年前,中国人都还主要以现金支付完成交易。

这也与正在宣称要进入"无现金社会"的瑞典等北欧国家情况不同——北欧人依靠的主要是信用卡,但中国人却"跳过了"信用卡,直接从现金转向了手机支付。上述《纽约时报》报道的数据显示,2016年中国手机支付总额达到5.5万亿美元,是美国1120亿美元手机支付市场的50倍。中国人支付方式的改变如图8-19所示。

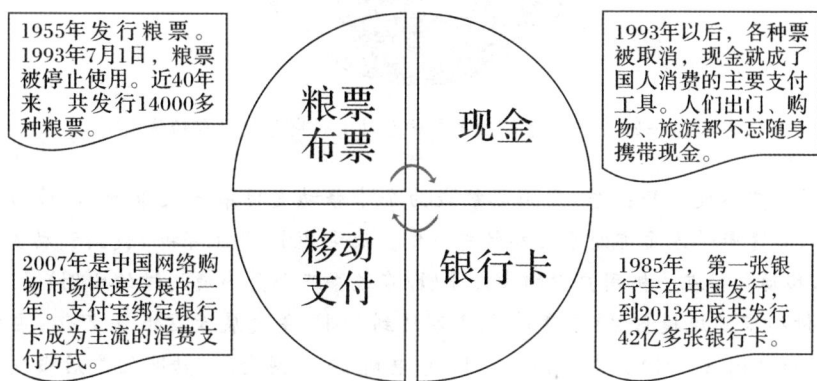

图8-19　中国人支付方式的改变

据《无现金时代的经济学》一书作者戴维·沃尔曼观察,目前发展中国家正在发生的移动支付革命是一种"跨越式现象"。因为在发展中国家,大多数人没什么金融服务的经验,这意味着人们没有任何根深蒂固的支付习惯。由数位中国人民银行官员参与合著的《支付革命:互联网时代的第三方支付》一书对此有更详细的解读。首先,相对于欧美国家,中国人更爱用现金。2006年,中国流通中的现金占GDP比例约为13%,而美国为6.4%,英国为3.5%。欧美银行发展了几百年,票据支付已成为国民难以逆转的支付习惯。而在中国,1985年中国银行珠海支行才发行了第一张信用卡。其次,由于信用体系相对不健全,依托于信用的支付难以在中国快速发展。高盛发布的一份报告显示,每个中国人平均有3.6张借记卡,但只有1/3的人拥有信用卡。这种失衡的局面为移动支付的成长创造了土壤,因为消费者没有固化的信用卡、支票支付习惯,使得中国人能更快适应移动支付。移动支付的出现,使得中国一步跨越了西方几十年走过的"路程"。

2008—2010年,中国第三方支付异军突起,交易额连续3年增长率超过100%。互联网支付业务从2006年的485亿元增加到2012年的6.89万亿元,增加了22倍。2012年以后,随着智能手机和4G、Wi-Fi网络的发展,移动支付又成为第三方支付行业新的颠覆者,支付宝是这一领域的领头羊。但2013年8月,在拥有4亿用户的基础上,微信支付上线。次年春节,微信红包面世。这一贴合中国人习俗和心理的"红包"迅速拉起微信的移动支付业务。2015年,微信开始布局线下支付,迅速与支付宝齐头并进,成为移动支付市场的领先者。据艾瑞咨询研究报告显示,根据艾瑞咨询的数据,2019中国移动支付领域第三方支付机构的市场已经形成以支付宝、财付通为"双寡头"的两极格局,二者的市场份额合计达93.8%(见图8-20)。

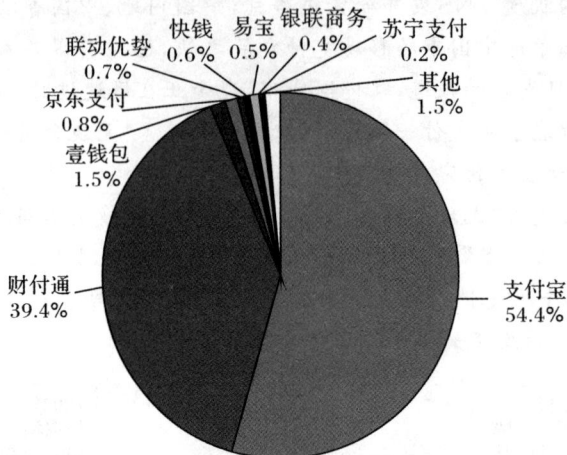

图8-20 2019年中国第三方移动支付交易规模市场份额

据国家信息中心发布的报告,中国已经成为全球移动支付第一大市场,在移动支付用户规模、交易规模、渗透率等方面都处于大幅领先地位。截至2018年上半年,我国移动支付用户规模约为8.9亿,移动支付在手机用户中的渗透率(即在过去三个月内使用过的比例)高达92.4%。

移动支付的市场规模自2013年的1.2万亿到2019年发展至226.1万亿,主要经历了三个阶段的驱动(见图8-21)。①2013—2017年电商、互联网金融、转账的先后爆发持续推动了移动支付的发展;②2017年开始线下扫码支付的全面推广,将移动支付的发展重心从线上转为线下;③2019年开始,线上线下的流量已达"天花板",移动支付进入平稳增长期,业界发展重心开始向B2B的产业支付方向倾斜。

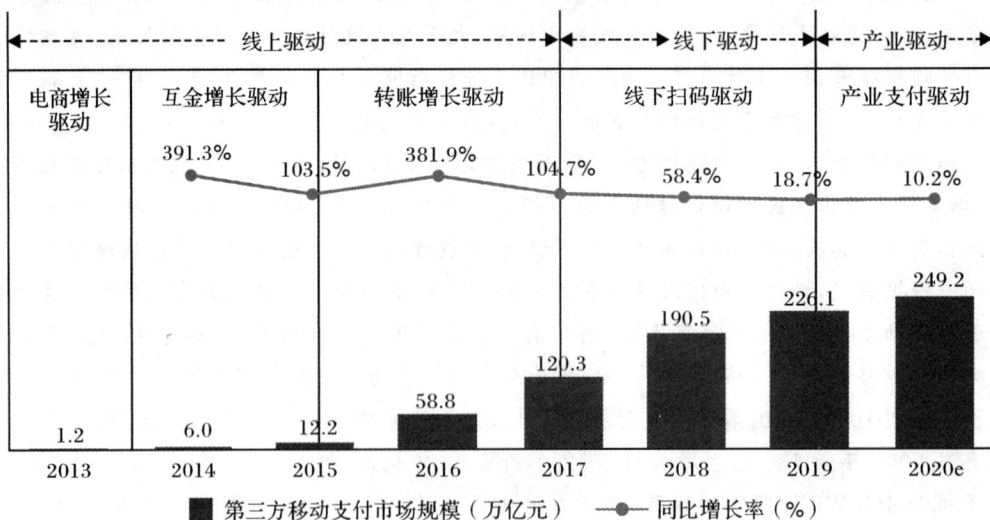

图8-21 2016年第一季度至2019年第一季度中国第三方移动支付交易规模

中国目前已有杭州、武汉、福州、天津、贵阳、常州迈入了"无现金城市"。在出行领域支付宝可以作为电子公交卡,可以购买地铁票,也能通过"无感支付"技术支付停车费;在商业服务领域,大量商家提供支付宝收款服务,比如在杭州,超过95%的超市、便利店能使用支付宝付款,二维码的低廉成本使得路边的小贩都可以提供移动收款服务;在医疗服务领域,也有大量公立医院和支付宝展开合作,患者可以通过支付宝挂号、就医、费用支付等。几乎所有的消费场景都被移动支付占领了,这使得消费者越来越少地使用现金。2017 年 7 月 31 日,腾讯、中国人民大学重阳金融研究院和法国咨询公司益普索共同发布的《2017 智慧生活指数报告》显示,在中国的 324 个城市超过 6500 名居民中,40% 的中国人外出时所带现金不足 100 元,52% 的人所使用的现金占其月消费的 20%,超过 70% 的受访者称身上的 100 元现金够他们用一个多星期,84% 的受访者称只带手机不带现金出门很方便(见图 8 - 22)。其对生活的便利使得外国青年将支付宝评为中国的"新四大发明"之一①。

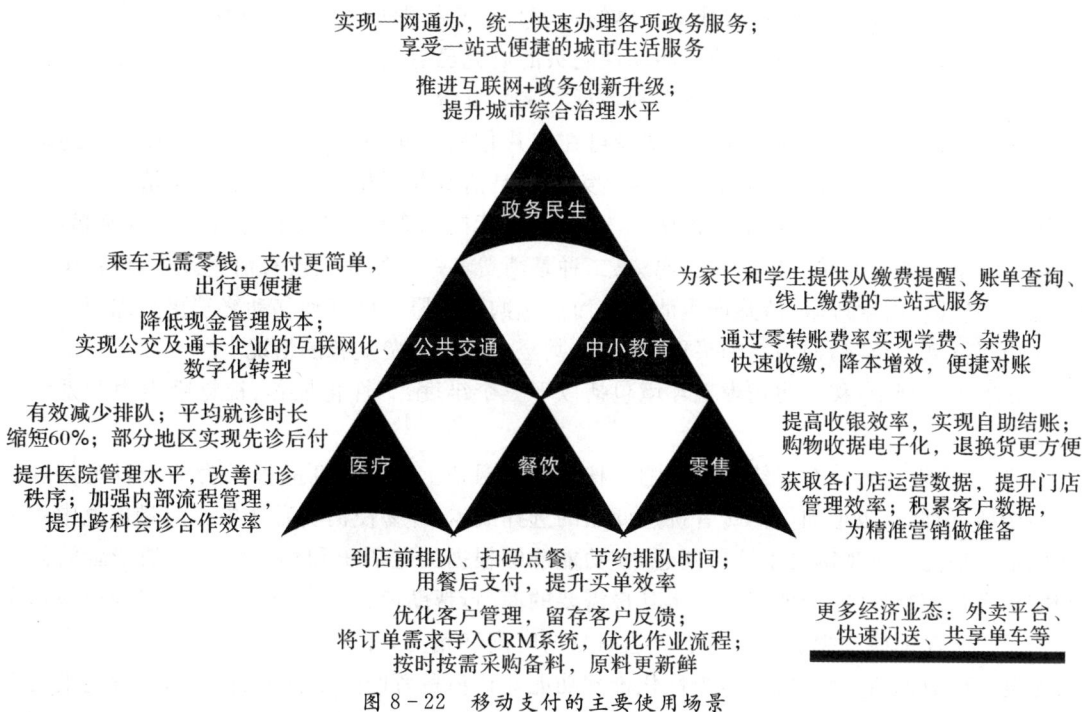

实现一网通办,统一快速办理各项政务服务;
享受一站式便捷的城市生活服务

推进互联网+政务创新升级;
提升城市综合治理水平

政务民生

乘车无需零钱,支付更简单,
出行更便捷

降低现金管理成本;
实现公交及通卡企业的互联网化、
数字化转型

公共交通　　中小教育

为家长和学生提供从缴费提醒、账单查询、
线上缴费的一站式服务

通过零转账费率实现学费、杂费的
快速收缴,降本增效,便捷对账

有效减少排队;平均就诊时长
缩短60%;部分地区实现先诊后付

提升医院管理水平,改善门诊
秩序;加强内部流程管理,
提升跨科会诊合作效率

医疗　　餐饮　　零售

提高收银效率,实现自助结账;
购物收据电子化,退换货更方便

获取各门店运营数据,提升门店
管理效率;积累客户数据,
为精准营销做准备

到店前排队、扫码点餐,节约排队时间;
用餐后支付,提升买单效率

优化客户管理,留存客户反馈;
将订单需求导入CRM系统,优化作业流程;
按时按需采购备料,原料更新鲜

更多经济业态:外卖平台、
快速闪送、共享单车等

图 8 - 22　移动支付的主要使用场景

在移动支付时代,信用体系正在快速建立起来,资金流动都会留下可追踪的痕迹。如今腾讯与阿里巴巴都已建立起企业的个人信用体系,并基于大数据推出相应的信用贷款服务。

资料来源:

1. 蓝色智慧:详解第三方支付产业链与盈利模式[EB/OL]. [2016 - 09 - 02]. http://m. lansezhihui.com/weixin/NewsDetail. aspx? rcid=7&cid=11&id=23144.

2. 艾瑞咨询:2020 年中国第三方支付行业研究报告[EB/OL]. [2020 - 04 - 07]. http://www. infzm.com/content/127285.

---

①　"新四大发明"是由"一带一路"沿线 20 国青年共同投票选出的"最想带回自己国家生活方式"。它们分别是高铁、支付宝、共享单车和网购。

3. 移动支付悄然改变消费者消费习惯[EB/OL]. [2017 - 08 - 09]. http://news. chinabaogao. com/it/201708/ 0Q9292G52017. html.

4. 支付方式变迁的图片分析：消费上演"支付革命"：中国消费支付方式变迁[EB/OL]. [2014 - 03 - 03]. http://news. china. com. cn/txt/2014 - 03/03/content_31653928_8. htm.

三、冲动性购买行为

冲动性购买(impulse buying)是一种特殊的消费方式，在现实生活中普遍存在。冲动性购买行为是指消费者非事前计划的终端购买行为，亦称非计划性购买。这种购买行为涉及消费者的多种心理和情绪。在移动购物环境下，购物时间具有"碎片化"特征，购物场所则为电子化、不停歇；同时电商平台越来越精准的个性化推荐、优惠促销、内容社交平台各种品牌商品信息的种草和推广等，都加速了消费者的消费。消费者可以实现随时随地购物，而电商平台、内容社交平台甚至比消费者自己还要了解消费者的潜在需求，其抛出的诱惑也越来越难抵挡，有时甚至没有任何消费计划，却被社交媒体的内容打动直接形成了消费。种种这些因素造成了冲动性购买行为的日益普遍。关于冲动性购买的研究已有六十多年的历史，但是对基于移动购物情境下的消费者购买行为的研究则是近年来的事情。

随着网购和移动购买的兴起，消费者可在碎片化的时间和各种场景购物。在购买终端临时作出购买决策的趋势更加明显和普遍。第一种是消费者一开始已制定好购买清单或者已有购买目标，但受到精美包装、低廉价格、高性价比等营销刺激后，积极的情绪反应被唤起，对某些计划清单之外的商品产生购买意愿；第二种是消费者一开始完全没有消费计划，但在浏览商品之后，受环境因素刺激，情感产生波动从而产生购买意愿。网络和移动终端更是缩短了人们从知晓到行动的链路，冲动性购买更加显著，甚至会出现消费上瘾的情况。

在理论模型中，移动购物虚拟环境包括以下三个维度：个性化推荐、视觉吸引力和系统易用性[1]。

第一，个性化推荐对情绪产生影响。移动购物网站上丰富的商品种类为消费者提供多种购物选择，但同时也增加了消费者挑选商品的选择成本，容易使消费者迷失在海量信息中。个性化推荐功能的出现解决了这一问题，该功能能够根据浏览历史和购买记录对消费者的偏好和需求进行精准预测，为消费者展示其最需要的商品，帮助消费者在众多商品信息面前快速做出决策。该功能能减少消费者用于挑选商品的时间和精力，并使消费者对移动购物平台持积极态度。已有的研究结论证实，个性化推荐功能能让消费者产生专属定制感，从而促进消费者产生积极的情绪反应。个性化推荐与消费者情感反应的正向关系已得到多个研究支持。例如 Aljukhadar & Senecal 认为，个性化推荐功能能够提升用户的移动购物体验，为消费者提供的商品推荐信息越符合消费者需求，消费者对移动购物网站的信任度就越高，对移动购物的态度越积极，消费者的情绪就越愉悦[2]。Pappas 基于信息处理理论指出在网络购物中，所提供的

---

① 张伟，杨婷，张武康. 移动购物情境因素对冲动性购买意愿的影响机制研究[J]. 管理评论，2020，32 (2):174 - 183.

② ALJUKHADAR M, SENECAL S. Usage and success factors of commercial recommendation agents [J]. Journal of Research in Interactive Marketing, 2013, 5(2/3):130 - 152.

个性化内容的质量、信息质量和个性化推荐非常重要,能够促成积极的情绪的形成①。

第二,Parboteeah 等模型显示,网站的环境特征会引起用户的认知和情感反应,即感知愉悦②。Pappas 的研究提出,购物过程中对网络销售商的信任、隐私、情感和体验等因素会结合起来影响消费者的购买意向,并且当消费者感到信任和愉悦时会促进购买意向③。与线下实体商店相比,移动购物网站能够不受空间大小的限制,因此在小众商品的展示和销售方面颇具优势,消费者在线下实体店不容易购买到的品牌和商品一般都能在移动购物网站买到,大众的长尾需求能够更快地得到响应。

此外,电商平台以多媒体的形式全方位展示产品,有学者认为,在线购物网站中商品的展示界面越吸引人,消费者越能对产品产生认同感④。随着智能手机的快速发展,移动购物的展示形式也逐渐变得多样化,特别是在视觉享受方面,为消费者提供了多种媒介形式。随着移动技术功能的强大,移动在线商店的设计中采用了越来越丰富的展现方式,导致了视觉的复杂性。手机的重力感应、VR 技术、AR 技术等都提升了消费者移动购物过程的体验效果,移动购物网站的界面设计、背景音乐以及真人视频等多种媒介的结合使用,为消费者提供了多重购物享受。移动购物网站的视觉吸引力越高,消费者的情绪就越容易被唤起,消费者的愉悦感也就越高⑤。

第三,移动购物具有易用性。与 PC 端网络购物相比,移动购物可以实现随时随地购物,有效利用各种碎片化时间,做到足不出户就买遍全球各地的商品。移动购物具有精准的需求预测、生动的视觉效果、易用的操作系统等特征,这些环境因素能有效地唤醒消费者情绪,促进消费者产生冲动性购买意愿。

情绪是消费者产生冲动性购买意愿的主要驱动因素。消费者在移动购物的过程中,除了最终的购买结果外,还会追求内在情感上的满足。情绪是一种会传递的、不具有目的性的个体心理状态。情绪虽是人们的内在心理状态,但对个体的外在行为具有显著的影响,例如因为开心而逗留在某一地点,或者因为喜爱而购买某一商品。在移动购物情境中,消费者受到个性化推荐、视觉吸引力或系统易用性等环境因素的刺激后,情绪被唤醒,产生强烈的愉悦感,这些积极的情绪反应会让消费者产生想要自我奖励的冲动,进而产生冲动性购买意愿。所以,冲动性购买意愿属于个体产生强烈情绪反应后的结果,如果个体的情绪反应变得强烈,冲动性购买发生的可能性就会大大增加。在移动购物过程中,消费者受移动情境因素刺激后往往会产生积

① PAPPAS I O, KOUROUTHANASSIS P E, GIANNAKOS M N, et al. Sense and sensibility in personalized e-commerce:How emotions rebalance the purchase intentions of persuaded customers[J]. Psychol Market,2017,34(10):972-986.

② PARBOTEEAH D V, VALACICH J S, WELLS J D. The influence of website characteristics on a consumer's urge to buy impulsively[J]. Inform Syst Res,2009,20(1):60-78.

③ PAPPAS I O, KOUROUTHANASSIS P E, GIANNAKOS M N, et al. Sense and sensibility in personalized e-commerce:How emotions rebalance the purchase intentions of persuaded customers[J]. Psychol Market,2017,34(10):972-986.

④ HUANG L T. Flow and social capital theory in online impulse buying[J]. J Bus Res,2016,69(6):2277-2283.

⑤ 张伟,杨婷,张武康.移动购物情境因素对冲动性购买意愿的影响机制研究[J].管理评论,2020,32(2):174-183.

极的情绪,这种积极情绪通常让消费者难以抵抗商品的诱惑,进而产生购买冲动。当消费者的情绪被唤醒,愉悦感占主导地位时,他们会高估自己的需求和经济实力,在这种情绪影响下容易产生冲动性购买意愿;相反,当消费者处于理性或者消极的情绪状态时,对自身需求和经济实力会有更清醒的认识,并会对需要购买的商品进行深入考察,故不会产生超出需求的计划[①]。在移动购物过程中,消费者由于环境因素刺激产生的强烈情绪反应会增强其对移动购物网站的认知,并提高消费者对移动购物的参与度,从而增加冲动性购买意愿产生的可能。在移动情境因素的影响下,消费者因为情绪被唤醒而产生较大的心理波动,这种情绪反应不仅会引起消费者对商品的关注,还会促使消费者产生购买冲动以平复情绪反应,因此感知唤醒会促进冲动性购买意愿的产生;同理,因为移动情境因素引起的愉悦情绪也会使消费者对产品产生积极回应,萌生冲动性购买意愿。

此外,电商平台的造节运动不止,各种购物节所包含的价格折扣、限购限时的时间压力、前期的宣传营造从众氛围、多媒体的展示引发需求等,都很大程度上刺激了冲动购物的飙升。

» 第九章

网络层级与消费

消费方式多种多样,富人和穷人的消费存在着巨大的差异,即使收入相同,不同的人的消费也存在的很大的差异,比如说有着相同收入的人不一定有相同的消费方式。建筑工地的工人和出入写字楼的白领可能拿着同等量的薪酬,但是他们的消费方式和消费结构却大不相同。不同的生活环境和状况可能涉及不同的经济资本、文化资本、地域、职业,这些差异对我们整体的生活方式和消费形成了重要影响。

第一节 数字世界的层级与流动

一、现实层级与网络层级的交织

网络中的层级意味着不同人群间不仅有差异和区隔,更有高低落差。网络中的"层级",既来源于现实的社会阶层,又与网络中的各种因素相关。

社会学学者在梳理社会分层理论体系与范式时,地位和职业作为最具竞争力的分层视角,共同构成了社会分层体系的基础。网络社会很大程度上是现实社会的映射,网络中的个体也带有其现实的烙印。那些在现实社会中处于优势地位的个体,在网络社会中也具有资源优势,而那些现实社会中处于劣势的个体,在网络资源占有方面仍可能身处劣势。个体在网络社会中的地位既受到本人在传统社会经济地位的影响,也受到其父代的传统经济地位的影响。

但也有研究发现,人们对于自己在现实社会中的地位认同,既受到现实社会中客观地位的影响,也受到网络社会参与程度的影响。那些使用网络频繁,受网络信息影响强烈的人们,更可能认同自己具有较高的社会地位。新媒体重塑"阶层"的过程并非一个统一均衡的过程,而是存在显著的地区差异。个体掌握新媒体资源的不均会与地区新媒体资源分布的不平衡交织在一起,进一步影响个体工作的社会感知和身份认同,以及相应的社会行动。

从目前来看,一方面,现实社会结构依然是影响网络社会结构的主要因素,另一方面,网络应用虽然未必实质性改变人们所处的社会地位,但人们的自我感知却可能发生变化。

不同的社会群体有不同的生活目标与利益诉求,这也会反映在他们对于网络的使用需求和使用方式中。中产阶层无疑是网络中具有很强"存在感"的一个群体。从消费需求及能力看,他们都是网络的主力消费人群之一,网络的内容生产、产品设计,也将其作为主要的目标消费者。

中国农民工的形成和成长,不仅是工业化、城镇化巨大社会转型的结果,也是深刻的体制大变革的产物。农民工以及与之息息相关的农民等群体,虽然在接入条件、设备等方面逊于中产阶层,但他们中的很多人也是网络的重度使用者。他们对网络的使用和消费,也体现出了不同的模式。

新媒体为农民工、农民等群体赋予了一定的新权利,手机等已经成为身处城市的农民工日常生产生活的必需品,但同时消费主义、占有性个人主义和城市化也通过手机等新媒体实现了对他们的引导和改变。新媒体在为其赋权的同时,也可能在一定意义上成为他们的"精神鸦片"。

此外,在数字世界中,不同的人也会因为不同的利益诉求而产生观点冲突。一些网络舆论热点事件尤其容易成为各方冲突的导火索。而不同群体在利用网络方面的能力差异,也使得他们的意见及诉求在网络中的呈现程度出现了落差。虽然农民、农民工等群体在网络中也时常会成为热点话题或事件涉及的人群,但在多数时候,他们的形象,是被媒体或自媒体建构的,他们的自我表达力量是十分有限的。

除了社会群体的阶层化之外,网络社会的层级分化,也在一定程度上映射着社会学者观察到的中国社会的"城市-农村""中小城市-超大城市"的分化。这不仅体现在消费者在平台与应用选择上的差异,也体现为阅读偏好的差异。从2018年3月至2019年3月间今日头条平台上不同级别城市用户阅读的热门文章来看,超一线城市用户对国际政治环境变化更为敏感;一线到四线城市用户关注内容相似,主要关注公共利益和个人权利相关的重大案件、与民族情感相关的话题;五线城市用户除了关注这些问题之外,对"黑社会"相关的文章比其他级别的城市用户关注更多。

综上所述,虽然新媒体可能在一定意义上影响人们对自己所处社会地位的认知,但总体来看,网络阶层基本还是现实社会的映射,不同群体在网络中的需求与行为,也是他们现实状态的直接反映。

二、网络层级:多重维度下的多重定位

虽然网络社会很大程度上映射着现实结构,包括社会阶层关系,但同时网络社会也在形成自己的新的社会结构。网络社会中的社会地位和权力差异会发生很大的变化,社会个体在网络社会的地位和权力从形式上、载体上、类型上都有所不同,也产生了与传统社会结构不同的分层状况,并在一定程度上影响着传统的社会结构形态。网络的使用与互动,带来了人群的新的阶层差异,这种差异会体现在多重维度下。在不同维度下,人们会获得不同的层级定位。

相比现实社会,人们在某些维度下的网络层级中的流动相对更容易,但仍会时候遇到各种因素的制约。

1. 网络话语权层级

在网络中,由话语权力带来的分层较为典型,这也是对个体影响突出的一种新的层级结构。

社交媒体兴起之初,人们认为网络使得人人都拥有了"麦克风",人人都掌握了话语权,但是,社交媒体和各种移动应用的普及与深化使我们认识到,不同人手上的"麦克风"其音量大不相同,话语权并不平等。

在各种网络公共平台中,总会有影响者,即意见领袖这样的话语权力高层,积极的信息扩散者与互动参与者等权力中层,以及沉默的大多数的权力底层。

意见领袖是网络话语阶层中的优势者,他们不仅能够影响网络意见的走向,也会影响每个人的消费决策。这些人的内容"生产能力"对意见领袖地位的形成作用越来越显著,甚至超越了现实的社会地位与社会资本的作用。这给少数个体在话语权上的快速提升提供了可能,且随着技术的发展,对生产能力的门槛要求在某些方面有所降低,网络话语权力的获取路径也更加多样化。在论坛、博客、微博等平台上,文字是获得话语权的主要手段,而文字的生产门槛较高。但当视频平台兴起之后,视频直播、短视频等为更多人获得了网络话语权提供了一种快速上升的通道。

不同平台对生产能力的要求有所不同,这也就意味着意见领袖有一定的平台依赖性,特别是那些现实社会中社会资本较少的意见领袖,一般都是基于特定的平台产生,他们的影响力与话语权也有一定的作用范围。现实中,社会资本较高的人,则有可能具有跨平台的影响。或者一个意见领袖在某个平台通过其影响力获得现实经济和社会资本的巨大改变,则有可能在其他平台也延续其影响力。

平台对于意见领袖的形成也有显著影响。用人工或算法手段增加某些用户的曝光度,应用运行机制使得强者更强,都有可能促进意见领袖的产生。

社会环境对意见领袖也有助推作用,因此,环境的流动也会导致意见领袖的流动。比如通过对微博的研究发现,微博意见领袖是主题依赖性的,只有少数用户可以在不同主题上同时成为意见领袖。

网络话语层级的高层,不仅可以影响信息和态度的走向,也可以转换为消费方面的影响,比如 KOL 带货,通过带货或者销售自有品牌产品,网络话语权转化为现实的资源。

除了高层的意见领袖以外,网络话语层级的"中间阶层"也会通过自己的方式来影响网络信息、意见和态度走向。这些中间阶层具有较高的网络活跃度与参与度。他们可以通过对信息的选择性转发,促进某些信息的流动,而抑制另一些信息的扩散,也可以通过积极参与互动,使得自己的声音与他人的声音汇聚成网络舆论。虽然他们作为个体未必有影响力,但作为整体,却成为网络民意的代表者。

很多在公共平台既不积极转发,也不积极表达的网民,则处于话语权的底层,他们很多时候是在被动接受信息,他们的意见也常常会"被代表"。但他们对阅读量、点击量的贡献,也会成为一种调节因素,对内容生产者或者意见领袖产生影响。

网络话语权力的层级落差,也体现在一些网络圈子内部,如亚文化圈中。这里面既有现实权力结构的延伸,也有网络互动带来的新权力关系。

虽然网络话语权力的不同层级间有一定的流动性,无论是从高层向低层跌落,还是由下层向上层攀升,都是可能的,但是,流动仍受到很多因素的影响,并不是完全自由的,特别是要从底层或中间阶层流动到高层时,需要付出很多的努力。

2. 网络代际层级

代际分层在网络中得到体现,同时网络也进一步放大了代际差异。原先消费者行为学对于代际消费的研究,主要集中在不同代际经历的社会历史事件和成长背景的差异,造成的价值观、消费模式、生活方式的差异,通常作为亚文化对消费影响的一部分内容。然而在数字世界中,核心的差异在于对网络应用能力上的差异造成的在网络社会中话语权的差异。

作为数字原住民的年轻消费者,相对于数字移民——他们的长辈,在掌握新技术、新应用方面,无疑具有显著优势,他们很多时候无师自通,可以随时紧跟技术潮流,更新技能,最快地享受新技术的红利。在网络文化方面,他们也具有更强的主导权和控制权。网络中多元文化的浸淫,也使得年轻网民在价值观上更为多元、开放,他们对于媒体、品牌的态度更多是挑剔和批判而非服从。

相反,原本在现实空间掌握着主动权的中老年人,在网络文化理解与应用方面却成了弱势群体,特别是老年人。掌握不断变化的新技术、新应用,对他们来说是一种挑战。他们需要向年轻人学习网络的使用方法,学习网络语言、表情包等新的表达方式,但仍然不免时时处于被动的位置,并且对新媒体环境中多元的信息生产者以及参差不齐的内容有些无所适从。在中国,中老年用户作为网络弱势人群的另一种表现是,由于媒介素养、科学素养等方面的缺陷,他们更容易成为谣言和伪科学内容的感染对象。

网络中的代际层级也会在一定程度上转化为不同代际的人们在现实社会中的生存能力差异。特别是在移动时代,当支付、出行等日常生活越来越依赖于手机时,老年群体生活的便利性在下降,而年轻群体更可能凭借技术占有的优势,获得更多资源。并且,由于社会各组织机构的全面数字化,中老年人作为社会个体的福利生活也越来越受限于数字化应用能力的局限,如医院通常接入 App 预约挂号系统,使得老年人无法在现场挂号,进而无法顺利看病;社保等信息全面数字化,导致老人在缴费等方面面临困难。

总体来看,相比于数字移民,数字原住民一代垄断了对互联网及其信息的话语权和资源获取的优先权。这种信息和资源获取上的数字鸿沟,对价值观、生活态度、视野、参与能力甚至生存机会产生难以估量的影响。

3.网络产品或平台的层级

不同的网络产品或应用平台间可能存在着层级区分,通常以互联网"鄙视链"的方式呈现出来。在搜索引擎、即时通信工具、社交平台、视频平台等方面,都有一定的"鄙视链",虽然这些"鄙视链"未必被多数人认同。人们在排"鄙视链"时并无科学依据,只是根据知觉,但在"鄙视链"上端的往往是小众的或知识阶层的圈子,而在"鄙视链"底端的多是大众的、通俗化应用的圈子。因此产品或平台的层级,在一定意义上折射出人群的层级。

这样一种由产品或平台带来的人群区隔,既与产品的市场定位有关,也与技术本身的"偏向性"有关。一些产品、平台的运营者,也会有意地强化产品或平台与人群的对应关系。不同的技术特性会吸引不同类型的人群,也会形塑成员的行为模式,甚至可能形成其独有的文化。人们使用某种产品,进入某个平台,不仅是因为产品性能,也是因为文化认同或群体认同。

这种产品的层级,一定意义上也代表着文化趣味,如布迪厄等学者所认为的,趣味作为文化资本的一部分,对于社会阶层区隔也具有一定的作用。网络中的产品层级,虽然不完全对应着现实社会阶层,但它在一定意义上构成了网络空间中另一维度的虚拟层级。

平台所聚集的人群的影响力、社会资源、地位与声望等,会对平台集体性的社会资本产生影响。通常处于"鄙视链"上端的产品或平台,其集体性的社会资本可能更多是共同的社会声望、现实的社会资源,而处于底端的产品或平台,用户更多是心理上的报团取暖,实际上获得的社会资本有限。

4.网络应用能力层级

网络应用能力并不是指操作各种 App 的能力,而是指将一种网络应用转化为获得个人收益、社会报偿的能力。邱泽奇等学者发现在中国,能够从互联网红利中受益更多的群体大多集中在东南沿海,而隐藏在互联网红利差异背后的正是个体、群体、地区、城乡之间的互联网资本和对其运用的差异。

陈强、徐晓林从虚拟社会的接入情况、信息意识、信息伦理、政策供应、工具供应、信息供应、信息获取和信息利用八个指标来进行网络社会的分层。这八个指标涵盖了网络应用的素养和能力。

总体来看,网络应用能力的差异主要从以下几个层面体现:其一是网络的消费能力,即获取、使用网络信息与服务方面的能力;其二是网络的生产能力,如参与网络内容与服务的贡献能力;其三是网络社会的互动、表达与参与能力,如网络交往、利用网络争取个人权利、进行社会参与;其四是将网络应用转化为现实收益的能力,如通过网络应用提升工作和生活质量、提高社会地位等各方面的能力。

前述的四种网络层级分化,加之现实社会阶层的因素,都带来了网络人群在话语权、文化偏向、趣味、应用以及获利能力等方面的落差,但这些落差不一定是"数字鸿沟"。不同层级之间存在流动可能性。网络能够带来社会资本、文化资本的提升,技术的发展,平台的推动,也可能给一些处于低层级的人带来向上流动的机会。

消费者在现实社会阶层的定位是被动的,而网络的各种层级定位中,消费者则拥有相对的主动性,他们会越来越看重网络社会中某些维度的层级的意义,因而人也会努力维护自己所在的某些层级。不同的网络层级间,也存在利益诉求、经济资本、社会资本、文化资本、话语权等方面的差异,不同的层级间有时也存在着对抗、竞争等关系。

第二节 社会层级对消费的影响

收入虽然常常被普通人认为是划分社会阶层的重要指标,但两者对消费的预测力是不同的。社会阶层在预测价格不敏感的象征性消费时更有效,如化妆品、酒;收入在预测不含象征意义的主要支出(如日用品)时更有效;社会阶层和收入数据在预测昂贵、有象征意义的产品(如汽车)购买力时同等重要。

不同阶层存在消费差异,这些差异是系统性的,比如不同阶层的人对信息接收和处理不一样,其媒体使用也不同,购物方式、购物场所、消费理念、支出模式、生活方式等方面都存在差异。有一本叫作《格调》的书详述了在美国社会个体的社会阶层和生活品位之间的关系,比如在体重上,精英阶层的女性往往更瘦,笑容幅度更小等。在服装消费上,美国社会下层最看重的是价格,中层最看重的是质量,中上层最看重的是时尚,而上层最看重的是品牌。

消费主义的流行与大众媒体的渲染,也使中产阶层观念以及相应的生活方式和审美趣味受到更多关注[1]。他们以其特殊的消费偏好和消费品位,创造出中产阶层消费文化,并成为社会主流文化的一个重要部分,成为了其他社会阶层试图追随和模仿的消费模式[2]。"生活并不只有苟且,还有诗和远方",这句话可以文艺地形容中产阶层的生活方式。

在对中产阶层生活方式的研究中,关注最多的是中产阶层的消费行为。基于社会调查数据的大量分析发现,中产阶层的消费行为已经呈现出一定的特点。首先,中产阶层的消费结构逐渐从生存必需型消费转向享受型、发展型消费,主要体现在恩格尔系数持续下降,而购房购车、教育培训、娱乐健身的支出越来越多。其次,中产阶层的消费行为与消费理念呈现个性化与理性化特征,中产阶层追求注重质量与彰显身份的消费模式,如品牌消费,并倾向于服务质量的高消费场所[3]。2017年群邑和新生代联合发布的《2017年中产阶层研究报告》中研究了中产阶层的显著性群体特征,报告指出从物质消费到生活方式,中产阶层消费升级的本质在于生活的全面升级,而不仅仅是传统意义上消费高档的品牌或产品。从强调物质消费的品质转变为了强调有品质的生活方式,尤其是精神层面。品质不再等同于名气大、价格高、奢华、贵气,而是良好的个人形象、个人审美和品位,以及张弛有度的生活。

在文化消费上,也有理论认为社会阶层和文化趣味是一一相对的,被称为同源论。布迪厄认为阶层和趣味是同源的:社会阶层高的人,趣味就高;社会阶层低的人,趣味就低。社会阶层对个体的品牌具有规范和形塑作用,高社会阶层的个体会在家庭或学校潜移默化的熏陶中习

① 周小仪.中产阶级审美幻象与全球化阶级冲突[J].外国文学,2016(2):101-116.
② 李春玲.当代中国社会的消费分层[J].中山大学学报(社会科学版),2007(4):8-13.
③ 杨晨,刘计峰.国外阶层文化消费品位研究:从单一化到多元化[J].马克思主义与现实,2010(2):44-48.

得审美能力，获得欣赏高雅文化和艺术作品的能力。这一理论受到了一些实际情境的挑战，有研究发现，在不同的场域，人们选择的文化趣味不同。如果在工作领域，人们会选择趣味公约数，消除阶层差异，把不同阶层的人团结在一起，进行共同生产，因此，经理和员工都聊一些共同的话题，比如孩子、天气、足球。这些都是没有阶层区隔的话题。在休闲的领域，可能就开始制造区隔。

对同源论的适用性产生挑战的一个很重要的因素是人际网络。社会阶层是一个统计的因素，但人们趣味的形成是和其交往的人联系在一起的。高社会阶层的人可能和高社会阶层的人来往，但他们的亲戚不一定是高社会阶层的人，所以高社会阶层的人因为血缘等和不同阶层的人进行互动，从而养成非本社会阶层的文化消费品位。

美国学者理查德·彼得森提出了"文化杂食论"，该理论认为西方高社会阶层能欣赏高品位的文化，也能欣赏其他品位的文化，他们在进行文化消费时，往往是追求多元化的，是"杂食者"；而低社会阶层只能是"单食者"，因为他们更注重关于自身的生存发展问题。

延伸阅读 9 - 1

旅游体验：从"同景同感"到"同景异感"

旅游体验是旅游的基础。旅游体验存在普遍的、共同的体验元素。不论是谁，也不论他们来自哪里，都会对美丽的自然风景产生大致相同的美感体验元素，此即"同景同感"。但这只是旅游体验中的一个方面。我们不能忽略旅游体验的另外一个方面，即面对相同的旅游景点，不同的人会形成不同的体验，有人觉得美妙，有人则可能完全无感，此即"同景异感"。除了情绪、同伴、经历等问题外，面对的是相同的景点，游客的体验结果还与他们的能力和目标有关联。

霍尔对交流语境的分类，可以运用于旅游吸引物。我们同样可以把吸引物分成"低语境吸引物"和"高语境吸引物"。所谓"低语境吸引物"，指的是这样一类吸引物，游客可以直接从吸引物本身获得满意的体验，而无须借助吸引物的语境（如关于吸引物的历史和背景知识）的帮助。例如，奇特、秀丽、壮观的自然景观（如九寨沟、漓江、黄山）和人造景观（如长城、故宫、西安城墙），就是这种低语境吸引物。在对这一类吸引物进行体验时，即使我们对它们的背景和历史知识所知甚少，我们也能从对它们的直接的感官体验中获得快感或美感。当然，如果我们知道它们的背景和历史知识，对它们的体验可能会更好。但那是另外一个层次的问题了。所谓"高语境吸引物"，指的是那一类需要借助有关吸引物的语境（即关于吸引物的背景和历史知识）才能获得满意的旅游体验的吸引物。例如，一撮从月球上带回来的泥土，如果它没有放置在特定的语境（如"这是从月亮上带回的泥土"的解说词）中，那么，游客根本就会无视它，因为泥土太常见了。但是，如果游客知道它是从月球上带回来的泥土，感觉就会完全不同。在这里，带给游客满意体验的关键因素，不是对泥土本身的感官体验（它是平庸的），而是关于泥土的背景知识。在旅游实践中，充满了大量的高语境吸引物。许多文物古迹都属于高语境吸引物。如果我们缺乏有关它们的背景和历史知识，我们对它们的体验效果就要大打折扣。

当然，也有一些文化遗产本身就能引起美好的感官体验（如上面提到的故宫）。但如果能掌握有关它们的语境（背景和历史知识），我们对它们的体验效果就可能更好。但是，也有这样一类的遗产吸引物，它们本身在感官体验上并没有多少奇特或不寻常之处（如一块墓地）。但是，如果我们知道了它们的语境，我们对它们的体验效果可能就截然不同。例如，当哲学爱好者知道这是法国哲学家萨特的墓地，他们对萨特墓地的体验，就异于对于普通墓地的体验。

我们还可依据对吸引物体验的寻常性和不寻常性,把高语境吸引物分成两种类型:引起不寻常感官体验的和不引起不寻常感观体验的。如果说,前者可以不凭借语境的帮助而引起满意的感官体验(当然,如果有语境的帮助,其体验效果会更好),那么后者离开了语境的帮助,游客就可能对它无感。这意味着,有关不同类型的旅游吸引物的体验,对游客的能力要求是不同的。越是低语境的吸引物,游客越可从直接的感官体验渠道获得满意的体验,因此,其旅游体验满意感越是不依赖语境。

至于高语境吸引物的体验效果,则取决于它本身的感官体验属性。越是不具有非凡的感官体验属性的高语境吸引物,其体验效果越依赖语境。

吸引物语境是什么?它就是有关文化吸引物的背景和历史知识。在语境的掌握上,游客之间存在差异。在很大程度上,游客的文化与历史知识构成他们体验吸引物的语境框架。在此意义上,它其实就是布迪厄所说的文化资本。具有高文化资本的人,不但可获得更高的对文化吸引物的体验能力,而且也具有更强的文化好奇心和更高的文化鉴赏趣味。尽管具有高文化资本的游客事先未必都知道所有吸引物的背景和历史知识,但是他们的高文化资本让他们有更浓厚的兴趣和更强的动机去主动了解不同国家和地方的高语境吸引物的语境。

布迪厄认为,社会阶层差异决定了文化资本差异,而文化资本差异会体现为消费选择偏好或趣味的差异。旅游选择也是一种消费选择。人们选择体验何种吸引物,不过是在贯彻其文化趣味或偏好。不过,我们不能说,具有高文化资本的游客,往往只对高语境吸引物感兴趣。相反,他们同样也可以对低语境吸引物感兴趣。他们与缺乏文化资本的游客的差异在于,他们是彼得森所说的"杂食消费者",既可以领略高语境吸引物的奥妙,也可以享受低语境吸引物的美。而那些只具有低文化资本的人,往往只具有体验低语境吸引物的能力和兴趣,因此他们构成彼得森所说的"单食消费者"。

可见,要解释"同景异感",必须考虑到游客本身的文化和社会禀赋的差异。旅游吸引物是有层级的,这种层级主要体现在它们的语境依赖程度的差异。越是高语境的吸引物,对游客的文化资本的要求就越高。相反,越是低语境的吸引物,越是对游客的文化资本没有要求。如果说,在低语境吸引物层级上,旅游体验出现"同景同感"的结果,那么在高语境吸引物上,旅游体验会出现"同景异感"的现象。

资料来源:
王宁.从"同景同感"到"同景异感":一个分层对应论的分析框架[J].旅游学刊,2019(9):1-3.

第三节　消费对社会层级的建构

有学者认为个体属于哪个阶层不在于你拥有多少财富,而在于你消费了什么东西,消费了哪个阶层的东西。也就是说,消费本身对社会阶层进行了建构,人们通过消费,来建构自己的社会地位[①]。

凡勃伦的"炫耀消费论"是第一个关于消费的地位竞争的理论,确切地说,是基于消费的社会分层论。有闲阶级揭示了19世纪末资本主义发展的黄金阶段,不参加劳动的有闲阶级以及

---

① 李春玲.当代中国社会的消费分层[J].中山大学学报(社会科学版),2007(4):8-13.

在此基础上发展的炫耀性消费和休闲是资本家展示财富和社会地位的方式。消费不只是物质意义上消费性的，更是社会意义上生产性的。炫耀性消费的作用不仅在于产生优越的社会地位感，也通过消费而区分人群。如此，凡勃伦明确断言消费关系具有权力关系性质。

消费如何能够建构社会地位？消费竞赛就是通过消费创造一种社会地位。在先赋地位社会，不允许通过消费来进行地位的建构。比如在传统部落中遵循平均主义，没有炫耀的必要。在传统等级社会中，如印度，消费是再生产原有的地位，贵族有贵族的消费方式，平民有平民的消费方式，消费也不能建构地位。消费只能再生产本身的地位。这些社会是不流动的。

只有在现代社会，人的地位可以变动，消费就是证明自己获得地位的方式。正是因为地位可以升降沉浮，它才是可以竞争的。在凡勃伦的视角中，此时参与竞争的重要资源就是金钱。把经济资源转化为社会地位，通过消费来向社会中的他人通告自己的社会地位，那么就需要相应的产品。有些产品是显示性的，有些产品是非显示性的。炫耀性消费往往是集中在显示性产品上，比如服装、住宅，或者自己爱人、子女的消费。这样就把资源转化为地位。

首先，凡勃伦发现了消费具有象征功能，消费能将人群区分；其次，消费就是地位获得机制，人们争取提高消费水准的动机是在于满足竞赛心理和"歧视性对比"的要求，其目的不过是要在荣誉方面符合高人一等的生活习惯；再次，通过浪费性、炫耀性消费，以表达和展示财富并获得社会的认可。

然而，直接进行炫耀很容易引来诟病，炫耀是让人讨厌的，"暴发户"成为污名化的称呼，人们将其与低文化、没素质等联系起来。网络中流行的对"凡尔赛文学"的嘲讽也反映了人们对炫耀的普遍反感。因此在凡勃伦之后，布迪厄提出，用钱来表达自己的地位，是大家不认可的，也是不合规的。真正的区隔不是自己在刻意炫耀地位，而是无意识的，高级的炫耀是让人不知不觉地感到地位，从而在别人眼中"被区隔"。在社会中占据相似位置的人，他们拥有相似的生活风格和教育经历，他们受到家庭和学校教育的熏陶，表现出一种连贯性的气质或趣味，比如形象、体态、教养和品位等。身体化的习惯、流露的谈吐姿态等，就已经可能体现出在社会中所处的地位。这不是刻意的，而是身体化的本能。因此除了经济资本之外，文化资本也是形成阶层区隔的重要维度。消费品位是一种文化惯习，文化资源对形成消费品位产生着更大的作用。比如近年来流行的青少年国际游学消费，就是一种既需要经济资本，又需要文化资本的消费。在各类冬夏令营中，青少年参与费用高昂的国际游学，并长时间在国外生活，某种意义上是一种代理消费，但同时也是一种文化体验。通过旅游，这些孩子增加了阅历，沉淀为其文化资本的一部分。

第十章
数字化下的亚文化与圈层

传统上对于亚文化与消费的探讨,比较多地集中在区域亚文化、民族亚文化、代际亚文化等方面对消费者的影响。但进入数字时代,网络用户的汇聚与互动,在短期内增加了人与人的横向链接,但同时也逐渐带来了人群的分化,出现了各种文化群体和情感部落,这些圈层不受到地域、民族甚至代际的限制,由此带来的圈层化的现象也受到越来越多的关注。无论是由于地域、种族,还是由于网络圈层的差异,消费者的生活方式都可能受到其所属的亚文化群体的影响,带来了消费的差异。

第一节　数字化背景下的亚文化

一、亚文化

人们在社会中的成员身份有助于定义自己。亚文化(subculture)是一种群体,其成员具有与其他群体相区别的共同信仰和经历。每个人都可能从属于多个亚文化。

传统教科书中指称的亚文化主要指基于人口特征的亚文化,而目前由于社交媒体带来的日益凸显的圈层文化更接近传统理论中微型文化(microculture)的概念。微型文化指人们自愿选择认同一种生活方式或审美偏好。每个群体都有其独特的规范、语言和产品象征。以往典型的例子如嬉皮士,而新媒体中这类微型文化更为丰富,如明星粉丝、棉花娃娃圈、汉服圈等,文后以"圈层文化"来指称该类亚文化。

基于人口统计特征的亚文化有民族亚文化、代际亚文化等。

民族亚文化是持久不变的消费者群体,他们共享文化和基因,无论是其成员,还是其他人都认为这种文化和基因属于独特的一类。在西方,少数族裔是一个重要的市场。在中国,民族的细分市场在一些地域也非常重要。在向其推广产品或服务时,使用他们自己的语言会带来更好的商业效果。

代际亚文化是指消费者成长的年代使他们与其他数百万同时代的人产生了共同的文化纽带。以时间维度来细分消费者有两个途径:一是按照生理年龄将人生划分为不同的阶段,在每个阶段有一些典型的消费行为;二是按代际/世代,根据消费者出生的年代和成长经历的不同,将消费者细分为不同类型的市场,如90后、独生代、X世代、Z世代等。中国社会近百年来的变化很大,特别是改革开放之后,发展日新月异,因此在不同年代出生的消费者,其面对的外部环境已经有了巨大的差异,这导致消费者在文化、生活方式和消费行为上有了完全不同的表现。同一时代出生的人经历了相同的社会变迁,从而形成类似的社会性格特征,或对共同社会变迁有着相似的行为反应。故而生于不同年代的人们,其消费决策行为或多或少地打上时代变迁的"烙印"。代际之间的差异也被无限拉大,90后、00后与70后、80后,以及上一代的审美与品位也有着天壤之别。小时候还会唱"我在马路边捡到一分钱,把它交到警察叔叔手里边",然而今天的00后们几乎都没见过一分钱。从一分钱的消失,到一角钱的消失,到电子支付时代,最能体现一代人差异的就是消费方式。

目前,出生于1970—1985年的这代人的消费能力处于绝对领先地位;85后的消费虽在迅猛增长,但人均消费能力与上一辈还存在一定差距;95后开始逐步走上工作岗位,拥有快速增长的收入,其中包含绝大部分的学生群体,消费能力还相对不足。但95后是年轻的群体,他们是新崛起的消费一代,作为互联网原生居民,他们娴熟地游走于海量信息之中,更想要与众不同,更渴望被看见。有报告显示,95后平均每5个男生,就有一个使用BB霜。男生美妆就是一个 95 后区别于其他年龄阶层的鲜明标签,他们大胆前卫,更加注重自身内心的满足,更加"不可控",在消费观念上与"前辈们"差异明显。

二、青年网络亚文化

数字时代,90 后、00 后作为数字时代的原住民,天然地适应互联网和移动互联网的环境,我们可以从生活中了解到,即使是还没上小学的小朋友也可以把手机、电脑玩得很熟练,90 后、00 后已经成为数字时代的主角,他们的生活方式和消费方式都高度依赖移动互联网。数字时代,娱乐性消费加倍放大了消费带来的愉悦感受,使消费主义成为社会潮流。粉丝、二次元、丧、佛……一些大学生购买亚文化文创产品(它们通常不便宜)是为了从中获得独一无二的体验,以彰显他们的身份优势。这种行为带有典型的符号消费倾向,并以此来区别"圈内人"和"圈外人"。

以互联网为中心的新媒介不断地渗透到我们社会生活以及文化形态的各个层面,并令当今的中国文化非常显著地趋向于多元化和开放,这也使如今社会文化的存在形式不断地向"数字化"转变。新媒介并不仅仅是为传统文化转向"数字化"提供了非常广阔的空间,同时还因此而诞生了许多独特以及崭新的文化类型,如微博、SNS、淘宝等,这些都成为亚文化群体不断扩张、传播以及寻找相同类型的文化群落的方式[1]。

其中,青年网络亚文化成为最为突出的一个文化类型。20 世纪 80 年代形成的第一波青年亚文化族群/类型已成为记忆,而新媒介支持下的今日的青年亚文化已拉开序幕。如今的青年亚文化在很大程度上依赖于以互联网为标志的信息技术革命,是突飞猛进的技术全球化对青年日常生活渗透的必然结果。值得注意的是,新媒介对当今青年亚文化的影响,无论在力度还是广度上,都已远远超出了媒介技术的层面[2]。在这些新媒体技术的链接下,青年网络亚文化展现出更高的独特性、挑战性。

数字媒体在青年亚文化的建构、传播过程中发挥的影响体现在四个方面:一是为青年亚文化风格的建构提供丰富的原材料;二是为青年亚文化的传播提供广阔的空间;三是使青年亚文化由最初分散零落的亚文化片段聚合为风格明晰的亚文化形态;四是传播青年亚文化的风格特征,扩散其辐射范围,延长其生存周期。在互联网等现代媒介的助推下,年轻人从日常生活中的经济、文化"束缚"中解放出来,以青年文化话语为基础,自由自在地结成跨地域、可交流的新联盟,并通过积极的"符号创造"实践,让"风格的意义"不完全存在于亚文化突击队(subcultural shock troop)这个小圈子的"符号游击战"中,同时也存在于通过日常"基础性美学"参与到认同建构的快乐的普通青年当中。在媒介力量的深度参与下,后亚文化时期的青年亚文化已经发展为一种虚拟性与现实性交互,不断突破地域局限、年龄界限、阶层壁垒的全球性文化景观[3]。

网络中的青年亚文化风格不同于传统社会里的青年亚文化风格,传统社会里较早时期的亚文化风格与阶级、地位、世代、种族、性别、境遇等相关联,带有明显的阶层冲突、代际抗衡、地位抗争、性别趋异及种族歧见等特征,代表性的有泰迪男孩、光头党、朋克、垮掉的一代、嬉皮

① 新媒介与青年亚文化转向[J].文艺研究,2010(12):104-112.
② 新媒介与青年亚文化转向[J].文艺研究,2010(12):104-112.
③ 闫翠娟.从"亚文化"到"后亚文化":青年亚文化研究范式的嬗变与转换[J].云南社会科学,2019(4):178-184.

士、雅皮士等。而青年网络亚文化具有明显的后现代特性,含有群态化、泛众化、平面化、去中心化、泛娱乐化等特征,在文化的逻辑传承上与后现代精神相契合。传统意义上的青年亚文化一般采用政治攻讦、街角对峙、抗争等激进的、显性的、暴力的正面抵抗形式,而青年网络亚文化往往采取柔和的、隐性的、委婉的侧面抵抗样态,并且随着时间的推移,其温和特质愈发显著①。

青年亚文化通过新媒介技术的多媒介、多兼容、多互动等诸种特性,突破了传统亚文化风格的表达惯例,获得了更自如的、多样化的表达方式,从而实现了青年亚文化风格的转向。传统意义上的亚文化符号,主要体现在他们的衣着方式、独特的言行风格以及所喜欢的音乐类型等方面。而当下的青年亚文化却并不借助这些出格的外在"行头"来表达亚文化的风格和意义,它们更青睐于使用网络媒介所带来的新技术手段和新技术装置去表情达意,而将真实的主体形象以匿名的方式掩藏在赛博空间里,如 Flash 动画、在线游戏、动态相册、多媒体视频软件,以及 MSN、QQ 等在线聊天工具,还有 Twitter、微博等。掌握这些技术的青年人,不再拘泥于某一种表达方式,而是杂糅了文字、图像、影像、声音等多媒介手段,轻松自如地参与到亚文化的生产和传播中②。

虽然青年网络亚文化和传统的青年亚文化有了大量的区别,但本质上,依然是青年通过所谓的"仪式抵抗"来获取自己的话语权和主导权。"仪式抵抗"一词最早是由英国伯明翰学派提出的,他们认为青年群体会以独特而另类的生活方式和话语实践去挑战和颠覆那些居于社会支配和主导地位阶层的文化"领导权"。此种抵抗形式以娱乐、戏谑、恶搞和狂欢等为表象,并内隐了青年人的话语吁请、利益渴望、价值诉求和精神批判③。

延伸阅读 10-1

"饭圈"1.0 到 2.0:追星行为的代际争议与文化变迁

Fandom1.0 时代"文本中心式"的私人追星

与 10 年、20 年前的粉丝文化相比,当下中国娱乐圈的饭圈呈现出一些不同的特质。尽管这样截然二分有点粗暴,我们姑且把前一代的饭圈称为 Fandom1.0,把现在的饭圈称为 Fandom2.0。

作为一个 80 后,我也有过一些追星的经历。那时的追星主要做什么事情? 如果你追的是音乐明星,你能做的事情就是买唱片、磁带和 CD;如果你很有钱,或者他(她)恰巧在你的城市演出,你可以去现场看;你也许会在某些电视节目里看到他(她);你还会买一些海报贴在卧室里面,营造一些非常私人的符号空间。整体而言,那时候的粉丝活动比较私人化,粉丝间的横向勾连十分微弱。

从学术的概念去理解,Fandom1.0 的核心特点在于"文本中心性"。粉丝重要的日常实践就是和某个特定的文本,比如一首歌曲、一张专辑、一部电视剧等流行文化的文本建立关系,深

① 敖成兵.青年网络亚文化的温和抵抗:特质、缘由及审视[J].当代青年研究,2019(2):78-84.

② 新媒介与青年亚文化转向[J].文艺研究,2010(12):104-112.

③ 敖成兵.青年网络亚文化的温和抵抗:特质、缘由及审视[J].当代青年研究,2019(2):78-84.

度融入，强烈互动，并把情感和自我投射其中。

在文化研究的学术成果中，无不强调流行文化的参与者和某个特定文本之间的深度结合与互动关系，例如，斯图亚特·霍尔的编码-解码理论描绘了人与文本的互动关系，费斯克将粉丝称为"过度的读者"（excessive reader）。可以说，在 Fandom1.0 时代，如果没有文本的存在，就不会有流行文化，更不会有粉丝。

当然，曾经的饭圈也是一个被严重污名化的群体，就像曾经的"网瘾少年"一样，粉丝也被认为是疯狂的、不理智的。早期中文文献中把粉丝翻译成"迷群"——迷失的群体，也有着很重的负面意味。这些年，随着饭圈商业价值的凸显，粉丝逐渐被认同，成为一个中性词，也有越来越多的学者开始从学术层面上强调粉丝的公共意义。

Fandom2.0 时代数据实践＋碎片化文本＋横向连接

第一代饭圈粉丝实践的核心在于文本，那么第二代粉丝的实践特点是什么呢？

首先，Fandom2.0 催生了粉丝的"数据实践"。

打榜、控评、轮博、反黑等一系列操作进入了公众视野——大家对什么是数据、什么是做数据，已经了然于心。要注意的是，数据只是其中一个环节，在数据背后是整个自成体系的商业逻辑。如今的饭圈不仅熟知如何做数据，也非常认同明星代言、带货，粉丝购买周边的行动逻辑，以真金白银支持自己的偶像。在流量和数据被利用并制造商机的过程中，除了平台受益之外，其背后的商业和市场营销价值也不能忽视。

其次，对这代粉丝来说，曾经居于饭圈文化中心的文本衰落了。但文本不会消失，只是改变了形式。曾经连续性的、宏大的文本逐渐式微，碎片化的文本迅速增长。

何为碎片化的文本？比如：现在的"明星直拍"，镜头只给你关心的那个人，粉丝可以只看自家爱豆；微博上的各种精修图、混剪视频、同人文、小作文；去看了一场演出，回来做一个REPO。过去，我们很在乎正片，而现在，这些由粉丝创作的文本正大放异彩，它们的重要性一点不比官方文本差，并且成为饭圈中重要的流通资源。

最后，粉丝间的横向连接性加强。

当然，今天依然有很多粉丝坚持"solo追星"，但不可否认，身处当今的饭圈，粉丝活动贯穿于整个追星过程中，很大一部分乐趣源于和其他粉丝在日常生活中线上或线下的交流。过去，我们听一场演唱会，大家在现场很"嗨"，一起合唱，但演唱会结束，就各奔东西，拿起自己的随身听继续追星。而今天，粉丝不会因为一场演唱会的散场而失去彼此的联系。

流行文化的代际争议与符号变迁：代际间的追星"鄙视链"

最近的热点引发了很多关于代际间追星差异的讨论：现在 70 后、80 后的中年人，似乎瞧不起年轻人追捧的"流量明星"，这是非常普遍的代际间误解。

上一代人总去质疑年轻一代的文化形式，直到年轻一代成长起来，最终获得主要的文化话语权。

80 后是当下社会的中坚力量，在文化上占有比较强势的话语权。但这是暂时的，一代人终将老去，总有人正年轻。费斯克有篇著名的文章 *The Cultural Economy of Fandom*，在文中他用布迪厄对文化资本的分析来理解粉丝行为。同样地，在流行文化中，由文化资本所造成的社会空间的差异，也依然成立。表面上看 2019 年两位明星粉丝之间的论战是审美争议，事实上它是"鄙视链"，是社会空间和阶层话语的冲突。

我们该如何评价这种变迁？结合上文提到的文本性问题，上一代粉丝执着于一个中心化的文本，试图依循 Fandom1.0 时代的逻辑去评价现在的粉丝文化。经常有人说，这些年轻的小鲜肉"有流量没作品"。事实上，他们并不是没有作品，只不过是没有成熟的、连贯的、已形成经典的文本。

从文化理论的角度讲，这一批评并非没有道理。

过去人们所强调的中心化文本，可以制造一个审美空间，或者说，可以制造一个非常丰沛的、充满意义的符号体系。这些符号体系，和个体有共鸣，和时代有共振，因此具有比较明确的公共意义。时过境迁，这些流行文化的符号体系往往能沉淀出足够的审美价值，成为经典文本，甚至成为和文学艺术接近的某种符号资源。

从葛兰西开始，我们都认为流行文化本质上是一种控制。流行文化的原罪就在于此：它由商业文化孕育而成，其本质是兜售商品。但也有不少文化学者认为，流行文化虽有原罪，但也具有救赎的能力。流行文化的种种符号当然是一种控制的形式，但是它在某种情况下，也可以成为一种抚慰和协商的资源。

到今天，文本衰落，这种符号体系会不会也将不复存在？比如，我们会觉得今天的饭圈是有"铜臭味"的。当文本弱化，商业力量和粉丝实践之间缺乏一个由意义符号所构成的缓冲地带时，二者的勾连变得非常简单、直接和粗暴。于是，流行文化的"原罪"被直接暴露在参与者面前——粉丝通过数据与商业逻辑对话。我们曾经珍视的审美符号，以及它所蕴含的精神力量会不会打折扣呢？

但换一个角度讲，"有流量没作品"这个批评也是有问题的。

首先，从文化形态上看，这种拼贴、破碎的符号风格，带有后现代的特性。有日本学者用"数据库消费"（database consumption）的概念来描述御宅文化，它同样可以概括今天的粉丝文化。从前，流行文化通常会勾连到个体背后的整个时代叙事，而现在更多的是一个数据库，一个非常复杂且连通的符号体系，它没有中心，只有网络化的碎片信息。

其次，我们可以退回到青年文化或者另类文化的基本逻辑来看待这个问题。

我们可以将现在的粉丝实践理解为媒介形态变迁的自然结果。数据实践也好，社交媒体实践也好，粉丝文化依然是青年人对抗或解决自身问题的符号实践。只不过它的组织方式和审美特性都是全新的，我们也许不应该沿用文本中心主义的视角去看待它。它是属于未来的，可能弱化了某些符号的力量，但也许正孕育着新的能量。在合适的条件下，这种力量依然可以获得充足的道德性。

粉丝"出圈"？公共参与的另一种可能

追星不单单是一种娱乐，也是另一种形式的网络参与。

首先，从比较宏观的角度，粉丝实践的公共意义体现在与共同体的关系上。粉丝文化是年轻人参与公共话语一个非常巧妙的通道。同时，商业逻辑也被非常贴合地被纳入其中。

其次，关于粉丝与公共生活的关系，还可以从大众传播的角度来思考，具体可以参考新加坡国立大学张玮玉老师的《粉丝公众》这本书——粉丝们如此团结，动员能力如此之强，在互联网表达和文本创造上如此活跃，那么，粉丝有没有可能从"圈地自萌"的状态中分离出来，去关注社会议题，比如宏观经济、养老和生育率。

当下的饭圈在网络性和执行力上是非常完善的，并且已经表现出一些积极的行动，比如为环保、慈善事业聚集力量,发出声响。但是,他们去参与社会议题的自觉性不充分,缺少根本的主观能动性,他们的执行力被困在由商业和互联网技术所共同构建的流量闭环中,很难走向更广阔的空间。

最后,我想谈谈"身份"的问题。粉丝或者青年文化的文本天然蕴含着立场的矛盾,这是日常生活中关于身份及权力的一种话语实践。"身份"的属性天然存在于流行文化的机理当中。

对于粉丝文化,我个人认同其积极力量。正如华东师范大学吴畅畅老师所说,饭圈实践缺乏最大公约数——共同的基础和指向。出圈之路困难重重,既是因为社交媒体本身的缺陷,也因为饭圈一些不理想的交往方式和森严的圈层形态,这都不利于将争议发展成共识或者常识,很多时候只是在反复争吵中消耗激情和耐心。

最后补充两点。首先,关于饭圈的讨论,很多观点都是自下而上、从外向内的观察。我们尚未真正深入到饭圈或者粉丝的日常生活中,尚未充分地从内部的视角去理解他们,因此可能有失偏颇。有很多的学者正在做这样的研究,我们期待更"接地气"的发现和研究。其次,我们更多的是从相对宏观的角度去阐释粉丝文化的整体意义。我们不应该忽视偶像对于个体粉丝的影响。对个人来说,偶像可能承担着重要的审美和心理价值,包括实现自我价值、自我满足、消解孤独、情感共鸣等,这是我们的讨论没有触及的方面。

资料来源:全媒派 作者:崔迪

延伸阅读 10-2

弹幕亚文化

1. 弹幕的前世今生

弹(dan)幕,本意为射击类游戏(STG)中子弹过于密集以至于像一张幕布一样。在使用到视频中时,大量评论从屏幕飘过时效果看上去像是游戏里的弹幕,故而这个"弹"字指的是子弹的"弹",而不是弹出的"弹"。

弹幕视频的形式最早起源于日本,NicoNico视频网站在建站初期便首次引入了弹幕视频的形式,就迅速在 ACG(Animation、Comic、Game 的首字母缩写,动画、漫画、游戏的总称)圈内流行起来。随后国内的 AcFun 和 Bilibili(俗称 A 站和 B 站)也相继仿效,将弹幕视频的形式成功引入中国。

最初弹幕视频的内容大都为动漫及游戏,主要针对爱好二次元的用户。后来因为这种动态互动方式极大提高了内容的趣味性与用户的活跃度,弹幕也开始向电影、电视剧以及原创视频等方面延伸。同时,在视频形式之外,弹幕也开始越来越多地用于商业营销实例中,如弹幕海报、弹幕电影、弹幕直播等。

2. 弹幕为何受欢迎

弹幕可以看作受众对于既有文本的一种实时的、共同的批注和再创作。对既有文本进行批注,这是中国自古以来读书人的一贯传统。但无论是《十三经注疏》,还是《红楼梦》的脂砚斋本,动机和弹幕完全不同。它们的动机在于更好地去完善文本,而弹幕是以解构文本为目标的。

几年前的互联网恶搞文化通常是针对文字和图片,受限于技术原因,对视频进行恶搞需要一定的专业能力储备,比如掌握视频剪辑及制作能力。弹幕技术的发明,使得每一个人都可以成为"恶搞者"。在弹幕界极其有名的站点,如A站、B站,就提供了这样的"弹幕"操作入口,方便每个人参与到视频的解构中来。

尽管弹幕只是一种亚文化,主流的70后、80后很难接受这样一种观影方式,认为满屏弹幕是对观影体验的破坏,但不能否认的是,它的确在某种程度上满足了其主要用户群,特别是90后的一些心理需求。

3. 参与感与主导性

和视频传递的是作者的想法不同,弹幕传递的是观众的想法。与传统的观影方式不同,用户不再被动接受视频内容,而是基于自己的想法对视频内容作出解读和解构。很多弹幕对视频原内容做出了越来越多的补充和解读,有时候弹幕本身就成为内容的重要组成部分,甚至很多用户有时候单纯是为了看弹幕而来。

除了补充和解读,弹幕还满足观众吐槽的需求,利用弹幕可以表达自己的情绪、看法,还有调侃、戏谑。大多看弹幕视频的观众是二次或是多次观看该视频,观看的重点已经不在视频本身,而在参与对它的点评和"恶搞"。这种解构常常会带来超乎视频内容之外的亮点,许多网络热词的使用都是在弹幕先火起来,例如"挖掘机技术哪家强""我的滑板鞋"。这就使得那些不具备足够吸引力的视频,由于弹幕的再次创作,吸引了更多人观看。

这些弹幕实质已成为基于视频内容的再生产,赋予每次观影不同的体验。这一体验不是视频创作者给予的,而是用户自己主导和参与生产的。

4. 志同道合的互动

现代的年轻人都有自己独特的个性,渴望能找到与自己志同道合、兴趣相符的伙伴。弹幕视频网站作为一个较为成熟的平台工具,跨越了时空界限,使得同一兴趣的圈子得以随时交流互动。

在现实生活中,要约上三五好友赏花赏月赏电影的机会可能并不多,即使约上了,也可能因为萝卜白菜各有所爱等原因难以达成一致意见。"有时候看到(电影里)一些好玩的东西,跟身边的人说了,可是他们却不能给你回应,甚至有时候他们可能不懂你在说什么。"但弹幕视频恰巧解决了这一问题,它为选择同一内容的用户提供了一个场所,组成了一个以视频为话题的临时社交圈子,圈子里的人都是喜欢这个视频的"同道中人"。于是大家可以"共同"观看视频,即时发表自己的看法,在相互评论与吐槽中,达到一种兴趣的碰撞与共振,享受到虚拟部落式狂欢的体验。

5. 在场介入

弹幕的另外一个优势就是,比起简单的视频下方评论和长篇影评,"刷弹幕"这个行为可以很好地解决在场介入感的需求,从这个层面来说,弹幕比评论更有吸引力。

和大多数视频网站一样,弹幕网站也有评论区。但用户之所以很少去看评论区,一是因为评论与视频是分离的,二是因为评论区多为观后感,是对内容观影后进行的整体评价,或者是对特定剧情的解读与相关讨论。而弹幕则不同,它给每一条独立的评论都加上了画面标签,让这些评论与画面同步出现在屏幕上面。因此,无论你在何时观看,都能看到之前所有用户在每个画面留下的评论。

这一设定加深了弹幕视频的临场感,当你看到画面上出现"千军万马"的弹幕时,你会感觉众人都与你同步观看,大家都在进行紧张的"现场直击",而不是以一个过来人的角度在撰写观后感。

6. 认同感

除了逼真临场感带来的观影快感,弹幕视频还能满足年轻用户寻求认同感和包围感的需求。弹幕可被视为帮助观影者找到组织的一种方式。被弹幕网站连接在一起的每一个人,通过屏幕背后的网络虚拟平台寻找到了认同感和归属感,排解了内心的孤独。

当视频画面中出现了某个笑点,自己在觉得搞笑的同时,电影屏幕上出现了感同身受的评论,此时观影者就会产生一种被认同感和存在感,觉得不是独自一人,而是在跟一群志同道合的人一起看,极大地减少了 90 后常出现的孤独感。

这样的互动逐渐形成了一个群体的默契,而一次次高度一致的反馈也让人感到自己属于这个圈子,强烈的认同感和归属感包围着认同弹幕文化的用户。

弹幕是一种典型的青年亚文化,有趣的是,在亚文化普及开来的时候,主流价值观念就会在不知不觉中渗透进去。当渗透完成后,下一代的年轻人就会发明新的亚文化。弹幕这种对原来视频的解构,现在开始被电影产业利用。这一手段也被借用到各种商业营销活动中。当弹幕越来越多地为主流文化所知,其最初的用户就会越趋向抛弃这一形式。

资料来源:

1. 魏武挥. 弹幕背后的青年亚文化[EB/OL]. [2014 - 10 - 30]. http://www. cssn. cn/shx/shx_gcz/201410/t20141030_1381944. shtml.

2. 腾讯:中国 95 后"弹幕社交"市场详细分析报告[EB/OL]. [2014 - 08 - 20]. http://www. 199it. com/archives/267933. html.

3. 弹幕之路何去何从,谈谈弹幕网站与弹幕文化[EB/OL]. [2014 - 07 - 19]. https://www. huxiu. com/article/38105. html

第二节 亚文化圈子:文化区隔与技术区隔

在新媒体技术的推动下,一系列新型的亚文化形态出现在我们面前,如粉丝文化、二次元文化、弹幕文化、虚拟偶像文化、鬼畜文化、直播文化等。以粉丝文化为首,这些亚文化刺激着经济发展。

网络用户的汇聚与互动,带来人群的分化,圈层化现象近年来也开始受到越来越多的关注。圈层不仅是社群,也不仅只受到新媒体技术的影响,而是与消费者本身的差异、现实的社会结构,以及网络平台的制度、多个群体间互动而逐渐形成,每个消费者可能都处于多个圈层中,既带来了多重文化规范的碰撞,也带来了不同亚文化规范之间的渗透。

一、文化区隔与文化资本

圈子是以情感、利益、兴趣等维系的具有特定关系模式的人群聚合。根据社会学学者的研究,圈子成员构成的社会网络结构的群体中心性往往很高,圈内的关系既很亲密,又存在一定的权力地位不平等。圈子内关系强度很高,关系持续很久,社会网密度很大,通常生命周期也更长。此外,圈子往往容易发展出自我规范——可能是被社会认可的规范,也可能是"潜规则"。圈内、圈外的交往规则是有区别的。

目前关于网络圈子的研究大都是关于兴趣圈层,但事实上,基于现实关系的圈子覆盖面更广,个体在现实中的各种关系圈子大都会延伸到网络中。网络在某些方面重构人们的关系圈子,但在某些方面又在强化着现实的关系网络及其力量。

网络中的亚文化人群可以视作原子化、碎片化的个体重新建构社群意识结成的新的共同体或新的生活方式,亚文化人群也不再一定是越轨或是对抗主流的。大量的网络亚文化群体都能形成强烈的群体意识或集体行动。他们有自己的文化边界，圈内文化相对圈外文化有显著的差异，这种文化边界或风格是以初始特征为基础的，但随之会由成员的消费与生产来强化。

从年轻用户中盛行的二次元文化中，我们可以看到这种边界及其形成过程。

"二次元"一词源于日本，它在日文中的原意是"二维空间""二维世界"，日本的漫画、动画、电子游戏爱好者用这个概念指称这三种文化形式所创造的虚拟世界、幻想空间。

二次元文化的爱好者，首先是通过二次元产品的消费实现对这一文化的追逐，这既包括对内容的消费，也包括对周边产品等实体产品的消费。消费过程加深了消费者对二次元文化的理解与认同。用户强大的消费能力也推动了消费与生产的互动，使得二次元文化不断扩张、蔓延。

但二次元爱好者并不只是被动的消费者，日本"御宅之王"冈田斗司夫曾指出"御宅族"所具备的几种特质：高度的信息检索能力、对某一领域的了解异常详细深入、极为强烈的上进心和自我表达的欲望。这也从一个角度揭示了二次元消费者所具备的生产能力基础。

在生产中，二次元爱好者将自己对二次元文化的理解与再创造进行扩散，不同用户之间在相互学习、借鉴过程中，巩固了二次元文化的特征，甚至在此基础上通过构筑新的符号系统形成了新的文化壁垒。

二次元文化的产消过程，也在影响着二次元文化圈内部的权力分层。有研究者指出，对二次元知识量的积累程度，决定了粉丝在社群中的地位，这说明知识积累对文化资本的积累是至关重要的。

亚文化圈子中的消费与生产，往往是在大量的模仿与被模仿中实现的，由此形成的文化"模因"（meme），对于亚文化特征的形成和稳固，具有特别重要的意义。模因是指以非遗传的方式（如模仿）传递的文化元素。道金斯认为模因是一种文化传播或文化模仿的基本单位，从广义上说，可以通过模仿的过程从一个大脑转移到另一个大脑，从而在模因库中进行繁殖。曲调、概念、妙句（梗）、时装、表情包等都是模因。在模因库中有些模因比其他模因更为成功。这种过程和自然选择相似，就如同基因一样，具有更强生命力的模因拥有更长的寿命、更强的繁殖力和精确的复制能力。

在中国的网络中，对网络流行语的研究常采用这一理论。从单一的网络词语、句子以及背后的"梗"到整体语言风格，很多时候都是基于模因的生产和传播。表情包在英文中和模因是同一个单词 meme。短视频平台上一些故事桥段或表达模式，也是视频领域的模因。网络亚文化中的模因，多是在民间的自发扩散中实现的。网络模因的"自我复制"取决于传播者的模仿意愿和行为，这种传播并非"病毒传染"，而是依赖于个体寻求社会认同的心理需要和个体从众博弈的决策结果。

对于二次元文化来说，视觉符号、文本特征、语言风格等，都是具有较强生命力的模因，它们易于辨识与记忆、易于模仿与复制，它们的内容生产会得到传承。

同时，亚文化圈层也会逐渐形成文化边界。有学者用"次元壁"来隐喻这种文化区隔，二次元文化群体构建了一道想象性的壁垒，将"三次元"的话题隔绝在外。但随着政治、资本的理论对网络亚文化的收编和接入，主流文化与网络亚文化之间的沟通交流、相互理解、相互渗透也越来越多。如国家民族相关话语可以转化成投射情感认同的"萌化"编码系统，二次元文化呈现出一个从去政治化到再政治化的过程。

网络亚文化圈子并非完全与世隔绝，他们也会与主流文化和其他亚文化进行对话，甚至谋求一定程度上的"主流化"。

网络亚文化圈子中,不仅有着文化的边界,其成员也有明确的身份认同和归属感,在持续的互动中甚至趋向"组织化"。以追星为例,从早期的追星族,到今天的饭圈,粉丝的群体意识、协同行动力越来越强,饭圈已经发展成为一种特有的文化现象,粉丝们的行为不再盲目,反而变得组织化、规则化、程序化、纪律化。

个体通过对自己的群体产生认同,并产生内群体偏好和外群体偏见,对所属群体的认同程度越高,为群体牺牲的意愿就越强。粉丝的集体行动不仅是为了自己的偶像,也是为了自己所在群体的优越性,群体的优越性最终会转化为对自我价值的肯定。对于普通个体,特别是没有太多社会资源,在学业、工作等方面难以快速获得满足感的年轻人来说,以某个饭圈为依托,借助集体的力量来获得成就感,可能更容易让他们提升对自我价值的肯定和认同。饭圈成员共同奋斗获得的集体社会化资本,也在某种程度上会转化为个体的社会资本。

不同偶像的饭圈之间会频繁发生冲突,这是饭圈的另一个常态景观,也说明了圈子化的另一个结果,那就是不同人群的分化与冲突的加剧。这种冲突,一方面是源于粉丝对自己所在群体的认同与对外群体的排斥,另一方面也源于对文化资本、社会资本等的争夺。

青年们在亚文化圈子中的投入通常高于传统的关系圈子。

文化资本的概念来源于布迪厄,他认为文化资本有三种存在形态:一是一套培育而成的倾向和惯习,它被个体通过社会化而加以内涵,并构成了欣赏与理解的框架,这也是一种身体化的文化资本;二是以涉及客体的客观化形式存在,如书籍、艺术品等;三是以机构化的形式存在,主要指教育文凭制度。布迪厄认为家庭和学校是两个最重要的文化资本传承场所,但在新媒体时代,对于文化资本的获得和传承,家庭和学校的作用在减弱,网络成为文化资本生产与传承的新场所。

网络亚文化圈子对文化资本的影响,会从"趣味"方面体现出来。在布迪厄的观点中,趣味这样看似主观和个人化的观念,其实都展现出了结构性特征,折射着个体的社会地位、经济资本和文化。因此,趣味对人群的区隔有着重要作用。亚文化圈子作为一种新的社会结构,虽然基本上不能实质性地改变人们在现实社会中的阶层,但其在文化维度上带来了人群的新聚合模式,提供了新的文化实践场所和实践方式,在文化惯习与趣味的培养上,它的作用不亚于甚至某些时候可能会超过学校与家庭。每个圈子的人群在努力地制造出属于自己圈子的特定趣味,以标识圈子边界。亚文化与主流文化之间、不同亚文化之间的区隔,在一定程度上也是趣味的区隔。独有的趣味也可能成为圈子成员满足感的一个来源,为其在心理上带来文化资本的获得与增强感。

对亚文化趣味的选择,也是人们对自己的社会位置的一种主动定位。因为趣味发挥着一种社会定向,一种"感到自己的位置"的功能。同样,与趣味相关的文化资本也具有标志等级的功能,尤其是生活方式、文化消费等文化资本是客观阶层地位的指示器。在新媒体平台中,生活方式、文化消费等会通过亚文化的方式体现出来,特别是对于年轻人群来说,进入某种网络亚文化圈子,可以给人打赏这一亚文化的相应标签,并进入网络文化中的某个特定层级。

通过对亚文化的认同,以及相应的消费、参与,人们可以获得用传统渠道难以获得的文化资本,虽然这些并非像文凭一样可以改变他们在现实中的地位,但一方面,他们在亚文化消费中获得了自足性满足,甚至可以产生相对于其他群体的一些优越感,另一方面,在亚文化圈子中的投入,也有助于他们在这个圈子内获得一定的地位与名声,甚至某些时候这种地位与名声也可帮助他们获得现实的利益与回报,文化资本最终也可能以某种方式转化为社会资本甚至经济资本。这也可以解释为什么年轻人更容易进入亚文化圈子。

文化资本也是一种权力资本,网络为文化资本的竞争提供了新的场域。亚文化圈子的成员,既可以以其整体力量博取圈子影响力,以便在网络场域中争夺文化资本,甚至争夺客体化的文化资本,也可以通过提升个体的亚文化知识与生产能力,从而提升在圈子内部的位置,来获得更多的自我认定的"文化资本"。

二、技术区隔:网络亚文化圈子的另一形成路径

在网络中,每种具体的技术或产品(应用)本身也可以造就不同的社会圈子,在某种意义上也可以视作一种亚文化。虽然媒介技术本身对人群的区隔作用在互联网之前就已经存在,但相对来说在大众媒体时代并不明显。而网络技术的多样化、应用的多元化,使得技术在人群区隔中扮演的角色更为突出,其作用权重也在增加。

"媒介即讯息",一种技术产品有时候是一种具体的媒介,每种产品也有自己特定的"讯息"。由于用户定位、支持技术、性能、使用方式、界面设计、互动规则、运营模式、产品营销以及文化认同等多方面的原因,不同的产品会吸引不同类型的人群,也会形塑成员的行为模式,甚至可能形成其独特的文化,因而使用同一产品的人,也会成为一个亚文化群体,特别是对于一些大平台产品。当然,在使用这个产品的亚文化群体中,还会存在大量的圈子或亚文化。

比如在即时通信工具的选择上,00后用户比较偏向使用微信,而年纪更大的一些人偏向使用QQ。微博平台逐渐培育了追星的饭圈文化,而知乎、豆瓣逐渐成为具有精英、文艺标签的亚文化平台。同样是短视频平台,快手和抖音因为不同的调性和平台制度,形成了不同的亚文化圈,被打上了"老铁文化"和"抖人"的标签,拼多多则成为下沉市场的代表。

当被打上社会身份、地位或文化趣味的符号或标签时,每个产品不仅成为一个亚文化圈子,也具有了层级差异。

第三节　亚文化的消费景观

一、饭圈亚文化:集体情感与社交媒体驱动的组织化

粉丝经济文化业态是大众文化语境中"最主流的亚文化形式",粉丝的经济能力一次又一次超乎公众想象。如今电商平台针对粉丝群体推出了全新的营销策略:商户选择偶像进行合作,在网站首页公布销售指标,让此偶像的粉丝们自行通过购买达成指标数。达成之后,便会发放粉丝福利——品牌方帮助明星购买在纽约时代广场大屏幕进行广告投放的机会。在理性经济人的眼中,这种消费行为非常荒谬:粉丝必须自行花钱购买超出需求的商品,完成商家规定的销售指标,而背后则有完全合理的动机——使自己的偶像得到获取更多人支持的机会。而这种目标的达成,必须依赖社群的组织化。饭圈亚文化高度的组织性,主要来自集体情感和社交媒体的交织驱动。

1. 社交媒体平台:资源和基础制度提供者

饭圈是自下而上涌现的自组织,其内部的规范是在网络技术影响和粉丝间长期互动中逐

渐形成的。由于某个内容产品,让个体产生了较强的情感共鸣,从而在微博平台上聚集,使情感在此共振。但与在早期以天涯和贴吧为聚集地的饭圈不同,基于微博的饭圈在部落文化上有了显著的差异。虽然偶像所拥有的都是卡里斯玛权威,即靠自己的超凡禀赋得到追随者的拥戴和追随,但社交媒体给明星-粉丝关系带来了重要的变化。追星不再是粉丝对明星的单向情感抒发和仰望,他们之间的关系由于社交媒体平台的互动性、消费主义的渗透、大数据技术的发展逐渐演变为三重关系的交互:带有自我投射的拟亲密关系;消费品与消费者的关系;产品与生产者(投资人)的关系(见图11-1)。不同的关系带来的规范是不同的。

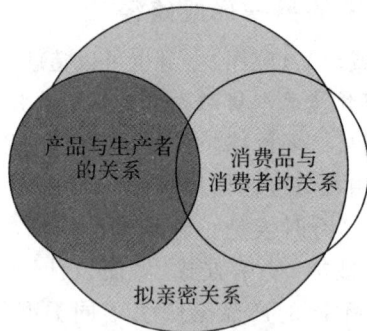

图10-1 社交媒体环境中偶像-粉丝的三重关系

在饭圈文化的形成中,社交媒体平台起到了重要的作用。社交媒体的横向链接与粉丝的狂热性、参与性一起,让粉丝们越来越了解产业市场的明星制造流程。随着粉丝对娱乐产业商业规律的了解,越来越多的粉丝意识到粉丝的体量、活跃程度、消费能力和稳定性等构成了明星价值的一部分。粉丝通过集体劳动和集体消费,可以参与到明星制造的产业链中,对其偶像的符号价值进行再生产和扩大再生产,成为明星的生产者和投资人之一。从宏观来看,这也是粉丝通过对偶像的选择和制造,在市场上进行品位竞争,争夺审美的话语权并再生产群体审美的过程。

社交媒体环境的资源和制度为粉丝们的情感动力和集体目标提供了实现路径。

(1)具有资源密度和流动性。作为一个数字服务平台,新浪微博通过提高资源密度和资源流动性来增强服务交换的效率和效果,为明星代言的价值共创提供了资源基础。从资源的密度来说,微博作为国内最重要的社交媒体之一,截至2018年9月30日,拥有4.31亿的用户。通过引入加V明星,引入企业号并开辟超级话题和排行榜,微博平台汇聚了大量品牌方、明星和粉丝。对于品牌来说,这是品牌信息得以最大化扩散的场所;对于明星来说,可以直接与自己的粉丝进行互动,维持粉丝忠诚度;对于粉丝来说,可以及时获取最新的明星信息,并有可能与明星进行直接互动和代理互动。微博平台构成了品牌、明星粉丝以及各种KOL、传统媒体、大数据公司等各方高度聚集的市场,资源的高密度聚集使得资源调动的速度很快,可以迅速为资源需求者提供其所需要的服务。从资源的流动性来说,信息数字化使得大量资源不受其物理属性的限制。弱关系连接和转赞评的互动机制设计使得微博成为能最快传播信息的社交网络之一。信息的即时性、高共享性,互动的直接性、高便利性,使得平台内的用户资源能够迅速流动。

(2)微博平台的基础制度搭建了粉丝社群参与明星制造的路径。虽然其基础制度是为了平台自身的价值提升和变现,但也使得粉丝社群得以在此基础上形成组织与协作,产生群体影响力。

①超级话题和微博群这两个制度将散落在平台上的个体粉丝连接起来,形成一个无边界的社群。2016年6月,微博超级话题(简称超话)正式上线。当粉丝申请为明星开通超话后,该超话就成为粉丝们发帖、讨论和互动的基地。此外,粉丝还可以加入以某明星粉丝为主体的微博群中,进行多对多的即时聊天。这两个基础制度将个体粉丝在网络空间上聚集了起来,增加了粉丝之间的相互连接性、黏着度和动员信息的可达性。此外,超话有各种仍在不断变动的互动规则,如签到、超话等级、积分打榜等设置。粉丝为了获得更高的等级①、更多的积分②,不得不更活跃地与其他粉丝进行互动,并更多地进行内容产出。

②"明星势力榜""超话排名"等竞争性榜单为粉丝社群的数字劳动设立了目标,并促进了劳动日常化。微博根据明星微博每日的互动量、社会影响力、爱慕值、阅读数四大指标对明星进行综合排名;超话也会根据活跃度、积分数值进行排序。这就使得名人资本变成可衡量数据,成为外部群体评价明星及其粉丝能量的指标之一。粉丝们出于对偶像的热爱、社群的集体荣誉感等,会组织起来针对性地"做数据"或花钱购买虚拟鲜花以提高排名。诸如此类的排名竞赛一方面将明星与其粉丝社群建构为荣辱与共的共同体,增加粉丝们的生产动机;另一方面,常态化的数据生产有效地锻炼了粉丝社群的组织动员能力并促成社群规范的形成,为后续的价值共创建立组织基础。而从社交媒体平台的角度来说,粉丝们则由此被裹挟成为平台的免费数字劳工。

③热搜和广场规则扩大了粉丝社群的生产职责范围,使得明星及其代言品牌的形象管理成为粉丝社群的职责之一。微博热搜反映整个平台中的舆论热点,能够让事件跳出原有关注人群"破圈"传播。广场规则指搜索关键词或点击话题tag时,搜索页面(广场)会汇聚所有带关键词的相关内容,无论正负。由于其对外群体的可见性,热搜和广场成为粉丝社群管理粉丝和品牌形象的重要窗口。普通消费者看到明星热搜只是作为娱乐新闻进行浏览,但其粉丝们为了外群体对偶像有较为正面的认知和评价,就会动员社群成员进行舆论空间的争夺,如"洗热搜"(组织大量个体粉丝发布含热搜词条的微博来模糊负面事件或澄清)、"洗广场"(发布大量正面信息来清洗掉广场中的负面信息)和"控评"(对偶像相关的热门微博进行评论,并通过点赞等手段将正面的评论或澄清顶到评论前排)。这类工作是可能随时降临的,特别是节庆日明星有演出的时候。

在此种制度下长期锻炼的粉丝社群,已经积累了舆论引导的丰富经验和危机应对的有效策略。这就使得粉丝社群成为品牌的代言策略中,掌控着一定舆论影响力的合作伙伴。粉丝社群可以和各行组织配合,放大传播的效果,如配合品牌、平台、影视出品方等合作方的事件营销大量刷话题,力图进入到热搜榜,或将低位热搜顶到高位。粉丝社群也可以帮助品牌、平台以及影视出品方等合作方面临舆论危机时进行一定的舆论引导。相反,如果偶像的相关合作方失误,这种舆论影响力则形成对合作方的压力。

---

① 超话等级:越高的等级往往是粉丝资历或影响力的证明,也往往是粉丝获取后援会发放的明星相关新闻、见面机会的基础门槛条件。

② 超话积分:更多的积分是为了给明星超话打榜,个体粉丝将自己的积分贡献给明星,微博根据明星获得的积分总和进行排序。粉丝为了让明星超话排名更高,会通过发帖、评论、转发等努力赚取积分。

④微博的转赞评机制、♯话题♯(hashtag①,简称 tag)和接入外部电商平台的规则,为粉丝社群的生产力提供可衡量的指标。转赞评数量往往反映了某一微博内容的影响力,对于品牌来说,则是衡量社交媒体效果的指标之一,粉丝会有意识地对其进行数据生产。点击♯tag♯即可汇聚该话题的所有讨论,并能看到话题阅读量、讨论数等,为粉丝社群和合作方(比如品牌)都提供了极为直观的网络声量指标,且外接电商平台的跳转则能够衡量与明星合作带来的销售转化。这些都使得粉丝社群虽然边界模糊,但其生产能力却可以明确衡量,成为粉丝社群与相关合作方形成价值交换的筹码。具体见图 10-2。

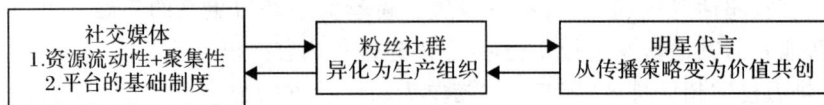

图 10-2　社交媒体对明星代言策略的改变

由此,在社交媒体平台上,粉丝得以聚集为社群,并通过日常化的劳动训练,逐渐形成了粉丝参与明星制造的路径。粉丝社群也从一个单纯的情感部落转变为生产组织,社群的动员和社会协作主要基于再生产和扩大再生产偶像的名人资本。

2.集体情感的组织化

一旦强烈的情感卷入将粉丝导入了生产规范认同,短暂的情感就进入了集体情感组织化的过程。一方面,对偶像的强烈情感会使得粉丝全身心投入到偶像的生产过程中来;另一方面,参与生产行动又持续强化了粉丝与偶像的关系和粉丝对生产规范的认同。

具体来说,生产规范通过四个机制将粉丝情感转化为偶像忠诚。

(1)树立组织目标,升华情感。

如前所述,饭圈的组织目标已经从情感聚集地变成一个明星制造的生产型组织,这一目标得到了大部分粉丝的认同。追星从享乐消费(hedonic consumption)转变为意义消费(eudaimonic consumption)。生产规范为粉丝与明星之间的拟亲密关系添加了责任感。

但从享乐到责任这种情感的转换,需要一定的条件。通常来说,业务能力强、外貌优势明显且缺乏资源支持的明星,粉丝比较容易产生更强烈的情感和危机感,容易形成生产话语,完成情感的升华。

生产规范对情感的要求,也使得粉丝越来越多地将初始基于占有的"两性吸引"升华为基于付出的"父母之爱",导致有越来越多的"妈粉"出现。不同于"女友粉",他们对偶像的情感和付出是较为长期且很少强调回报的。有些常年混迹饭圈的粉丝,会明确地意识到"妈粉"的增多更有利于偶像的发展。

(2)引入市场竞争概念,建立群体认同。

基于生产逻辑,粉丝会自觉地视其他明星为自己偶像的市场竞品,其他明星的粉丝为竞争品的生产者。有一个典型表现可以显示这种竞争意识的显著加强:在贴吧时代,经常可以在 A 明星的贴吧看到 B 明星粉丝发的"外交贴"以表达友好。但在微博平台上,此种"外交"行为是

---

①　hashtag(♯)出自 Instagram。Ins 用户用♯开头的连续单词组合将一类内容聚合起来,方便搜索和互相联系。在微博中,由于中文与英文不同,不以空格分开内容,所以 tag 是前后都加♯以将其与前后文字进行区分。

被强烈禁止的,一旦出现,其行为主体就会受到其他粉丝制止和反复批评,"饭圈之间没关系就是最好的关系"。

粉丝参与生产过程中,的确直面与其他饭圈的竞争,比如为偶像打榜、控评、数据排名等。虽然这种比拼从早期的粉丝自觉主导,转变到现在成为各种平台胁迫粉丝、获取 KPI 的工具,但无疑在一次次的参与竞争的过程中,粉丝自我和偶像形成了更加紧密的联结,不仅加深了对偶像的忠诚,也迅速形成了内群体认同。对饭圈来说,"打榜 PK 控评"有时候就是一种团建,能提高饭圈士气和团结。甚至一些有经验和有影响力的粉丝,会利用竞争性来阻止可预期的粉丝流动。

这种竞争意识发展到后来,部落中的粉丝彼此会希望粉丝对组织的承诺是具有排他性的,更认同生产逻辑的粉丝会默认"唯粉","纯粉"(只喜欢该明星的粉丝)才是对组织最为忠诚的粉丝类别,排斥"双担"或者"多担"(喜欢两个或多个明星的粉丝),因为不排他的承诺可能存在较高的流动风险。这些道德要求也减少了粉丝接触其他偶像的概率,增加了其忠诚度。

(3)合理分工降低参与门槛,引导粉丝广泛参与。

参与的行为可以让粉丝产生自我说服,持续强化粉丝对偶像的忠诚。饭圈虽然没有明确的边界,但却同其他纵向组织一样具有组织目标、工作内容和分工。其特殊之处在于:饭圈组织在目标明确的基础上,分工和参与度却有着非常强的灵活性。再生产偶像的符号价值这一明确目标能够使得松散的粉丝们凝聚在一起;而分工和参与度的灵活性使得粉丝们能够轻松地、以不同方式、进出自由地参与生产,最大范围提高了粉丝的生产参与。

饭圈主要有三大生产任务。首先在社交媒体上,他们主动管理偶像的网络舆情,尽其所能及时澄清偶像的不实传闻、负面消息,引导大众对其偶像进行解读。为此,一个明星的饭圈一般都会设有"反黑组""控评组",或者有一个大粉或站子专门负责危机公关,在每次出现舆情时制定应对策略和动员普通粉丝执行。普通粉丝有时候需要按要求发一些微博,更多时候只要按照大粉的要求,进行点赞或评论即可。除了对负面舆情的管理,粉丝们也会担当起正面传播的工作,只要明星有作品,他们都会进行内容的再创作和再传播。这部分以"站子"和"产粮太太"为主导,一些部落大粉为其扩大传播,普通粉丝进行转赞评。公益行动也是为偶像增加正面形象的方式之一,粉丝会大量参与。其次,粉丝们还会主动巩固偶像的网络热度数据。流量热度是明星成功的必要不充分条件。由于大数据技术的发展,明星的流量热度往往靠平台对大数据的抓取来进行评估。大粉或数据组会试探各个平台的数据抓取规则,然后指挥普通粉丝刻意在一些可见的数据上进行数据生产,比如寻艺签到、转赞评、微指数、超话排名等。在这个过程中,粉丝甚至会放弃自己的个人习惯和喜好,按照大数据公司数据抓取的规则来对自己的微博内容、数字轨迹进行重新生产。最后,粉丝还承揽了再生产明星商业价值的职责。这是直接反映粉丝通过有意识的集体消费来反向再生产明星符号价值的行为。通过对明星推广和代言品牌的大量购买和溢价购买,饭圈利用集体消费反复向营销系统发送信号,证明该明星的投资价值,从而吸引更多更好的品牌与自己的偶像合作,再生产其符号价值。因此饭圈中也一般设有"氪金站子"或"氪金粉",更甚者还有"销售粉",努力推销代言产品。肯花钱的粉丝总是受到社群的尊重和欢迎,因为他们消费力的大小代表了部落生产力的大小,氪金粉也更容易成长为社群中有影响力的大粉。而普通粉丝通过晒单等简单行为,也一样能够高度参与这一部分的生产活动。具体见图 10-3。

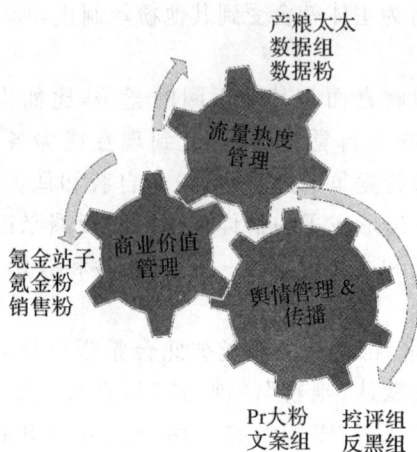

图 10 - 3　饭圈的主要生产内容和分工

这些工作内容涉及面很广,参与的形式多样,门槛高低有别,但基本上可以让每个人都可以参与进来。行动是形成自我说服的最好方法之一,越参与,粉丝和偶像之间的关系就越紧密,偶像就越"内化为自己的一部分",形成高水平的偶像忠诚。

虽然一个饭圈对生产规范越认同,粉丝的偶像忠诚度就越高,流动就越低,从而有着更持久的生产动员能力,但过于认同生产规范,也会带来负面的效应。对成员的规训过于严苛导致"军事化追星",粉丝不再是情感个体,而是功能化的生产性个体,在其中的粉丝会被太过繁重的情感劳动消耗,导致对于偶像的情感快速消逝,反而会引发粉丝的流动。对生产的过度认同也会使得部分粉丝过于激进,不断质疑其他粉丝的行动动机和忠诚度,导致其他粉丝感受到过于严苛的网络环境,失去自我,从而离开部落。

(4)增加沉没成本和流动风险感知。

生产规范要求粉丝投入劳动、金钱到偶像的再生产中。大量的付出也增加了粉丝退出的沉没成本。

由于意识到这种沉没成本,粉丝在作为一个生产者的时候,会更加谨慎,对风险也更加在意。相比于作为消费者时的随意和轻快,经过生产规范规训的粉丝,会审慎评估"投资回报率",并选择更优质、风险更小的偶像。

具体来说,粉丝作为投资人,他们会要求偶像能够按照预期实现"对价"和"交易",或者至少能有实现的预期。如果他们预期偶像无法"履约",粉丝的共识就会坍塌,造成粉丝大量的"脱粉"或"爬墙"。

一般来说,偶像的"颜值""人品""业务能力""事业心""感情状况"构成了生产型粉丝判断一个偶像是否有投资价值的主要五个方面。粉丝可能因为一些内容产品对明星产生强烈兴趣,开始进入其饭圈,但如果他们在这五方面考察一番之后,可能会被"劝退",迅速流动到下一个情感部落去了。已经成为某明星的粉丝,但后来偶像在这五个方面发生了退转,粉丝也会产生大量流动。其中,最典型的是偶像公开恋爱或结婚引发的大面积粉丝流动,此时粉丝的流动不仅是因为偶像摧毁了粉丝拟亲密关系的情感投射,更重要的是,在生产规范下,公开恋爱或结婚会严重影响粉丝对其他粉丝的流动预期,当粉丝觉得别人都会受此影响而离开时,他们也会对明星未来的事业产生较差的预期,从而产生流动。因此,偶像公开恋情往往会造成"女友粉"和"事业粉"的"双脱"。也就是说,当偶像的卡里斯玛权威存在合法性基础时,沉没成本和作为生产者谨慎的态度,都减缓了个体的部落流动,同时也增加了群体的组织化。但生产规范也存在风险,当偶像的卡里斯玛权威合法性崩塌时,作为生产者的粉丝出于对风险的敏感性,反而会导致偶像忠诚度迅速减弱,组织的粉丝流动大面积增强,导致饭圈动员能力被重创。

二、摇滚圈:代际交织亚文化的内部差异

滚圈是"以摇滚音乐作为喜好的粉丝圈层"。

摇滚乐诞生于 20 世纪 50—60 年代,在西方是布鲁斯、摇滚、重金属、朋克、放克以及雷鬼这些音乐风格的泛称。然而到底什么是摇滚乐,这个问题在我国尤其没有标准答案。从音乐技术层面上说,一个乐队只要有架子鼓手、贝斯手和吉他手并且能演奏出音乐,就可以被归为"摇滚乐",甚至都不必须要有主唱。

同样在很长一段时间内,摇滚都被认为是与主流格格不入的,这种主流指流行音乐、社会大众、市场,所以一旦其被认为有迎合市场、迎合大众的趋势,就会被认为是偏离了摇滚乐。

至于什么是摇滚乐,其实在不同代际的音乐创作者(乐队)以及音乐受众(乐迷)的心中都有着不同的定义。虽然用代际区分人们对于摇滚乐的看法有些片面,但成长于千禧年前后中国的两代人在对待摇滚乐的态度上的确有所区别。

从乐队这一端来说,成员大多为 80 后的某西安乐队认为:摇滚乐队必须要说真话,摇滚就是谈社会,谈理想,谈诗词歌赋,聊人生哲学。

但是成员都为 90 后的某乐队则认为:比起谈社会,谈理想,他们所理解的摇滚更重视自我的表达,他们的音乐更多只表达内心而不是外部。

1. 摇滚乐"史前史"

我们将 1986—1997 年定义为中国摇滚的"史前史",这段时期涌现的摇滚人如今已经不再活跃于中国摇滚的舞台,而他们的观众——60 后和 70 后群体也并不属于如今的"滚圈"。无论他们年轻时如何受过崔健、窦唯等人的摇滚熏陶,也很难掏钱为如今的摇滚乐队消费了。

(1)崔健时代:从无到有。中国摇滚乐正式诞生于 20 世纪 80 年代末,它在改革开放的浪潮中随其他的西方文化一起进入中国。起初,摇滚乐主要通过外国留学生和使馆的工作人员被国人所接触,活动主要都集中在首都地区。

1986 年,崔健在北京工人体育馆举办的《让世界充满爱》百名歌星公益演唱会上,用一首《一无所有》把摇滚乐正式带入了大众的视野,激起了无数年轻人心中的浪花,乐队开始大规模地在神州大地上组建起来。这一年也因此被称为我国的"摇滚元年"。

1989 年,崔健的专辑《新长征路上的摇滚》问世,这也是中国第一张摇滚专辑。此时的中国摇滚直接表达对传统和主流文化挑战性的信息,摇滚词作者们自我有意识地关注个人的解放。

(2)三杰一唐:巅峰时代。20 世纪 80 年代至 90 年代早期,中国摇滚由于某些社会原因出人意料地登上了一个音乐、文化和社会影响力的绝对高度,并影响了当时的年轻人。

①1987 年,黑豹乐队成立;第二年,窦唯加入黑豹乐队,唐朝乐队、呼吸乐队成立。

②1991 年,黑豹乐队的首张专辑《黑豹》在中国香港推出,作品 *Don't Break My Heart* 成为香港商业电台音乐排行榜榜首。

③1992 年,唐朝乐队首张专辑《梦回唐朝》首发的 10 万张专辑被抢购一空。

④1993 年,我国第一所专注于摇滚乐的音乐学校——北京迷笛音乐学校成立。

⑤1994 年,分量足以载入摇滚乐史册的"中国摇滚乐势力 94 红磡演唱会"在香港红磡体育馆举行,"魔岩三杰"张楚、窦唯和何勇以及唐朝乐队为观众带来了一场疯狂的演出。台下观众站立、欢呼、嘶吼呐喊,该场演唱会的盛况被大肆报道。这场演唱会被誉为中国摇滚乐的巅峰,然而巅峰过后往往都是下坡。中国摇滚慢慢从大众视野消失,回归边缘状态。

2.摇滚乐"当代史"

1997 年之前,崔健、窦唯、张楚等人的摇滚乐在中国更多是一种"时代文化",而不是如国外一样的流行青年亚文化。直到"北京新声"运动开始,中国摇滚"过渡文化"即"青春期文化"才出现。

此时起,不同年代的乐队对应着不同代际正处于青年阶段的乐迷。乐队将自己对生活和社会的思考感悟通过音乐表达出来,乐迷们则选择那些引发了共鸣的能打动自己的音乐。一定程度上,每个年代最受欢迎、最流行的乐队风格即可以代表那个时期乐迷的主流喜好和思想特征。

(1)70 后乐队时代:北京新声。1997 年,摩登天空成立,"北京新声"运动开始,标志中国摇滚"过渡文化"(青春期文化)出现。以新裤子、地下婴儿、花儿、麦田守望者、清醒、鲍家街 43 号为代表的一批乐队被称为"北京新声",区别于窦唯、张楚等人的摇滚时代。70 后乐队登上摇滚乐坛。此时的乐坛听众以 80 后为主。在这些乐队中,鲍家街 43 号是唯——支"学院派"出身的乐队,展现出极强的实力,却也最先随着主唱单独签约唱片公司而解散。花儿乐队成为"北京新声"的代表乐队时,成员均未成年,一群十几岁的孩子在二十几岁的年轻人中玩"朋克"。

【风格】金属、朋克、新浪潮、复古 Disco、英式摇滚。

【特点】拒绝崇高,崇尚快乐,建构精神乌托邦,抵抗成人世界,拒绝被社会规范驯化。

(2)80 后乐队时代:北京超新声。2007 年,北京超新声乐队展演标志 80 后中国摇滚乐队的成熟,如刺猬、后海大鲨鱼、joyside、赌鬼等。旅行团、海龟先生、逃跑计划等也是同时期的乐队。

【风格】车库摇滚、后朋克、Dance Punk、Noise Pop。

【特点】更年轻、开放、包容,更轻松、时尚、西方化。

这时期的乐队以北京 D22、MAO 等演出场地为中心。他们遭遇了"数字下载"的时代:mp3 下载区域免费,乐队商演尚未形成合理模式。

这些乐队成员许多都拥有高学历,不乏海归,摇滚不是他们唯一赚钱生存的手段,许多人还是上班族。搞摇滚也不像过去一样意味死磕。这时期,乐队有了国际化的特点:许多乐队取英文名,开始流行用英文写歌,去国外录音棚录音,参与国外巡演。

(3)90 后乐队时代:"轻摇滚"时代。台湾地区的许多乐队纷纷来到大陆巡演。相似地,2010 年后,大陆也诞生了一大批相同风格的乐队,如盘尼西林、橘子海、动物园钉子户等。

【风格】英摇、后摇、轻摇、氛围、实验、迷幻。

【特点】清新抒情,充满都市小资绵软浪漫风;不仅注重音乐形式,也注重视觉艺术设计、观演体验。

上述风格各自有微妙差别,不过乐队的音乐创作从来不拘泥于某一固定风格,且相较 70 后、80 后大部分摇滚乐队"重""硬"和"燥"等特点,这些乐队的总体风格偏"软""轻"。

3.用户画像

由于代际的差异,滚圈的消费者面目并不是统一的,他们有不同的几种典型类型,见表 10-1。

表 10-1　典型的滚圈消费者

盯鞋小钟 女生,19岁, 大二学生,00后,南方人	小钟对摇滚乐的关注是从高中追苏打绿开始的。她通过网易云找到了更多类似风格的乐队。小钟喜欢这种迷幻、浪漫的风格,在摇滚乐的分类中,它们被统称为"盯鞋"(shoegaze,即自赏派),沉浸在音乐营造的氛围中,让她感到放松。 上大学后,她终于有机会像在网上认识的其他乐迷一样,频繁地去听 Live、冲音乐节,在看现场演出的过程中,她接触了更多风格的乐队,听摇滚乐的类型开始更多元。因为大学时间充足,小钟一个月可以去 2～3 次 Livehouse,也可以随时在音乐节上度过周末。听摇滚乐、看现场演出对她来说是一种娱乐休闲的方式
打卡女孩 女生, 21 岁,大四学生	因为《乐队的夏天》入坑,在之前的成长过程中并没有接触摇滚乐的契机,但她本身对亚文化有一定的接受度,所以能够欣赏《乐队的夏天》呈现的摇滚舞台。摇滚乐和那种自由独立甚至是抵抗反叛的精神吸引了她,《乐队的夏天》中的乐手们也都有梗有趣,她决定"入圈"。 第一次去 Livehouse,和台上的表演者触手可及的距离让她感到兴奋,底下人嗨起来后的 POGO 和冲撞也刺激着她的神经。她感受到现场的快乐,回头就上网扒完了更多乐队的信息和歌曲,泡在论坛和乐迷群里,很快掌握了滚圈的行为准则。她开始频繁地关注演出信息,期待着下一次的现场。 打卡女孩其实是有"破圈"勇气的一群人,对未知的体验充满好奇,愿意尝试以前不曾涉足的领域
热血 POGO 男孩 男生,25 岁, 职场新人,北方人	小盛的老爸就喜欢听摇滚,他是听着黑豹、唐朝的磁带长大的。长大后去现场、音乐节成了自然而然的事情。北方多"重型"摇滚乐队,这也影响了小盛的风格偏好。小盛每一次在现场都是"可劲儿噪"。嗨到飞起的同时也充分发挥"自由、平等、博爱"的精神,表现就是有人跳水都上来接,坚决不趁机揩油;谁跌倒了第一时间上去扶。不过,刚刚开始上班的他,已没有大学时的自由,看到各类演出信息时总要考虑自己的日程规划,不再像学生时代一样不假思索地抢购早鸟票。当音乐节的时间临近,小盛确认了自己的空闲时间后,才开始着手买现场票。回到了摇滚现场的他,又在音乐中卸下了工作压力,成为那个永远年轻热血的青年
滚圈老炮 男,36 岁,北京土著	老王上大学那会儿开始混迹于各大 Livehouse,年轻时能"噪"。现在的体力已经不允许他再挤到前排,他开始转向去偏"轻"摇滚的现场,但一旦当年追过的老乐队重新巡演,他仍会义无反顾地冲去现场。 老王在滚圈认识许多朋友——有资深乐迷,也有早年结识的乐手。除了看演出,Livehouse 也成了他见老朋友的地方,他会点一瓶啤酒,坐在 Livehouse 的吧台边如数家珍地讲些"摇滚往事","我就坐在最前排,你搜当年的视频,还能看到我"
回归摇滚的中年人 女,33 岁,有家庭, 有一个 3 岁的儿子	吴女士年轻上大学的时候也是音乐节和 Livehouse 的常客,刺猬和新裤子是她当时最喜欢的两支乐队。毕业步入社会后,吴女士经历了恋爱、结婚、工作升迁、生子一系列人生阶段,是兼顾着职场和家庭的女强人。在每天的忙碌生活中,她自己都忘记了自己何时不再关注摇滚、不再去音乐现场。 《乐队的夏天》像一个按钮,打开了她关于摇滚乐的记忆。同样人到中年的某歌手依然唱着有关生活的摇滚,像是给她打了一剂"续命针"。每每看完她总是热泪盈眶,她说:"《乐队的夏天》是中年人的'春药',让我在差点被现实压残废的中年,发现了心里还存在着对某些东西的向往,还活得挣巴着,但没被完全干倒。" 《乐队的夏天》结束后,她二话不说买了全国第一场《乐队的夏天》演唱会的 VIP 票,定好了酒店机票跨越半个中国去追"现场"。又和老公一起订好了本城的音乐节门票,打算进行一场"寻回青春之旅"

4.滚圈的共享价值观

滚圈乐迷年龄跨度大,风格偏好也有所不同,但大多数有一定的高等教育或音乐教育背景,因此能够理解和欣赏摇滚乐。除此之外,他们也有一套基本的、共同的价值观。

(1)追求真实性。在歌曲制作方面体现为追求原创性。原创能力是一支摇滚乐队的基本能力,没有原创能力甚至不能称之为一支乐队。这也正是摇滚"鄙视"流行的原因,流行歌手的背后有深谙创作技巧和市场套路的制作人,歌手只要唱出制作好的歌曲即可。

在创作态度方面,体现为要反映自己真实的生活感受,对社会的思考,对世界最真实的认知,而不是迎合市场大众的喜好而刻意在创作中加入某些元素。这也正是摇滚乐"戳人",能引发精神共鸣的原因。民谣这两年被有些圈内人瞧不起的原因正是太迎合大众了,同质化严重,唱来唱去都是爱情、酒、姑娘。

在现场演出方面,强调真弹真唱,追求现场体验的真实性。现场演奏的音乐,哪怕有瑕疵,也是一场真实的、独一无二的表演。现场听到的演唱更有冲击力,会直击内心。

此外,对真实性的追求还体现在做人及有关滚圈的一切行为上。因为追求真实的原则,饭圈为偶像的音乐应援的一系列规范,如 PK 打榜、做数据等方式为滚圈所不齿。

(2)崇尚多元,包容度高。滚圈青年通常很难找到一支最爱的乐队,他们喜欢的是摇滚音乐,而不是某支乐队。他们的喜好不仅不局限于某一支乐队,也不局限于某一种风格。摇滚乐迷通常对许多种风格的摇滚乐都有很强的欣赏力和接受度,即使不喜欢,也有一定的包容度。

风格与风格之间不是互斥的,尝试不同的风格也是乐队在创作上的一种追求。一支乐队也会在不同的歌曲上表现不同的风格。

(3)对音乐的关注多于对乐手的关注,对作品的关注大于对人品的关注。在滚圈,一切靠作品说话。"音乐"才是评价一个乐队的最重要标准。一方面,许多乐迷表示,即使听过某一乐队的很多首作品,但未必会去了解具体的乐手,连乐队有哪些人都记不全。作品好听就行了,很少会主动了解乐手。

(4)追求平等,不"造神"。乐迷与乐手的地位是相对平等的,乐迷会因为才华、歌曲而喜欢乐手,但不会将乐手作为"偶像"崇拜。乐迷与乐手的心理距离并不远。乐手在 Live 结束后的 after party(通常存在于北京的 Livehouse 中)会坐在乐迷中喝酒,与乐迷聊天。乐手也常在微博、网易云、豆瓣等各种平台与乐迷互动。

(5)风格之争:"轻""重"之辩。20 世纪 90 年代后期,中国摇滚就已经大致分为了七个不同的亚流派:地下、重金属、民间摇滚、流行摇滚、硬核朋克、流行朋克和时髦乐队。每个亚流派的群体采用不同的技术和表达策略来强调他们音乐的真实性,借此来表现自己的不同。发展到今天,摇滚的细分风格成百上千,甚至乐队可以自己发明一个名词,来形容自己玩的摇滚的风格。对"摇滚"一词的定义本身就带着主观色彩,每个人都有不同的理解,因此将摇滚的风格一一解释并归类是一件难以做到的事情。我们观察到,总体来说,现在的滚圈用"轻-重"来对摇滚乐的音乐风格做大致归类,当乐迷间无法达成共识时,"轻-重"也有许多替代的词汇,如"软-硬"等。

"轻-重"没有一个明确的界限,而是一个连续的光谱,每种风格在这条连续的坐标轴上有一个大致的位置。一般来说,重型摇滚在中国开始得较早,往往也最接近摇滚乐起源时的本质。越"重"型的音乐往往重节奏、风格激烈,表达出愤怒、抵抗的情绪。而轻摇滚(软摇滚)则偏旋律,注重营造出的梦幻、浪漫的氛围和感受。"软摇滚"是后来发展的产物,在今天的年轻乐迷中受到追捧,较为流行。在内容的表达上,"软摇滚"的大多数歌曲抒发的是个人情感。

5.滚圈与饭圈：两种亚文化的碰撞

在饭圈中，同类型的偶像之间竞争激烈，饭圈由此制定出了评判偶像的标准——数据。专辑购买量、杂志购买量作为数据本身没有用，但是在相互对比竞争中是一个重要的指标。然而在滚圈，出于追求真实的原则，打榜、做数据等行为规范为滚圈所不齿。

滚圈以"音乐作品"的好坏作为评价的标准，这样的评判标准是主观的、千人千面的，且大家都认同每个人有自己不同的偏好和喜欢的音乐类型，同时同一个人对不同音乐类型的接受程度都很高。滚圈以音乐本身为核心，乐手靠音乐吃饭。再加上滚圈自带的叛逆、反主流等精神，乐迷对乐手的私生活持包容的态度，而偶像则不同，一旦私德有亏，打破人设，将面临大规模脱粉。

对于滚圈乐迷来说，饭圈与滚圈的行为规范相差悬殊，像是两个世界，可用"井水不犯河水"来形容两者的关系。

三、BJD 娃娃圈：亚文化群体的区隔与分层

BJD 娃娃，全称 Ball Joint Doll（球关节娃娃）（见图 10-4），是指关节处由球形部分连接起来的娃娃，能生动地展现丰富的动作和姿态。BJD 最早出现在中世纪的欧洲，是非常低调的贵族玩具，产量很少。其后传入日韩，现今主要在东亚地区生产。由于是半手工产品，BJD 价格不菲，属于高端玩具的范畴。娃娃有 1/2、1/3、1/4、1/6 等多种尺寸（按真人比例 180cm 缩放），但是各个公司制作的娃娃身高有一定差异。日本 Volks（造型村）是最早生产 BJD 的厂家，有专门的品牌 Super Dollfie 即 SD 娃娃，是现今 BJD 产品的典范，也是国内最为人熟知的品牌之一。

图 10-4　BJD 娃娃

而在当今社会中，有一群人热衷于花费大量的时间、精力和金钱去收集、装扮 BJD 人形玩偶，大众媒体赋予这个群体一个特定的名称——养娃族。养娃族是指一群受 ACG（Animation、Comic、Game，即动画、漫画、游戏）审美影响、具有一定经济实力、在网络上群集

的新生小众消费群体。他们的年龄分布在 15～30 岁,以女性居多,文化水平较高,数量上相对较少,且相对集中在上海、北京、广州、成都等几个经济较发达城市①。

BJD 养娃族分布在各大社交平台内:BJD 吧的关注用户有 30 万人,累计发帖 1300 万;微博 BJD 超话粉丝有 1.9 万,阅读量达 4.5 亿,可见 BJD 市场潜力较大。虽然作为亚文化消费群体之一的 BJD 群体较为小众,但由于 BJD 娃娃以及相关配饰价位较高,玩家有强烈的消费意愿,消费数目较大。

BJD 养娃族作为一个较为小众的消费群体,呈现出与普通消费者不同的消费特点。

(1)审美取向认同。精致的 BJD 娃娃,能够吸引其消费群体的首要原因,就是他们对 BJD 之"美"的认同。采用树脂材料、半手工制作的 BJD,无论是在比例上,还是在样貌上,都极力还原真实人形。此时也会迎来审美的分化,有人难以欣赏这些过于逼真的事物,甚至觉得其阴森、恐怖,而有人则是喜欢它们极像真人,又比大多数普通人的面孔精致。BJD 消费群体显然是属于后者。BJD 面部设计以"锥子脸"为主,鼻子、嘴巴等比例亦呈现偏小的特征,特殊材料制成的眼珠、可活动的身体关节更是使这些娃娃活灵活现,这也成为它们受到玩家喜爱的原因。

此外,BJD 消费群体的审美认同大多还受到 ACG 的影响。许多 BJD 的造型会从动漫人物中获得灵感,其形象可以说是对动漫作品,尤其是日本动漫中"二次元"的审美特征在现实世界中的"三次元"呈现。三次元呈现的另一常用手段 Cosplay 也是不少 BJD 消费者的共同爱好之一,而这种喜好可以从打扮真人转移到装饰更为精致的仿真人形上,如有人正是受周围 Cosplay 爱好者的影响进入了 BJD 圈中。

(2)高忠诚度。BJD 消费群体体现出高忠诚度的消费特征,这是因为存在较高的入圈门槛。门槛首先就体现在资金上,购买一个 BJD 娃娃动辄上千,个别国外知名品牌限量版更是需要上万元。被 BJD 所吸引的人,若没有足够的经济能力,那么也只能止步于通过照片欣赏它们的美。

即使有一定的消费能力,也难以立即对上千元的娃娃形成价值认同。初次接触 BJD 的人往往要经历一段时间去了解才"入坑",这个了解的过程在圈内也称"洗白"。因为 BJD 鱼龙混杂、种类繁多,正盗版难以区分,且保养、改妆、换装等后续工作较为复杂,玩家需要不断学习。而这些信息相对零散地分布在各个社交平台,给新玩家带来诸多困难,造成较高的信息成本。例如有玩家一开始想入坑的时候就去网站搜索,发现前排的 BJD 便宜且销量又高,而点开评论区才发现是盗版。

由于 BJD 价格昂贵、信息获取不易等原因,导致玩家在其身上花费了大量的金钱和时间,这种高投入使得他们一旦入圈就不会轻易退圈,拥有较高的忠诚度。从自我知觉理论的角度来看,玩家最初可能只是认为 BJD 漂亮,但随着自己主动深入了解,学习保养方法,学会给 BJD 化妆,甚至亲自给 BJD 做衣服,强化了内心对 BJD 的喜爱,并从喜爱发展成迷恋。这种迷恋可能会导致玩家做出更"疯狂"的上瘾性消费的行为。

消费群体付出的时间、金钱越多,对 BJD 的迷恋越深,从而形成一个正反馈机制。如此循环,其行为和态度相互加强,忠诚度加深,同时也加强了对 BJD 玩家这一身份的自我认同。

(3)情感投入。消费并不止于购买 BJD 本身,它们于玩家而言并不是购买后就摆在一边作装饰的死物,大多消费者都会对 BJD 有较多的情感投入,并衍生了 BJD 后续的一系列消费

---

① 汤遨玮.亚文化视阈下养娃族现象分析[D].苏州:苏州大学,2011.

行为。玩家不会直接说"购买",而是用"领养""接娃"等更加人性化的词汇。拥有 BJD 后,玩家还会为其化妆、购置服饰、拍照、和其他玩家聚会交流等,这些都是其"养娃"的日常活动。

从玩家们自称"娃爸""娃妈"也可以看出,他们把 BJD 当作自己的孩子一般疼爱,希望"自己的娃娃是独一无二的",让玩家们不满足于官方配备的服饰,而是购买许多非官方、自制的服饰来丰富娃娃的衣橱。这些服饰常常几百元一套,一些玩家并不舍得为自己购买相同价位的衣服,但对于几千元购入的娃娃而言,这些服饰则是便宜的。

装扮 BJD 的标准,则源于玩家内心的想象。每个人内心深处都有一个对理想化自我的想象,虽然这样的自我是虚幻的,但却是推动人前进的内在动力。玩家为 BJD 赋予性格,赋予喜欢的穿衣风格,那往往是自我对理想个体的投射,只是这个理想自我往往难以实现,一些美好的特质无法在自己或周围人的身上找到,玩家们就将其寄托在 BJD 上,寻求精神上的快乐与满足。BJD 有着和人相似的甚至更完美的外表,它不仅可以完全属于玩家,还可以依照他们的喜好、意愿进行改变,实现了玩家对美的追求与占有。BJD 的美好不能延展到娃爸、娃妈个人身上来,不能改变他们在现实生活中的境况,但这种心理上的满足给他们带来了极大的安慰。正是因为玩家将理想自我寄托在和人有着极其相似的外表的 BJD 身上,所以他们认为 BJD 是有灵魂的,即使有的新玩家不了解正盗版的区别,不小心购买了盗版,他们仍然不愿意将 BJD 转手。

在他们眼里,BJD 一直在"陪着"自己,会对自己卖萌,会"安慰"自己,就像一个永远不会离开自己并且有感情的朋友,有些玩家甚至会把 BJD 当作自己的女儿甚至伴侣。部分玩家对 BJD 投入情感和金钱,是为了取得心情上的愉悦与满足,而非完全沉浸在对理想个体的构造中并逃避现实生活;相反,他们能够平衡工作生活与这一爱好,这也成为他们能够长久投入其中的原因。

BJD 圈子具有典型的亚文化群体特点:主要通过兴趣爱好和内部的语言体系识别同类;内部人员联系较为紧密,具有排他性和封闭性等。除此之外,BJD 养娃族群体也形成了独属于自己的文化圈层,并体现出以下社会心理特点。

1. 网络空间的社群认同

养娃族在国内不是一个人数庞大的群体,且大部分 BJD 的原产地不在国内,因此网络成为他们购买、交流的首选工具。在这里可以让多元、异质的声音出现,使沟通交流更为便捷。贴吧、QQ 群、微博等社交媒体内都分布着 BJD 的在线社群,养娃族通过网络媒介寻找同类,进而形成圈子的行为反映了他们对于归属感和认同感的需求。

养娃族心甘情愿地在 BJD 社群内投入时间精力,渴望找到志同道合的人,一起讨论遇到的问题,分享自己的喜悦,甚至将虚拟空间的关系延展到线下,在彼此相互肯定和自我标榜中进一步确认自身选择的正确性,在群体中寻求归属感进而完成对自我的定位和认同。作为某一具体的 BJD 社群中的一员,养娃族对该虚拟社区的认同度很高,并且努力提高这个社区在养娃族群中的吸引力和影响力。

养娃族在建构基于社群的认同感的过程中,往往区分出该社群和其他社群的不同,建立起一定的边界,再通过具体行动来标记这个边界。养娃族作为一个亚文化的群体,与主流群体之间有着明显的区隔,这些边界都是他们积极寻找、标记和强化的。具体而言,社群会通过清晰的标识、准入制度等手段来强化社群成员之间的同质感。除了 BJD 吧等域名所建构起来的外部边界,还有一个内部的边界区隔着来访者,即加入该社群的准入制度。例如,在申请加入 BJD 相关的 QQ 群时,需要回答有关 BJD 知识的专业问题或告知自己入群的意图,并等待管理人员的审核批准,从而获得融入这个社区群体的资格。

借此,BJD虚拟社区明确了成员与非成员的差异,方便成员对网络社区的群体身份产生认同,建立起对于社群独一无二、不可取代的忠诚感。这些都是为了在"我群"与"他群"之间设立边界,拉大群体之间的差异,从而在更可控的范围内建构起社群认同。

2.群体内部的"正盗"分流

BJD圈子有一个突出的特点,即对盗版的排斥。新人在刚进入BJD圈时就会接收到大量的"正盗"言论,并初步建构起对正版的消费偏向。BJD玩家所处的社群环境也会潜移默化地影响着成员对于"正盗"的评价。在贴吧上,娃爸、娃妈需要晒"开箱照",以证明自己的娃娃是从正版途径购买的。一旦有人被发现"养"的是"盗娃",可能会在网络上被群起而攻之,遭到封杀,甚至出现"人肉"等网络暴力事件;有些店家知道当事人购买过盗版,就不会卖配件给他,有些化妆师不会为盗版BJD化妆,甚至会扣下盗版BJD。

"正版圈"与"盗版圈"的对立体现的是商业逻辑下的分流,消费投入的多少成为这两个圈子逐渐区分开来的最主要因素。正版圈昂贵的价格和合法化的版权给予该群体一种"奢侈"和"正统"的优越感,为了保持这一优越感,处于更强势地位的正版圈通常会严格排斥盗版圈,进一步突出二者的差异,强化对自己圈层的认同。另一方面,纵容盗版商的猖獗不利于保护原创设计,从而威胁到正版的生存。为了确保正版BJD的可持续供应,玩家们也会主动积极地支持正版、打击盗版。

3.权力关系的再划分

网络的出现为养娃族带来了广阔的交流空间与自由的人际交流体验,然而却并没能给他们带来一个平等的"乌托邦世界"。在BJD社区内,有着共同兴趣爱好的养娃族并不是一个均质的群体,相反,其中存在着明显的权力等级差异。潜水者虽然人数众多,但是他们在养娃族中的地位最低,影响力也最小。只有一小部分的人成为社群中的核心人物,甚至进一步成为其中的意见领袖。这些意见领袖拥有更多的话语权,他们的意见和决定会为群体中的其他人所接受,从而影响其他成员的行为。

实际上,现实生活中的层级和差异同样也会投射到养娃族之中,只是某些指标发生了变化而已:"娃圈很现实,大家爱美的心、攀比的心也是一样。"BJD虚拟社区中的意见领袖主要包括这三种类型的成员:社区的管理员,拥有最多、最贵BJD的玩家和掌握化妆、制衣等技术的人员。他们处在金字塔的最顶层,被昵称为"大手""太太""巨巨",在圈内拥有话语权,有一群崇拜者和拥护者;大部分的玩家处于金字塔的底端,通过追随和听从意见领袖的指导而被影响。

一个亚文化社群能够按照秩序有条不紊地运作,与意见领袖里成为管理员的少部分人有着重要的关系。他们一般级别较高,注册时间较早,从初创时期就一路陪伴社区成长起来,收获了来自普通成员的信赖和崇拜。例如,BJD吧的吧主会对贴吧进行管理维护,如制定吧规,整理大量帖子并评判、曝光个别BJD玩家的涉盗行为,推荐值得信赖的店铺卖家等,通过文化资本积累和秩序维护获得了社区成员的认同。

在BJD圈中,拥有一技之长也能受到其他普通成员的追捧。圈中主要的技术活包括制作衣服、改妆、拍照并进行后期修图等。以改妆为例,常见的工艺就包括帮BJD补腮红眼影、换眼睛、粘新睫毛等,这些工艺较为复杂,特别是涉及要造成磨损、操作不可逆的改妆情况。一些掌握这些技术活的玩家会在贴吧、B站等社交平台上主动分享教程或是通过邮寄或同城面交等方式帮助其他 BJD 化妆或改妆,并收取一定的费用。由于担心运送过程中 BJD 会丢失损坏,或是难以承受化妆或者改妆的高昂费用,一些养娃族常常自己动手。由于这些工艺需要成熟的技术指导,BJD 玩家们都会反复向手工达人们讨教确认。无形之中,技术人员的姿态是向下答疑解惑,而其他成员则是向上聆听取经的状态。

这些意见领袖通过不同资本的展现获得其他养娃族的认同,从而在社群里拥有更高的地位、更强的号召力和影响力。他们一方面帮助广大网友,另一方面也在这一过程中提高自己的地位或影响力,显然这是一个互利行为。

然而,也有部分普通成员感受到了权力关系的层级感而生出不愉快的互动体验。由于 BJD 圈的封闭性和单一性,处在其中的人,会出现一种控制幻觉。一旦有人试图挑战或改变原有权力关系,就会引发一场关于话语权的争夺。例如,部分玩家由于与意见领袖有不同观点而被排挤、攻击,游走在圈子的边缘;再如,高消费玩家在社群内炫耀自己拥有昂贵娃娃的行为也会引起其他成员的心理不适,从而出现相互攻击、剑拔弩张的信息,很轻易地将社群里整体和谐的氛围打破,营造出紧张的气氛。

4. 社群的封闭性与排他性

尽管玩家的队伍不断壮大和发展,在大众的视野中,BJD 仍然属于较少听闻的新鲜事物。这一点与 BJD 玩家主动切断与圈外人的沟通、有意维持圈子的隐秘状态有很大的关联。尽管养娃族对于自己的 BJD 玩家身份有较高的认同度,但他们大多并不愿意向圈外人展现自己的这一身份。

与在圈内积极发布"孩子"各种造型美图、分享"养娃"经验不同,在现实生活中,BJD 玩家往往不会主动告诉身边人自己的"养娃"爱好;在网络里,BJD 的交流也常常只会在专属于养娃族的社群里出现,综合性社交媒体平台上极少可以看到类似的信息。当有玩家将圈内事务发表到更为公众化的网络平台上进行讨论时,甚至会被圈内的其他个体排斥、攻击。

之所以会出现这一情况,是因为养娃族感知到目前社会中对于"养娃"这一事件质疑与批判要远远多于欣赏和支持,家人和朋友对于这种"奢侈"的爱好多有不解和反对,社会上对 BJD 以及养娃族也不乏负面的评价。

因此,娃圈排斥外行人的介入,不愿意让自己和"孩子"曝光在外界的舆论与非议之中,从而保护自我形象不受威胁,进行积极的自我防御。亚文化通常只是部分人群所有,它的意义仅仅为一部分人所共享。一旦亚文化圈子过度扩张,可能意味着它的纯洁性不复存在,而面临被主流文化收编的结局。为了继续保持 BJD 圈的特殊性,维持相对的小众化则是一个可能的途径。因此在"娃圈"的网络平台上常常出现一边抱怨大众的不理解,一边很享受小众的优越感两类情况并存的场景。

在数字世界、现实世界以及两者的交互中,存在和产生了各种各样的亚文化群体,本书只是展现了其中非常少的几类。在每种亚文化背后,都代表了一定的价值观、思维方式、生活方式和信念,这些不同也带来了形形色色的消费行为。虽然身处群体之外的人难以理解群体内的消费行为和价值取向,但每个群体内的人都沉浸在自己的小世界的快乐和痛苦之中。实际上,他们的快乐和痛苦以及消费其实依然根植于基本的人性,理解了每种亚文化群体文化规范的形成源头和功能,理解了每种亚文化群体的行动逻辑,就能够理解其看似无理、非理性的消费者行为。

第十一章

消费者行为的大数据智能分析

舍恩伯格曾说,数据就像一个神奇的钻石矿,当它的首要价值被发掘后仍能不断给予。它的真实价值就像漂浮在海洋中的冰山,第一眼只看到冰山的一角,而绝大部分都隐藏在表面之下。以前通常采用抽样来获取数据以研究消费者,即按照随机或者配额的原则来寻找消费者调查对象,并使用问卷访谈等调查方式获得数据。进入 21 世纪的大数据时代,则是通过实时监测或者追踪消费者在互联网上产生的海量行为数据,通过智能分析生成精细的结论。消费者大数据分析方法能够帮助我们更快更精准地了解目标消费者,并且可能更加高效和低成本。

第一节　了解大数据

一、大数据概述

Gartner 这样定义大数据:大数据是海量(high volume)、高增长率(high velocity)和多样化(high variety)的信息资产,这一信息资产需要全新的处理模式才能够从中获取更强的决策力、洞察力和流程优化能力[①]。维克托·迈尔·舍恩伯格及肯尼斯·库克耶的《大数据时代》一书提到了大数据分析思维方式的三个改变——从以往抽样数据、精确数据、探讨因果关系向全数据、混杂数据、探讨相关关系转变。大数据有四个特点,如图 11-1 所示:第一,数据体量巨大,从 TB 级别,跃升到 PB 级别;第二,数据类型繁多,网络日志、视频、图片、地理位置信息等,大多数为非结构化数据;第三,处理速度快,存在 1 秒定律,可从各种类型的数据中快速获得高价值的信息,这一点也和传统的数据挖掘技术有着本质的不同;第四,只要合理利用数据并对其进行正确、准确的分析,就会带来很高的价值回报。

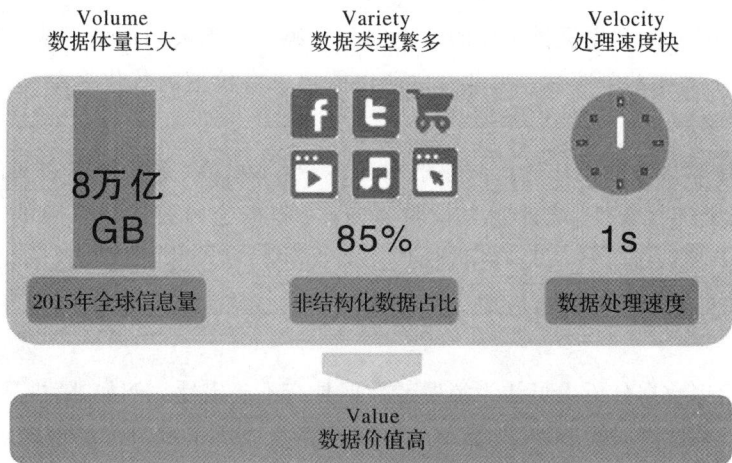

图 11-1　大数据的特征

资料来源:艾瑞咨询《大数据行业应用展望报告》,2013 年。

从某种程度上说,大数据是数据分析的前沿技术。简言之,是从各种类型的数据中快速获得有价值信息的能力。消费者行为的大数据分析是大数据应用的一个领域,帮助企业快速洞

---

① LUKOSIUS V,HYMAN M R. Marketing theory and big data[J]. The Journal of Developing Areas,2018,53(4):217-228.

察消费者情绪、态度、行为和潜在需求,提高营销决策力。

2013 年 10 月《福布斯观察》和 Rocket Fuel 对美国高级营销人员所做的一项调查显示,在一些领域,大数据的投资正在获得回报。在美国,85％的代理公司和品牌主管认为,当对消费者行为进行深入分析时,大数据会带来超过一半的营销主动权。对代理公司而言,64％的人认为,大数据能够让他们深入了解顾客体验,以帮助他们制定有效策略;而 63％的营销人员也认同此观点。52％的代理公司和 50％的营销人员一致认为,大数据带来的好处是能够帮助他们解析顾客的反馈意见以及识别顾客的期望产品。

大数据技术在以下四个方面可以实现以往不可能实现的目标。

(1)上网的全记录:了解完整的踪迹。利用 Cookie 软件可以得到上网者浏览的完整"足迹",利用新的 Atlas 软件可以进一步实现移动跨屏情境下的"足迹跟踪"。

(2)搜索数据:映射出关注和需求。通过分析上网者主动的搜索行为所生成的搜索数据,可以清楚了解他的关注、需求和希望解决的问题。

(3)社交媒体的数据:判断个性和类别。基于对社交媒体数据的分析,可以判断消费者的个性、偏好、生活方式、兴趣和受影响人群等。

(4)网上支付:显示实际的购买行为。网上购买和网上支付已经占相当大的比重,网上支付数据使实际的购买行为一目了然。

以上四方面的数据都是个人化和实时化的,这种对消费者行为的精准了解在以前是不可能实现的。

二、对消费者进行大数据分析的必要性

和传统数据不同,大数据提供了新的理论创造来源。对庞大的消费者或生产者数据集进行分析有助于揭示其中的关联性。大数据之所以能提供有价值的替代来源,离不开以下两大原因。

第一,即使是以科学的方法进行收集的小样本,也不可靠(重复样本之间的方差很大),不具有人口意义上的代表性,统计能力较弱(进行合理推论的数量是有限的),而且通常呈非正态分布(对于参数统计分析是有问题的)。而大数据可以弥补这些缺陷,并能对总体参数进行全面且方便的推导,另外,应用大数据相对节约成本,更具代表性,能不断更新,还易于复制。

第二,过去营销数据分析人员认为消费者数据具有不确定性。例如,随机品牌转换和双重危险模型表明,下一次购买时,购买某品牌的可能性完全取决于相对市场份额,而不是消费者的学习经验。但是,大数据的精细度和深度允许模型考虑详细的心理特征和行为历史。例如,基于内容的推荐系统(如由在线零售商制定的系统)可以使用最少的用户数据进行看似与营销无关的模型建构。已有的数据替代方案(如自我报告调查或小组调查)可以作为补充,但不能与大数据的丰富性相抗衡。使用大数据的优缺点如表 11 - 1 所示。

表 11-1　使用大数据的优缺点

优点	缺点
体量大	
大数据通过提供额外的感官提高了生活质量和客户体验。大数据提供的完整视角能改善人们的健康状况。通过记录消费者的所有活动，可以建立完整的消费者画像，从而提升购买体验	注册的数据越多，分析师需要解决的问题就越多，例如，我们能否从海量的数据中找到需要的信息，这是否会影响我们的生活或消费体验
数据来源丰富	
大数据可以识别隐藏模式和意料之外的相关联性，从而提出新的创新解决方案	人们的生活隐私被暴露无遗
实时性	
实时操作以实时解决问题	数据的安全性：数据掌握在谁手中？他们将如何利用手中的数据？
真实性	
删除"脏数据"后，可以使用有用且准确的数据来提取新信息	脏数据会对整体结果产生影响

资料来源：LUKOSIUS V，HYMAN M R. Marketing theory and big data[J]. The Journal of Developing Areas，2018，53(4)：217-228.

第二节　消费者数据来源：网上"足迹"

大数据已经成为了解消费者的重要手段，也是企业在进行价值选择、价值提供、价值沟通时的重要参考和判断工具。那么，这些数据来自哪里？

以往获取消费者的数据有两种：一种是企业内部数据，包括销售数据和客户关系管理等方面的数据，以此来了解消费者的大致分布、偏好。这是结果导向的数据，通过这些数据，不能了解消费者的决策过程，也不能了解那些没有购买或者购买了竞争品牌的消费者是如何做出决策的。另一种数据是通过市场调研获得的，如访谈、焦点小组、问卷调查等。这一类数据偏向探讨消费者的心理、动机和行为习惯。虽然能够帮助研究者了解消费者是如何做出决策的，但却难以与其真实的行为数据对接，容易出现消费者态度、意愿的表达和其行为存在一定差距的情况，预测力不高。此外，调查获取的数据还存在取样偏差、设计偏差等，导致对消费者的洞察不是非常精确。

互联网以及各种移动智能终端的出现，使得消费者数据有了新的来源——消费者的网络痕迹（见图 11-2）。大量消费者通过网络来完成他们的工作和生活，他们的足迹遍布整个网络，他们的每个行为也给企业留下了宝贵的数据。例如：阅读手机新闻；朋友聚餐，用App 找一找身边的餐馆；用打车软件预约出租车；在淘宝上买衣服……这些网络足迹，都以数据的形式记录并存储下来。这些数据的优点在于它们能够记录消费者在自在、自然的状态下（而不是在被调查、被观察的实验室状态下）做决策的每个环节：点击、浏览、阅读停留时间,鼠标停留时间,比较了多少个同类型的产品,信息的采集,购买,购后评价……除了数据对行为反应的真实性,这些数据的采集还具有多样化、多平台、多形式的特点,大量的碎片数据汇聚起来,能够把网民的行为刻画得更加全面准确,从而获得更清晰的消费者洞察。

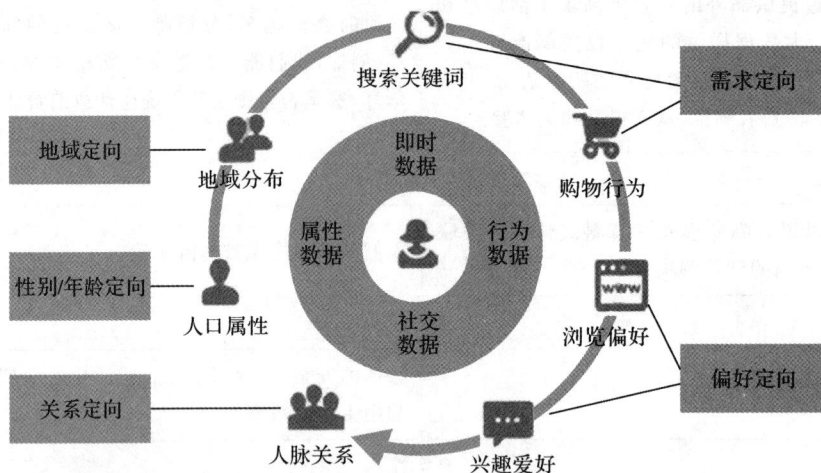

图 11-2 消费者的网络痕迹

资料来源:艾瑞咨询《大数据行业应用展望报告》,2013 年。

在 PC 端,消费者网上数据获取的实现方法有两种:一种是用户本身的注册信息;另一种是访问行为和浏览行为。这两种行为的数据获取是这样实现的(见图 11-3)。

第一步:
添加监测代码,在用户终端植入Cookies

第二步:
浏览数据收集(包括流量、次数、人数等)

第三步:
数据整理和计算(包括对人口属性的推断等)

第四步:
深入的数据分析和洞察

图 11-3 消费者行为数据的获取

第一步,在浏览网页时,在用户终端植入 Cookies/Flash Cookies;第二步,收集浏览数据;第三步,整理和计算数据;第四步,深入分析和洞察数据。

进入移动互联网时代,数据来源主要依赖 App 的使用信息和基于地理位置的信息。此外,企业内部的销售信息、客户关系管理数据库等,都是目前消费者大数据的来源。从广义上讲,这些数据源包括八大类,概括为三组数据:①传统的企业数据抓取,来自企业 ERP 系统、各种 POS 终端,以及网上支付系统等业务数据。例如,用网银进行网上支付,交易记录对于卖家而言就是商业数据。又如,在商场消费刷信用卡,消费时的消费记录、信用卡信息也会被商场获取。②消费者身份、特征、社交数据的抓取,这些数据来自通信记录、电商平台,以及 QQ、微博等社交媒体。例如,在社交媒体上与别人聊天,可能会聊到自己最近想要买一件夹克衫,平台就会进行相关推荐。③基于位置的数据抓取,即通过抓取不同的、情境的、相关的数据,带来洞察力。

消费者数据的新来源如图 11-4 所示。

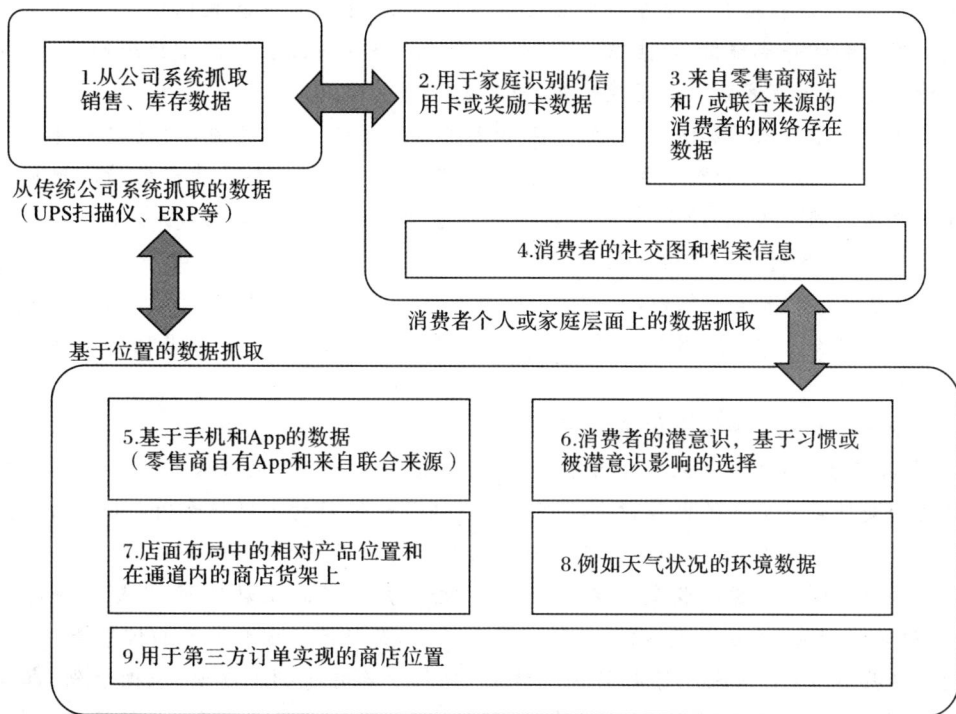

图 11-4 消费者数据的新来源

资料来源：BRADLOW E T. The role of big data and predictive analytics in retailing[J]. Journal of Retailing，2017，93(1)：79-95.

最后，当进入物联网时代后，传感数据也将会是重要的数据来源，传感数据来自 GPS 设备、RFID 设备、无线网络和视频监控设备等。例如，现在遍布城市各个街道的电子监控就为公安部门维护社会治安、提高办案效率提供了有效的数据信息。

消费者的痕迹数据还可以按照四类方式划分。第一类方式划分为结构数据和非结构数据。非结构数据占大数据的 80%～90%，这部分是未来最有价值的部分，主要有文本、视频、图片、音乐等。第二类方式划分为企业内部数据和外部市场数据。企业内部数据更多体现在 ERP、CRM、SCM 等信息系统中，外部市场数据更多来自宏观经济数据、行业数据、电商平台数据、社会化媒体、供应链之间的协同数据等。第三类方式划分为线上数据与线下数据，主要是借助线上的大数据激活线下的数据。第四类方式划分为位置数据与实时数据，这两类数据在移动互联网时代显得尤其重要。

当多维度数据串联后会形成用户三个身份数据的统一，包括自然身份数据、通信关系数据、金融身份数据。

案例 11-1

亚马逊如何精准把握消费者

1995 年创立的亚马逊是全球第一家网购公司，其业务从网上售书发展到销售各种商品，成为网上服务的领先公司。对于很多人来说，亚马逊是想购买某件东西时便会想起的网站。

在这里,他们大多能轻松在首页中找到自己的目标商品,更有多种款式以供比较;网站自动检索生成信用卡和邮寄地址信息,点击"一键下单"即可;一旦商品在使用中出现问题,登录网站填写反馈信息,就会有客服专员迅速响应,解决客户的问题。

依靠多方位信息采集和深度挖掘、专业和系统化的促销、私人定制式服务等一系列环环相扣的精细经营举措,亚马逊精准把握了大量的忠诚顾客。亚马逊对消费者的精准把握为公司带来了丰厚的利润回报:2013 财年亚马逊实现销售收入 744.5 亿美元,约占美国电子商务交易额的 28%。2018 财年亚马逊实现销售收入 2328.87 亿美元,比 2017 财年的 1779 亿美元增长 31%,约为前二十年盈利之和,约占美国所有在线零售额的 49.1%。2019 财年亚马逊实现营收 2805.11 亿美元,比 2018 财年的 2328.87 亿美元增长 20.45%。亚马逊是如何精准把握消费者的?

1. 多方位信息采集和深度挖掘

《大数据云图》的作者大卫·芬雷布评价,亚马逊是一家将数据融入 DNA 的公司,其对信息的采集和处理带有更强的电商倾向。消费者在亚马逊的网站上对想看的电视节目或是想买的产品所进行的每一次搜索,都会让亚马逊对该消费者的了解有所增加。

亚马逊对消费者数据的收集有多种渠道,包括用户注册时主动填写,浏览页面时浏览器 Cookies 的记录行为,比如浏览、收藏、对比、购买等,以及与第三方共享已知信息等。

通过这些方式,亚马逊能够收集个人资料,包括个人信息、IP 地址、手机号码、家庭状况等;记录购物行为,如搜索行为、浏览行为、购买历史、购买商品的关联行为、评论记录等,以完成用户定位,发送定向广告和定向邮件,推荐同类用户购买的商品,预测未来用户的购物行为。因此,当用户登录亚马逊网站时,网站后台将对用户信息迅速检索分析,在网页中推荐产品,在极短的时间内迅速组织出适合该用户的独一无二的亚马逊首页,让购物更加智能便捷。

为了增强对消费者的了解,提高信息投放和行为预测的精准度,在收集信息方面,亚马逊还有自己的独门法宝——用户测试和布局硬件载体。

亚马逊网站每天会进行上百项测试,如使用不同的算法来推荐商品,或改变购物车在屏幕上出现的位置,通过顾客的行为反馈来判断顾客的偏好,以此优化网页设计,带给用户更好的购物体验。在收到电子邮件后,是否打开了电子邮件,是否点击了电子邮件中的促销链接等行为也会被记录下来。通过统计活动的效果,亚马逊为下次评估类似促销的活动收集了历史依据。

同时,亚马逊还在不断开发新的硬件作为数据输入端口,先后推出 Fire Phone、Kindle 阅读器、Kindle Fire 平板电脑。亚马逊在 2014 年 11 月推出了语音输入无线音箱 Echo。更在 2019 年推出了 15 种新产品,包括真正的无线耳机 Echo Buds,配备了杜比全景声(Dolby Atmos)音效的高端智能音箱 Echo Studio,以及配有内置麦克风、支持用户与智能助手 Alexa 聊天的智能眼镜 Echo Frames 等。这些硬件在方便用户使用亚马逊购物的同时,更能随时记录用户购买前后的浏览历史、行为偏好等信息,成为亚马逊大数据布局中至关重要的一环。

现在已经有 150 种产品内置了 Alexa 智能语音助理,有 28000 多种智能家居设备可与 Alexa 兼容。其财报透露,2018 年全年搭载 Alexa 的商品销量达到了上一年的两倍。整个假日购物季里,Echo 系列智能音箱比 2017 年同期多卖出了"数百万台"。

此外,借着购物季的促销,也有数千万的消费者开始试用 Prime 会员。截至 2018 年,亚马逊在全球拥有超过 1 亿名的 Prime 会员,这使得 Prime 会员计划成为全球最大的客户忠诚度计划之一,而 Prime 会员作为一个群体正在影响着整个零售业。不仅其他零售商开始意识到必须为消费者提供免费的两天送货服务,其他平台也在寻找自己的物流模式,来为消费者提供统一的送货体验。

数据指出,通过 Prime 为亚马逊买家提供产品的亚马逊卖家数量正在稳步增长。截至 2018 年,超过 90% 亚马逊顶级卖家至少有一款产品提供 Prime 服务,高于 3 年前的 70%。超过 73% 的顶级卖家为超过一半的产品提供 Prime 服务,高于 3 年前的 40%。亚马逊卖家选择将产品发往 FBA 并不是因为它比其他选择更方便或更便宜,而是因为这将使他们接触更多的消费者。

2. B2C 领域的数据运用——个性化定制和预测需求

杰夫·贝佐斯创立亚马逊时,就已经在图书售卖时收集高级知识分子的数据信息,此后更是逐步进军电子、食品等零售业,充分利用了消费者数据。这家"将数据融入 DNA"的公司不仅在数据收集和挖掘方面走在时代前沿,在数据运用方面同样有着不俗表现。

在运用数据服务消费者方面,亚马逊专注于个性化定制和需求预测。根据消费者偏好记录设定独一无二的亚马逊首页,推送特定商品,或为一场营销活动选择适合的消费者,定向发送营销邮件等。亚马逊基于消费者的数据进行的精准推荐为其带来良好的业绩。相对于书评或者编辑推荐模式,整个图书的销售量在利用个性化推荐之后增加了 100 倍,数据显示亚马逊有 1/3 销量来自个性化推荐。

此外,亚马逊还会预测用户的需求,提前进行发货或退货准备,随之带来的快速物流体验被消费者称为"神奇物流"。"神奇物流"通过分析用户历史订单、商品搜索记录、愿望清单、购物车、用户鼠标在某件商品上悬停的时间等大数据信息,推测顾客的下一个选择。在用户还没有下单购物前,就提前将包裹调拨到离用户最近的运营中心,以缩短物流的时间,做到"单未下,货已发"。

同样,电商时代的售后服务仍然是销售的重要一环,由于消费者通过网站浏览商品的体验往往是不完整或不准确的,因此为了将顾客留在平台上,售后服务应在他们有任何不满的时候及时出现,负责"回收退货"并准备好替换产品。拥有大数据的亚马逊显然精于此道,来看看它是怎样做的。

"上个月,我向亚马逊的客户服务部门反馈我所购买的 Kindle 存在运行故障的问题。这次处理给我的感觉非常好。我在线提交服务请求后仅半分钟,手机就响了。电话另一端的女客服人员首先向我问候,并说:'我知道你的电子阅览器 Kindle 出现了问题。'随后我们在不到两分钟的时间内解决了我所反馈的问题,直接跳过了详细拼写姓氏和地址的环节,她也没有试图向我追加销售其他东西。在亚马逊购物近十年来,那一刻,我对它的喜爱达到了前所未有的高度。"

客服热情友好却没有废话的回应方式,让已习惯于商家高高在上、冷漠不讲道理的顾客惊喜不已。同时,它能准确获取用户的信息,使双方的交流朝着简单有利的方向发展。这些都源于多年来亚马逊对用户信息的收集,尽管许多其他公司也在这么做,但亚马逊却做得极为独特和出色,它懂得利用那些数据信息来和客户建立良好的关系,让顾客爱上它。

3. B2B 平台的数据运用——商家和亚马逊的双赢

亚马逊离不开进驻其中的各类卖家,建立强大的电商开放平台促进卖家销售已经成为亚马逊一个重要的业务,仅 2013 年商家在亚马逊第三方交易平台上就卖出超 10 亿件商品。亚马逊会从数据的角度去研究商家的需求,将消费者数据与卖家的营销需求相结合,在帮助商家提高销售量的同时提升自身的"平台"服务能力,带来商家和亚马逊的双赢。亚马逊对平台上商家的服务包括三个方面:提供储存服务、预测未来销量和提供营销决策的建议。

那些没有 B2C 仓储物流经验的第三方商家可以将后端的物流外包给亚马逊管理(fullfillment by Amazon,FBA),卖家可以享受仓储管理、订单处理、免费送货、更容易出口等便利。经过精密计算的仓储物流系统能够迅速处理商家的订单,在 2010 年的圣诞节当天,仅仅位于凤凰城的 PHX3 号小件商品仓库就向世界各地发送了 900 万份货品。同时,共享仓储系统也有效地摊薄了亚马逊仓储物流中心的成本。

不仅是货品的储存,亚马逊还构建了全球运用较为广泛的云计算服务 AWS(Amazon Web Service),协助商家储存、处理运营过程中产生的各类数据,极大地摊薄了商家购买服务器、研发数据处理算法的成本。同时,共享云储存也帮助亚马逊获取更多消费者数据。

当商家进驻后,亚马逊会提供一项商户中心(seller center)的服务,这类似于沃尔玛为供应商开设数据系统的服务。亚马逊每天会告诉商家,它们的商品价格是不是该品类最低的,由于亚马逊的搜索结果是按照低价进行排序的,因此这对商家来说非常重要,可以帮助他们进行价格决策。另外,亚马逊还会根据实时的销售数据,告诉商家根据销售趋势,在几天或者几个月之后,销量可以达到什么程度。

"我们通过数据分析去寻找最有效的合作伙伴,也用数据分析帮助商家预测未来的销售量,帮助他们取得成功。"全球商家服务高级副总裁塞巴斯蒂安(Sebastian)在接受媒体采访时表示,"亚马逊还会根据实时的销售数据,帮助商家制定未来销售计划。"

长期以来对客户数据的收集整理、个性化的定制服务、快速便捷的物流和商家与亚马逊的合作共赢,使得亚马逊能够精准把握消费者、留住消费者。这些走在时代前沿的创新之举,带动公司不断开拓新的事业领域,创造令人惊讶的业绩。"我总是告诫员工,如果我们在某个季度取得了好的业绩,这是因为我们做了 3 年、4 年甚至 5 年的努力,而不是只在这个季度做好了工作。"杰夫·贝佐斯说。

"数据就是力量",这是亚马逊的成功格言。EKN 研究的最新报告显示,80% 的电子商务巨头都认为亚马逊的数据分析成熟度远远超过同行。亚马逊利用其 20 亿用户账户的大数据,通过预测分析 140 万台服务器上的 10 亿 GB 的数据来促进销量的增长。亚马逊可追踪你在电商网站和 App 上的一切行为,尽可能多地收集信息。

资料来源:

1. 科特勒,凯勒. 营销管理[M]. 13 版. 卢泰宏,译. 北京:中国人民大学出版社,2009:370-371.

2. 从数据库到云计算:亚马逊的大数据[EB/OL]. [2012-11-05]. http://www.meijiezazhi.com/zt/yw/2012-11-05/11339.html.

3. 揭开亚马逊"神奇物流"背后的大数据玄机[EB/OL]. [2014-11-28]. http://politics.caijing.com.cn/20141108/3743838.shtml.

4. 解读神奇物流:大数据完成智能采购[EB/OL]. [2014-11-07]. http://www.cnetnews.com.cn/2014/1107/3038455.shtml.

5. 消费者为何爱上亚马逊? 先结婚再恋爱[EB/OL]. [2012-11-27]. http://news.mbalib.com/story/43102.

6. 2013 年营业数据[EB/OL]. [2014-02-03]. http://www.askci.com/news/201402/03/0314541200531.shtml.

7. 美国 2013 电子商务销售规模[EB/OL]. [2014-08-13]. http://www.100ec.cn/detail-6191147.html.

8. 亚马逊的三个顾客[EB/OL]. [2011 - 04 - 21]. http://www. ceocio. com. cn/e/action/ShowInfo. php? classid＝319&id＝128271.

9. 林文斌：线上和线下大数据要融合分析[EB/OL]. [2014 - 10 - 25]. http://finance. sina. com. cn/hy/20141025/151020641250. shtml.

10. 亚马逊2018盈利大约是前20年之和，主要靠什么？[EB/OL]. [2019 - 12 - 13]. https://baijiahao. baidu. com/s? id=1624318381257186931&wfr＝spider&for＝pc.

11. 亚马逊2018年在美销售总额或达2582.2亿美元[EB/OL]. [2019 - 08 - 05]. https://www. cifnews. com/article/37016.

12. 2018年度亚马逊平台现状回顾及趋势报告[EB/OL]. [2019 - 03 - 17]. https://www. cifnews. com/article/40006.

13. 亚马逊平台的大数据应用[EB/OL]. [2019 - 08 - 10]. http://www. qianjia. com/zhike/html/2019 - 08/10_9622. html.

14. 亚马逊硬件新品出炉[EB/OL]. [2019 - 09 - 26]. http://www. kjw. cc/keji/2019/0926/1220. html.

第三节　消费者行为的大数据分析

　　消费者行为的大数据分析在商业中已经获得了广泛应用，移动互联网时代许多创新的商业模式都建立在大数据分析的基础上。同时，消费者行为的大数据分析技术还处在发展之中，特别是在如何正确解读数据，得出有意义的消费者洞察方面仍然需要提高。本节将会提供大数据的相关背景，一般性地介绍消费者行为的大数据分析流程和应用。

一、消费者行为的大数据分析流程

　　图11-5简要说明了消费者的大数据分析如何帮助企业获得市场。通过用户多维度数据的收集，对其行为进行建模，为其画像，最后应用这些数据进行营销创新或精准广告推广等。

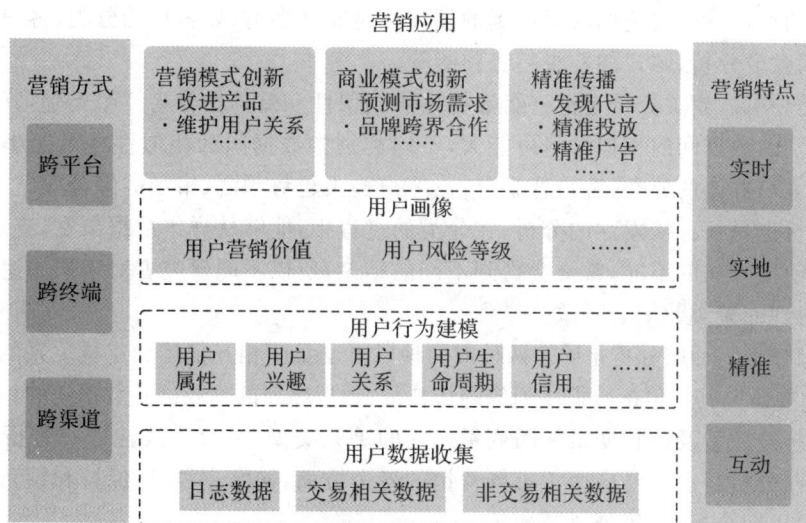

图 11 - 5　消费者大数据分析流程

　　从分析流程图可以看出，消费者行为的大数据分析包括以下三个层面的工作。

1.数据层:采集和处理数据

传统采集数据的过程一般是有限的、有意识的、结构化的,例如采用问卷调研的形式。你能采集到的数据一定是你能设想到的情况,数据的结构化较好。一般的数据库 MySQL 甚至 Excel 就能满足数据处理过程。

而互联网时代里,大数据的采集过程基本是无限的、无意识的、非结构化的,并且数据的采集可能是跨平台、跨不同终端的。各种纷繁复杂的行为数据以行为日志的形式上传到服务器,有专属的如 Hadoop、MapReduce 等工具。

数据挖掘的方式有很多种,最常用的有 6 种,如图 11-6 所示。

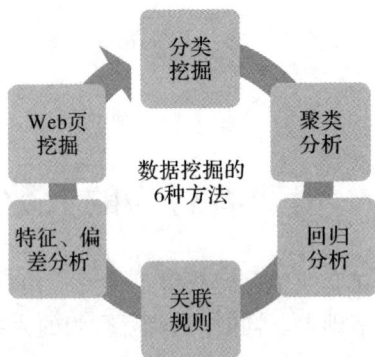

图 11-6 数据挖掘的 6 种方法

资料来源:李军.实战大数据:客户定位与精准营销[M].北京:清华大学出版社,2015.

(1)分类挖掘。分类挖掘是最常用的数据挖掘方法,即找出数据库中一组数据对象的共同特点,并按照分类模式将其划分到不同的类,目的是通过分类模型,将数据库中的数据项映射到某个给定的类别。分类挖掘所引用到的领域也是非常多的,如客户的分类、客户购买的商品分析、客户满意度分析、客户的购买趋势预测等。

(2)聚类分析。聚类分析是把一组数据按照相似性和差异性分为几个类别,其目的是使得属于同一类别的数据间的相似性尽可能大,不同类别中数据间的相似性尽可能小。聚类分析主要应用于客户群体的分类、客户背景分析、客户购买趋势预测、市场的细分等。

聚类分析也是一种探索性的分析,在分类的过程中,能够从样本数据出发,自动进行分类。聚类分析所使用方法的不同,常常会得到不同的结论,所以不同研究者对于同一组数据进行聚类分析,所得到的聚类数未必一致。

(3)回归分析。回归分析是确定两种或两种以上变量间相互依赖的定量关系的一种统计分析方法,其主要研究问题包括数据序列的趋势特征、数据序列的预测以及数据间的相关关系等。

回归分析按照涉及的自变量和因变量之间的关系类型,可分为线性回归分析和非线性回归分析。回归分析目前主要应用于市场营销的各个方面,如客户寻求、保持和预防客户流失活动、产品生命周期分析、销售趋势预测等。

(4)关联规则。关联规则是描述数据库中数据项之间所存在的关系的规则,例如,一项数据发生变化,另一项也跟随着发生变化,那么这两项数据之间可能存在某种关联,即隐藏在数据间的关联或相互关系。

关联规则主要应用于客户关系管理,通过对企业的客户数据库里的数据进行挖掘,可以从大量的记录中发现有趣的关联关系,找出影响市场营销效果的关键因素,为产品、价格、客户群等进行定位,从而进行精准的市场营销与推销。

(5)特征、偏差分析。每一组数据都是一个个体,它们有自己的特征,这些特征有些是与生俱来的,有些是在数据变化过程中与其他数据发生了偏差所导致的,而特征分析与偏差分析就是从数据库中提取出与其他数据不一样的数据个体,通过分析这些数据得出总体数据的特征。例如,在庞大的客户群中,通过分析特殊的用户数据,可以知道这些特殊的用户为什么与其他用户存在差别,从而对客户的需求进行定位,以便对他们进行独特的精准营销。

(6)Web 页挖掘。随着互联网的广泛应用,Web 页上的信息将变得更加丰富。通过对 Web 页的挖掘,可以对 Web 页的海量数据进行收集、分析,挖掘出对企业有重大或潜在重大影响的外部环境信息和内部经营信息,以便识别、分析、评价和管理危机。

2. 业务层:建模分析数据

可使用的数据分析模型很多,如基本统计,机器学习,数据挖掘的分类、聚类、关联、预测等算法。传统数据和大数据的做法差别不大,银行、通信运营商、零售商早已熟练运用消费者的属性和行为数据来识别风险和付费可能性。但是由于数据量的极大扩增,算法也获得了极大的优化提升的空间。

常见的数据分析模型共有八种,包括用户模型、事件模型、漏斗分析模型、热图分析模型、自定义留存分析模型、黏性分析模型、全行为路径分析模型、用户分群分析模型。

3. 应用层:解读数据

数据分析最重要的是解读。图 11 - 7 中,用户画像和广告传播都属于应用层。但用户画像这部分内容,属于基础解读,有了这部分解读,企业才能够在此基础上进行多样化的应用。

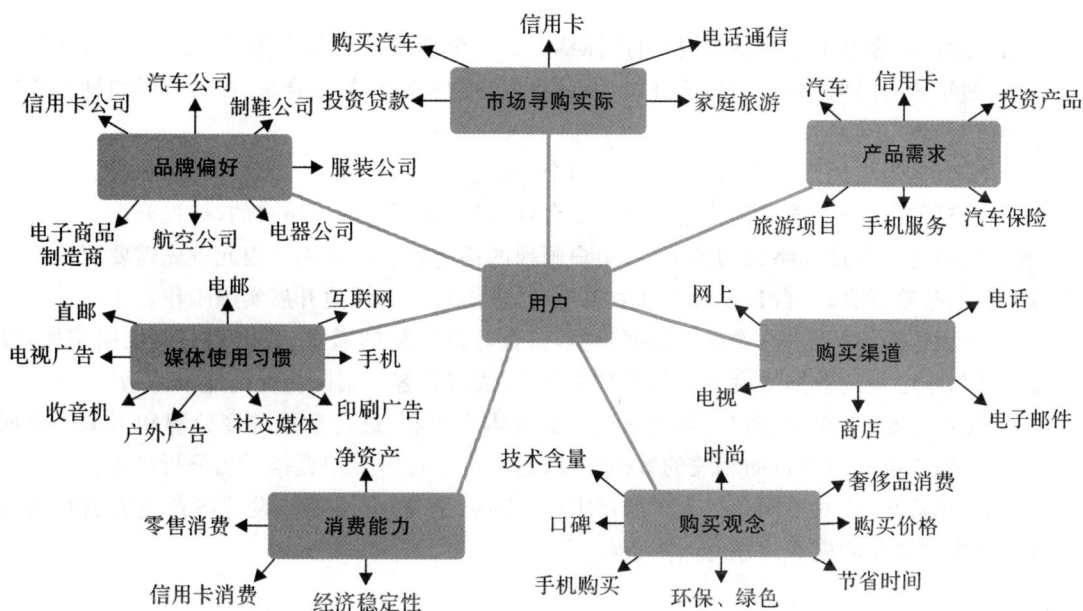

图 11 - 8　大数据进行用户画像

所谓用户画像,是根据用户人口统计学信息(demographic data)、社交关系(social network relationships)和行为模式(behavioral patterns)等信息而总结、抽象和挖掘出来的标签化用户模型。它是依据大数据平台和大数据分析,整合消费者各种碎片化的信息,通过标签和模型化产生的对特定消费者个体的、全景的、实时的精准描述。用户画像在大数据时代又称为"数字消费者画像",是对以前的"用户画像"的数字化升级。

用户画像标签化如图 11-8 所示。

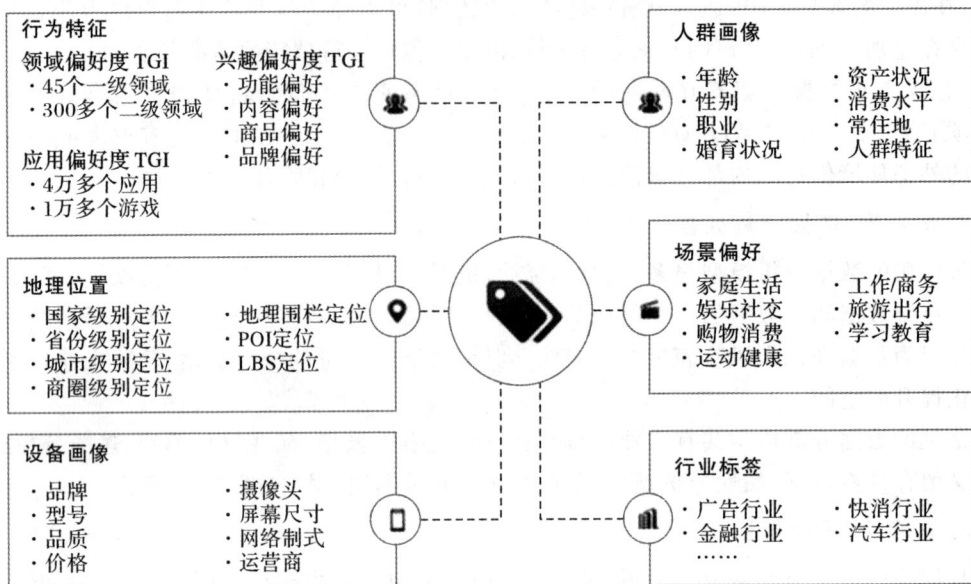

行为特征

领域偏好度 TGI	兴趣偏好度 TGI
· 45个一级领域	· 功能偏好
· 300多个二级领域	· 内容偏好
	· 商品偏好
应用偏好度 TGI	· 品牌偏好
· 4万多个应用	
· 1万多个游戏	

地理位置

· 国家级别定位	· 地理围栏定位
· 省份级别定位	· POI定位
· 城市级别定位	· LBS定位
· 商圈级别定位	

设备画像

· 品牌	· 摄像头
· 型号	· 屏幕尺寸
· 品质	· 网络制式
· 价格	· 运营商

人群画像

· 年龄	· 资产状况
· 性别	· 消费水平
· 职业	· 常住地
· 婚育状况	· 人群特征

场景偏好

· 家庭生活	· 工作/商务
· 娱乐社交	· 旅游出行
· 购物消费	· 学习教育
· 运动健康	

行业标签

· 广告行业	· 快消行业
· 金融行业	· 汽车行业
……	

图 11-8 用户画像标签化

用户画像的焦点工作就是为用户打"标签",而一个标签通常是人为规定的高度精练的特征标识,如年龄、性别、地域、用户偏好等,最后将用户的所有标签综合来看,就可以勾勒出该用户的立体"画像"了。

具体来讲,当为用户画像时,需要以下四个阶段。

(1)战略解读:企业选择构建用户画像平台,可以实现不同的战略目的,如提升产品服务质量、精准营销等。根据战略目的的不同,用户画像的构建也有所区别。因此首先需要明确用户画像平台的战略意义、平台建设目标和效果预期,进而有针对性地开展实施工作。

(2)建模体系:对用户画像进行数据建模,结合客户实际的需求,找出相关的数据实体,以数据实体为中心规约数据维度类型和关联关系,形成符合客户实际情况的建模体系。

(3)维度分解:以用户、商品、渠道三类数据实体为中心,进行数据维度分解和列举。根据相关性原则,选取和战略目的相关的数据维度,避免产生过多无用数据干扰分析过程。

(4)应用流程:针对不同角色人员的需求(如市场、销售、研发等),设计各角色人员在用户画像工具中的使用功能和应用/操作流程。

二、消费者大数据分析可以解决的问题

大数据的应用可以帮助提取出众多消费者行为的相关信息,以改善消费者购买体验,包括客户迁移、客户方法、促销分析、收购分析、优先级分析、按季节销售、客户忠诚度、交叉销售、客户细分、沟通和媒体分析渠道、分布分析渠道、购物车分析、客户损益分析(客户流失)等①。

对于消费者真实决策过程和购买过程的海量数据进行分析,具有很高的应用价值,能够解决营销整个价值流程中多方面的问题,如图 11-9 所示。

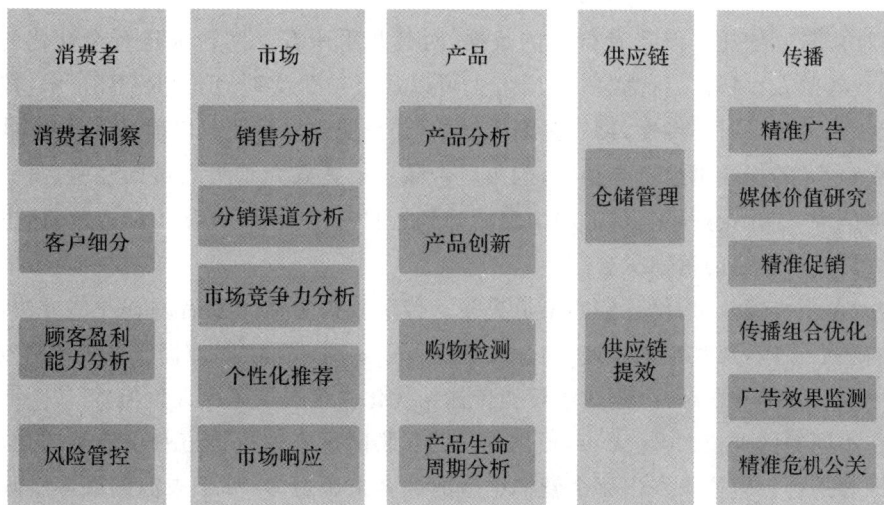

消费者	市场	产品	供应链	传播
消费者洞察	销售分析	产品分析		精准广告
客户细分	分销渠道分析	产品创新	仓储管理	媒体价值研究
	市场竞争力分析			精准促销
顾客盈利能力分析	个性化推荐	购物检测	供应链提效	传播组合优化
				广告效果监测
风险管控	市场响应	产品生命周期分析		精准危机公关

图 11-10 消费者行为大数据的应用

资料来源:整理自易观国际《中国零售业大数据市场专题研究报告 2014》。

总体来看,消费者大数据分析的应用可以分为长期和短期两个方面②,以下分别介绍。

1. 短期业绩导向的大数据应用

(1)个性化精准推荐。通过基于内容、用户行为、社交关系网络的数据积累,企业可以定位出用户的属性类型和购买习惯,为其个性化地推介可能喜欢的商品或内容。通过具有强大计算能力的云计算平台,推荐引擎能够根据购物网站上每位顾客的浏览和访问历史挖掘其个性化兴趣偏好,从而向不同的顾客展示个性化的页面和他们各自可能需要的商品。通过推荐引擎,购物网站不仅能改善顾客在网站上的浏览体验,还能提高网站的流量转化率,提升客户购买的品类数和多样性。这是电商企业较多使用的手段,比如亚马逊、京东等。数据显示,亚马逊有 1/3 的销量来自个性化推荐,可见这种大数据的应用对于业绩有直接影响。

个性化推荐系统已成为各大电商向消费者提供个性化购物体验的重要工具之一,通过推荐系统,商家可以提高收入和消费者满意度。但传统推荐系统通常只利用消费者在当前网站

---

① 姚凯. 基于多源大数据的个性化推荐系统效果研究[J]. 管理科学,2018,31(5):3-15.

② BRADLOW E T. The role of big data and predictive analytics in retailing[J]. Journal of Retailing, 2017,93(1):79-95.

的历史信息推荐个性化商品,无法获得消费者在其他网站的数据来优化推荐效果。大数据时代,一些第三方公司抓住机遇,利用不同公司的多源大数据提供更好的个性化推荐服务。研究发现,基于内部数据的推荐系统能够显著提升消费者点击个性化推荐商品的概率,可以降低消费者决策时间,激励消费者浏览更多的商品。而外部数据的推荐效果不仅与外部公司网站的用户数量相关,也会受到外部网站与当前网站的关联程度的影响。消费者特征对基于内部数据和外部数据的推荐效果起调节作用,如果消费者是当前网站的老用户,利用该消费者在当前网站的内部数据提供个性化推荐的效果更佳。

(2)精准广告。依托于消费者行为的数据,对其几乎所有上网行为进行个性化的深度分析,识别消费者的人口特征、行为特征,广告主可以通过广告实时竞价(RTB)技术,按其需求锁定目标受众,进行一对一传播,提供多通道投放,并按照效果付费。以前品牌经理"我不知道浪费的是哪一半"的担心再也不会存在,购买广告除了依托媒介购买人员的经验,每一步都有精准的数据呈现,这让企业想要传播的信息精确到达目标消费者,优化了广告效果,也让企业看到了过去可能被忽略的营销机会。

(3)实时监测传播效果,优化传播渠道决策。传统营销传播的事后调查评估方法,对于消费者反馈的获取很慢,及时性也很差,但是大数据可以做到近乎实时地提供各种传播效果反馈数据,信息详尽,并具有跟踪性,这对于营销传播的优化决策提供了巨大价值。

通过在不同的网页植入 Cookies,根据用户的互联网痕迹进行渠道营销效果优化,即根据互联网上顾客的行为轨迹来找出哪个营销渠道的顾客来源最多,哪个来源的顾客实际购买量最多,是不是目标顾客等,从而调整营销资源在各个渠道的投放。

完美日记已于 2020 年 11 月 19 日在纽交所敲钟,成功上市。在其招股书中,极大篇幅讲述的都是"营销的故事"。其营销策略是不计成本普投,再根据传播效果筛选复投博主。完美日记共与 15000 名 KOL 有合作,在人海战术的加持下,完成了对于社交平台的洗牌,并在营销效果的观测下,调整 KOL 在社交平台的投放。在其招股书中,这被称为 DTC 即直面用户模型(区别于传统的分销代理模式)①。

(4)销售预测和仓储管理。准确预测销量,可做到以销定产,一方面避免产品积压,增加成本,另一方面减少缺货,以免影响业绩。通过数据分析预测销量,企业可以做到自动补货、提前发货或准备退货,提高库存周转率,提升客户体验。

英国 Tesco 零售公司,利用大数据基于历史销售数据模拟物流配送仓库的运作,达到了优化库存,并通过各要素之间的关联,如天气、特价、优惠及销售等实现配送优化②。

(5)精准促销。在促销方式的选择上,企业也更加明确对不同的消费者采用哪种促销方式比较好。通过对消费者数据的收集和分析,企业可以判断出哪些顾客是价格敏感型的,针对性地采用一些价格折扣,推动购买;而对于那些价格不敏感但属于冲动型的购买者,价值不高但漂亮的赠品可能更能让消费者从心动到行动。部分企业借助天气数据进行精准促销,例如,百

---

① "完美日记":35 亿营销费砸出的国产美妆品牌[EB/OL].[2020-11-20].http://www.infzm.com/contents/196176.

② 彭焘.试论"大数据+零售业"的新变革[J].商业经济研究,2019(1):61-64.

威(爱尔兰)在分析爱尔兰夏季的日照量数据的基础上进行促销活动,其当地竞争对手墨菲使用基于降雨量指数进行促销活动,星巴克针对天气情况制作数字广告。

2.长期品牌导向的大数据应用

(1)消费者洞察。通过行为数据,并结合社交媒体上的文本数据,能够获取到消费者对品牌和产品即时的看法和态度,可以看到一些以往没有考虑到的、隐藏的消费者需求和偏好,及时改进产品或者推出新产品。如研究者通过在线聊天的数据分析发现,垂直差异较大的产品(3C 产品)常常基于客观因素被选择,消费选择的同质化程度较高,持续购买的稳定性较强;水平差异较小的产品(如衣服鞋帽)常常基于主观因素被选择,消费选择的异质化程度较高,但是长期购买的稳定性也较低[①]。美剧《纸牌屋》的成功也部分是由于应用大数据进行消费者洞察的结果。网飞是美国最大的视频点播服务提供商,掌握大量的观影习惯数据,譬如每个人按下暂停、停止观看或者快进的数据,喜欢某部剧的人还喜欢哪些剧。网飞通过分析数据,决定翻拍广受大众(包括他们的用户)欢迎和评论家赞赏的 1990 年 BBC 迷你剧《纸牌屋》,而且它还发现,喜欢这个剧集的人也非常喜欢凯文 • 斯贝西(Kevin Spacey)参演,或者戴维 • 芬奇(David Fincher)导演的作品。也因此,它才有了结论,决定投资 1 亿美元翻拍一部两季共计26 集有斯贝西和芬奇参加的同名剧。

通过对季节性的分析,企业可以发现一年中购买情况的变化,从而提供季节性产品或者服务,形成季节性商业策略。优先级分析将确定客户是否倾向于购买特定订单,而确定营销目标市场和利基市场将帮助企业确定是否存在具有特定购买模式的细分市场。例如,乐购(Tesco)通过使用不同的策略进行了一项研究,发现开始购买帮宝适的顾客也开始购买更多的啤酒。这种行为乍一看似乎很奇怪,其解释是,刚学走路的孩子的父亲再也没有时间去酒吧了,所以他们就在家里喝啤酒。但通过大数据进行的分析中最流行的是购物车分析和交叉销售分析。它们确定了消费者购物车内的产品之间的联系,这增加了来自同一类别和来自互补,甚至完全不同类别的产品的数量[②]。

(2)顾客盈利能力分析和管理。对于交易信息的分析,可以得到顾客盈利贡献的分裂,为企业区分出哪些顾客是为企业带来较高收入和利润的,哪些顾客是高成本,但是回报微薄甚至是负利润的,从而更好地将企业资源分配到优质的顾客上去,这也进一步明确了企业的目标市场。此外,有了大数据之后,对于顾客终身价值的预测可能会更加实时动态,并更加准确。比如,美国 Target 百货公司给每位顾客分配了一个独一无二的客户识别号码。该号码将客户个人信息、购物行为和喜好整合到一个可跟踪的实体内。Target 利用预测分析程序,来推断个体消费者是否具备成为公司特定营销活动的优质客户。

(3)消费者细分。通过将消费者的行为数据标签化和建模分析,可以进行更加精准、更全景化的消费者图像的描绘,定位出用户的属性类型和购买习惯,从而帮助企业进行市场细分,特别是可以做到基于行为变量的细分和基于个人的细分,对每个群体量体裁衣般地采取独特

---

①　肖静华.消费者数据化参与的研发创新:企业与消费者协同演化视角的双案例研究[J].管理世界,2018,34(8):154－173,192.

②　姚凯.基于多源大数据的个性化推荐系统效果研究[J].管理科学,2018,31(5):3－15.

的行动。一对一的营销也提高了消费者的体验,增强了企业和顾客之间的关系。

沃尔玛充分利用大数据和社交分析,快速识别不断变化的客户喜好。沃尔玛的社交意识项目能通过社交媒体确定商品的畅销程度,并帮助顾客发掘潜在需求和感兴趣的新产品。沃尔玛尝试用 Facebook 和 Twitter 的流量与内容分析来实现智能零售,比如下载 Shopycat 应用,就能收到沃尔玛为顾客创建的礼品清单,帮助顾客为朋友挑选礼物①。

(4)基于长期品牌意义的传播决策。传播除了促进即时的销售,最重要的一部分工作就是持之以恒地建立并保持与消费者之间有意义的关系,这种关系就是我们所熟知的"品牌的建立和维持"。

借助大数据可以了解消费者在实体店或者网店购买了哪些商品,在互联网页面上浏览了哪些内容,在社交媒体上分享了哪些信息,甚至向公司发送了什么询问或投诉。所有收集到的信息都整合形成客户行为的完整映像,从而实现实时个性化。通过提供实时数据,大数据可以提高企业的响应时间,最终提高客户满意度,获得客户忠诚度,获得更高的回访度②,见图11-10。

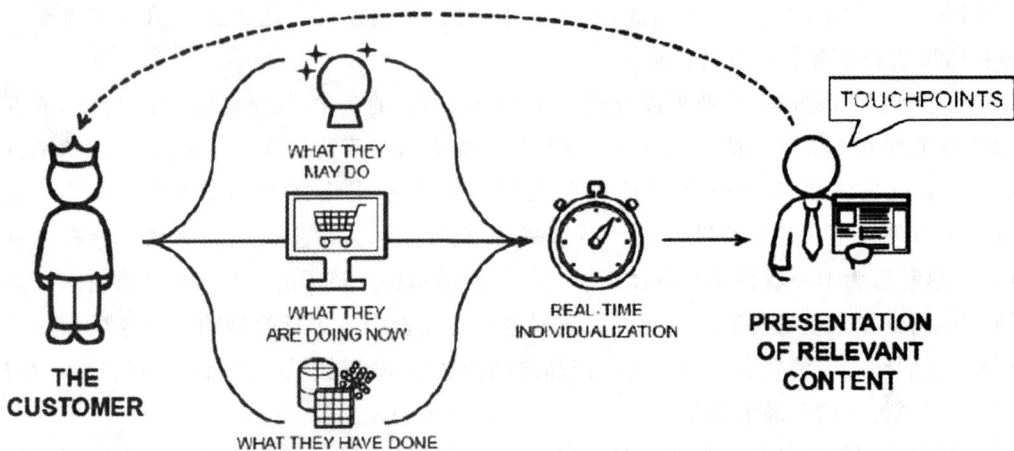

图 11 - 10 如何借助大数据提升消费者体验

资料来源:STOICESCU C. Big data, the perfect instrument to study today's consumer behavior[J]. Database Systems Journal,2016,Ⅵ(3):28 - 42.

为了建立品牌的长期形象和消费者的品牌忠诚,传播不仅需要根据交易数据、浏览数据进行精准投放,还需要考虑媒介的组合、信息传播内容的选择以及挖潜新的潜在消费者。此时,大数据可以帮助企业进行媒体价值的评价,获得最优投放组合;帮助进行竞争品牌的市场分析和传播分析,挖掘潜在的消费者和沟通价值点;进行投放测试,找出受众最有共鸣的广告创意,对广告进行及时的判断和调整。

(5)企业研发创新。大数据环境下普通消费者通过数据化方式参与研发,企业通过对消费

① 许明星.大数据在零售业营销中的应用分析[J].物流工程与管理,2014(9):187 - 190.
② 姚凯.基于多源大数据的个性化推荐系统效果研究[J].管理科学,2018,31(5):3 - 15.

者大数据的利用,使研发决策从依靠人的经验判断转变为依靠人与数据的结合,从而实现研发创新。具体而言,秉持用户导向的企业形成了数据驱动型研发创新,秉持设计师导向的企业形成了数据支持型研发创新①。

消费者行为演变与市场研究方法之间的相关性如图 11 - 11 所示。

CONSUMER BEHAVIOR

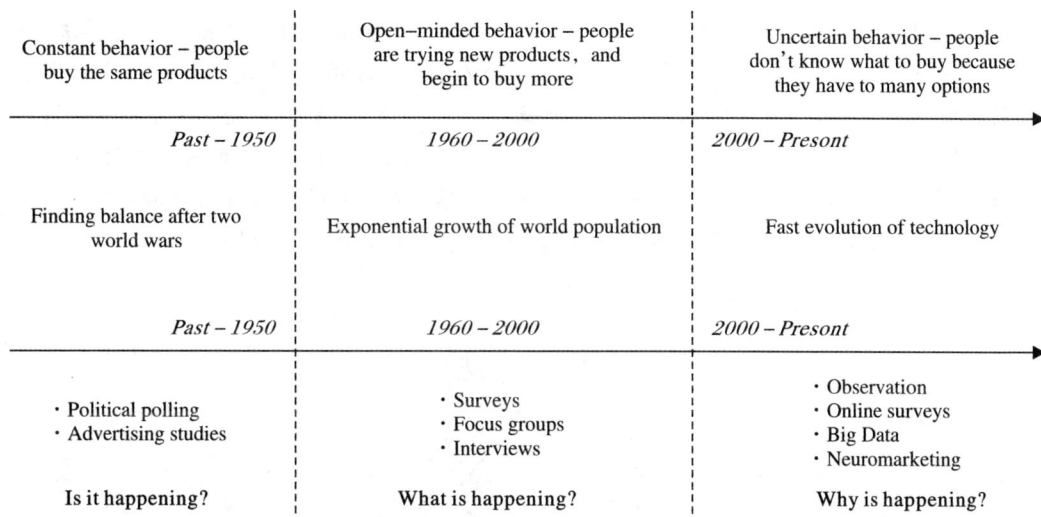

Constant behavior – people buy the same products	Open–minded behavior – people are trying new products, and begin to buy more	Uncertain behavior – people don't know what to buy because they have to many options
Past – 1950	*1960 – 2000*	*2000 – Present*
Finding balance after two world wars	Exponential growth of world population	Fast evolution of technology
Past – 1950	*1960 – 2000*	*2000 – Present*
· Political polling · Advertising studies	· Surveys · Focus groups · Interviews	· Observation · Online surveys · Big Data · Neuromarketing
Is it happening?	**What is happening?**	**Why is happening?**

MARKET RESEARCH

图 11 - 11　消费者行为演变与市场研究方法之间的相关性

资料来源:STOICESCU C. Big data,the perfect instrument to study today's consumer behavior[J]. Database Systems Journal,2016,VI(3):28 - 42.

案例 11 - 2

全民抖音——15 秒快速抓住用户的心

虽然一个抖音视频只有 15 秒,但是"抖音 5 分钟,人间两小时"已经是一种潮流。字节跳动在抖音创作者大会上公布了抖音最新日活数据:截至 2020 年 8 月,包含抖音火山版在内,抖音日活跃用户已超过 6 亿。距离 2020 年 1 月抖音日活用户突破 4 亿仅仅时隔 7 个月,相比2019 年中期抖音约 3 亿日活用户,基本翻倍。而快手在 2020 年 1 月份公布的 DUA 数据为 3亿。在短视频领域的用户竞争,抖音拔得头筹。如果说原来是"南抖音北快手"的短视频格局,那么现在随着抖音的全面爆发,"全民抖音"的热潮正在势不可挡地袭来。

当然,抖音的成功离不开其母公司字节跳动的支持以及同公司其他软件的帮助,如今日头条。上述案例分析今日头条的崛起在于大数据推算的优势,抖音也完美借鉴了这一点。字节

---

① 肖静华. 消费者数据化参与的研发创新:企业与消费者协同演化视角的双案例研究[J]. 管理世界,2018,34(8):154 - 173,192.

跳动打通了旗下各类应用的数据,今日头条用户在使用抖音时,抖音会根据其在今日头条积累的标签来精准推送相应的内容。但另一方面,与今日头条本身具有的严肃新闻属性不同,娱乐性质更强的抖音更注重用户体验。也就意味着,抖音需要对用户把握更加精准。

抖音充分利用今日头条的数据挖掘技术,根据用户的浏览痕迹、点赞情况、性别、年龄、所在地等描绘用户媒介使用曲线,分析用户画像,并根据用户自身需求与特点推送相应的视频内容。

当前人类社会呈现出信息爆炸的趋势,过量的内容像洪水般朝人们涌来,对受众类型的正确分析以及内容的精准投放无疑成为短视频 App 的核心竞争力。抖音凭借强大的算法、先进的数据抓取技术,精准分析用户的使用习惯以及个人偏好,为用户提供"量身定制"的优质内容。最初使用抖音时,系统会随机向用户推送视频内容,了解分析受众偏好与需求。若用户在歌舞、KOL 内容界面停留时间较长,或是点赞数较多,平台便会将同类型的视频内容推送给该用户,进而该用户看到的内容将大部分是其喜爱的内容,以增强用户的使用体验,在碎片化信息繁多、有价值内容被埋没的当下,受众获得了清晰有效的服务(见图 11-12)。

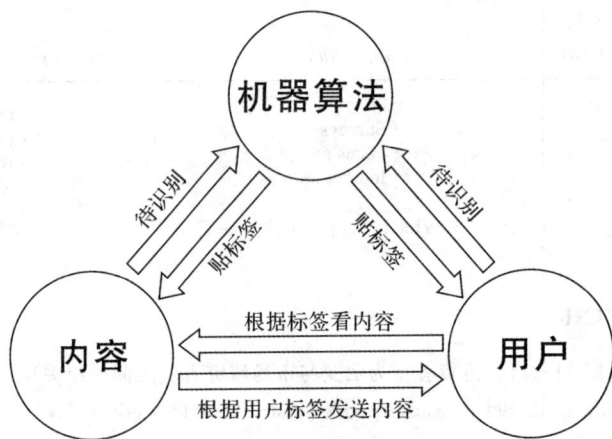

图 11-12　用户、内容与机器算法之间的关系

1. UGC——满足个性化需求

UGC 是用户原创内容的简写。抖音短视频平台的定位就是内容分享,所有的用户可以上传分享自己的生活短视频,几乎没有内容的限制,满足了用户个性化的需求。通过 UGC 内容模式,降低了用户生产内容的门槛,扩大了平台的用户数量,以达到占领市场的目的。

抖音不断地降低内容生产的门槛,换来了高频的内容生产、自我表达和信息交流。抖音的所有内容都是容易被模仿和复制的,让所有平凡的个人都看到了表达自我的可能性,形成了一个引发全民狂欢的机制。层出不穷的抖音美食、抖音玩法、抖音段子强势刷屏,美女扮丑、"别人家的老公"以及"确认过眼神"、海草舞等魔性伴奏成为潮流,抖音用视频释放了新一代年轻的自我表达。

抖音给了用户较大的自主创作权,激发用户的自我创造力,更高的卷入度也让用户在互动仪式中产生了高情感能量。UGC 短视频的内容生产和社交互动相互融合,相互促进,用户在生产短视频内容过程中满足自我呈现、社交需求。社交动力激发着 UGC 的内容生产,为短视频提供流量,同时短视频为社交提供内容,形成两者互相推动的良性格局,从而形成了 UGC 短视频生产的巨大生产力和传播力。

2.PUGC——**宏观调控流量池,不是所有"美好"都能被看见**

抖音的流量会源源不断地给那些受欢迎的内容,数据欠佳或者调性与平台不够匹配的内容,将失去被更多人看到的机会。忽然爆红的视频,都是这样一套推荐逻辑下的产物:

①通过标签筛选出符合平台自身标准的内容;

②将这些内容随机扔进一个小流量池;

③获取数据反馈,在浏览、点赞、评论、转发、观看完成度、关注等各项指标上表现优秀的内容将会被扔进一个更大的流量池,其余内容的推荐量将会衰减下去;

④重复这个过程,通过一轮轮筛选,积累出一批数据极好的精品内容,形成一个推荐池,用户打开抖音后将优先推荐这些内容。

换句话说,就是靠小范围测试,筛出数据优异者,然后进行大范围推荐。

视频上传至抖音平台之后,抖音官方会检测视频是否违规,如果违规,抖音官方会把视频打回或者对用户限流;如果不违规,抖音官方会进行一个随机推荐,平台会根据账号的权重给予一定的初始推荐流量。初始推荐优先分发给附近的用户、关注账号的粉丝以及自身所关注的用户,并根据用户标签与内容标签进行智能分发。

抖音采用逐层推荐的方式:第一次推荐,会根据账号的权重推荐播放量为 200~500 的视频,这些用户的播放量、点赞量、评论量、转发量、关注量和完播率等数据指标达到官方的初步标准后,平台通过数据比对自动判定视频内容是否受欢迎,从而决定是否进行第二次推荐。第二次推荐的播放量在 3000 次左右,第三次推荐在 1.2 万至 1.5 万之间,第四次推荐在 10 万至 12 万之间,第五次推荐在 40 万至 60 万之间,第六次推荐在 200 万至 300 万之间,第七次推荐在 700 万至 1100 万之间,第八次推荐会进入标签人群推荐,这时候的量级在 3000 多万。

其中,从第四个层级开始会介入人工审核。人工审核决定是否可以加大视频曝光量,到了第八个层级,会定期将作品推送给符合作品标签的人群。如果作品没有达到每一层级的标准,就不会再进入下一个流量池,也就是说首次流量推送的各项数据指标合格,就会进入第二个流量池的推送,如果第二个流量池的各项数据合格,就会进行第三次推送,如果在第三次推送的时候,数据没有达标,那么视频播放量就会停留在第三层级。

如果一条视频的点赞最初只有一两千,那么即使再等两三天,点赞数也就只有那么多,这说明不会被推荐。如果一个视频在一两个小时内快速突破了 1 万个赞,它的实际播放量应该已经达到 500 万次左右,那么它获得 10 万个赞的概率就比较高了,而且后面的数据增长会越来越快。

这套传承自今日头条的内容分发算法,能让平台上一个已经初露锋芒的好内容像滚雪球一样快速积蓄爆发的能量。

抖音的系统算法推荐把流量分配给了评论多、热度高的内容,形成了短视频内容的头部效益,激起用户的兴趣之后,会按一定频率推送相似的视频,但也不会过多推送某一类视频而引发用户审美疲劳。抖音还会人工精选一些优质的内容,推送给粉丝,以及对相关标签感兴趣的用户。在某一类创意视频火爆的时候,机器也会对这类视频做更多推荐,吸引普通用户参与。

资料来源:

1.抖音盛宴:收割一个新流量帝国[EB/OL].[2018-05-28].https://mp.weixin.qq.com/s/kUg0Y2kUdc9Tf5PeaRCrDw.

2.抖音总裁张楠:抖音的美好与价值[EB/OL].[2019-08-24].https://mp.weixin.qq.com/s/t0B08Fu2cGygEh9Hn8SwXg.

3.刘杰.UGC 短视频平台的内容特征分析:以"抖音"App 为例[J].传媒与教育,2018(Z1):188-190.

4.苏艳.数据挖掘在短视频个性化推荐中的研究[J].通讯世界,2020(7):85-86.

5.唐丽佳,赵志奇.大数据视野下抖音传播方式及问题分析[J].编辑学刊,2018(6):52-56.

第四节　消费者大数据分析存在的问题

一、数据量泛滥引发的数据筛选问题

　　数字时代,也是移动互联、云计算、大数据蓬勃发展的时代。数据的容量、数据的速率、数据的多样性都呈现爆发式的增长。从数据体量上说,大数据是无法在可承受的时间、范围内用常规软件工具捕捉、管理和处理的数据集合,是需要新的处理模式才能具备更强的洞察力、决策力和流程优化能力。因此,当行业的数据已经达到了一个无法估量的程度时,当外界的一切都与数据息息相关时,对于行业的变革要求已迫在眉睫、势在必行了。随着物联网和移动设备的链接技术的发展,随之而来产生了无法估量的数据,如今已经不是一个缺乏数据的年代,而是一个数据泛滥的年代。各大企业已经放弃了单一数据仓库的理念,因为数据的复杂性,已经不是一个简单的"存储"可以解决的问题。同时,由于一切的分析、决策的根源都来源于数据,数据的这种泛滥性巨变为分析领域带来了巅峰性的巨变,新的业务问题、应用、技术、工具、平台随之出现。当今被视为主流的技术,几年后就不入流了,数据泛滥到逼着分析应用层面不断变革更新。所以从源头上来说,当下首要解决的就是数据泛滥的时候,如何寻找、过滤,最终筛选出有用有意义的数据的问题。

二、数据标准不统一的问题

　　需要打通数据间的壁垒,当然,目前这个思路还是非常理想的状态,现实中数据孤岛的现象非常严重。

　　当零售商已经拥有大量的店内数据,但却没有将数据与在线行为相关联,那么该零售商就将具有良好但不完整的数据。

三、大数据的采集问题

　　与传统的数据采集相比,大数据的采集有很大的不同。传统的数据往往以一个目的为出发点,围绕着这个出发点去展开寻找,但是收集回来的数据一般都是样本性的数据。采集方式也是有限的、有意识的和结构化的(如问卷调查),采集到的数据也大多是结构化的,一般的数据库就能满足采集处理的要求,数据分析人员只需在具有代表性样本的基础上去分析总结规律,利用统计学原理分析发掘,就可以发现规律,从而解决相应的问题点。

　　但大数据的采集则是一个十分复杂的工程,它未必是先预设明确的目的的,而是这些数据往往会自主性地产生,且这种产生的量级是"样本性"数据无法比拟的。

四、数据存储问题

　　大数据往往是非结构性的、海量的,这对于数据存储技术也相应提出了更高的要求。以前的数据或许只需要存储在一个服务器中就可以了,但是海量的大数据往往是需要依靠云计算去运行,同时,在数据调用的速度上也提出了更高的要求。另外,对于数据存储在分布式的设计中,也会产生出很多目前先进的数据存储技术,提供更灵活、更快速的数据运行方式。

五、数据清洗的问题

在讨论了数据的产生、采集等问题后，处理已经获取到的数据也是一个非常重要的问题。众所周知，数据的质量关联到分析的质量，数据的真实合理关系到得出的结果是否正确，是否具有指导意义。数据的质量是一切大数据应用的源头。而在操作过程中，往往为了节省成本，对数据质量缺乏严格把控。如果要利用大数据分析，那么在企业内部必须建立相应的数据应用部门，同时在这个部门内部必须专门建立数据清洗的团队，从源头上进行把控，提升数据的质量。另一方面，数据清洗是一个技术活。目前在大数据清洗方面，会借助计算机辅助清洗加上人工清洗相结合的方式去进行。计算机清洗，顾名思义就是通过编写规则性的算法让计算机代替人工去对数据进行第一步的初洗。初洗完毕后，数据分析人员还需要对异常点进行第二次的审核分析，这个时候就要靠数据分析人员对业务的理解和经验进行判断了。经过了多次的核对，最终的原始数据才可以真正地被数据发掘人员去利用并做更进一步的分析。

六、数据的一些高级应用依然停留在专项咨询阶段

专项咨询，其实就是企业希望第三方咨询机构按照项目或者按照企业的某一个问题点给予合适的建议或者解决方案。这种咨询，往往成本是比较高的，同时它的缺点是只能解决一个问题或者只能针对某一个问题给予相应的建议。但是在企业内部，涉及决策或者涉及摆在面前需要解决的问题成千上万，要真正实现数据驱动，每一个问题都通过专项咨询解决肯定不符合实际。所以，是否可以利用 IT 的技术，从问题出发，把数据的价值真正通过系统的平台去发挥出来，解决一些普遍性的问题，让咨询变成普遍性的决策辅助应用，这还值得去探索。

七、自上而下的数据体系需要共识

在企业的内部，必须是自上而下地建立一套大数据的应用体系，虽然每个部门都有自己的数据库，但是在企业内部不同部门的利益有时候是存在矛盾和差异的，所以要打通企业内部各部门间的数据体系，统一标准，是一件非常艰巨的事情，是需要自上而下达成一致，才可以真正实现大数据的应用落地。

八、决策逻辑的建立

对于数据的处理，通常需要判断其是关联关系还是因果关系。但是在现实的决策中，影响一个问题的因素很多而且也很复杂，有些因素有可能是关联关系，只是对结果有影响，但未必起着决定性的作用。而有些关系则相反，它们有着直接的因果关系，对购买行为产生着直接的影响。所以，在决策的时候，需要用什么样的决策逻辑，这个在不同的企业内部会有所不同，不同的领导风格也会使得决策的逻辑有所不同。所以，如果能在一个企业的内部相应形成一套决策标准，并作为参考性指标，这样对于企业的决策运作效率是非常有帮助的，这也是本书在探索的一个问题，是否可以建立一套决策支持系统去把通过数据决策的项目放在系统中，并让企业运用在日常的决策管理中，这也是数据落地的一个理想途径。

九、道德和隐私问题

使用大数据和预测分析将引发潜在的道德和隐私问题。对于追求利润最大化的公司来说，需要采取自律措施，这些公司会使用大数据来避免诉讼、公关反弹以及其他导致价值减少的后果。政府以保护消费者隐私的新法规进行干预也是一种明显的可能性。

企业可以通过三种方式主动处理消费者隐私和相应的道德问题：①在收集和使用消费者数据方面为其提供明确的选择加入政策。例如，几乎所有的忠诚度计划都是选择性加入的。②向消费者群体展示预测分析的好处。例如，亚马逊的消费者很难被其他平台"挖走"，因为他们清楚地看到了亚马逊个性化推荐系统的好处。③奖励消费者的忠诚度要显而易见。

十、大数据工具

适当的分析工具取决于数据的生成方式，各种数据源以及如何获取（即收集、传输和预处理），如何存储数据（如实时与离线）以及数据体系结构（即文件系统、数据库和编程模型）。Nuggets 在 2012 年进行的一项调查提供了专业人士和业余爱好者使用的前五种工具（括号中的百分比表示使用情况）。

(1)R(30.7%)：用于挖掘/分析大数据的开源编程语言和软件环境。

(2)Excel(29.8%)：商业电子表格软件包，是 Microsoft Office Suite 的一部分，带有高级插件，如 Analysis ToolPak 和 Solver 加载项。

(3)Rapid-I Miner(26.7%)：用于数据挖掘、机器学习和预测分析的开源软件。

(4)Konstanz Information Miner(21.8%)：具有可视化环境的开源工具，用于数据集成、处理、分析和挖掘。

(5)Weka/Pentaho(14.8%)：具有统计功能（例如分类、聚类和回归）的开源机器学习和数据挖掘软件。

案例 11-3

今日头条——大数据为每个用户建立"兴趣 DNA"模型

一支没有新闻基因的创业团队，在短短两年内做出了一款注册用户已经 2.2 亿、日均活跃用户超过 2000 万人的网上新闻产品——今日头条，成为 2013—2014 年移动新闻客户端大战中最大的黑马。

2012 年 8 月，今日头条上线，用"生不逢时"形容它当时的境遇再合适不过了。彼时四大门户网站均已推出了自己的新闻客户端产品，其中搜狐、网易新闻客户端的用户规模更是已经接近 4000 万。虽然几大门户网站的新闻客户端之间还在贴身肉搏，但是对于刚刚踏上战场的今日头条来说，这场战争似乎已经结束了。对手是装备精良、割据一方的"正规军"，自己则是势单力薄的"游击队"，胜负看上去实在没什么悬念。

不过，在这场似乎只属于门户豪强的游戏里，剧情却起了变化。今日头条不仅顽强活了下来，还生生从对手那里抢下了一块不小的地盘。至 2014 年底，今日头条的注册用户超过 2.2 亿，日均活跃用户超过 2000 万人，并且保持每月新增 1000 万以上的用户。

根据 Quest Mobile 数据，截至 2019 年 6 月，今日头条月活用户达 2.6 亿，日活用户达 1.2 亿，用户人均单日使用次数达到 12 次，领跑行业同类 App。

根据 Talking Data 数据，截至 2020 年 6 月，今日头条日活用户达 4.1 亿，日活用户达 1.3 亿，人均使用次数达 180 次，人均单日使用时长为 73.4 分钟，领跑行业同类 App。

这是怎么做到的？

1. 穿着新闻外衣的推荐引擎

虽然有着一个新闻性十足的名字，而且看上去与同类产品大同小异，但在骨子里，今日头条则完全是另外一个物种。与其将它称为新闻客户端,不如叫它推荐引擎或许更为准确,因为从出发点上,今日头条就与门户网站的新闻客户端截然不同。其创始人曾表示:"我的竞争对手不是同行。"

传统门户想要做的是一款提供新闻资讯的移动 App,完成从个人电脑向移动客户端的过渡,而今日头条想做的却是一款基于移动互联网的推荐引擎,新闻资讯仅仅是它所承载的内容而已。用推荐引擎分发新闻,是对传统新闻门户工作方式的一次巨大颠覆。

传统的新闻门户都有着庞大的编辑团队,编辑从每天抓取到的海量新闻中,按照一定的价值判断标准,选择出一些所谓重要的、用户感兴趣的新闻推荐到首页,或者排在靠前的位置。人工推荐模式的背后所追求的是信息覆盖的广度,只有大家都感兴趣的新闻才能为网站带来足够多的流量,所以这就意味着一些小众的长尾信息需求无法得到满足。如果一位用户喜欢一支乏人问津的 CBA 弱旅,那他就很难在门户首页上看到这支球队的消息。因为放在首页的永远是那些战绩最好、最火热的球星和球队的消息。

想要解决长尾的信息需求,推荐引擎就成为最好的选择。今日头条不用人工推荐,而采用机器学习的方式,利用推荐引擎个性化地分发信息,即根据每个人的阅读行为,建立每个人的"兴趣DNA"模型,为其精准推荐其感兴趣的新闻资讯,消费者看到的每一篇新闻,都是自己关心的。

今日头条可以采用用户已有的社交媒体账号登录,一旦绑定用户的社交媒体账号,今日头条的推荐引擎就能迅速根据账号的标签、好友、转发等信息分析出用户大致的兴趣爱好,从而向用户推荐相应的内容,而且,随着算法的不断进化以及用户使用时长的增加,这种推送也会变得愈发精准。目前今日头条的用户中有一半都绑定了自己的社交媒体账号。

2.大数据为每个用户建立"兴趣DNA"模型

过去,传统媒体不可能得到用户数据,无法获知用户行为。主编很希望获得用户的反馈,但只能通过读者来信,通常一期杂志或者一期报纸有 1000 封读者来信就是很高兴的事情了。或者只可能通过有限的用户访谈、调查。通过这种非在线的方式收集数据,信息的感知水平与移动 App 相比差别是非常大的。一个在线的 App,每秒钟用户的反馈都可能是几千、几万。今日头条每天日志函数在 100 亿的规模,最后真正被使用的特征也有 300 多亿。比如,当一个人在地铁中使用今日头条的时候,不仅是他在阅读新闻,其实今日头条后面的系统也在观察他,观察他每一步的滑动,是否很快滑过了标题,还是有所停留,认真阅读了,还是粗略阅读了,是否参与朋友圈讨论。这些行为都会被系统感知到,系统再做实时调整。

获取到这些数据后,今日头条将数据分成几类:第一类是用户的动作特征,他的点击、停留、滑动、顶踩、评论、分享,这些是最主要的数据。第二类是用户的环境,他是在 Wi-Fi 环境,还是 4G 环境,他是在北京,还是在上海,他是离开了常驻地,还是在旅行状态,甚至包括白天还是晚上、今天的天气、是否节假日,都可以作为使用特征。第三类是用户的社交数据,比如用户用微博登录之后,可以获取他的微博身份,这些数据都会成为各种特征被系统学习到。更重要的是,系统将不仅使用这种单一特征,还会将这些特征组合,分析不同特征情况下用户有什么样的兴趣爱好。

今日头条将海量的高级特征和精细化特征组合,来建立多重模型组合,为每个用户形成兴趣图谱,进行推荐。高级特征是诸如"他是不是一个当地居民,是不是一个IT的重度用户,他使用的手机价格是多少"等特征,精细化特征是诸如"他过去对某篇文章或某个明星的点击行为,对他现在的阅读有什么影响"等。

今日头条每天产生 100 万条观察日志,而且观察的是 2000 多万用户,对人们爱好的变化、新兴资讯在不同人之间受欢迎的程度等,有像上帝一样俯视的视角,能够从全局视角看到以往消费者调研难以看到的一些内容。比如在过去一年中,哪个事件被人们最快地遗忘了,哪个城市的人最喜欢哪个明星,通过大数据都能知道。

今日头条根据上文提到的几个特征,并结合相关性特征、环境特征、热度特征和协同特征综合评估,以及话题和内容对于不同场景下的用户适配度,从而实现"千人千面"的精准推荐。在当前的泛资讯产品中,凭借内容分发的准确度,今日头条个性化推荐最受用户好评。凭借先发优势和智能推荐技术,今日头条的用户规模持续高速增长,用户黏性逐渐提升,从而占据行业领先地位。

资料来源:

1. 互联网渗透传统行业 O2O 借势升温[EB/OL]. [2015 - 02 - 09]. http://read. haosou. com/article/? id= ae1268232518c64ad0c42c9ab0d39f09&mediaId=10512.
2. 借机器学习给产品带来的价值[EB/OL]. [2015 - 01 - 17]. http://read. haosou. com/article/? id= 75644aa14dc9b0d7&mediaId=10616.
3. 野蛮人与新物种[EB/OL]. [2014 - 03 - 05]. http://www. geekpark. net/topics/199757.
4. 要像造纸术那样改变信息传播方式[EB/OL]. [2019 - 12 - 25]. http://www. dnkb. com. cn/archive/info/ 20141225/080823147617813_1. shtml.
5. 2019 今日头条内容价值报告[EB/OL]. [2019 - 09 - 09]. http://www. 199it. com/archives/916796. html.
6. 2020 年中国泛资讯行业研究报告[EB/OL]. [2020 - 10 - 21]. https://www. sohu. com/a/425974276 _114778.

延伸阅读 11-1

网络精准广告

让我们先想象一个情境:你坐在电脑前,在淘宝上搜索了运动鞋,随便浏览了几个店铺,比如店铺 A 和店铺 B,看了几款鞋,没有下定决心。关了网页之后,你打开视频网站看最近在追的电视剧,突然发现,页面的右边栏正好在推送店铺 C 的运动鞋,款式和你刚才看的几款鞋有些类似,正好是你喜欢的类型,你很感兴趣,点击了这个广告,然后买了这双鞋。

为什么刚刚点击过、搜索过、浏览过的商品,其相关的广告会精确出现在你面前?这就是互联网精准广告(targeted advertising)。

实时竞价(real time bidding,RTB)技术,使得广告交易平台、需求方平台、供应方平台和数据管理平台各环节协作配合完成高效精准的广告投放全过程。整个过程完全由计算机程序执行,瞬间即可完成,具体过程如下。

第 1 步:受众访问互联网媒体,浏览页面时产生相应的行为数据(即 Cookie)。

第 2 步:作为资源方的供应方平台(supply side platform,SSP)在接收到受众的行为数据后迅速向广告交易平台(Ad Exchange)提交一个相应的广告位代码,同时由数据管理平台(data management platform,DMP)判断受众属性并向需求方平台(demand side platform,DSP)发送竞价请求。

第 3 步:需求方平台收到广告交易平台的竞价请求后,立即通过实时竞价交易方式确定出价最高的广告主。

第 4 步:出价高的广告主获得展示机会,并将广告送达给目标受众,具体如图 11 - 13 所示。

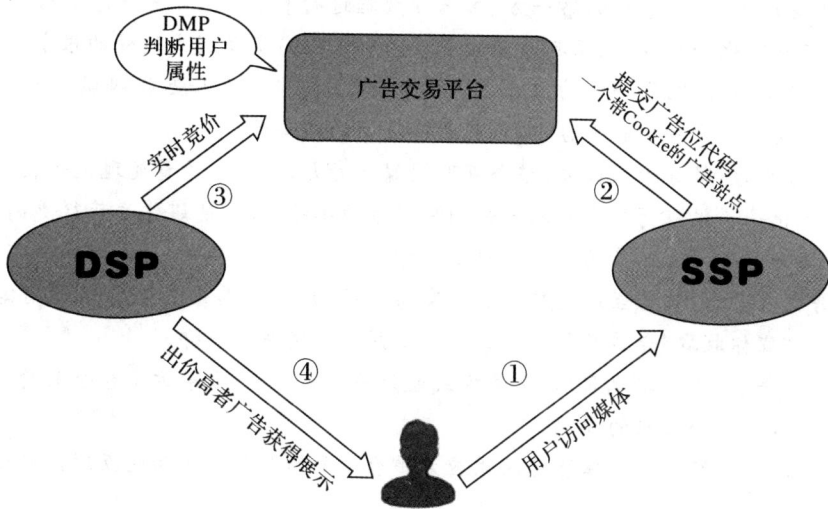

图 11-13　精准广告交易流程

在广告交易平台中,商品为待展示的广告位,竞价者为代表广告主的需求方平台。多个广告需求方同时参与竞价,价高者胜出,即可将广告内容投放至广告位送达目标受众。

在这种精准广告投放模式下,传统的网络广告投放模式逐渐转型为程序化的自动购买,如图 11 - 14 所示。其中,广告交易平台、需求方平台、供应方平台和数据管理平台作为不可缺少的产业环节,各自扮演着非常重要的角色。

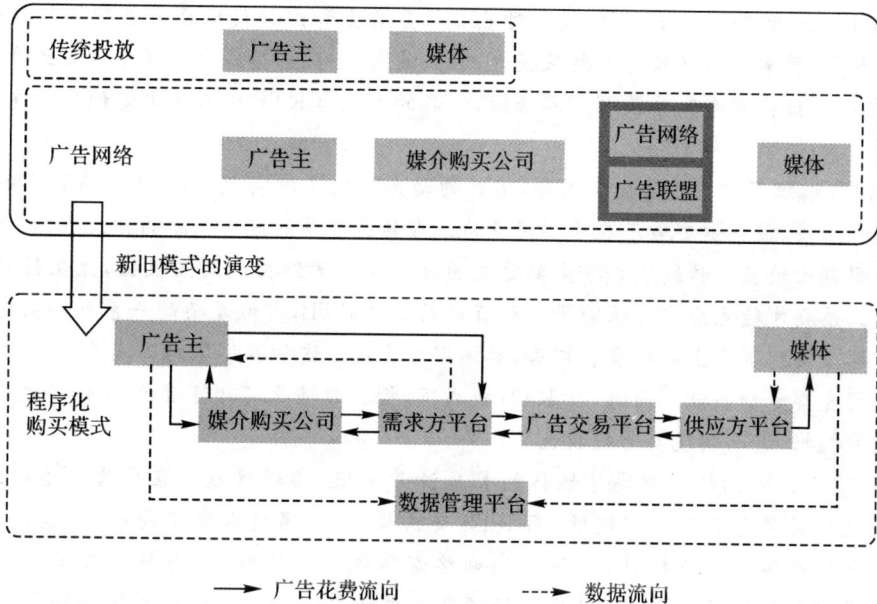

图 11-14　精准广告:传统广告投放模式转向 RTB 程序化购买模式

(1)需求方平台:服务于广告主,在广告交易平台中通过RTB交易模式实现对目标受众的购买,在提高广告效能的同时节约广告预算开支。

(2)数据管理平台:把分散的第一方、第三方数据进行整合,纳入统一的技术平台,并利用这些数据进行标准化和细分,从而判断受众属性,这是RTB交易模式运营的根本。

(3)广告交易平台:"证券化"的广告交易平台模式,使广告主和互联网媒体如买卖股票般进行广告位交易。在广告交易平台中,商品为待展示的广告位。

(4)供应方平台:服务于媒体方,整合互联网媒体资源,专注于流量变现优化、广告位优化、展示有效性优化等。供应商平台可以充分利用媒体的库存资源,使媒体主获得更高的收益。

精准广告产业链中各环节的盈利来自如下方面。

(1)广告交易平台:作为互联网广告位的交易场所,广告交易平台主要通过向需求方平台及供应方平台/媒体收取"会员费"来获取盈利,如同证券交易所一样。

(2)需求方平台:作为实现RTB交易模式最为关键的环节,需求方平台企业的盈利主要来自提供广告投放服务而收取的费用。

(3)供应方平台:服务于媒体资源的供应方平台主要的盈利模式为向互联网媒体资源收取代理费。

(4)数据管理平台:属于广告交易平台产业链中盈利能力较弱的环节,主要通过向数据使用方收费的方式创造盈利。

精准广告带来的网络广告业的变化如下。

(1)重塑展示广告购买模式:从买广告位到买人群。RTB技术实现了对特定目标受众的购买,代替了媒体位置购买,达到了精准化投放效果。在传统的广告交易环境下,广告主无法精确抓住有效目标受众,因此造成广告投放预算的浪费。RTB实现了目标受众购买,可帮广告主大大提高广告投放的精准度,降低网络广告的无效预算,从而减少浪费,降低成本。2013年,Econsultancy联合Rubicon Project对650位广告主和广告代理公司进行调研发现,62%的人认为RTB带来的明显益处是效果提升,54%的人认为RTB减少了媒介购买的浪费,53%的人认为RTB使得单个客户获取成本降低,46%的人认为RTB带来了更好的定向能力(见图11-15)。

(2)RTB缩短了广告投放优化周期,实时的动态优化得以实现。RTB交易带来的改变除了人群定向购买,最关键突破还在于实时竞价。在传统营销的提前包断的模式下,广告投放优化的间隔周期比较长。传统模式下需要更久的时间才能拿到投放结果数据,优化投放也需要漫长的人工谈判才能完成广告位购买等环节。而通过RTB,看似复杂的一系列购买过程从用户点击网站至看到页面上的内容和广告,瞬间即可完成。这种程序化购买模式取代人工谈价,将投放过程变得更加高效。同时,在RTB模式下,投放数据是实时可看的,3分钟之后就能知道投放效果数据,进而实现实时投放优化。

(3)精准人群定向技术提高了媒体的长尾流量价值,实现双赢。在广告网络的环境下,媒体的长尾库存流量变现价值较低,而RTB交易模式下,通过人群定向技术,提高精准度,进而实现长尾媒体的价值提升,整体提高网络媒体收益。目前,国内与广告交易平台对接的媒体资源以长尾流量为主,RTB模式的不断成熟使得国内长尾网络媒体资源得以充分的利用。

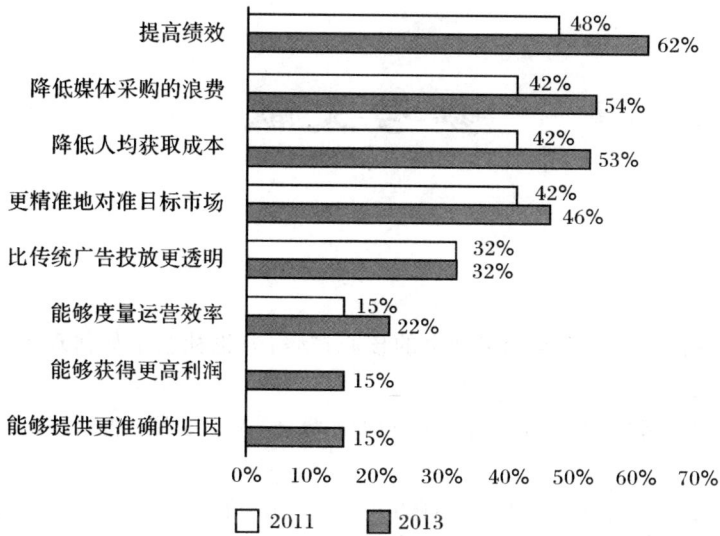

图 11-15　RTB 精准广告带给广告主的利益

资料来源：广告主：RTB 提升了广告表现［EB/OL］.［2013 - 10 - 17］. http://www. 199it. com/archives/156241. html.

资料来源：

1. 力美科技别星：2015 年移动 DSP 的发展［EB/OL］.［2021 - 01 - 27］. http://www. meihua. info/today/post/post_ae280a70-5b16-4346-b3c5-8c1b86878be8. aspx.

2. 图说 Ad Exchange 广告交易模式［EB/OL］.［2013 - 08 - 23］. http://www. rtbchina. com/info-graph-ad-exchange. html.

3. 重定向广告是什么？［EB/OL］.［2013 - 10 - 03］. http://www. zhihu. com/question/21737987.

参考文献

[1]张兆曙.互联网的社会向度与网络社会的核心逻辑:兼论社会学如何理解互联网[J].学术研究,2018(3):51-58.

[2]卢泰宏,周懿瑾.消费者行为学:洞察中国消费者[M].3版.北京:中国人民大学出版社,2018.

[3]埃森哲:2018中国消费者洞察报告[EB/OL].[2020-10-31].https://www.renrendoc.com/paper/136561882.html.

[4]谢毅,高充彦,童泽林.消费者隐私关注研究述评与展望[J].外国经济与管理,2020,42(6):111-125.

[5]彭兰.新媒体用户研究[M].北京:中国人民大学出版社,2020.

[6]NITTONO H,IHARA N. Psychophysiological responses to kawaii pictures with or without baby schema[J]. SAGE Open,2017,7(2):19998-20364.

[7]四方田犬彦.什么是可爱[J].北京电影学院学报,2006(1):21-24.

[8]NITTONO H. The two-layer model of kawaii:A behavioural science framework for understanding kawaii and cuteness[J]. East Asian Journal of Popular Culture,2016,2(1):79-95.

[9]GOILD S J. Ontogeny and phylogeny[M]. Cambridge,Mass:Belknap Press of Harvard University Press,1977.

[10]OLIVER M A. Consumer neoteny:An evolutionary perspective on childlike behavior in consumer society[J]. Evolutionary Psychology,2016,14(3):1-11.

[11]ZDRAVKO P,MILOŠ J,GORAN Š,et al. Extraordinary neoteny of synaptic spines in the human prefrontal cortex[J]. Proceedings of the National Academy of Sciences of the United States of America,2011(32):13281.

[12]BROWN S. Where the wild brands are:Some thoughts on anthropomorphic marketing[J]. Marketing Review,2010,10(3):209-224.

[13]ABIDIN C. Agentic cute(ˆ.ˆ):Pastiching East Asian cute in influencer commerce[J]. East Asian Journal of Popular Culture,2016,2(1):33-47.

[14]YANO C R. Wink on pink:Interpreting Japanese cute as it grabs the global headlines[J]. The Journal of Asian Studies,2009,68(3):681.

[15]QIU Z. Cuteness as a subtle strategy[J]. Cultural Studies,2013,27(2):225-241.

[16]FARRIS C S. Chinese preschool codeswitching:Mandarin babytalk and the voice of authority[J]. Journal of Multilingual and Multicultural,1992,13(1-2):197-213.

[17]NENKOV G Y,SCOTT M L. "So cute I could eat it up":Priming effects of cute products on indulgent consumption[J]. Journal of Consumer Research,2014,41(2):326 − 341.

[18]KRINGELBACH M L,STARK E A,ALEXANDER C,et al. On cuteness:Unlocking the parental brain and beyond[J]. Trends in Cognitive Sciences,2016,20(7):545.

[19]HILDEBRANDT K A,FITZGERALD H E. Adults' responses to infants varying in perceived cuteness[J]. Behavioural Processes,1978,3(2):159 − 172.

[20] DONGHUI D, XIAOCEN L, YUJIE Z. Babyface effect:Babyface preference and overgeneralization[J]. Advances in Psychological Science,2014,22(5):760 − 771.

[21]窦东徽,刘肖岑,张玉洁. 娃娃脸效应:对婴儿面孔的偏好及过度泛化[J]. 心理科学进展, 2014,22(5):760 − 771.

[22]ALLEY T R. Head shape and the perception of cuteness[J]. Developmental Psychology, 1981,17(5):650 − 654.

[23] SHERMAN G D, HAIDT J, IYER R, et al. Individual differences in the physical embodiment of care:Prosocially oriented women respond to cuteness by becoming more physically careful[J]. Emotion,2013,13(1):151.

[24] SHERMAN G D, HAIDT J, COAN J A. Viewing cute images increases behavioral carefulness[J]. Emotion,2009,9(2):282.

[25]MIESLER L,HERRMANN A,LEDER H. Isn't it cute:An evolutionary perspective of baby-schema effects in visual product designs[J]. International Journal of Design,2011, 5(3):17 − 30.

[26]CHEOK A D,FERNANDO O N N. kawaii/cute interactive media[J]. Universal Access in the Information Society,2012,11(3):295 − 309.

[27] HELLÉNK, SÄÄKSJÄRVI M. Development of a scale measuring childlike anthropomorphism in products[J]. Journal of Marketing Management,2013,29(1 − 2): 141 − 157.

[28]ZEBROWITZ L A,MONTEPARE J M. Social psychological face perception:Why appearance matters[J]. Social and Personality Psychology Compass,2008,2(3):1497 − 1517.

[29]GRANOT E,ALEJANDRO T B,RUSSELL L T M. A socio-marketing analysis of the concept of cute and its consumer culture implications[J]. Journal of Consumer Culture, 2014,14(1):66 − 87.

[30]HARRIS D. Cute,Quaint,Hungry and Romantic:The Aesthetics of Consumerism[M]. New York:Basic Books,2000.

[31]SHERMAN G D,HAIDT J. Cuteness and disgust:The humanizing and dehumanizing effects of emotion[J]. Emotion Review,2011,3(3):245 − 251.

[32]李见,龚艳萍,谢菊兰,等. "哇! 这真酷":消费者酷感知研究综述及展望[J]. 外国经济与 管理,2020,42(1):42 − 54.

[33]WARREN C,CAMPBELL M C. What makes things cool? How autonomy influences perceived coolness[J]. Journal of Consumer Research,2014,41(2):543 − 563.

[34]WARREN C,BATRA R,LOUREIRO S M C,et al. Brand Coolness[J]. Journal of

Marketing,2019,83(5):36-56.

[35]薛海波.品牌社群作用机理理论研究和模型构建[J].外国经济与管理,2012(2):50-57.

[36]秋叶,邻三月,秦阳.社群营销实战手册:从社群运营到社群经济[M].北京:人民邮电出版社,2018.

[37]MALINEN S. Understanding user participation in online communities:A systematic literature review of empirical studies[J]. Computers in Human Behavior,2015(46):228-238.

[38]郭庆光.传播学教程[M].2版.北京:中国人民大学出版社,2011.

[39]STERN B B,COULD S J. The Consumer as Financial Opinion Leader[J]. Journal of Retail Banking,1988,10(2):43-52.

[40]迈克尔·所罗门.消费者行为学[M].卢泰宏,杨晓燕,译.10版.北京:中国人民大学出版社,2014.

[41]涂凌波.草根、公知与网红:中国网络意见领袖二十年变迁阐释[J].当代传播,2016(5):84-88.

[42]XIONG Y,CHENG Z C,LIANG E H,et al. Accumulation mechanism of opinion leaders' social interaction ties in virtual communities:Empirical evidence from China[J]. Computers in Human Behavior,2018(82):81-93.

[43]Hall R E,Woodward S E. Diagnosing consumer confusion and sub-optimal shopping effort:Theory and mortgage-market evidence[J]. The American Economic Review,2012,102(7):3249-3276.

[44]段圣达.社交媒体意见领袖对中国消费者行为意向影响的研究[D].北京:北京邮电大学,2018.

[45]张立功,郭晓龙,韩东亚,等.考虑消费者网购体验滞后的产品定价研究[J].中国管理科学,2019,27(3):77-84.

[46]江晓东.什么样的产品评论最有用?——在线评论数量特征和文本特征对其有用性的影响研究.外国经济与管理,2015(4):41-55.

[47]KING R A,RACHERLA P,BUSH V D. What we know and don't know about online word-of-mouth:A review and synthesis of the literature[J]. Journal of Interactive Marketing,2014,28(3):167-183.

[48]BERGER J. Word of mouth and interpersonal communication:A review and directions for future research[J]. Journal of Consumer Psychology,2014,24(4):586-607.

[49]KOZINETS R V,De VALCK K,WOJNICKIET A C. Networked narratives:Understanding word-of-mouth marketing in online communities[J]. Journal of Marketing,2010,74(3):71-89.

[50]ROSARIO A B,SOTGIU F,De VALCK K,et al. The effect of electronic word of mouth on sales:A meta-analytic review of platform,product,and metric factors[J]. Journal of Marketing Research,2016,53(3):297-318.

[51]秦芬,李扬.用户生成内容激励机制研究综述及展望[J].外国经济与管理,2018,40(8):141-152.

[52]周欣悦.消费者行为学[M].北京:机械工业出版社,2019.

［53］BARDHI F，ECKHARDT G M. Liquid Consumption［J］. J Consum Res，2017，44
　　（3）：718.

［54］崔玲美.一文讲透用户消费行为模型（AIDMA、AISAS、SIPS、SICAS、ISMAS）［EB/OL］.
　　［2020－06－26］. https://www.jianshu.com/p/df23b07dba13.

［55］张伟，杨婷，张武康.移动购物情境因素对冲动性购买意愿的影响机制研究［J］.管理评论，
　　2020，32（2）：174－183.

［56］ALJUKHADAR M，SENECAL S. Usage and success factors of commercial recommendation
　　agents［J］. Journal of Research in Interactive Marketing，2013，5（2/3）：130－152.

［57］PAPPAS I O，KOUROUTHANASSIS P E，GIANNAKOS M N，et al. Sense and
　　sensibility in personalized e-commerce：How emotions rebalance the purchase intentions
　　of persuaded customers［J］. Psychol Market，2017，34（10）：972－986.

［58］PARBOTEEAH D V，VALACICH J S，WELLS J D. The influence of website characteristics
　　on a consumer's urge to buy impulsively［J］. Inform Syst Res，2009，20（1）：60－78.

［59］HUANG L T. Flow and social capital theory in online impulse buying［J］. J Bus Res，
　　2016，69（6）：2277－2283.

［60］杨晨，刘计峰.国外阶层文化消费品位研究：从单一化到多元化［J］.马克思主义与现实，
　　2010（2）：44－48.

［61］陆学艺.当代中国社会阶层研究报告［M］.北京：社会科学文献出版社，2002.

［62］李春玲.当代中国社会的消费分层［J］.中山大学学报（社会科学版），2007（4）：8－13.

［63］李培林，张翼.消费分层：启动经济的一个重要视点［J］.中国社会科学，2000（1）：52－61.

［64］彭兰.网络社会的层级化：现实阶层与虚拟层级的交织［J］.现代传播（中国传媒大学学
　　报），2020，42（3）：9－15.

［65］彭兰.新媒体用户研究［J］.北京：中国人民大学出版社，2020.

［66］周小仪.中产阶级审美幻象与全球化阶级冲突［J］.外国文学，2016（2）：101－116.

［27］朱斌.当代中国的中产阶级研究［J］.社会学评论，2017，5（1）：9－22.

［68］新媒介与青年亚文化转向［J］.文艺研究，2010（12）：104－112.

［69］闫翠娟.从"亚文化"到"后亚文化"：青年亚文化研究范式的嬗变与转换［J］.云南社会科
　　学，2019（4）：178－184.

［70］敖成兵.青年网络亚文化的温和抵抗：特质、缘由及审视［J］.当代青年研究，2019（2）：
　　78－84.

［71］彭兰.新媒体用户研究［M］.北京：中国人民大学出版社，2020.

［72］汤遨玮.亚文化视阈下养娃族现象分析［D］.苏州：苏州大学，2011.

［73］卢泰宏，周懿瑾.消费者行为学：洞察中国消费者［M］.3版.北京：中国人民大学出版
　　社，2018.

［74］LUKOSIUS V，HYMAN M R. Marketing theory and big data［J］. The Journal of
　　Developing Areas，2018，53（4）：217－228.

［75］STOICESCU C. Big data，the perfect instrument to study today's consumer behavior
　　［J］. Database Systems Journal，2016，VI（3）：28－42.

［76］姚凯.基于多源大数据的个性化推荐系统效果研究［J］.管理科学，2018，31（5）：3－15.

[77]BRADLOW E T. The role of big data and predictive analytics in retailing[J]. Journal of Retailing,2017,93(1):79-95.

[78]肖静华. 消费者数据化参与的研发创新:企业与消费者协同演化视角的双案例研究[J]. 管理世界,2018,34(8):154-173,192.